Savoir lâcher prise

MELODY BEATTIE

Savoir lâcher prise

Méditations quotidiennes

Traduit de l'anglais (États-Unis) par Claire Stein

J'AI LU

Ouvrage apporté par Ahmed Djouder

Titre original
THE LANGUAGE OF LETTING GO

Note de l'éditeur français

La guérison, le rétablissement, le travail sur soi

Nous avons traduit par « guérison », « rétablissement », « travail sur soi » le mot anglo-saxon *recovery*. Il nous est apparu nécessaire de le définir pour ceux qui ne sont pas familiers avec les divers programmes Douze Étapes dans les groupes de soutien.

Dans les livres en langue anglaise, on rencontre fréquemment l'expression « la guérison est un processus » (*recovery is a process*). La lecture d'ouvrages sur le *PEMS Addiction Model* nous a permis de préciser tout le champ notionnel des termes « guérison », « rétablissement » et « travail sur soi ».

Par ces termes, nous désignons un processus lent et graduel de prise de conscience, d'acceptation et de changement, qui conduit une personne à améliorer sa santé physique, à rétablir sa vie affective, à réhabiliter son équilibre mental et à reconnaître l'existence d'un pouvoir spirituel.

L'individu, en se joignant à un groupe de soutien, adopte progressivement les principes d'un Programme Douze Étapes visant à lui faire retrouver dignité et complétude.

Les citations

Pour certaines des citations contenues dans cet ouvrage, nous avons opté pour une traduction libre de l'anglais au français. Nous pensons avoir réussi à rendre le plus précisément possible l'idée d'origine de chacun des auteurs cités.

Les Douzes Étapes

Les Douze Étapes sont réimprimées avec la permission de *Alcoholics Anonymous World Services Inc*. Cette permission ne signifie pas que les Alcooliques anonymes ont examiné ou approuvé le contenu de la présente publication ou les opinions qui y sont formulées. Celles-ci ne doivent être attribuées qu'à leur auteur. Le mouvement des AA a pour but le rétablissement des alcooliques. Notre application des Douze Étapes à des programmes et à des activités qui s'inspirent des AA mais qui visent des problèmes différents ne doit pas être interprétée autrement.

Pour l'aide qu'elle m'a apportée dans la rédaction de cet ouvrage, je tiens à remercier Rebecca Post, mon éditrice chez Hazelden.

Ce livre est dédié à

Dieu,
Aux lecteurs de Vaincre la codépendance
et de Au-delà de la codépendance,
et à mon ami Louie.

Introduction

Ceci est un livre de méditations. Il a pour but de vous permettre, chaque jour, de passer quelques moments à vous rappeler des choses qu'au fond de vous vous savez.

J'y évoque des principes abordés dans *Vaincre la codépendance* et dans *Au-delà de la codépendance*, tout en incluant quelques pensées et idées nouvelles.

Ce livre vise à vous aider à vous sentir bien, à vous engager toujours plus avant dans le processus de soin de vous-même et de rétablissement.

Je vous remercie du soutien et des encouragements que vous m'avez apportés jusqu'ici, ainsi que du succès dont vous avez couronné mon travail. J'espère vous avoir offert, en échange, un cadeau précieux.

MELODY

JANVIER

1er janvier — Nouvel An

Prenez des résolutions pour le Nouvel An. Fouillez en vous-même et découvrez ce que vous aimeriez qu'il se passe dans votre vie cette année. Cela vous aide à prendre activement part à votre vie, à jouer votre rôle. C'est une façon d'affirmer que vous avez à cœur de vivre pleinement votre vie pour l'année qui s'annonce.

Les résolutions que nous prenons nous donnent une orientation. Elles mettent en jeu une force puissante tant à un niveau universel et conscient qu'à un niveau subconscient.

Les résolutions donnent une orientation à notre vie.

Qu'est-ce que vous aimeriez qu'il se passe dans votre vie cette année ? Qu'est-ce que vous aimeriez accomplir ? Quelles nouvelles choses souhaiteriez-vous voir apparaître dans votre vie ? Quels secteurs particuliers de croissance aimeriez-vous développer ? Quels blocages ou défauts de caractère aimeriez-vous éliminer ?

Qu'est-ce que vous aimeriez atteindre ? De petites et de grandes choses ? Où aimeriez-vous aller ? Qu'aimeriez-vous vivre en amour et en amitié ? Dans votre vie de famille ?

N'oubliez pas, nous ne contrôlons pas autrui par nos résolutions – nous tentons de donner une orientation à *notre* vie.

Quels problèmes aimeriez-vous voir se résoudre ? Quelles décisions aimeriez-vous prendre ? Quelle orientation souhaiteriez-vous pour votre parcours ou carrière professionnels ?

Qu'aimeriez-vous qu'il se passe en vous et autour de vous ?

Écrivez-le. Prenez une feuille de papier, quelques heures de votre temps, et écrivez tout cela – comme une affirmation de vous-même, de votre vie et de votre capacité à faire des choix. Puis, lâchez prise.

Certes, il se passe des choses qui sont hors de notre contrôle. Ces événements sont parfois des surprises agréables ; parfois, ils sont d'une autre nature. Mais ils font tous partie de ce chapitre de notre vie que sera cette année et ils nous mèneront plus avant dans notre histoire.

La nouvelle année est là, devant nous, comme le chapitre d'un livre attendant d'être écrit. Nous pouvons participer à l'écriture de cette histoire en nous fixant des objectifs.

Aujourd'hui, je me rappellerai qu'il existe une force puissante qui est motivée par la rédaction d'objectifs. Je ferai cela maintenant, pour l'année à venir, et régulièrement au besoin. Je le ferai, non pour gagner du contrôle sur tout, mais pour jouer mon rôle dans la vie qui est la mienne.

2 janvier — Des limites saines

Les limites sont essentielles au rétablissement. Se fixer et garder des limites saines se rattache à toutes les phases de ce processus : améliorer l'estime de soi, affronter ses propres sentiments et apprendre à vraiment s'aimer et s'estimer soi-même.

Les limites surgissent du plus profond de nous-mêmes. Elles sont liées au fait de lâcher prise face à la culpabilité et à la honte, et au fait de modifier nos perceptions de ce que nous méritons. À mesure que notre pensée sur ce sujet se précise, nos limites se précisent elles aussi.

Les limites sont également liées à un synchronisme qui nous dépasse. Nous fixerons une limite quand nous y serons prêts, pas avant. Il en va de même pour autrui.

Le point où l'on devient prêt à fixer une limite a quelque chose de magique. Nous savons que nous sommes sérieux ; les autres nous prennent au sérieux également. Les choses évoluent, non parce que nous contrôlons autrui, mais parce que nous avons évolué.

Aujourd'hui, j'espérerai apprendre, grandir et fixer les limites dont j'ai besoin dans ma vie et ce, à mon propre rythme. Tout ce qu'il faut, c'est que le moment me convienne.

3 janvier — La préoccupation de soi, soin nourricier

... il n'existe pas de guide pour l'établissement de limites. Chacun de nous possède son propre guide intérieur. Si nous poursuivons notre cheminement, nos limites s'établiront. Elles deviendront saines et sensibles. Notre moi nous dira ce que nous avons besoin de savoir, et nous nous aimerons suffisamment pour écouter.

Au-delà de la codépendance

Que devons-nous faire pour prendre soin de nous ?

Écoutez cette voix intérieure. Qu'est-ce qui vous met en colère ? Quelles sont les choses dont vous avez assez ? De quoi vous méfiez-vous ? Qu'est-ce qui ne vous paraît pas correct ? Qu'est-ce que vous ne pouvez pas tolérer ? Qu'est-ce qui vous rend mal à l'aise ? Qu'est-ce que vous voulez ? De quoi avez-vous besoin ? Qu'est-ce que vous ne voulez pas et dont vous n'avez pas besoin ? Qu'est-ce que vous aimez ? Qu'est-ce qui serait agréable ?

Dans le processus thérapeutique, nous apprenons que la préoccupation de soi nous conduit sur le chemin de la volonté de Dieu et de Son plan pour notre vie. La préoccupation de soi ne nous fait jamais dévier de notre plus grand bien ; au contraire, elle nous y conduit.

Apprenez à nourrir cette voix intérieure. Nous pouvons nous faire confiance. Nous sommes capables de prendre soin de nous-mêmes. Nous sommes plus sages que nous le pensons. Notre guide est en nous, toujours présent. Écoutez ce guide, faites-lui confiance et nourrissez-le.

Aujourd'hui, j'affirmerai que je suis un cadeau pour moi-même et pour l'univers. Je me rappellerai que la préoccupation de soi qui nourrit assure la présence de ce cadeau sous sa forme la plus élevée.

4 janvier — Se dissocier des problèmes de sa famille

Nous pouvons tirer une ligne saine, ériger une frontière saine, entre nous-mêmes et notre famille nucléaire. Nous pouvons nous dissocier de ses problèmes.

Certains d'entre nous ont des membres de leur famille qui ont une dépendance à l'alcool et à d'autres drogues, et qui ne font pas de travail sur eux-mêmes.

D'autres ont certains membres de leur famille dont les problèmes de codépendance demeurent non résolus. Certaines de ces personnes ont une dépendance à la détresse, à la douleur, à la souffrance, au martyre et se conduire en victime.

Nous avons peut-être des membres de notre famille qui sont aux prises avec des problèmes d'abus ou des problèmes de famille d'origine non résolus.

Il peut y avoir des membres de notre famille qui sont des drogués du travail, de la nourriture ou du sexe. Notre famille peut se définir par des liens complètement enchevêtrés ou, au contraire, par le fait que ses membres peuvent n'avoir pratiquement aucun rapport les uns avec les autres.

Nous sommes peut-être à l'image de notre famille. Nous aimons sans doute notre famille. Mais nous sommes des personnes distinctes, avec des droits et des problèmes qui nous sont propres. L'un de nos principaux droits est de commencer à nous sentir mieux et à nous rétablir, peu importe si d'autres membres de notre famille choisissent de faire de même ou pas.

Nous n'avons pas à nous sentir coupables de chercher une vie heureuse et qui fonctionne. Et nous n'avons pas à prendre les problèmes de notre famille sur nos épaules, pour faire preuve de loyauté et pour lui manifester notre amour.

Souvent, lorsque nous commençons à prendre soin de nous-mêmes, des membres de notre famille réagissent par des tentatives déclarées ou déguisées pour nous ramener à l'ancien système, pour nous faire endosser les anciens rôles. Nous ne sommes pas obligés de nous laisser faire. Leurs tentatives pour nous ramener en arrière sont leurs problèmes. Prendre soin de nous-mêmes et recouvrer la santé et notre bien-être ne signifie pas que nous ne les aimons pas. Cela veut simplement dire que nous prenons nos propres problèmes en main.

Nous n'avons pas ni à les juger parce qu'ils ont des problèmes ; ni à leur permettre de nous faire tout ce qu'ils aimeraient sous prétexte qu'ils sont des membres de notre famille.

Nous sommes libres, maintenant, libres de prendre soin de nous-mêmes parmi les membres de notre famille. Notre liberté commence lorsque nous cessons de nier leurs problèmes et que, poliment mais avec assurance, nous leur remettons ce qui leur appartient – là où cela doit être – et nous occupons de nos propres problèmes.

Aujourd'hui, je me dissocierai des membres de ma famille. Je suis un être humain distinct, même si je fais partie d'une unité appelée famille. J'ai le droit d'avoir mes propres problèmes et ma propre croissance ; les membres de ma famille ont droit à leurs problèmes et ils ont le droit de choisir où et quand ils s'en occuperont. Je peux apprendre à me détacher avec amour des membres de ma famille et de leurs problèmes. Je suis prêt à assumer tous les sentiments nécessaires pour y arriver.

5 janvier — Accepter de l'aide

Certains d'entre nous se sont sentis tellement aliénés qu'ils ont oublié qu'ils ne sont pas seuls. Nous en sommes venus à penser que nous sommes obligés de tout faire par nous-mêmes. Certains d'entre nous ont été abandonnés. D'autres ont vécu sans amour. Certains d'entre nous se sont habitués à ce qu'il n'y ait jamais personne auprès d'eux. D'autres ont lutté, ont reçu de dures leçons.

Dieu est là, toujours prêt à nous aider. Il existe aussi une foule de gens qui nous aiment. Nous recevrons, si nous le voulons, amour et soutien, réconfort et nourriture de l'esprit. Si nous prenons le risque de la réclamer, une aide extérieure est à notre portée. Nous pouvons puiser dans la force de notre groupe d'entraide et nous permettre d'être aidés et soutenus par notre Puissance supérieure. Des amis viendront, de bons amis.

Nous ne sommes pas seuls. *Et nous n'avons pas à tout faire par nous-mêmes*. Il n'y a aucune pénurie d'amour. Plus maintenant.

Aujourd'hui, mon Dieu, aide-moi à lâcher prise, à renoncer à mon besoin de tout faire par moi-même et à ma conviction que je suis seul. Aide-moi à puiser dans Ta Puissance et Ta Présence divines, dans Tes ressources d'amour, de soutien et d'amitié. Ouvre mes yeux et mon cœur, afin que je puisse voir l'amour, l'aide et le soutien qui sont à ma disposition. Aide-moi à savoir que je suis aimé.

6 janvier — Les relations

> *Si nous sommes malheureux en l'absence d'une relation, nous serons sans doute tout aussi malheureux dans une relation. Une relation n'est pas le commencement d'une vie ; elle ne devient pas notre vie. Une relation est la continuation d'une vie.*
>
> *Au-delà de la codépendance*

Les relations personnelles sont à la fois une bénédiction et un fléau pour la guérison. C'est dans les relations que nous passons véritablement à l'action dans notre cheminement vers le rétablissement.

Chaque jour, nous sommes confrontés à la perspective de fonctionner dans plusieurs relations différentes. Parfois, nous choisissons ces relations ; d'autres fois, pas. Le seul choix que nous ayons habituellement dans nos relations concerne notre propre comportement. Dans le processus de cheminement pour vaincre la codépendance, notre but est de nous comporter de façon à démontrer que nous sommes des êtres responsables vis-à-vis de nous-mêmes.

Nous apprenons à reconnaître notre capacité de prendre soin de nous-mêmes dans nos relations. Nous apprenons à nouer des relations intimes avec autrui lorsque c'est possible.

Avons-nous besoin de nous détacher de quelqu'un que nous avons essayé de diriger ? Y a-t-il quelqu'un à qui nous avons besoin de parler, même si ce que nous avons à dire peut être difficile ? Y a-t-il quelqu'un que nous évitons parce que nous avons peur de prendre soin de nous-mêmes avec cette personne ? Avons-nous besoin de faire amende honorable ? Y a-t-il quelqu'un à qui nous devons tendre la main ou manifester de l'amour ?

La guérison ne se produit pas en marge de nos relations. Nous y arrivons en apprenant à nous approprier *notre* pouvoir et à prendre soin de nous-mêmes au sein même de nos relations interpersonnelles.

Aujourd'hui, je prendrai part à mes relations de mon mieux. Je me rendrai disponible pour partager des relations avec les personnes en qui j'ai confiance. Je demanderai ce dont j'ai besoin et donnerai ce qui me semble juste.

7 janvier — Faire face aux sentiments pénibles

Les sentiments d'offense ou de colère sont parmi les plus difficiles à affronter. Nous pouvons nous sentir si vulnérables, effrayés et impuissants lorsque de tels sentiments surgissent. De plus, ils peuvent déclencher des souvenirs de moments semblables où nous nous sommes sentis impuissants.

Parfois, pour parvenir à avoir une certaine emprise, il nous arrive de punir les personnes qui nous entourent, que nous les tenions pour responsables de ces sentiments ou qu'elles en soient des spectateurs innocents. Nous essayons peut-être de nous venger ou d'opérer une manipulation en cachette pour avoir l'impression de gérer la situation.

Ces actions peuvent nous procurer un sentiment provisoire de satisfaction, mais elles ne font que reporter le moment de faire face à notre souffrance.

Le sentiment d'être blessé n'a pas à nous effrayer. S'évertuer à le contourner n'a rien d'utile. Bien que les sentiments d'avoir subi des offenses ne soient pas aussi agréables que les sentiments de bonheur, ils ne sont, après tout, que des sentiments.

Nous pouvons capituler devant eux, les éprouver, puis passer à autre chose. Cela ne veut pas dire qu'il faut les rechercher ou s'appesantir dessus. La souffrance affective n'est pas obligatoirement un sentiment qui doit nous terrasser. Nous pouvons nous asseoir, immobiles, ressentir la douleur, décider s'il y a quelque chose que nous puissions faire pour prendre soin de nous-mêmes, puis reprendre notre vie en main.

Inutile d'agir précipitamment ; inutile de punir autrui dans l'espoir de contrôler nos sentiments. Pour commencer, nous pouvons faire part aux autres du fait que nous nous sentons blessés ; cela offre un soulagement et, souvent, cela fait du bien aux autres autant qu'à nous.

Nous en venons finalement à la leçon suivante : le véritable pouvoir vient de ce que nous nous permettons d'être assez vulnérables pour être blessés. Le véritable pouvoir vient de la conscience que nous pouvons prendre soin de nous-mêmes, même lorsque notre souffrance est d'ordre affectif. Le véritable pouvoir est nôtre dès lors que nous cessons de tenir autrui pour responsable de notre souffrance, et que nous assumons la responsabilité de tous nos sentiments.

Aujourd'hui, je capitulerai devant mes sentiments, même ceux qui sont pénibles sur le plan affectif. Au lieu d'agir précipitamment ou d'essayer de punir quelqu'un, je demeurerai juste assez vulnérable pour pouvoir éprouver mes sentiments.

8 janvier — La vulnérabilité

Certains d'entre nous peuvent avoir pris la décision que personne ne réussira plus jamais à les blesser. Nous pouvons geler automatiquement nos sentiments lorsque nous sommes face à une douleur affective. Ou bien, nous pouvons mettre fin à une relation la première fois que nous nous sentons blessés.

Les sentiments d'offense font partie de la vie, des relations et du rétablissement psychique.

Il est facile de comprendre que nous ne voulons plus ressentir de douleur. Plus d'un parmi nous en a eu « plus que sa dose ». De fait, à un certain moment de notre vie, nous avons pu être envahis, écrasés ou arrêtés net par l'intensité de la douleur que nous éprouvions. Nous n'avons peut-être pas eu les ressources nécessaires pour faire face à notre douleur ou pour prendre soin de nous-mêmes.

Cela, c'était hier. Aujourd'hui, nous n'avons pas à reculer de frayeur face à la douleur. Elle n'a pas à nous envahir. Nous gagnons la force qu'il faut pour affronter nos sentiments blessés. Et nous n'avons pas à jouer les martyrs en revendiquant que ces sentiments blessés et cette souffrance sont tout ce qui existe dans la vie.

Nous avons simplement à nous permettre d'être assez vulnérables pour nous sentir blessés, quand la situation est appropriée, et nous avons à assumer la responsabilité de nos sentiments, de nos comportements et de ce qu'il nous faut faire pour prendre soin de nous-mêmes. Il est inutile d'analyser ou de justifier nos sentiments. Tout ce qu'il importe de faire est de savoir les ressentir et tâcher de ne pas les laisser contrôler notre comportement.

Peut-être que notre souffrance nous montre que nous avons besoin de fixer une limite ; peut-être qu'elle nous indique que nous avons pris la mauvaise direction ; peut-être qu'elle déclenche un processus profond de guérison.

Il est normal de se sentir blessé ; il est normal de pleurer ; il est normal de guérir ; normal de passer au sentiment suivant, avec le temps. Notre volonté et notre capacité de nous sentir blessés seront éventuellement assorties à notre volonté et à notre capacité d'éprouver de la joie.

Faire le travail sur soi que nous proposons ne signifie pas se mettre à l'abri de la souffrance ; cela veut dire apprendre à prendre soin de nous-mêmes avec amour lorsque nous souffrons.

Aujourd'hui, je n'attaquerai pas ceux qui me font souffrir. Je ressentirai mes émotions et j'en assumerai la responsabilité. J'accepterai les sentiments blessés comme faisant partie des relations. Je suis prêt à capituler devant la souffrance de même que devant la joie que procure la vie.

9 janvier — Être responsables de nous-mêmes

Nous faisions les mauvaises choses pour les bonnes raisons.

Vaincre la codépendance

L'investissement personnel : l'acte d'assumer la responsabilité d'autres personnes tout en négligeant la responsabilité de soi-même. Quand nous nous sentons instinctivement responsables des sentiments, des pensées, des choix, des problèmes, du confort et de la destinée d'autrui, nous nous investissons personnellement. Nous pensons sans doute, à un niveau inconscient, que les autres sont responsables de notre bonheur, tout comme nous sommes responsables du leur.

Il est louable de vouloir être une personne prévenante, aimante et nourricière. Mais s'investir personnellement revient à se négliger soi-même au point de se sentir une victime. L'investissement personnel implique de prendre soin des autres d'une façon qui les empêche d'apprendre à assumer la responsabilité d'eux-mêmes qui leur incombe.

L'investissement personnel n'est pas efficace. Il blesse les gens ; il nous blesse. Les gens se fâchent. Ils se sentent blessés, utilisés et humiliés. Et nous aussi.

Le comportement le plus bienveillant et le plus généreux que nous puissions choisir consiste à assumer la responsabilité de nous-mêmes – de nos pensées, de nos sentiments, de nos désirs et de nos besoins. Le geste le plus bénéfique que nous puissions accomplir est d'être authentiques envers nous-mêmes et de laisser les autres s'assumer eux-mêmes.

Aujourd'hui, je porterai mon attention sur mes responsabilités réelles envers moi-même. Je laisserai autrui faire de même. Si j'ai des doutes quant à la teneur de mes véritables responsabilités, j'en ferai un inventaire.

10 janvier — La peur

> *Ne soyez pas trop timides concernant vos actions. La vie tout entière est une expérience. Plus vous faites d'expériences, mieux cela vaut. Et si elles sont un peu rudes et que vous salissiez ou déchiriez votre manteau ? Et si vous échouez et roulez quelque peu dans la boue à une ou deux reprises ? Allez hop ! Relevez-vous ; vous n'aurez plus jamais aussi peur d'une chute.*
>
> Ralph Waldo EMERSON

La peur peut figer beaucoup d'entre nous : peur de la fragilité, peur de l'échec, peur de faire une erreur, peur de ce que les autres vont penser, peur du succès. Nous pouvons essayer d'anticiper notre prochaine action ou notre prochain mot jusqu'à nous faire cesser de prendre part à la vie.

« Mais j'ai échoué auparavant ! » « Je ne peux pas le faire assez bien ! » « Regardez ce qui est arrivé la dernière fois ! » « Et si... ? » Ces énoncés peuvent dissimuler la peur. Parfois la peur dissimule la honte.

Après avoir fini les deux premiers chapitres d'un livre que j'écrivais, je les ai lus et j'ai grimacé. « Pas bon, me suis-je dit. Je n'y arrive pas. » J'étais prête à jeter les autres chapitres, ainsi que ma carrière d'écrivain, par la fenêtre. Une amie, également écrivain, me téléphona et je lui fis part de mon problème. Elle m'écouta et me dit : « Ces chapitres sont bons. Arrête d'avoir peur. Cesse de te critiquer. Et continue d'écrire. »

J'ai suivi son conseil. Le livre que j'ai presque jeté aux ordures est devenu un best-seller sur la liste du *New York Times*.

Détendez-vous. Faire de notre mieux suffit. C'est sans doute meilleur que nous le pensons. Même nos échecs peuvent se révéler d'importantes expériences d'apprentissage qui conduisent directement à – et sont nécessaires à – un succès imminent.

Ressentez la peur, puis lâchez prise face à elle. Jetez-vous dans le bain et faites-le – quoi que ce soit. Si nos instincts et notre chemin nous ont conduits là, c'est que c'est là que nous avons besoin d'être.

Aujourd'hui, je prendrai part de mon mieux à la vie. Quel que soit le résultat, je suis un gagnant.

11 janvier — Lâcher prise face à la culpabilité

« Il y a une bonne tactique que les personnes engagées dans des relations dysfonctionnelles emploient, dit une femme pendant son traitement. L'autre fait quelque chose d'inconvenant ou qui ne va pas, puis se tient là, attendant que vous vous sentiez coupable et finissiez par vous excuser. »

Il est impératif que nous cessions de nous sentir si coupables.

Bien souvent, les choses pour lesquelles nous éprouvons de la culpabilité ne relèvent pas de nous. Une autre personne se conduit mal de telle façon qu'elle enfreint nos limites. Nous remettons le comportement en question, la personne se fâche et se met sur la défensive. C'est alors que nous nous sentons coupables.

La culpabilité peut nous empêcher de fixer des limites qui seraient dans notre intérêt ainsi que dans celui d'autres personnes. La culpabilité peut nous empêcher de prendre sainement soin de nous-mêmes.

Nous n'avons pas à laisser autrui compter sur le fait que nous nous sentons toujours coupables. Nous n'avons pas à nous permettre de nous laisser contrôler par la culpabilité – méritée ou non ! Nous pouvons franchir le mur de la culpabilité qui nous sépare de la préoccupation de soi. Poussez. Poussez plus fort. Nous ne sommes pas responsables, nous ne sommes pas fous et nous n'avons pas tort. Nous avons le droit de fixer des limites et d'insister pour être traités de manière appropriée. Nous pouvons séparer les problèmes d'autrui des nôtres et laisser la personne subir les conséquences de son comportement, y compris la culpabilité. Nous pouvons nous en remettre à nous-mêmes pour savoir quand nos limites se font enfreindre.

Aujourd'hui, je lâcherai prise face à mes sentiments de culpabilité, gros et petits. La lumière et l'amour jouent en ma faveur.

12 janvier — Trouver l'équilibre

Le but du rétablissement par le travail sur soi est l'équilibre – ce précieux juste milieu.

Beaucoup d'entre nous sont allés d'un extrême à l'autre : des années à prendre soin de tous sauf d'eux, suivies d'une période de refus de se concentrer sur les besoins de qui que ce soit sauf d'eux-mêmes.

Nous avons peut-être passé des années à refuser de reconnaître, d'éprouver et de prendre en main nos sentiments, pour ensuite être complètement obsédés par toute trace d'énergie affective traversant notre corps.

Nous succombons à l'impuissance, à l'état de détresse et à celui de victime, puis nous passons à l'autre extrême en exerçant avec agressivité un contrôle sur ceux qui nous entourent.

Nous pouvons apprendre à donner à autrui tout en assumant la responsabilité de nous-mêmes. Nous pouvons apprendre à nous occuper de nos sentiments et également de nos besoins physiques, mentaux et spirituels. Nous pouvons alimenter la confiance tranquille que procure l'appropriation de notre pouvoir en tant qu'égal dans nos relations avec autrui.

Le but du travail sur soi est l'équilibre, mais parfois nous y parvenons en passant par des extrêmes.

Aujourd'hui, je serai doux envers moi-même, comprenant que parfois, pour atteindre le juste milieu, je dois explorer les sommets et les vallées. Il arrive que la seule façon de m'extirper d'une vallée soit de sauter assez haut pour atterrir sur un sommet, puis de me laisser lentement descendre.

13 janvier — Les sentiments bénéfiques

Lorsque nous parlons des sentiments en thérapie, nous mettons souvent l'accent sur le trio pénible – douleur, peur et colère. Mais il y a d'autres sentiments dans le royaume des émotions – bonheur, joie, paix, satisfaction, intimité, exaltation.

Il est juste de nous permettre aussi d'éprouver des sentiments agréables.

Nous n'avons pas à nous inquiéter quand nous éprouvons des sentiments agréables ; nous n'avons pas à nous effrayer de les ressentir ; nous n'avons pas à saboter notre bonheur. Nous faisons cela, parfois, pour revenir en terrain familier – un terrain moins joyeux.

C'est normal de se sentir bien. Nous ne sommes pas obligés d'analyser, de juger ni de justifier. Nous ne sommes pas obligés de nous rabaisser, ni de laisser autrui le faire, à travers un apport négatif.

Nous pouvons nous permettre de nous sentir bien.

Aujourd'hui, je me rappellerai que c'est mon droit de me sentir aussi bien que possible. Je peux avoir mes moments de bien-être ; je peux trouver un équilibre fait de satisfaction, de paix et de bien-être.

14 janvier — Accepter la colère

> *La colère est une des conséquences profondes de la vie. Elle fait partie des émotions normales. Quand on la trouve sur son chemin, on doit lui laisser libre cours – sinon, on la refoule.*
>
> *Vaincre la codépendance*

« Si je suivais un bon programme, je ne me mettrais pas en colère... Si j'étais un bon chrétien, je n'éprouverais pas de colère... Si j'utilisais concrètement mes affirmations à propos du bonheur que je ressens, je ne serais pas en colère... » Ce sont là de vieux messages qui nous incitent encore à refouler nos sentiments. La colère fait partie de la vie. Il ne faut ni s'y arrêter ni la chercher, mais nous ne pouvons pas nous permettre de l'ignorer.

Le travail sur soi nous enseigne que nous pouvons sans honte éprouver tous nos sentiments, y compris la colère, et continuer d'assumer la responsabilité de nos actions quand nous sommes en colère. Nous n'avons pas à laisser la colère nous contrôler, mais elle le fera sans aucun doute si nous nous empêchons de la ressentir.

Être reconnaissants, être positifs, être en bonne santé ne signifie pas que nous n'éprouverons plus jamais de colère. Être reconnaissants, être positifs, être en bonne santé veut dire que nous éprouvons de la colère quand cela est nécessaire.

Aujourd'hui, je me laisserai aller à la colère, s'il le faut. Je peux ressentir et libérer mes émotions, y compris la colère, de manière constructive. J'éprouverai de la reconnaissance pour ma colère et pour toute chose qu'elle essaie de me montrer. Je peux ressentir et accepter toutes mes émotions sans honte, et je peux assumer la responsabilité de mes actions.

15 janvier — Se défendre

> *Nous apprenons que certains comportements ont des conséquences qui vont à l'encontre du but recherché, d'autres ont des conséquences bénéfiques. Nous apprenons que des choix s'offrent à nous.*
>
> *Au-delà de la codépendance*

Il est tellement facile de prendre la défense d'autrui. Comme c'est clair quand les autres sont utilisés, contrôlés, manipulés ou abusés. C'est tellement facile de se battre à leur place, de s'indigner vertueusement, de voler à leur secours et de les aiguiller vers la victoire.

« Vous avez des droits, leur disons-nous. Et ces droits sont bafoués. Défendez-vous, sans culpabilité. »

Pourquoi est-ce si difficile, alors, de nous porter à notre propre secours ? Pourquoi ne pouvons-nous pas voir aussi clair lorsqu'on se sert de nous, lorsqu'on nous humilie, nous ment, nous manipule ou nous bafoue de quelque autre façon ? Pourquoi est-ce si difficile de nous défendre nous-mêmes ?

Il y a des moments dans la vie où nous pouvons adopter une voie douce et aimante. Il y en a d'autres, toutefois, où il nous faut nous défendre – quand suivre la voie douce et aimante nous met plus profondément à la merci de ceux qui pourraient nous maltraiter.

Certains jours, la leçon qu'il nous faut apprendre et mettre en pratique, c'est celle de fixer des limites. D'autres jours, il s'agit d'apprendre à lutter pour nous-mêmes et pour nos droits.

Parfois, la leçon ne prendra pas fin tant que nous n'arrêterons pas.

Aujourd'hui, je me porterai à la défense de ma propre cause. Je me rappellerai qu'il est normal de me défendre quand la situation s'y prête. Aide-moi, mon Dieu, à lâcher prise face à mon besoin de me comporter en victime. Aide-moi à me défendre de manière appropriée, et avec assurance.

16 janvier — La prière

> *De fait, la prière est la seule action véritable au sens complet du mot, parce que la prière est la seule chose qui change le caractère d'une personne. Un changement de caractère, ou un changement d'âme, est un changement véritable.*
>
> Emmet Fox, *Le sermon sur la montagne*

Erica Jong a dit que nous sommes des êtres spirituels qui sont humains. La prière et la méditation sont des moyens de prendre soin de notre esprit. La prière et la méditation sont des disciplines suggérées par la Onzième Étape des programmes thérapeutiques en Douze Étapes : Al-Anon, CoDa, Enfants adultes de famille dysfonctionnelle ou alcoolique (E.A.D.A.), et autres.

La prière et la méditation ne sont pas nécessairement liées à la religion organisée. Elles sont des moyens d'améliorer notre relation personnelle avec une Puissance supérieure de sorte que nous-mêmes, notre vie et notre croissance en tirent parti. La prière est notre façon de communiquer avec Dieu. Nous ne prions pas parce que nous devons le faire ; nous prions parce que nous le voulons. C'est ainsi que nous relions notre âme à notre Source.

Nous apprenons à prendre soin de nos émotions, de notre pensée et de nos besoins physiques. Nous apprenons à modifier nos comportements. Mais nous apprenons aussi à prendre soin de notre esprit, de *notre âme*, parce que c'est là que commence tout véritable changement.

Chaque fois que nous parlons à Dieu, nous sommes transformés. Chaque fois que nous communiquons avec notre Puissance supérieure, nous sommes entendus, touchés et changés pour le mieux.

Aujourd'hui, je mettrai en pratique la prière et la méditation. Que je me sente déprimé, mal à l'aise ou en paix, je ferai un effort pour communiquer avec ma Puissance supérieure, au moins pendant un moment aujourd'hui.

17 janvier — Faire comme si

Le comportement que nous appelons « faire comme si » peut être un puissant outil de cheminement vers un rétablissement. Faire comme si est une façon de mettre en pratique ce qu'il y a de positif. C'est une forme positive du « faire comme si ». C'est un outil de dépannage que nous utilisons par décision consciente.

Faire comme si peut être utile quand un sentiment commence à prendre le dessus sur nous. Nous prenons consciemment la décision d'agir comme si nous nous sentions bien et allions continuer de nous sentir bien.

Lorsqu'un problème nous tracasse, faire comme si peut nous aider à nous déprendre. Nous agissons comme si le problème allait être ou était *déjà* réglé, de sorte que la vie puisse continuer.

Souvent, faire comme si nous étions insouciants est une manière de faire en sorte que l'insouciance s'installe et prenne la relève.

Il y a de nombreux domaines où le fait de faire comme si – combiné à nos autres principes thérapeutiques – montrera la voie de la réalité que nous désirons. Nous pouvons faire comme si nous nous aimions, jusqu'à ce que nous commencions réellement à prendre soin de nous-mêmes. Nous pouvons faire comme si nous avions le droit de dire non, jusqu'à ce que nous le croyions.

Nous ne faisons pas semblant d'avoir assez d'argent pour couvrir un chèque. Nous ne prétendons pas qu'un alcoolique ne boit pas. Nous nous servons du « faire comme si » pour tracer la voie de nos nouveaux comportements. Nous nous imposons des comportements positifs propres au processus de cheminement vers notre rétablissement, mettant de côté nos doutes et nos peurs, jusqu'à ce que nos sentiments aient le temps de rattraper la réalité.

Faire comme si est un moyen positif de surmonter les peurs, les doutes et la mésestime de soi. Nous n'avons pas à mentir ; nous n'avons pas à être malhonnêtes envers nous-mêmes. Nous nous ouvrons aux possibilités positives de l'avenir, au lieu de limiter ce dernier par les sentiments et les circonstances d'aujourd'hui.

Faire comme si nous aide à passer du sol crevassé à la terre ferme.

Mon Dieu, montre-moi les domaines où faire comme si pourrait m'aider à tracer la voie de la réalité que je désire. Guide-moi tandis que je me sers de ce puissant outil de cheminement pour m'aider à créer une vie meilleure et des relations plus saines.

18 janvier — La gratitude

Parfois, dans la vie, les choses se passent trop vite. Nous avons à peine résolu un problème qu'il en surgit aussitôt deux autres. Nous nous sentons en grande forme le matin, mais nous sommes submergés par la détresse avant la nuit.

Chaque jour, nous faisons face à des interruptions, à des retards, à des changements et à des défis. Nous sommes confrontés à des conflits de personnalité et à des désappointements. Souvent, quand nous nous sentons accablés, nous ne pouvons pas voir les leçons que renferment ces expériences.

Un concept tout simple peut nous faire traverser les moments les plus stressants. Cela s'appelle la *gratitude*. Nous apprenons à dire *merci* pour ces problèmes et ces sentiments. *Merci* pour la façon dont les choses se déroulent. Je n'aime pas cette expérience, mais *merci* quand même.

Forcez-vous à adopter la gratitude jusqu'à ce qu'elle devienne une habitude. La gratitude nous aide à cesser d'essayer de contrôler l'issue des problèmes. C'est la clé qui déverrouille l'énergie positive dans notre vie. C'est l'alchimie qui transforme les problèmes en bénédictions, et l'imprévu en cadeau.

Aujourd'hui, je serai reconnaissant. Je commencerai le processus de transformation de la souffrance d'aujourd'hui en joie de demain.

19 janvier — S'approprier son pouvoir

Il existe un sentiment auquel il faut tout particulièrement prêter attention au cours du travail sur soi : le sentiment d'être placés en position de victime. Nous ne sommes pas obligés d'accepter ce sentiment comme s'il était naturel.

Comment nous sentons-nous quand nous sommes placés dans la position de victime ? Incapables de nous en sortir. Furieux. Impuissants. Frustrés.

Le sentiment d'être victime est dangereux. Souvent, il peut déclencher en nous des comportements de dépendance, ou autre compulsion.

Le travail sur soi apprend à déceler les situations où nous nous percevons comme des victimes, ainsi que *les situations où nous sommes réellement des victimes* et *pourquoi* nous nous sentons victimes. Nous apprenons à nous approprier notre propre pouvoir, à prendre soin de nous-mêmes et à cesser d'être des victimes.

Parfois, nous réapproprier ce pouvoir signifie que nous constatons que nous nous traitons nous-mêmes en victimes – et que d'autres ne font rien pour nous blesser. Ils vivent leur vie, comme ils en ont le droit, et nous nous sentons victimes parce que nous tentons de contrôler leur processus, ou nous attendons, déraisonnablement, qu'ils prennent soin de nous. Nous pouvons nous sentir victimes quand nous sommes empêtrés dans une croyance codépendante comme : *D'autres personnes font que je me sens... D'autres détiennent la clé de mon bonheur et de ma destinée...* ou *Je ne peux être heureux à moins qu'un autre ne se conduise d'une certaine façon ou qu'un événement particulier ne se produise...*

D'autres fois, nous approprier notre propre pouvoir conduit à la constatation que nous sommes humiliés par le comportement d'autrui. Nos frontières sont envahies. Dans ce cas, nous devons trouver quoi faire pour prendre soin de nous-mêmes afin de mettre fin à la victimisation ; nous devons fixer des limites.

Parfois, il suffit d'un changement d'attitude. *Nous ne sommes pas des victimes.*

Nous essayons de compatir avec la personne qui a fait de nous une victime, mais comprenons que la compassion vient souvent dans un deuxième temps, quand nous avons cessé d'être des victimes de corps, d'âme et d'esprit. Nous comprenons aussi qu'une trop grande compassion peut nous ramener directement à la position de victime. Une trop grande pitié à l'égard de quelqu'un qui fait de nous des victimes peut mener à ce que cette personne nous humilie à nouveau.

Nous essayons de ne pas imposer de conséquences ni de crises à autrui, mais nous ne le délivrons pas pour autant des conséquences logiques de son comportement. Si nous avons une responsabilité à assumer dans la gestion de ces conséquences, nous jouons notre rôle – non pour contrôler ou punir, mais pour être responsables de nous-mêmes, et envers autrui.

Nous tentons de découvrir ce que nous faisons pour nous sentir ainsi victimes, ou quel rôle nous jouons dans ce système. Nous n'avons aucun pouvoir sur les comportements des autres, mais nous pouvons nous approprier notre propre pouvoir de cesser d'être des victimes.

Aujourd'hui, j'assumerai la responsabilité de moi-même. Je la manifesterai à autrui en ne me permettant pas d'être ravalé au rang de victime. Je n'ai aucun contrôle sur les problèmes, mais je peux contrôler mon attitude envers ma situation de victime. Je ne suis pas une victime ; je ne mérite pas d'être humilié.

20 janvier — Nouveaux départs

Les ressentiments sont des blocages qui nous empêchent de nous aimer et d'aimer autrui. Les ressentiments ne punissent pas l'autre personne, c'est nous qu'ils punissent. Ils deviennent des obstacles au bien-être et au plaisir de la vie. Ils nous empêchent d'être en harmonie avec le monde. Les ressentiments sont des morceaux de colère ossifiée, qui se détachent et se dissolvent grâce au pardon et au fait de lâcher prise.

Lâcher prise face aux ressentiments ne veut pas dire que nous permettons à l'autre personne de nous faire tout ce qu'elle veut. Cela veut dire que nous acceptons ce qui s'est produit dans le passé et que nous fixons des limites pour l'avenir. Nous pouvons renoncer aux ressentiments et conserver nos limites !

Nous essayons de voir le bon côté de la personne ou le bien qui a découlé, en dernier ressort, de l'incident au sujet duquel nous éprouvons du ressentiment. Nous essayons de voir le rôle que nous y jouons.

Puis nous considérons l'incident comme clos.

Prier pour les personnes qui nous ont contrariés peut nous aider, de même que demander à Dieu de nous libérer de nos ressentiments.

Quelle meilleure façon de commencer une nouvelle année que d'effacer l'ardoise et d'entrer dans l'année à venir de plain-pied, libres de tout ressentiment.

Puissance supérieure, aide-moi à être prêt à lâcher prise face à mes ressentiments. Fais remonter à la surface tout ressentiment en moi, et qui m'entrave. Montre-moi ce que je dois faire pour prendre soin de moi-même en lâchant prise face à mes ressentiments, puis aide-moi à y réussir.

21 janvier — Désirs et besoins

Être responsable de soi veut dire, en partie, assumer la responsabilité de nos désirs et de nos besoins, et savoir qu'il est correct de le faire.

Apprendre à se mettre à l'écoute de soi, apprendre à s'écouter, est un art. Il faut s'y exercer. Nous pouvons nous servir de notre capacité à deviner les désirs et les besoins d'autrui, et l'appliquer à nous-mêmes.

Qu'est-ce que nous pourrions bien vouloir, de quoi aurions-nous bien besoin ? Qu'est-ce qui, à notre avis, pourrait nous faire sentir mieux ? Que nous disent nos sentiments ? Notre corps ? Notre esprit ? Notre intuition ?

Si nous nous le demandons, puis écoutons attentivement, nous entendrons la réponse.

Nous sommes plus sages que nous le pensons, et nous pouvons nous faire confiance.

Ce que nous voulons et ce dont nous avons besoin compte. C'est important et cela a de la valeur. Il est juste d'apprendre à participer à la satisfaction de nos propres besoins.

Nous pouvons apprendre à identifier ce que nous voulons et ce dont nous avons besoin, et faire preuve de patience à notre égard tandis que se fait cet apprentissage.

Aujourd'hui, je porterai attention à ce que je veux et à ce dont j'ai besoin. Je ne me déprécierai pas.

22 janvier — Appréciation de notre passé

Il est facile d'être négatif à propos des erreurs et des malheurs passés. Mais il est beaucoup plus apaisant de se regarder, soi et son passé, à la lumière de l'expérience, ce qui implique acceptation et conscience de sa propre croissance. Notre passé consiste en une série de leçons qui nous mènent à des niveaux de vie et d'amour plus élevés.

Les relations que nous avons amorcées, vécues ou terminées nous ont enseigné des leçons nécessaires. Certains d'entre nous sont sortis des situations les plus pénibles avec des perceptions précises de ce qu'ils sont et de ce qu'ils veulent.

Nos erreurs ? Nécessaires. Nos frustrations, nos échecs et nos efforts parfois hésitants dirigés vers la croissance et le progrès ? Nécessaires aussi.

À chaque étape, nous avons appris. Nous avons subi exactement les expériences qu'il nous fallait subir pour devenir les personnes que nous sommes aujourd'hui. À chaque étape, nous avons progressé.

Notre passé constitue-t-il une erreur ? Non. La seule erreur que nous puissions faire, c'est de considérer nos erreurs comme la vérité.

Aujourd'hui, mon Dieu, aide-moi à lâcher prise face aux pensées négatives que j'entretiens peut-être au sujet de ma situation ou de mes relations passées. Je peux accepter, avec gratitude, tout ce qui m'a conduit jusqu'au jour d'aujourd'hui.

23 janvier — Une nouvelle énergie prometteuse

Le plaisir devient plaisir ; l'amour devient amour ; la vie vaut désormais la peine d'être vécue. Et nous éprouvons de la reconnaissance.

Au-delà de la codépendance

Une nouvelle énergie, un nouveau sentiment surgit dans notre vie. *Nous ne pouvons pas fonder nos attentes sur la façon dont nous nous sentirons demain ou même dans quelques heures, mais sur la façon dont nous nous sentons en ce moment.*

Il n'existe pas deux moments identiques. Nous sommes engagés sur la voie de la guérison. Nous nous transformons. Notre vie change. À certains moments, les choses ne se sont pas déroulées comme nous le souhaitions. *Nous avions des choses à apprendre, des leçons à tirer.* L'avenir ne ressemblera pas au passé.

Les moments réellement difficiles sont presque révolus. La confusion, les expériences d'apprentissage qui sont de véritables gageures, les sentiments pénibles sont presque chose du passé.

Ne donnez pas à l'avenir les limites du passé !

Réfléchissez au début de votre cheminement. N'y a-t-il pas eu de nombreux changements qui vous ont conduit là où vous êtes maintenant ? Reportez-vous à il y a un an. N'avez-vous pas changé depuis lors, vous, tout comme votre situation ?

Parfois, les problèmes et les sentiments persistent pendant un moment. Ces moments sont temporaires. Les moments de confusion, d'incertitude, lorsque nous sommes aux prises avec un certain problème, ne durent pas.

Nous rendons ces moments encore plus pénibles en les comparant à notre passé. Chaque situation, chaque circonstance a eu son propre rôle à jouer pour faire de nous ce que nous sommes. Nous n'avons pas à nous faire peur en comparant notre présent et notre avenir à un passé pénible – particulièrement au passé précédant le temps où nous avons entrepris le processus thérapeutique, ou les enseignements d'une expérience particulière.

Sachez que l'inconfort ne sera pas permanent. N'essayez pas de découvrir comment vous vous sentirez ou quand vous vous sentirez différent. Plutôt, ayez confiance. Acceptez le jour présent, mais sans être limité par lui.

Une nouvelle énergie en découle. Un nouveau sentiment est en route. Nous ne pouvons pas prédire ce qu'il sera par ce qu'il a été ou ce qu'il est, parce que ce sera tout à fait différent. Nous n'avons pas travaillé et lutté en vain. C'était en vue de quelque chose.

Les temps changent pour le mieux. Continuez sur le chemin de la confiance et de l'obéissance. Soyez ouvert à ce qui est nouveau.

Aujourd'hui, mon Dieu, aide-moi à ne pas juger ni limiter mon avenir à la lumière de mon passé. Aide-moi à m'ouvrir à toutes les possibilités excitantes de changement, tant en moi qu'autour de moi.

24 janvier — Repartir de zéro

L'un des plus grands cadeaux que nous puissions faire est celui d'un cœur ouvert et aimant. Et se raccrocher à des sentiments négatifs liés à des relations passées est le plus grand obstacle que nous puissions opposer à l'existence de ce cadeau.

La plupart d'entre nous ont vu des relations arriver à leur terme. Quand nous nous penchons sur ces relations, nous devons effacer l'ardoise affective. Nous raccrochons-nous à de la colère ou à des ressentiments ? Nous sentons-nous encore victimes ? Vivons-nous sous l'emprise de croyances autodestructrices liées à ces relations – *On ne peut pas faire confiance aux femmes... Les patrons se servent des gens... Une bonne relation, ça n'existe pas...*

Lâchez prise face à tout ce qui peut bloquer vos relations aujourd'hui. Nous pouvons savoir avec une grande certitude que les sentiments anciens et les croyances autodestructrices nous empêcheront aujourd'hui de donner et de recevoir l'amour que nous désirons. Nous pouvons tout effacer du passé. Le processus commence par la prise de conscience, l'honnêteté et l'ouverture d'esprit, et il se termine lorsque nous avons atteint un état d'acceptation et de paix à l'égard de notre passé.

Aujourd'hui, j'entamerai le processus de lâcher prise face à toutes les croyances et à tous les sentiments autodestructeurs qui sont liés aux relations passées. Je passerai l'éponge, de manière à être en mesure d'aimer et d'être aimé.

25 janvier — Première Étape

> *Nous avons admis que nous étions impuissants devant l'alcool – que nos vies étaient devenues incontrôlables.*
>
> Première Étape Al-Anon

Il existe de nombreuses versions de la Première Étape pour les codépendants en processus de rétablissement. Certains d'entre nous ont admis qu'ils étaient impuissants devant l'alcool ou devant l'alcoolisme d'autrui. Certains d'entre nous ont admis leur impuissance à l'égard d'autrui, d'autres à l'égard des conséquences d'avoir grandi dans une famille d'alcooliques.

L'un des mots les plus importants de la Première Étape est le mot *nous*. Nous nous rassemblons parce que nous partageons un problème commun et, en nous rassemblant, nous trouvons une solution commune.

Grâce au mouvement des programmes Douze Étapes, beaucoup d'entre nous découvrent que, bien qu'ils se soient sentis isolés dans leur souffrance, d'autres ont vécu une souffrance similaire. Et, maintenant, nous sommes nombreux à nous donner la main dans un processus similaire.

Nous. Une partie importante de ce processus. Une expérience partagée. Une force partagée, renforcée par le partage. Un espoir partagé – celui de vies et de relations meilleures.

Aujourd'hui, je serai reconnaissant pour l'existence des nombreuses personnes à travers le monde qui se déclarent « codépendants en voie de guérison ». Aide-moi à savoir que chaque fois que l'un de nous fait un pas en avant, nous tirons tout le groupe vers l'avant.

26 janvier — Se tirer d'affaire

Nous pouvons apprendre à ne pas nous accrocher à des comportements malsains et autodestructeurs dans nos relations – tel l'investissement personnel, contrôler, se rabaisser et croire des mensonges.

Nous pouvons apprendre à prêter attention aux façons que nous avons de nous accrocher ainsi, et apprendre à les reconnaître, puis choisir de ne pas nous permettre de nous accrocher.

Souvent, les gens agissent, consciemment ou non, de telle sorte que leurs actes entraînent une série de ces comportements autodestructeurs que nous appelons codépendance. Le plus souvent, ces attitudes peuvent être presque délibérées et les résultats, prévisibles.

Une personne peut se tenir devant nous et faire allusion, en soupirant, à un problème, *sachant* ou *espérant* que cette allusion, ce soupir, nous poussera irréversiblement à prendre soin d'elle. C'est de la *manipulation*.

Quand les gens se tiennent devant nous et font allusion à quelque chose en soupirant, puis disent, avec une timidité feinte : « Oh, laisse tomber, tu n'as pas à te préoccuper de cela », c'est un *jeu*. Il nous faut reconnaître cela. Nous sommes sur le point de nous laisser embarquer, si nous permettons que cela se produise.

Nous pouvons apprendre à insister pour que les gens nous demandent directement ce qu'ils veulent ou ce dont ils ont besoin.

Quels sont les mots, les signes, les regards, les allusions, les indices qui nous précipitent dans un comportement prévisible et souvent autodestructeur ?

Qu'est-ce qui vous fait éprouver de la sympathie ? De la culpabilité ? Qu'est-ce qui vous fait vous sentir responsable de l'autre ?

Notre point fort est que nous sommes si bienveillants. Notre point faible, c'est que nous sous-estimons souvent les gens à qui nous avons affaire. *Ils* savent ce qu'ils font. Il est temps d'abandonner notre supposition naïve selon laquelle les gens ne suivent pas leur idée dans leur meilleur intérêt, qui n'est pas nécessairement le nôtre.

Nous devons également nous examiner attentivement. Est-ce que nous multiplions mots accrocheurs, regards et allusions dans le but d'accrocher autrui ? Nous devons insister sur le fait que nous nous comportons de manière directe et honnête avec les autres, au lieu d'attendre d'eux qu'ils viennent à notre rescousse.

Si quelqu'un veut obtenir quelque chose de nous, insistons pour qu'il ou elle nous le demande directement. Exigeons la même chose de nous-mêmes. Si quelqu'un tend l'hameçon, nous ne sommes pas obligés d'y mordre.

Aujourd'hui, je serai conscient des hameçons qui m'entraînent dans des actes d'investissement personnel dont je sors avec le sentiment d'être une victime. Je ne tiendrai pas compte des allusions, des regards et des mots qui m'accro-

chent, et j'attendrai la franchise et l'honnêteté que, tout comme autrui, je mérite.

27 janvier — Avoir besoin des gens

Nous pouvons trouver l'équilibre entre avoir trop besoin des gens et ne pas nous permettre d'avoir besoin de qui que ce soit.

Beaucoup d'entre nous ont des besoins de dépendance non comblés qui subsistent. Bien que nous voulions que les autres assouvissent notre désir d'être aimés inconditionnellement, nous avons peut-être choisi des gens qui ne peuvent pas, ou ne veulent pas, être là pour nous. Certains d'entre nous sont tellement en manque d'amour qu'ils éloignent les gens d'eux, en ayant trop besoin d'eux.

Il y en a parmi nous qui tombent dans l'autre extrême. Nous sommes peut-être habitués à ce que les gens ne soient pas là pour nous, alors nous les repoussons. Nous combattons nos sentiments de besoin en devenant excessivement indépendants, en ne nous permettant pas d'avoir besoin de qui que ce soit. Certains d'entre nous *ne laissent pas les gens être là pour eux.*

D'une manière ou d'une autre, nous vivons avec des problèmes en suspens. Nous méritons mieux que cela. Quand nous changerons, notre situation changera.

Si nous manifestons une trop grande indigence, nous y répondons en acceptant la partie indigente de notre être. Nous nous laissons guérir de la douleur des besoins passés non comblés. Nous cessons de nous dire que nous ne sommes pas dignes d'être aimés parce que nous n'avons pas été aimés de la façon dont nous le voulions et dont nous avions besoin.

Si nous avons fermé la partie de notre être qui a besoin d'autrui, nous nous empressons de nous ouvrir, d'être vulnérables, et nous nous laissons aimer. Nous nous permettons d'avoir des besoins.

Nous obtiendrons l'amour dont nous avons besoin et que nous désirons quand nous commencerons à croire que nous sommes dignes d'être aimés, et que nous permettrons que cela se produise.

Aujourd'hui, je m'efforcerai d'atteindre l'équilibre entre être trop dans le besoin et ne pas me permettre d'avoir besoin d'autrui. Je me permettrai de recevoir l'amour qui est là pour moi.

28 janvier — Rester dans le moment présent

Souvent, l'une de nos questions les plus pressantes est la suivante : « Qu'est-ce qui va se passer ? » Nous pouvons nous demander cela à propos de nos relations, de notre carrière, de notre rétablissement, de notre vie. C'est facile de nous enfermer dans des pensées inquiétantes.

Nous inquiéter de ce qui va se passer nous empêche de fonctionner de façon efficace aujourd'hui. Cela nous empêche de faire de notre mieux dans le présent. Cela nous empêche de tirer le meilleur parti des leçons d'aujourd'hui. Demeurer dans l'instant présent, faire de notre mieux et participer pleinement au présent, voilà tout ce dont nous avons besoin pour nous assurer que ce qui va se passer demain sera pour le mieux.

S'inquiéter de ce qui va se passer est une contribution négative à notre avenir. Vivre dans le présent est la meilleure chose que nous puissions faire en définitive, non seulement pour aujourd'hui, mais pour demain. Cela améliore nos relations, notre vie professionnelle, notre rétablissement psychique et notre vie en général.

Les choses s'amélioreront si nous leur en laissons la chance. Si nous devons porter notre regard sur l'avenir pour une raison autre que pour faire des projets, tout ce qu'il nous faut faire c'est d'affirmer qu'il sera bon.

Je prie pour croire que mon avenir sera bon si aujourd'hui je vis bien et en paix. Je me rappellerai que demeurer dans le présent est la meilleure chose que je puisse faire pour mon avenir. Je me concentrerai sur ce qui se passe maintenant plutôt que sur ce qui va se passer demain.

Je suis encore étonné, après des années de guérison, de constater à quel point je peux facilement me convaincre de ne pas aller aux réunions. Je suis également encore étonné de constater à quel point je me sens bien quand j'y vais.

Anonyme

Personne ne nous oblige à rester empêtrés dans notre malheur et notre inconfort. Un choix immédiat s'offre à nous qui nous aidera à nous sentir mieux : aller à une réunion d'un groupe de soutien d'un mouvement Douze Étapes.

Pourquoi résister à ce qui peut nous aider à nous sentir mieux ? Pourquoi rester fixés dans notre obsession ou notre dépression quand aller à une réunion – même si cela veut dire une réunion supplémentaire – nous aiderait à nous sentir mieux ?

Trop occupés ?

Il y a cent soixante-huit heures dans chaque semaine. Prendre une ou deux heures par semaine pour une réunion peut maximiser le potentiel des cent soixante-six heures qui restent. Si nous tombons dans notre « manie de codépendance », nous pouvons facilement consacrer la majorité de nos heures de veille à fabriquer de l'obsession, à nous asseoir à ne rien faire ou à courir après les besoins d'autrui. Ne pas consacrer deux heures à une réunion peut aboutir au gaspillage du restant de la semaine.

Trop fatigués ?

Il n'y a rien de plus revigorant que de se remettre sur le bon chemin. Aller à une réunion peut accomplir précisément cela.

Aujourd'hui, je me rappellerai qu'aller aux réunions peut m'aider.

30 janvier — Liberté religieuse

« … une Puissance supérieure à nous-mêmes… » « *Dieu tel que nous Le concevions.* » Ces mots introduisent la spiritualité dans les Douze Étapes. Ce sont les deux premières références à Dieu et elles sont formulées ainsi pour une raison.

Chacun de nous a la liberté de définir et de concevoir sa Puissance supérieure – Dieu – comme il l'entend.

Cela signifie que nous n'apportons pas notre affiliation religieuse dans nos groupes de guérison. Cela signifie que nous n'essayons pas d'imposer nos croyances religieuses ou notre compréhension de Dieu à qui que ce soit. Nous ne nous servons pas de nos groupes ou de nos réunions comme tribune pour convertir autrui. Nous n'essayons pas d'imposer à autrui les *particularités* de nos croyances religieuses.

Nous nous donnons, et nous donnons à chaque personne, le droit à une conception personnelle d'une Puissance supérieure.

Aujourd'hui, je respecterai la conception de Dieu qu'a autrui, tout comme la mienne. Je ne permettrai pas au jugement d'autrui sur mes croyances de me causer de l'anxiété et de la détresse. Je chercherai à grandir spirituellement, avec ou sans l'assistance d'une religion ou d'une dénomination particulière.

31 janvier — Demander ce dont nous avons besoin

Un soir, j'étais seule, lasse et épuisée. Je voyageais beaucoup à l'époque, coupée de ma famille et de mes amis. J'ai pris l'avion pour passer la soirée chez moi, mais il semblait que personne ne l'avait remarqué. Mon entourage était habitué à ce que je ne sois pas là.

Il était tard et je me suis mise à discuter avec Dieu.

« Voilà, à présent que je travaille beaucoup, je me sens seule. J'ai besoin de savoir que quelqu'un se préoccupe de moi. Tu m'as dit de Te dire ce dont j'ai besoin et, ce soir, mon Dieu, j'ai particulièrement besoin d'une présence et d'une d'énergie masculines. J'ai besoin d'un ami, de quelqu'un en qui je peux avoir confiance pour se préoccuper de moi sans dimension sexuelle et sans exploitation de mon désir. J'ai besoin que quelqu'un me prenne dans ses bras. Maintenant, où es-tu ? »

Je me suis couchée sur le divan et j'ai fermé les yeux. J'étais trop fatiguée pour faire autre chose que lâcher prise.

Le téléphone a sonné quelques minutes plus tard. C'était un ancien collègue qui était, depuis, devenu mon ami. « Hé, ma vieille, dit-il. Tu as l'air vraiment fatiguée et en manque d'attention. Ne bouge pas. Je prends ma voiture et je viens te faire un bon massage de pieds. C'est exactement ce dont tu sembles avoir besoin. »

Une demi-heure plus tard, il a frappé à la porte. Il avait apporté un petit flacon d'huile de massage et m'a doucement massé les pieds, m'a serrée dans ses bras, m'a dit à quel point il se préoccupait de moi, puis il est parti.

J'ai souri. J'avais reçu exactement ce que j'avais demandé.

On peut sans problème faire confiance à Dieu.

Aujourd'hui, je me rappellerai que Dieu se préoccupe de mes besoins, particulièrement si je le fais moi aussi.

FÉVRIER

1er février **Deuxième Étape**

Nous en sommes venus à croire qu'une Puissance supérieure à nous-mêmes pouvait nous rendre à la raison.

Deuxième Étape Al-Anon

Nous en venons à croire en une vie meilleure grâce au don marquant que nous font d'autres personnes – en les écoutant, en les regardant, en constatant les bienfaits du travail sur soi qui est à l'œuvre dans leur vie.

Il existe une Puissance supérieure à nous-mêmes. Nous pouvons vraiment espérer maintenant que les choses peuvent et vont changer et s'améliorer pour nous.

Nous ne sommes pas engagés dans un programme du type « faites-le vous-même ». Nous ne sommes pas obligés d'exercer notre volonté pour changer. Nous ne sommes pas obligés de forcer notre rétablissement pour qu'il se produise. Nous n'avons pas à faire de grands efforts pour nous convaincre qu'il existe une puissance supérieure à nous-mêmes – une puissance qui agira comme il le faut dans notre vie. Cette Puissance fera pour nous ce que nos plus grands et nos plus diligents efforts ne pourraient pas accomplir.

Notre Puissance supérieure nous ramènera à une vie saine et bénéfique. Il nous suffit de croire.

Regardez. Prêtez attention. Voyez les gens qui vous entourent. Voyez la guérison qu'ils ont trouvée. Puis découvrez votre propre foi, votre propre croyance, votre propre guérison.

Aujourd'hui, quelles que soient les circonstances, je croirai de mon mieux qu'une Puissance supérieure à moi peut et va me ramener à un mode de vie paisible et sain. Puis je me détendrai et je La laisserai faire.

2 février — Faire confiance à notre Puissance supérieure

Nous avons décidé de confier notre volonté et nos vies aux soins de Dieu tel que nous Le concevions.

Troisième Étape Al-Anon

Toutes ces références à une Puissance supérieure, à Dieu tel que nous Le concevons. Toute cette joie qui jaillit à mesure que nous en venons à Le comprendre.

La spiritualité et la croissance spirituelle sont les fondements du changement. Vaincre la codépendance n'est pas une tâche que l'on réussit par soi-même.

Dieu est-Il un tyran implacable ? Un sorcier insensible et mortifiant qui a plus d'un tour dans son sac ? Dieu est-Il sourd ? Indifférent ? Qui fait tout au petit bonheur ? Qui ne pardonne pas ?

Non.

Un Dieu aimant, un Dieu bienveillant. Voilà le Dieu de notre mieux-être. Pas plus de souffrance qu'il n'en faut pour être utile, guérir et laver. Autant de bonté et de joie que peut en contenir notre cœur, aussitôt qu'il est guéri, ouvert et prêt à recevoir. Dieu, Celui qui approuve, qui accepte, qui pardonne instantanément.

Dieu a prévu de petits cadeaux le long du chemin pour illuminer notre journée, et parfois, de grandes et merveilleuses surprises – qui arrivent à point nommé, parfaites pour nous.

Grand Maître, Dieu tisse ensemble toute notre joie, notre tristesse et notre expérience pour créer un portrait de notre vie plein de profondeur, de beauté, de sensibilité, de couleur, d'humour et de sentiment.

Dieu tel que nous Le concevons : un Dieu aimant. Le Dieu de notre guérison.

Aujourd'hui, je vais m'ouvrir à la sollicitude d'un Dieu aimant, puis je laisserai Dieu me témoigner de l'amour.

3 février — Rejeter la honte

La honte peut être un moteur très puissant dans notre vie. C'est le sceau et le fonds de commerce des familles dysfonctionnelles.

La *culpabilité* authentique et légitime est le sentiment ou la pensée que ce que nous avons fait n'est pas correct. Elle indique que notre comportement doit être corrigé ou modifié, ou qu'il faut faire amende honorable.

La *honte* est le sentiment négatif et accablant que la personne que nous sommes n'est pas bonne. La honte est une situation sans issue possible. Nous pouvons modifier nos comportements, mais nous ne pouvons pas changer qui nous sommes. La honte peut nous précipiter plus avant dans des comportements qui vont à l'encontre du but recherché et qui sont parfois autodestructeurs.

Quelles sont les choses qui peuvent nous pousser à éprouver de la honte ? Nous pouvons avoir honte quand nous avons un problème ou qu'une personne chère a un problème. Nous pouvons avoir honte de faire des erreurs ou de réussir. Nous pouvons avoir honte de certains sentiments ou de certaines pensées. Nous pouvons avoir honte quand nous avons du plaisir, quand nous nous sentons bien ou quand nous sommes assez vulnérables pour nous dévoiler à autrui. Certains d'entre nous ont honte simplement d'exister.

La honte est un sort que d'autres nous jettent pour nous contrôler, pour nous empêcher de jouer notre rôle propre au sein de systèmes dysfonctionnels. C'est un sort que beaucoup d'entre nous ont appris à jeter sur eux-mêmes.

Apprendre à rejeter la honte peut changer notre qualité de vie. C'est bien d'être qui nous sommes. Nous ne sommes ni trop bons ni pas assez. Nos sentiments sont ce qu'ils sont. Notre passé aussi. C'est normal d'avoir des problèmes, de faire des erreurs et de lutter pour trouver notre voie. C'est un fait d'être humain et de chérir notre humanité.

S'accepter représente le premier pas en direction de la guérison. Lâcher prise et dompter la honte de qui nous sommes constitue l'étape suivante, une étape importante.

Aujourd'hui, je prêterai attention aux indices qui me montrent que je suis tombé dans le piège de la honte. Si je me laisse prendre au piège de la honte, je m'en sortirai en m'acceptant et en affirmant qu'être qui je suis est une bonne chose.

4 février — Jouir de la guérison

Quel périple !

Ce processus de croissance et de changement nous emmène sur un chemin qui change constamment. Parfois le chemin est difficile et escarpé. Tantôt nous escaladons des montagnes. Tantôt nous nous laissons glisser de l'autre côté comme sur un toboggan.

Quelquefois, nous nous reposons.

Parfois nous cherchons à tâtons dans l'obscurité, parfois nous sommes aveuglés par le soleil.

Il arrive que de nombreuses personnes nous accompagnent sur la route ; d'autres fois, nous nous sentons presque seuls.

Chemin toujours changeant, toujours intéressant, menant toujours quelque part, à un endroit meilleur, un endroit bien.

Quel périple !

Aujourd'hui, mon Dieu, aide-moi à me détendre et à profiter du paysage. Aide-moi à savoir que je suis là où je dois être dans mon périple.

5 février — Responsabilité financière

Nous sommes financièrement responsables de nous-mêmes.

Quelle pensée d'adulte effrayante pour beaucoup d'entre nous – assumer la responsabilité de l'argent et de nos affaires financières. Pour un grand nombre d'entre nous, l'abandon de la responsabilité de leurs affaires financières a fait partie d'un compromis de codépendance dans leurs relations interpersonnelles.

Une certaine partie de notre dépendance affective envers autrui, ce lien étroit qui nous relie aux autres, non par amour mais par besoin et désespoir, est directement liée à la dépendance financière. Nos peurs et notre répugnance à assumer la responsabilité de nos questions financières peuvent s'avérer un obstacle à la liberté que nous cherchons à travers le travail thérapeutique que nous avons entrepris.

La responsabilité financière est une attitude. L'argent se dépense pour payer les choses essentielles et le superflu, comme les produits de luxe. L'argent doit se gagner pour pouvoir être dépensé. Combien faut-il en gagner pour correspondre à ce qui se dépense ?

Impôts... régimes d'épargne... habitudes de dépenses appropriées qui démontrent une attitude de responsabilité financière... Être vivant signifie, pour une bonne part, apprendre à gérer l'argent. Même si nous avons une entente saine avec une personne qui nous permet de compter sur elle pour l'argent, il nous faut tout de même comprendre comment cela fonctionne. Nous devons adopter une attitude de responsabilité financière pour nous-mêmes. Même si nous avons une entente tacite avec quelqu'un pour subvenir à nos besoins financiers, nous devons comprendre les rentrées et les sorties d'argent dans notre vie.

L'estime de soi augmentera lorsque nous augmenterons notre sens de la responsabilité financière. Nous pouvons commencer où nous sommes, avec ce que nous avons aujourd'hui.

Mon Dieu, aide-moi à renoncer à mes peurs et à ma répugnance à faire face aux aspects de ma vie qui touchent à la gestion responsable de l'argent. Montre-moi les leçons que je dois apprendre au sujet de l'argent.

6 février — Mettre fin à la victimisation

Avant d'entreprendre leur cheminement thérapeutique, beaucoup d'entre nous manquaient d'un cadre de référence pour identifier la *victimisation* et les *abus* dans leur vie. Nous pensions peut-être qu'il était normal que les gens nous maltraitent. Nous croyions sans doute que nous méritions ces mauvais traitements ; nous étions peut-être même attirés par les gens qui nous maltraitaient.

Il nous faut lâcher prise, à un niveau profond, face à notre besoin d'être maltraités et d'être des victimes. Nous devons renoncer à notre besoin de participer à des relations et à des systèmes dysfonctionnels au travail, en amour, dans nos relations familiales, dans nos amitiés. Nous méritons mieux, beaucoup mieux que cela. C'est notre droit. Quand nous croirons en notre droit au bonheur, nous connaîtrons le bonheur.

Nous nous battrons pour ce droit, et la lutte surgira de notre âme. Il faut briser les fers de l'oppression et de la victimisation.

Aujourd'hui, je me libérerai en lâchant prise, en renonçant à mon besoin d'être une victime et j'explorerai ma liberté de prendre soin de moi-même. Cette libération ne m'éloignera pas davantage des personnes que j'aime. Elle me rapprochera au contraire des gens, je serai davantage en harmonie avec le dessein de Dieu pour ma vie.

7 février — S'approprier son pouvoir

Nous devons faire la distinction entre l'impuissance et l'appropriation de notre pouvoir.

La première étape du processus de rétablissement est l'acceptation de l'impuissance. Il y a des choses que nous ne pouvons pas réussir à faire, quelle que soit la durée ou la quantité d'efforts que nous y consacrions. Parmi ces choses, mentionnons pour commencer changer les autres, résoudre leurs problèmes et contrôler leur comportement. Parfois, nous nous sentons impuissants vis-à-vis de nous-mêmes – vis-à-vis de ce que nous ressentons ou croyons, ou des effets qu'une situation ou une personne a su

Il est important de capituler face à l'impuissance, mais également de nous approprier notre propre pouvoir. Nous ne sommes pas pris au piège. Nous ne sommes pas incapables de nous en sortir. Nous nous sentons parfois comme si nous l'étions, mais ce n'est pas le cas. Nous avons tous le pouvoir, qui nous est donné par Dieu, et le droit de prendre soin de nous-mêmes en toute circonstance et avec toute personne. Le juste milieu de la préoccupation de soi se situe entre les deux extrêmes : contrôler les autres et leur permettre de nous contrôler. Nous pouvons arpenter ce terrain doucement ou avec assurance, mais en étant confiants que c'est notre droit et notre responsabilité.

Il faut laisser venir le pouvoir d'emprunter cette voie.

Aujourd'hui, je me rappellerai que je peux prendre soin de moi-même. J'ai le choix et je peux exercer les options que je choisis sans culpabilité.

8 février — Lâcher prise face à la culpabilité

Se sentir bien à propos de soi est un choix. Il en est de même de la culpabilité. Quand la culpabilité est légitime, elle agit comme avertisseur lumineux, nous indiquant que nous faisons fausse route. Son but est atteint.

Se complaire dans la culpabilité permet aux autres de nous contrôler. Nous ne nous sentons pas à la hauteur. Cela nous empêche de fixer des limites et de prendre d'autres mesures saines pour nous occuper de nous-mêmes.

Nous avons peut-être appris à nous sentir habituellement coupables, une réaction instinctive à la vie. Nous savons maintenant que nous ne sommes pas obligés de nous sentir coupables. Même si nous avons fait quelque chose qui enfreint une valeur, la culpabilité prononcée ne résout pas le problème ; elle ne fait que le prolonger. Alors faites amende honorable. Changez un comportement. Puis lâchez prise face à la culpabilité.

Aujourd'hui, mon Dieu, aide-moi à devenir tout à fait disposé à lâcher prise face à la culpabilité. Je t'en prie, ôte-la-moi et remplace-la par l'amour de soi.

9 février — Lâcher prise face à l'amour

> *Quand les gens souffrant d'un trouble obsessionnel se livrent à leur obsession, ils ne vous disent pas qu'ils ne vous aiment pas, mais qu'ils ne s'aiment pas eux-mêmes.*
>
> *Vaincre la codépendance*

Gens doux, âmes douces, allez dans l'amour.

Oui, à certains moments il nous faut être fermes, assurés : ces moments qui marquent un changement en nous, quand nous acquérons un nouveau comportement, quand nous avons besoin de convaincre les autres et nous-mêmes que nous avons des droits.

Ces moments ne sont pas permanents. Il nous faut peut-être nous mettre en colère pour prendre une décision ou fixer une limite, mais nous ne pouvons pas nous permettre de demeurer amers. Il est difficile d'éprouver de la compassion pour la personne qui fait de nous une victime, mais une fois que nous cessons d'être des victimes, nous trouvons la compassion.

Notre chemin, notre voie est faite de douceur, arpentée dans l'amour – amour de soi, amour d'autrui. Fixer des limites. Se détacher. Prendre soin de nous-mêmes. Et aussi rapidement que possible, accomplir ces choses dans l'amour.

Aujourd'hui, et chaque fois que c'est possible, mon Dieu, laisse-moi être doux avec moi-même et avec autrui. Aide-moi à trouver l'équilibre entre le geste assuré, accompli dans mon meilleur intérêt, et l'amour d'autrui. Aide-moi à comprendre qu'à certains moments ces deux idées ne font qu'une. Aide-moi à trouver le bon chemin pour moi.

La tristesse non résolue qui subsiste du passé peut constituer un obstacle à la joie et à l'amour.

Dans le passé, que de choses nous nous sommes dites pour nier la souffrance : « Ça ne fait pas si mal que cela... Peut-être que si j'attends, les choses vont changer... Il n'y a rien, là. Je peux m'en sortir... Peut-être que si j'essaie de changer l'autre personne, je ne serai pas obligé de changer moi-même. »

Nous niions que cela faisait mal parce que nous ne voulions pas ressentir la souffrance.

Les problèmes en suspens ne disparaissent pas du jour au lendemain. Ils perdurent, jusqu'à obtenir notre attention, c'est-à-dire jusqu'à ce que nous les ressentions, les prenions en main et les résolvions. C'est un des enseignements dont nous bénéficions dans le processus de cheminement pour vaincre la codépendance et les problèmes d'enfants adultes.

Beaucoup d'entre nous n'avaient pas les outils, le soutien ou la sécurité dont ils avaient besoin pour reconnaître et accepter la souffrance dans leur passé. C'est normal. Nous sommes en sécurité maintenant. Lentement, prudemment, nous pouvons commencer à nous ouvrir à nos sentiments. Nous pouvons entamer le processus nous permettant d'éprouver ce que nous avons nié pendant si longtemps – non pas pour blâmer ni pour humilier, mais pour nous guérir, en vue d'une vie meilleure.

Il est normal de pleurer quand nous avons besoin de pleurer et de ressentir la tristesse emmagasinée en nous pendant si longtemps. Nous pouvons éprouver et libérer ces sentiments.

Le chagrin est un processus de purification. C'est un processus d'acceptation. Il nous mène de notre passé vers aujourd'hui et vers un avenir meilleur – un avenir libre de comportements de sabotage, un avenir qui renferme plus de choix que notre passé.

Mon Dieu, à mesure que je vis cette journée, laisse-moi m'ouvrir à mes sentiments. Aujourd'hui, aide-moi à savoir que je n'ai ni à forcer ni à réprimer la guérison que m'offre le travail sur moi. Aide-moi à croire que, si je suis ouvert et disponible, la guérison se produira naturellement et doucement.

11 février — Guidés par Dieu

> *Transmets-moi la bonne pensée, le bon mot, la bonne action. Indique-moi quelle doit être ma prochaine étape. Dans les moments de doute et d'indécision, je t'en prie, envoie Ton inspiration et Tes conseils.*
>
> Alcooliques anonymes

Ce qu'il y a de bien quand nous nous abandonnons et abandonnons notre vie à une Puissance supérieure à nous-mêmes, c'est que nous nous harmonisons avec le Grand Dessein, qui est plus grand que nous pourrions l'imaginer.

On nous a promis les conseils divins, si nous les demandons, si nous suivons les Douze Étapes. Quel plus grand cadeau pourrions-nous recevoir que celui de savoir que nos pensées, nos mots et nos actions sont dirigés ?

Nous ne sommes pas une erreur. Et nous ne sommes pas obligés de nous contrôler, de nous contenir, ni d'agir ainsi envers les autres pour que la vie se déroule bien. Même ce qui est insolite, imprévu ou pénible, et toute chose que nous appelons erreurs, peut se transformer en harmonie.

Nous serons guidés vers la compréhension de ce dont nous avons besoin pour prendre soin de nous-mêmes. Nous commencerons à faire confiance à notre intuition, à nos sentiments, à nos pensées. Nous saurons quand démarrer, quand arrêter, quand attendre. Nous apprendrons une grande vérité : le dessein se réalisera en dépit de nous, non grâce à nous.

Je prie aujourd'hui et chaque jour pour que mes pensées, mes mots et mes actions soient soumis à une orientation divine. Je prie pour pouvoir poursuivre mon chemin en toute confiance, sachant que mes pas sont guidés.

12 février — Lâcher prise face à ceux qui ne font pas de travail sur eux

Nous pouvons poursuivre notre chemin et traverser nos étapes vers un rétablissement, même si quelqu'un que nous aimons n'en est pas encore là.

Imaginez un pont. D'un côté, il fait sombre et froid. Nous nous tenions là avec d'autres, dans le froid et l'obscurité, pliés en deux de douleur. Certains d'entre nous ont contracté un trouble de l'alimentation pour faire face à la douleur. Certains se sont tournés vers l'alcool ; d'autres ont fait usage de drogues. Certains ont perdu la maîtrise de leur comportement sexuel. Il y en a parmi nous qui se sont concentrés de manière obsessive sur la souffrance des personnes dépendantes pour se distraire de leur propre souffrance. Beaucoup d'entre nous ont fait les deux : ils ont mis au point un comportement de dépendance et ils se sont distraits en portant leur attention sur d'autres personnes dépendantes. Nous ne savions pas qu'il y avait un pont. Nous nous croyions au bord d'une falaise.

Puis, il y en a parmi nous à qui la chance a souri. Nos yeux se sont ouverts, par la grâce de Dieu, parce qu'il était temps. Nous avons vu le pont. Des gens nous ont dit ce qui se trouvait de l'autre côté : la chaleur, la lumière et la guérison de notre souffrance. Nous pouvions à peine l'apercevoir ou l'imaginer, mais nous avons décidé d'entreprendre quand même le trajet menant de l'autre côté du pont.

Nous avons essayé de convaincre les gens de notre entourage, sur cette falaise, qu'un pont menait à un lieu plus favorable, mais ils ne voulaient pas écouter. Ils ne le voyaient pas ; ils ne pouvaient pas croire. Ils n'étaient pas prêts pour le voyage. Nous avons décidé d'y aller seuls, parce que nous croyions et parce que les gens de l'autre côté nous encourageaient. Plus nous nous rapprochions de l'autre côté, plus nous pouvions voir et sentir que ce qui nous avait été promis était réel. Il y avait de la lumière, de la chaleur, il y avait la guérison et de l'amour. L'autre côté était un lieu meilleur.

Mais maintenant, il y a un pont entre nous et ceux qui sont demeurés de l'autre côté. Nous sommes parfois tentés de revenir en arrière et de les tirer de l'autre côté avec nous, mais c'est impossible. Personne ne peut être entraîné ni forcé à traverser le pont. Chaque personne doit y aller quand bon lui semble, quand le moment est propice. Certains viendront ; d'autres demeureront de l'autre côté. Le choix ne nous appartient pas.

Nous pouvons les aimer. Nous pouvons les saluer de la main. Nous pouvons crier à tue-tête de part et d'autre du pont. Nous pouvons les encourager à traverser, comme d'autres l'ont fait pour nous. Mais nous ne pouvons pas les forcer à venir nous rejoindre.

Si le moment est venu pour nous de traverser le pont ou si nous l'avons déjà traversé et que nous nous tenons dans la lumière et la chaleur, nous n'avons pas à nous sentir coupables. C'est là que nous sommes destinés à être. Nous ne sommes pas obligés de retourner sur la falaise obscure parce que le temps n'est pas encore venu pour une autre personne.

La meilleure chose que nous puissions faire, c'est de demeurer dans la lumière, parce que cela rassure autrui qu'il existe un lieu meilleur. Et si d'autres se décident enfin à traverser le pont, nous serons là pour les encourager par nos acclamations.

Aujourd'hui, j'irai de l'avant dans ma vie, indépendamment de ce que d'autres font ou ne font pas. Je saurai que c'est mon droit de traverser le pont vers une vie meilleure, même si je dois pour cela laisser d'autres personnes derrière moi. Je ne me sentirai pas coupable, je ne me sentirai pas honteux. Je sais que là où je me trouve maintenant est un lieu meilleur et que c'est là que je dois être.

13 février — Avoir confiance en soi

Quel merveilleux cadeau nous avons reçu – nous-mêmes. Nous écouter nous-mêmes, nous en remettre à nos instincts et à notre intuition, c'est rendre hommage à ce cadeau.

Quel préjudice nous nous causons lorsque nous ne prêtons pas attention aux inclinations et aux penchants qui naissent si naturellement de notre for intérieur ! Quand apprendrons-nous que ces inclinations et ces penchants nous conduisent vers le riche dessein que Dieu a pour nous ?

Nous apprendrons. Nous apprendrons en écoutant, en ayant confiance et en assurant le suivi de cette écoute. « Est-ce le moment de faire telle chose ?... Que dois-je faire pour prendre soin de moi ?... Vers quoi suis-je poussé ?... Que sais-je ? »

Écoutons, et nous saurons. Écoutons la voix intérieure.

Aujourd'hui, j'écouterai et je ferai confiance. On m'aidera à agir quand viendra le temps. Je peux avoir confiance en moi et en Dieu.

14 février — La Saint-Valentin

Les enfants associent la Saint-Valentin à des cœurs en bonbon, à des cartes amusantes et à une surexcitation dans l'air.

Comme la Saint-Valentin peut être différente pour nous, adultes. Le jour qui célèbre l'amour peut être le symbole que nous n'avons pas encore réussi à concevoir que l'amour marche pour nous comme nous l'aimerions.

Ou cela peut être un symbole de quelque chose de différent, de quelque chose de mieux. Nous sommes maintenant engagés dans un travail sur nous-mêmes. Nous avons entamé le processus de guérison. Nos relations les plus pénibles, avons-nous appris, nous ont aidés sur le chemin de la guérison, même si elles n'ont pas fait beaucoup plus que nous indiquer nos propres problèmes ou nous montrer ce que nous ne voulons pas dans notre vie.

Nous avons commencé le voyage de l'apprentissage de l'amour de soi. Nous avons commencé le processus d'ouverture de notre cœur à l'amour, l'amour véritable qui jaillit de nous, vers autrui, et qui nous revient. Faites quelque chose d'aimant pour vous-même. Faites quelque chose d'aimant et d'amusant pour vos amis, pour vos enfants ou pour quelqu'un de votre choix.

C'est le jour de l'amour. Où que nous soyons dans notre processus de guérison, il peut nous procurer tout le plaisir que nous voulons. Quelle que soit notre situation, nous pouvons être reconnaissants que notre cœur s'ouvre à l'amour.

Je m'ouvrirai à l'amour que m'offrent aujourd'hui les gens, l'univers et ma Puissance supérieure. Je me permettrai de donner et de recevoir l'amour que je veux aujourd'hui. J'éprouve de la reconnaissance parce que mon cœur est en voie de guérison, parce que j'apprends à aimer.

15 février — Le contrôle

Parfois, les jours gris nous font peur. Ce sont les jours où d'anciens sentiments reviennent en force. Nous nous sentons indigents, effrayés, honteux, incapables de prendre soin de nous-mêmes.

Lorsque cela se produit, il est difficile de nous faire confiance à nous-mêmes, de faire confiance aux autres, à la bonté de la vie et aux bonnes intentions de notre Puissance supérieure. Les problèmes semblent accablants. Le passé paraît insensé ; l'avenir, lugubre. Nous sommes sûrs que les choses que nous voulons dans la vie ne se produiront jamais.

Dans ces moments-là, nous sommes parfois convaincus que les choses et les personnes en dehors de nous détiennent la clé de notre bonheur. C'est alors que nous tentons de contrôler les gens et les situations pour masquer notre douleur. Quand ces « folies de codépendance » nous frappent, les autres se mettent souvent à réagir de façon négative à nos efforts de contrôle.

Lorsque nous sommes dans un état de frénésie, cherchant le bonheur en dehors de nous-mêmes et nous tournant vers autrui pour obtenir paix et stabilité, rappelons-nous ceci : *Même si nous pouvions contrôler les choses et les gens, même si nous obtenions ce que nous voulons, nous serions toujours nous-mêmes. Notre état affectif serait encore complètement bouleversé.*

Les gens et les choses ne mettent pas fin à notre souffrance, ils ne nous guérissent pas. Dans le processus vers un rétablissement, nous apprenons que cette tâche nous appartient et nous pouvons nous en acquitter en nous servant de toutes nos ressources : nous-mêmes, notre Puissance supérieure, nos systèmes de soutien et notre programme de guérison.

Souvent, une fois que nous sommes devenus paisibles, confiants et prêts à l'acceptation, nos souhaits se réalisent – avec aisance et naturel. Le soleil recommence à briller. N'est-ce pas curieux, et vrai, de voir comme tout changement passe réellement par nous ?

Je peux lâcher prise face aux choses et aux gens ; je peux renoncer à mon besoin de contrôler le présent. Je peux affronter mes sentiments. Je peux atteindre la paix intérieure. Je peux atteindre le calme. Je peux me remettre sur la bonne voie et trouver la véritable clé du bonheur – moi-même. Je me rappellerai qu'un jour gris n'est que cela – un jour gris.

16 février — Le détachement

Le concept du lâcher-prise peut être déroutant pour un grand nombre d'entre nous. Quand en faisons-nous trop ou essayons-nous trop fort de contrôler les gens et les résultats ? Quand en faisons-nous trop peu ? Quand ce que nous faisons est-il une partie appropriée de la préoccupation de soi ? Qu'est-ce qui est de l'ordre de notre responsabilité et qu'est-ce qui ne l'est pas ?

Ces questions peuvent nous provoquer, que nous travaillions à notre rétablissement depuis dix jours ou depuis dix ans. Quelquefois, il nous arrive de lâcher prise au point de négliger la responsabilité que nous avons vis-à-vis de nous-mêmes ou des autres. D'autres fois, nous pouvons traverser la frontière entre le soin de nous-mêmes et le contrôle des autres et des événements.

Il n'y a pas de règlement. Mais nous ne sommes pas obligés de nous rendre fous ; nous n'avons pas à avoir si peur. Nous ne sommes pas obligés d'accomplir notre guérison à la perfection. Si nous sentons le besoin d'entreprendre une action en particulier, nous pouvons l'accomplir. Si aucune action ne semble à propos ni inspirée, n'agissons pas.

Avoir et se fixer des limites saines – des frontières saines – n'est pas une mince affaire. Nous pouvons nous accorder la permission de faire des expériences, de faire des erreurs, d'apprendre, de grandir.

Nous pouvons parler aux gens, poser des questions et nous questionner. S'il y a quelque chose que nous devons faire ou apprendre, cela deviendra évident. Les leçons ne disparaissent pas. Si nous ne prenons pas suffisamment soin de nous-mêmes, nous le remarquerons. Si nous sommes trop directifs, nous en viendrons à comprendre cela aussi.

Les choses s'arrangeront. La voie s'éclaircira.

Aujourd'hui, je prendrai des mesures qui semblent appropriées. Je lâcherai prise face à tout le reste. Je viserai l'équilibre entre la responsabilité de soi, la responsabilité envers autrui et le lâcher-prise.

17 février — L'acceptation

Le concept de base de la guérison qui ne perd jamais son pouvoir d'accomplir des miracles est celui que l'on nomme *acceptation*.

Nous n'atteignons pas l'acceptation en un instant. Il nous faut souvent passer par une foule de sentiments – parfois la colère, l'outrage, la honte, l'apitoiement sur soi ou la tristesse. Mais si l'acceptation est notre but, nous l'atteindrons.

Qu'y a-t-il de plus libérateur que de rire de nos faiblesses et d'être reconnaissants de nos forces ? Connaître l'ensemble de ce tout qui s'appelle « nous » – avec tous nos sentiments, toutes nos pensées, nos tendances, et avec notre histoire – est digne d'acceptation et apporte des sentiments curatifs.

Accepter notre situation constitue une autre guérison miraculeuse. Pour qu'une personne ou une chose puisse changer, nous devons d'abord nous accepter, et accepter les autres et la situation exactement tels qu'ils se présentent. Puis, nous devons faire un pas de plus. Nous devons éprouver de la *reconnaissance* envers nous-mêmes ou envers notre situation. Ajoutons un soupçon de foi en disant : « Je sais que c'est exactement comme cela que les choses doivent être à l'instant présent. »

Quel que soit notre degré de complexité, les éléments de base qui nous constituent ne perdent jamais leur pouvoir de nous faire recouvrer notre santé psychique.

Aujourd'hui, mon Dieu, aide-moi à mettre en pratique le concept d'acceptation dans ma vie. Aide-moi à m'accepter moi-même, et à accepter autrui et ma situation du moment. Fais-moi faire un pas de plus et aide-moi à éprouver de la reconnaissance.

18 février — Avoir raison

La guérison n'a rien à voir avec le fait d'avoir raison ; il s'agit de nous permettre d'être qui nous sommes et d'accepter les autres tels qu'ils sont.

Ce concept peut être difficile pour beaucoup d'entre nous si nous avons vécu dans des systèmes qui fonctionnaient suivant les plateaux « bien – mal » de la justice. La personne qui avait raison était bonne ; la personne qui avait tort était couverte de honte. Toute valeur pouvait être intimement liée au fait d'avoir raison ; avoir tort voulait dire l'annihilation de soi et de l'estime de soi.

Le travail sur soi apprend à chercher l'amour dans nos relations, et non la supériorité. Oui, nous pouvons avoir besoin de prendre des décisions relatives au comportement d'autrui, de temps en temps. Si quelqu'un nous blesse, nous devons nous défendre. Nous avons la responsabilité de fixer des limites et de prendre soin de nous-mêmes. Mais nous ne sommes pas obligés, pour justifier le fait de prendre soin de nous-mêmes, de condamner quelqu'un d'autre. Nous pouvons éviter le piège de reporter notre attention sur autrui au lieu de rester concentré sur nous-mêmes.

Dans le processus de cheminement vers un rétablissement, nous apprenons que ce que nous faisons n'a à être *correct* que pour nous-mêmes. Ce que font les autres est de leur propre ressort et n'a besoin d'être correct que pour eux. Il est tentant de se complaire dans la supériorité que procure la certitude d'avoir raison et d'analyser les mobiles et les actions d'autrui, mais il est plus gratifiant de regarder plus en profondeur.

Aujourd'hui, je me rappellerai que je n'ai pas besoin de me cacher derrière le fait d'avoir raison. Je n'ai pas à justifier ce que je veux et ce dont j'ai besoin en disant que quelque chose est « bien » ou « mal ». Je peux me permettre d'être qui je suis.

19 février — Notre chemin

Je viens de passer plusieurs heures avec un membre de mon groupe et j'ai l'impression de perdre la tête. Cette femme insistait pour dire que la seule façon pour moi de faire des progrès dans mon programme était de fréquenter son Église et de me soumettre à ses règles religieuses. Elle insistait et me harcelait implacablement. Comme elle suit le programme depuis tellement plus longtemps que moi, je ne pouvais pas m'empêcher de penser qu'elle devait savoir de quoi elle parlait. Mais cela ne semblait pas correct. Et maintenant j'ai le sentiment d'être démente, je me sens effrayée, coupable et honteuse.

Anonyme

La voie et la croissance spirituelles que nous promettent les Douze Étapes ne reposent sur aucune croyance religieuse. Elles ne sont pas rattachées à une dénomination ou secte quelconque. Elles ne sont, comme le déclarent les traditions des programmes Douze Étapes, affiliées à aucune dénomination ni organisation religieuse.

Nous ne sommes pas obligés de laisser qui que ce soit nous importuner à propos de la religion dans notre cheminement vers un rétablissement. Nous n'avons pas à laisser les gens nous imposer des sentiments de honte, de peur ou d'infériorité parce que nous ne souscrivons pas à leurs croyances religieuses.

Nous n'avons pas à leur permettre de nous faire cela au nom de Dieu, de l'amour ou de la guérison.

L'expérience spirituelle que nous connaîtrons grâce à la guérison et aux Douze Étapes sera notre propre expérience spirituelle. Ce sera une relation avec Dieu, une Puissance supérieure qui correspond à notre conception de Dieu.

Chacun de nous doit découvrir sa propre voie spirituelle. Chacun de nous doit bâtir sa propre relation avec Dieu tel que nous Le concevons. Nous avons tous besoin d'une Puissance supérieure à nous-mêmes. Ces concepts sont essentiels à un processus de rétablissement.

La liberté de choisir la façon de s'y prendre aussi.

Puissance supérieure, aide-moi à savoir que je ne suis pas obligé de permettre à qui que ce soit de me faire honte ou de m'importuner à propos des croyances religieuses. Si certains confondent cette notion avec la spiritualité que le rétablissement met à ma disposition, aide-moi à les laisser résoudre le problème eux-mêmes. Aide-moi à découvrir et à mettre en valeur ma propre spiritualité, une voie qui me convient. Guide-moi, avec Ta sagesse divine, dans ma croissance spirituelle.

20 février — Tracer notre propre cheminement

Nous sommes impuissants par rapport aux attentes qu'ont les gens face à nous. Nous n'avons aucun contrôle sur ce qu'ils veulent, ce qu'ils attendent ou ce qu'ils veulent que nous fassions ou soyons.

Nous ne pouvons pas contrôler notre façon de répondre aux attentes d'autrui.

Au fil d'une journée, les gens font appel à notre temps, à nos talents, à notre énergie, à notre argent et à nos émotions. Nous n'avons pas à dire oui à chaque demande. Nous n'avons pas à nous sentir coupables de dire non. Et nous n'avons pas à laisser le flot de demandes contrôler le cours de notre vie.

Nous ne sommes pas obligés de passer notre vie à réagir aux autres et à tenir compte de la direction qu'ils souhaiteraient que nous prenions pour notre vie.

Nous pouvons fixer des limites, des limites fermes à notre action par rapport à autrui. Nous pouvons nous écouter et nous faire confiance. Nous pouvons donner à *notre* vie des objectifs et une orientation. Nous pouvons nous reconnaître une certaine valeur.

Nous pouvons nous approprier notre pouvoir par rapport à autrui.

Gagnez du temps. Pensez à ce que *vous* voulez. Considérez comment le fait de répondre aux besoins d'autrui va influencer le cours de votre vie. Nous vivons ou possédons notre vie en ne permettant pas aux autres, à leurs attentes et à leurs demandes de contrôler le cours de notre vie. Nous pouvons leur laisser leurs demandes et leurs attentes ; nous pouvons leur permettre d'avoir leurs sentiments. Il nous appartient de choisir la voie qui est la bonne pour nous.

Aujourd'hui, mon Dieu, aide-moi à m'approprier mon pouvoir en me détachant et en choisissant paisiblement la ligne de conduite qui est la bonne pour moi. Aide-moi à savoir que je peux me détacher des attentes et des besoins des autres. Aide-moi à cesser de faire plaisir aux autres et à commencer à me faire plaisir.

21 février — Vivre dans le présent

Le moment présent est tout ce que nous avons. Oui, nous avons des projets et des buts, une vision pour demain. Mais maintenant est le seul moment que nous possédons. Et c'est suffisant.

Nous pouvons faire table rase d'hier. Nous pouvons cesser de penser aux craintes relatives à demain. Nous pouvons être présents, maintenant. Nous pouvons nous ouvrir tout entiers à ce moment, à ce jour. C'est en étant entièrement présents maintenant que nous atteignons la plénitude de demain.

« N'aie aucune crainte, enfant, murmure une voix. N'aie aucun regret. Abandonne ton ressentiment. Laisse-Moi prendre ta souffrance. Tout ce que tu possèdes est le moment présent. Ne bouge pas. Sois présent. Aie confiance. »

Tout ce que vous possédez est l'instant présent. C'est suffisant.

Aujourd'hui, j'affirmerai que tout est bien autour de moi, quand tout va bien à l'intérieur.

22 février — Résoudre les problèmes

Je Te demande de m'aider à résoudre tous mes problèmes, pour Ta gloire et Ton honneur.

Alcooliques anonymes

Beaucoup d'entre nous ont vécu dans des situations où ce n'était pas correct d'identifier des problèmes, d'en avoir ou d'en parler. La dénégation est devenue un mode de vie – un moyen de faire face à nos problèmes.

À présent, au cours du travail thérapeutique, beaucoup d'entre nous ont encore peur des problèmes. Nous consacrons sans doute plus de temps à réagir à un problème qu'à le résoudre. Nous passons à côté de l'essentiel ; nous passons à côté de la leçon à tirer ; nous passons à côté du cadeau à recevoir. Les problèmes font partie de la vie. Les solutions aussi.

Un problème ne signifie pas que la vie est négative ou horrible. Avoir un problème ne veut pas dire qu'on est déficient. Tout le monde a des problèmes à résoudre.

En travaillant sur nous-mêmes, nous apprenons à nous concentrer sur la résolution de nos problèmes. Nous nous assurons avant tout que le problème nous appartient. Sinon, notre problème est l'établissement de limites. Puis nous cherchons la meilleure solution. Cela peut vouloir dire fixer un but, demander de l'aide, recueillir plus d'informations, prendre une mesure ou lâcher prise.

Le rétablissement ne signifie pas une immunité ou exemption face aux problèmes ; guérir veut dire apprendre à affronter et à résoudre les problèmes, sachant qu'ils surgiront régulièrement. Nous pouvons avoir confiance en notre capacité à résoudre les problèmes, sachant que nous ne sommes pas seuls pour y réussir. Le fait que nous ayons des problèmes ne veut pas dire que notre Puissance supérieure nous harcèle. Certains problèmes font partie de la vie ; il y en a d'autres qu'il nous appartient de résoudre, et ce faisant, nous grandirons en conséquence.

Affrontez et solutionnez les problèmes d'*aujourd'hui*. Ne vous inquiétez pas inutilement des problèmes de demain, car quand ils surgiront, nous aurons les ressources nécessaires pour les résoudre.

Affronter et résoudre les problèmes – faire face aux problèmes avec l'aide d'une Puissance supérieure – signifie que nous vivons et grandissons, et en ressentons les bienfaits.

Mon Dieu, aide-moi à résoudre mes problèmes aujourd'hui. Aide-moi à jouer mon rôle et à lâcher prise face au reste. Je peux devenir une personne qui résout les problèmes.

23 février — La force

Nous n'avons pas toujours à être *forts* pour être forts. Parfois, notre force s'exprime par notre vulnérabilité. Parfois, il nous faut nous effondrer pour nous ressaisir et rester sur la voie.

Nous connaissons tous des jours où nous ne pouvons pas en faire plus, ne pouvons pas nous empêcher de douter de nous, ne pouvons pas cesser de nous concentrer sur la peur, ne pouvons pas être *forts*.

Il y a des jours où nous ne pouvons pas nous concentrer sur la nécessité d'être responsables. À l'occasion, nous ne voulons pas abandonner le confort de notre pyjama.

Parfois, nous pleurons devant autrui. Nous exposons au grand jour notre fatigue, notre irritabilité ou notre colère.

Ces jours sont corrects. Ils sont tout simplement corrects.

Une partie de l'effort pour prendre soin de nous-mêmes rejoint la permission que nous nous donnons de « nous effondrer » quand nous en avons besoin. Nous ne sommes pas obligés de toujours être fermes comme un roc. Nous sommes forts. Nous l'avons prouvé. Notre force continuera si nous nous permettons le courage de nous sentir effrayés, faibles et vulnérables quand nous avons besoin de ressentir ces émotions.

Aujourd'hui, mon Dieu, aide-moi à savoir que c'est correct de me permettre d'être humain. Aide-moi à ne pas me sentir coupable ou à ne pas me punir quand j'ai besoin de « m'effondrer ».

24 février — Reconnaître les sentiments

Éprouver des sentiments peut être un défi si nous n'en avons jamais fait l'expérience ou ne nous sommes jamais donné la permission de le faire. Apprendre à identifier ce que nous ressentons est un défi que nous pouvons relever, mais nous n'en deviendrons pas des experts du jour au lendemain. D'ailleurs nous ne sommes pas obligés de faire face à nos sentiments à la perfection.

Voici quelques idées qui peuvent être utiles dans votre apprentissage en vue de reconnaître vos sentiments et d'y faire face.

Prenez une feuille de papier et écrivez : « Si c'était correct d'éprouver le sentiment que je ressens, quel qu'il soit, et si je n'étais pas jugé comme étant bon ou mauvais, qu'est-ce que je ressentirais ? » Puis écrivez ce qui vous vient à l'esprit. Vous pouvez vous servir du moyen qu'utilisent bien des gens qui découvrent leurs sentiments : écrire ou rédiger un journal. Vous pouvez rédiger un journal, écrire des lettres que vous n'avez pas l'intention d'envoyer ou simplement griffonner des pensées sur un calepin.

Regardez-vous et écoutez-vous comme le ferait une tierce personne objective. Portez attention au ton de votre voix et aux mots que vous employez. Qu'entendez-vous ? De la tristesse, de la peur, de la colère, du bonheur ?

Que vous dit votre corps ? Est-il tendu et paralysé de colère ? Envahi par la peur ? Lourd de tristesse et de peine ? Danse-t-il de joie ?

Le fait de parler avec des gens qui font un travail sur soi est également utile, de même qu'aller aux réunions des groupes de soutien. Une fois que nous nous sentons en sécurité, beaucoup d'entre nous ont constaté que nous nous ouvrons naturellement et facilement à nos sentiments.

La guérison est une perpétuelle chasse au trésor. L'un des trésors que nous cherchons est la partie affective de nous-mêmes. Nous ne sommes pas obligés de la faire à la perfection. Il nous suffit d'être honnêtes, ouverts et disposés à essayer. Nos émotions sont là, toutes prêtes à être partagées.

Aujourd'hui, je m'observerai et m'écouterai à mesure que se déroule ma journée. Je ne porterai pas de jugement sur mes sentiments ; je m'accepterai.

25 février — Accepter l'imperfection

« Pourquoi est-ce que je me fais cela ? demanda une femme qui voulait perdre du poids. Je suis allée aux réunions de mon groupe de soutien avec une telle culpabilité et une telle honte parce que j'avais mangé un biscuit qui ne faisait pas partie de mon régime. J'ai découvert que *tout le monde* triche un peu et que certaines personnes trichent beaucoup. J'avais tellement honte, avant de me joindre au groupe, comme si j'étais la seule qui ne respectait pas son régime à la lettre. Maintenant, je sais que je suis mon régime aussi bien que la plupart et mieux que certains. »

Pourquoi nous faisons-nous cela à nous-mêmes ? Je ne parle pas uniquement de suivre un régime ; je parle de la vie en général. Pourquoi nous punissons-nous en pensant que nous sommes inférieurs, tout en croyant que les autres sont parfaits – qu'il s'agisse de relations, de travail sur soi, ou d'une tâche précise ?

Que nous nous jugions nous-mêmes ou autrui, ce sont deux faces de la même médaille : la perfection. Aucune des attentes n'est valide.

Il est beaucoup plus exact et bénéfique de nous dire que la personne que nous sommes n'est pas trop mal et que ce que nous faisons est suffisamment bon. Cela ne veut pas dire que nous ne ferons pas d'erreurs qui devront être corrigées, que nous ne quitterons pas la bonne voie de temps en temps, que nous ne pouvons pas nous améliorer. Cela veut dire que malgré toutes nos erreurs et tous nos écarts, nous sommes généralement sur la bonne voie. Nous encourager et nous approuver est la façon pour nous de rester sur cette voie.

Aujourd'hui, je m'aimerai et je m'encouragerai. Je me dirai que ce que je fais est suffisamment bon, et je me laisserai jouir de ce sentiment.

26 février — Les programmes Douze Étapes

J'étais furieuse quand je me suis retrouvée à ma première réunion Al-Anon. Cela me semblait tellement injuste que ce soit lui qui ait un problème et moi qui doive aller à une réunion. Mais à ce moment-là, je ne pouvais aller nulle part ailleurs avec ma souffrance. Maintenant, je suis reconnaissante de ce qu'Al-Anon m'a apporté et de mon cheminement pour vaincre la codépendance. Al-Anon m'a gardée sur la voie ; la guérison m'a donné une vie.

Anonyme

Il existe de nombreux programmes Douze Étapes pour les codépendants : Al-Anon, Enfants adultes de parents alcooliques, CoDa, Families Anonymous, Nar-Anon et d'autres encore. Nous avons le choix quant au genre de groupe qui nous convient et au groupe particulier dans cette catégorie qui répond à nos besoins. Les groupes qui relèvent de programmes Douze Étapes pour codépendants sont gratuits, anonymes et offerts dans la plupart des collectivités. S'il n'y en a pas qui nous convienne, il suffit d'en former un.

Ces groupes ne sont pas axés sur la façon d'aider l'autre personne, mais sur la façon de nous aider à grandir et à changer. Ils peuvent nous aider à accepter et à affronter les façons dont la codépendance nous a affectés. Ils peuvent nous aider à nous mettre sur la voie et à y rester.

Il y a de la magie dans les programmes Douze Étapes. Il y a un pouvoir de guérison dans les liens que nous établissons avec d'autres personnes en voie de rétablissement. Nous accédons à ce pouvoir en suivant les Douze Étapes et en laissant les Douze Étapes agir en nous. Les Douze Étapes constituent une formule de guérison.

Pendant combien de temps faut-il assister aux réunions ? Jusqu'à ce que « nous ayons assimilé » le programme. Jusqu'à ce que le programme « nous ait assimilés ». Puis nous continuons à y aller – et à évoluer.

Choisir un groupe, puis assister régulièrement aux réunions sont des moyens importants de commencer et de continuer à prendre soin de nous-mêmes. Participer activement à notre programme de guérison en suivant les Étapes en est un autre.

Je serai ouvert au pouvoir de guérison que m'offrent les Douze Étapes et un programme de travail sur soi.

27 février — Ces gens qui veulent plaire à tout prix

Avez-vous jamais été en présence de personnes qui veulent plaire à tout prix ? Elles ont tendance à être déplaisantes. Se retrouver en présence d'une personne qui fait des pieds et des mains pour plaire à une autre est souvent agaçant et générateur d'anxiété.

La manie de plaire à autrui à tout prix est un comportement que nous avons peut-être adopté pour survivre dans notre famille. Nous ne pouvions peut-être pas obtenir l'amour et l'attention que nous méritions. Nous n'avions peut-être pas la permission de nous faire plaisir, de nous faire confiance et de choisir une ligne de conduite qui manifestait une confiance en soi.

Les personnes qui veulent plaire peuvent le faire de façon déguisée ou non déguisée. Nous pouvons nous agiter en tous sens en étant aux petits soins pour d'autres, bavardant comme des pies alors que ce que nous disons réellement, c'est : « J'espère que je vous fais plaisir. » Ou nous pouvons être plus discrets, traversant la vie tout doucement en prenant des décisions importantes pour plaire aux autres.

Prendre les désirs et les besoins d'autrui en compte est une partie importante de nos relations. Nous avons des responsabilités envers nos amis, notre famille et nos employeurs. Nous avons la grande responsabilité intérieure d'être aimants et affectueux. Mais toujours vouloir faire plaisir à autrui peut se retourner contre soi. Non seulement les autres sont-ils ennuyés par notre comportement, mais souvent nous sommes nous-mêmes contrariés lorsque nos efforts pour plaire ne remportent pas le succès escompté. Les personnes les plus agréables à côtoyer sont celles qui sont pleines d'égards envers les autres mais qui, en définitive, se font plaisir.

Aide-moi, mon Dieu, à vaincre mes peurs et à commencer à me faire plaisir.

28 février — Lâcher prise face à la dénégation

Nous sommes lents à croire les choses qui, si nous y croyions, nous blesseraient.

OVIDE

La plupart d'entre nous qui ont entrepris un cheminement vers un rétablissement se sont lancés, à un moment ou à un autre, dans la dénégation. Certains se reposaient même sur ce moyen.

Nous avons peut-être nié des événements ou des sentiments de notre passé. Nous avons peut-être nié les problèmes d'autres personnes ou nos propres problèmes, sentiments, pensées, désirs ou besoins.

Nous avons nié la vérité.

La dénégation signifie que nous ne nous permettions pas de faire face à la réalité, habituellement parce que cette réalité particulière risquait de nous faire mal. Il y aurait une perte quelconque : confiance, amour, famille, mariage peut-être, amitié, rêve. Et cela fait mal de perdre quelque chose ou quelqu'un.

La dénégation est une mesure de protection, un amortisseur pour l'âme. Elle nous empêche de reconnaître la réalité *jusqu'à ce que* nous nous sentions prêts à y faire face. Les gens peuvent nous crier et nous jeter à la tête cette vérité, nous ne la verrons pas et ne l'entendrons pas tant que nous ne serons pas prêts.

Nous sommes des êtres robustes et pourtant fragiles. Parfois, nous avons besoin de temps pour nous préparer, pour être prêts à faire face. Nous ne lâchons pas prise face à notre besoin de nier en nous forçant à l'acceptation ; nous lâchons prise face à notre besoin de nier en nous permettant de devenir suffisamment en sécurité et forts pour faire face à la réalité.

Nous le ferons quand le moment sera venu.

Nul besoin de nous punir pour avoir nié la réalité ; nous n'avons qu'à nous aimer assez pour nous conduire à la sécurité et à la force, de sorte que chaque jour, nous soyons mieux équipés pour affronter la vérité et y faire face. Nous affronterons la réalité selon notre propre échéancier, quand nous serons prêts et selon le plan de notre Puissance supérieure. Nul besoin d'accepter une réprimande de la part de qui que ce soit, y compris de nous-mêmes, pour cet échéancier.

Nous saurons ce que nous devons savoir quand viendra le temps de le savoir.

Aujourd'hui, je me concentrerai sur le moyen de me sentir en sécurité et en confiance. Je me permettrai de prendre conscience de certaines choses selon mon propre échéancier.

29 février — Vous êtes digne d'être aimé

Nous revenons en arrière… et en arrière… et en arrière… à travers les épaisseurs de peur, de honte, de fureur, de douleur et d'incantations négatives, jusqu'à ce que nous découvrions l'enfant exubérant, sans détour, merveilleux et méritant d'être aimé qui était, et est encore, en nous.

Au-delà de la codépendance

Vous êtes digne d'être aimé. Oui, vous.

Simplement parce que les gens n'ont pas été là pour vous, simplement parce que certaines personnes n'ont pas réussi à vous manifester leur amour de façon efficace, simplement parce que des relations ont échoué ou ont tourné vinaigre, cela ne signifie pas que vous n'êtes pas digne d'être aimé.

Vous avez eu des choses à apprendre. Parfois, ces choses ont fait mal.

Lâchez prise face à la souffrance. Ouvrez votre cœur à l'amour.

Vous êtes digne d'être aimé.

Vous êtes aimé.

Aujourd'hui, je me dirai que je suis digne d'être aimé. Je le répéterai jusqu'à ce que j'en sois convaincu.

Mars

1er mars — Lâcher prise face à la colère

En guérison, nous discutons souvent avec objectivité de la colère. Bien sûr, nous soutenons qu'il s'agit d'une émotion que nous expérimentons tous un jour ou l'autre. Bien sûr, le but de ce cheminement est de se libérer du ressentiment et de la colère. Que la colère soit un sentiment justifié, nous en convenons. Enfin, peut-être...

La colère est une émotion puissante et parfois effrayante. Elle est aussi bénéfique quand on ne la laisse pas se transformer en ressentiment ou servir d'instrument pour punir ou faire violence à autrui.

La colère est un signal d'alarme. Elle dénote des problèmes. Parfois, elle signale des problèmes qu'il nous faut résoudre. Parfois, elle indique les limites que nous devons établir. Parfois, il s'agit du dernier sursaut d'énergie avant de lâcher prise, ou avant que l'acceptation ne s'installe.

Et, parfois, la colère existe tout simplement. Elle n'a pas à être justifiée. Généralement, on ne peut la restreindre à un espace bien déterminé. Et il n'est pas nécessaire de suffoquer nous-mêmes ou de réprimer notre énergie.

Nous n'avons pas à ressentir de la culpabilité chaque fois que nous sommes en colère. Nous n'avons pas à ressentir de la culpabilité.

Respirez profondément. Nous pouvons sans honte ressentir toutes nos émotions, y compris la colère, et assumer la responsabilité de notre comportement.

Je ressentirai et libérerai toutes les émotions de colère que j'éprouverai aujourd'hui. Je peux le faire de façon appropriée et en toute sécurité.

Les émotions au travail

Je suis en colère à cause de ce qu'il se passe à mon travail. Quelqu'un d'autre a obtenu la promotion que je croyais devoir me revenir. Je suis tellement en colère que j'ai envie de démissionner. Voilà que ma femme me dit que je devrais faire face à mes émotions. Pourquoi donc ? C'est quand même lui qui a eu la promotion.

Anonyme

Les émotions que nous ressentons au travail revêtent la même importance que toutes les autres qui se manifestent dans les divers aspects de notre vie. Les émotions sont des émotions – et où que nous les subissions, le fait de les affronter est ce qui nous aide à avancer et à grandir.

Refuser de reconnaître nos émotions conduit à l'enlisement. Cela nous donne des maux d'estomac, des migraines et des ulcères.

Certes, c'est tout un défi que de faire face à nos émotions au travail. Parfois, ce défi peut sembler futile. D'ailleurs, un de nos stratagèmes préférés pour éviter de tenir compte de nos émotions est de nous dire que ce serait futile.

Nous devons considérer avec attention la manière que nous avons de faire face à nos émotions au travail. Il convient peut-être de soumettre nos émotions intenses à quelqu'un d'étranger à notre travail et de mettre ainsi de l'ordre dans nos émotions en toute sécurité.

Une fois que nous avons constaté l'intensité de nos émotions, nous sommes en mesure de comprendre ce qu'il faut faire pour prendre soin de nous-mêmes au travail.

Parfois, comme dans tous les aspects de notre vie, il faut ressentir nos émotions et les accepter. Parfois, elles dénotent un problème interne ou un problème que nous devons résoudre avec quelqu'un d'autre.

Parfois, nos émotions nous mettent sur la bonne voie. Elles peuvent être liées à un message ou à une crainte : « Je ne réussirai jamais… Je n'obtiendrai jamais ce que je veux… Je ne suis pas assez bon… »

Parfois, la solution tient à une démarche spirituelle ou à un palliatif. Rappelons-nous : chaque fois que nous optons pour une démarche spirituelle dans un secteur de notre vie, nous en ressentons les bienfaits.

Nous ne connaîtrons pas ce que représente la leçon avant de trouver le courage de nous arrêter et d'affronter nos émotions.

Aujourd'hui, j'accorderai à mes émotions au travail la même considération qu'aux émotions ressenties à la maison ou ailleurs. Je trouverai la meilleure façon de leur faire face.

3 mars — L'acceptation de soi

Un jour, au volant de sa voiture, une femme tourna son attention vers la plaque d'immatriculation de la voiture devant la sienne. On pouvait y lire : « Sois toi-même. » Comment faire ? se demanda-t-elle. Je ne sais pas qui je suis !

Quelques-uns d'entre nous peuvent éprouver une certaine confusion lorsque des personnes nous incitent à être nous-mêmes. Comment nous connaître, ou être soi-même, quand, pendant des années, beaucoup d'entre nous se sont plongés à corps perdu dans les besoins d'autrui ?

Nous possédons un moi. De jour en jour, nous découvrons plus de choses sur nous-mêmes. Nous apprenons que nous méritons l'amour.

Nous apprenons à nous accepter nous-mêmes tels que nous sommes réellement – à accepter nos émotions, nos pensées, nos failles, nos lacunes, nos besoins et nos désirs. Si nos émotions ou nos sentiments sont confus, nous l'acceptons aussi.

Être soi-même signifie accepter son passé – son histoire – exactement comme il est.

Être soi-même signifie que nous avons droit à nos opinions et à nos convictions – présentes et à venir. Nous acceptons nos limites et nos forces.

Être soi-même signifie accepter son moi physique comme son moi mental, affectif et spirituel, pour le moment. Être soi-même engagé dans le processus de guérison signifie pousser plus loin l'acceptation de soi. Il est possible de s'accepter soi-même et d'accepter aussi son passé.

Être soi-même, aimer et accepter la personne que nous sommes, ne constitue pas une attitude contraignante. L'acceptation et l'amour de soi permettent de grandir et d'évoluer.

Aujourd'hui, je serai moi-même. Si j'ai des doutes sur la personne que je suis, je maintiendrai que j'ai droit à cette découverte passionnante.

4 mars — Une Puissance supérieure comme source

J'ai appris que je suis en mesure de prendre soin de moi, et que ce que je ne peux accomplir, Dieu l'accomplira pour moi.

Membre Al-Anon

Dieu, une Puissance supérieure telle que nous La concevons, est à la source de notre orientation et de notre évolution positive. Cela ne signifie pas que nous ne sommes pas responsables de nous-mêmes. Nous le sommes. Toutefois, nous ne sommes pas seuls dans cette entreprise.

La guérison n'est pas un projet à entreprendre par soi-même. Il n'est pas nécessaire de se préoccuper outre mesure de notre changement. Nous pouvons jouer notre rôle, nous relaxer et croire au fait que les changements que nous subirons nous conviendront.

La guérison signifie que nous n'avons pas à percevoir les autres comme étant la source qui comblera tous nos besoins. Ils peuvent nous aider, mais ils ne sont pas la source.

En apprenant à faire confiance au processus thérapeutique, nous commençons à comprendre qu'une relation avec notre Puissance supérieure ne constitue pas un substitut aux relations avec autrui. Nous n'avons pas à nous terrer derrière des convictions religieuses ou à utiliser notre lien avec une Puissance supérieure comme excuse pour cesser de nous prendre en main et de nous assumer dans le cadre des relations avec autrui. Cependant, nous pouvons croire en une Puissance supérieure à nous et puiser en Elle l'énergie, la sagesse et les conseils pour y arriver.

Aujourd'hui, je verrai ma Puissance supérieure comme la source qui comblera tous mes besoins, y compris les changements que j'entends apporter au cours du travail thérapeutique.

5 mars — Être soi-même

> *Lorsque je rencontre des gens ou que j'entreprends une nouvelle relation, je commence à m'imposer toutes ces contraintes répressives. Je cesse de ressentir mes émotions. Je ne peux plus éprouver de désirs et de besoins. Je n'ai plus de passé. Je ne peux plus faire ce que je veux, ressentir mes émotions ou dire ce que j'ai besoin de dire. Je redeviens ce robot perfectionniste et refoulé, plutôt que la personne que je suis : moi.*
>
> Anonyme

Parfois, notre réaction spontanée face à une situation nouvelle se résume ainsi : Ne sois pas toi-même.

Qui faut-il être ? Qui d'autre voudriez-vous être ? Nous n'*avons* pas à être quelqu'un d'autre.

Le plus beau cadeau à faire à une relation, quelle qu'elle soit, est d'être nous-mêmes.

Nous pouvons croire que les autres ne nous aimeront pas. Nous pouvons craindre que si nous nous relaxons et restons nous-mêmes, l'autre personne partira ou nous couvrira de honte. Nous pouvons nous inquiéter de ce que l'autre pensera.

Toutefois, quand nous nous relaxons et acceptons la personne que nous sommes, les gens qui nous entourent se sentent plus à l'aise que lorsque nous sommes inflexibles et refoulés. Notre compagnie devient plus agréable.

Si les autres ne nous apprécient pas, souhaitons-nous vraiment les côtoyer ? Est-il nécessaire de laisser les opinions d'autrui avoir le dessus sur nous et sur notre comportement ?

S'accorder la permission d'être soi-même peut avoir une influence bienfaisante sur nos relations. Le ton baisse. Nous sommes plus détendus. L'autre personne est plus décontractée. Alors chacun éprouve moins de gêne, parce que tous connaissent la vérité. Ce que nous sommes est tout ce que nous pouvons être, tout ce qu'il nous est donné d'être, et c'est suffisant. C'est bien ainsi.

L'opinion que nous avons de nous-mêmes est ce qui compte véritablement. Et nous pouvons nous donner toute l'approbation souhaitée et dont nous avons besoin.

Aujourd'hui, je serai détendu et je serai moi-même dans mes relations. Je le ferai d'une manière qui ne sera ni avilissante ni inadéquate, mais qui démontrera que je m'accepte moi-même et valorise la personne que je suis. Mon Dieu, aide-moi à lâcher prise face aux craintes que j'éprouve à être moi-même.

6 mars — La paix

Souvent, l'anxiété est notre première réaction face à une source de conflit, face à certains problèmes ou même à nos propres peurs. Dans ces moments-là, le détachement et le calme peuvent paraître une attitude déloyale ou indifférente. Nous pensons : si cela me préoccupe vraiment, je vais m'inquiéter ; si cela revêt une grande importance pour moi, je dois être bouleversé. Nous nous convainquons que le temps passé à nous inquiéter aura une influence positive au final.

La paix est notre meilleure ressource pour résoudre le conflit. Dans le calme, les solutions viennent plus facilement et plus naturellement. Souvent, la crainte et l'anxiété cachent les solutions. L'anxiété renforce le problème, il ne le solutionne pas. Il ne sert à rien de laisser l'agitation nous gagner. *Elle est nuisible.*

La paix est à notre portée si nous la souhaitons. En dépit du chaos et des problèmes qui nous entourent, tout va bien. Les choses s'arrangeront. Nous pouvons nous entourer des ressources que renferme l'univers : l'eau, la terre, un coucher de soleil, une promenade, une prière, un ami. Nous pouvons nous détendre et accorder une place à la paix.

Aujourd'hui, je lâcherai prise face au besoin que je ressens de vivre dans l'agitation. Je cultiverai la paix et croirai que des solutions opportunes, de même que le bien, surgiront naturellement et harmonieusement de la source de paix. Je lâcherai prise sciemment et accorderai une place à Dieu.

7 mars — La plénitude

« Aujourd'hui, je recevrai tout ce qui m'est nécessaire. Tout. » Répétez cette phrase, jusqu'à ce que vous en soyez convaincu. Dites-la au commencement de la journée. Répétez-la tout au long de la journée.

Parfois, il est utile de connaître ce que nous voulons et ce dont nous avons besoin. Cependant, si nous l'ignorons, nous pouvons faire confiance à Dieu, Lui le sait.

Lorsque nous demandons que nos besoins soient satisfaits, lorsque nous croyons en toute confiance qu'ils le seront, alors ils seront satisfaits. Parfois Dieu se préoccupe de la plus petite chose, si nous-mêmes nous en préoccupons aussi.

Aujourd'hui, j'affirmerai que mes besoins seront satisfaits. J'affirmerai que Dieu s'intéresse à moi et qu'il est la Source de mes réserves. Alors, je lâcherai prise et prendrai conscience que ce qui m'apparaissait comme un risque est en fait la vérité.

Nous avons décidé de confier notre volonté et nos vies aux soins de Dieu tel que nous Le concevions.

Troisième Étape Al-Anon

Notre puissance vient de notre capitulation devant une Puissance supérieure.

Nous détenons une autorité nouvelle, améliorée et plus efficace que nous ne le croyions.

Les portes et les fenêtres s'ouvrent. Les possibilités se présentent. Notre énergie se canalise, enfin, dans des domaines et par des moyens qui nous conviennent. Nous vivons à l'unisson avec le Plan de notre vie et de notre place dans l'univers.

Et il y a un plan et une place qui nous sont réservés. Nous verrons. Nous saurons. L'univers s'étalera devant nous, il nous fera une place spéciale et satisfera tous nos besoins.

Et ce sera bon. Comprenez que c'est bon dès maintenant.

Nous apprendrons à nous approprier notre propre pouvoir, si nous sommes réceptifs. Nous n'avons pas à nous arrêter à l'impuissance et à la faiblesse, qui sont un lieu temporaire où nous réévaluons les moments où nous avons tenté d'obtenir le pouvoir quand nous n'en avions aucun.

Une fois que nous capitulons, il est temps de nous donner du pouvoir.

Laissons venir le pouvoir, naturellement. Il est là, il nous appartient.

Aujourd'hui, je m'ouvrirai pour comprendre ce que signifie s'approprier son propre pouvoir. J'accepterai l'impuissance là où je suis impuissant ; j'accepterai aussi le pouvoir qui me revient.

9 mars — Prendre soin de nous

Nous ne pouvons établir une limite et en même temps nous préoccuper des émotions d'autrui. C'est impossible ; ces deux actions entrent en contradiction.

Quelle qualité sublime que la compassion envers autrui ! Comme elle rend les limites difficiles à établir !

Il est bon de se préoccuper des autres et de leurs émotions ; il est aussi essentiel de nous préoccuper de nous-mêmes. Parfois, pour bien prendre soin de nous, il est nécessaire de faire un choix.

Quelques-uns d'entre nous vivent avec un message profondément enraciné, issu de notre famille, ou de l'Église, et qui veut que l'on ne doive *jamais* heurter les sentiments d'autrui. Nous pouvons remplacer ce message par un autre, qui dit qu'il n'est pas bon de nous blesser nous-mêmes. Il peut arriver, lorsque nous nous préoccupons de nous-mêmes, que les autres réagissent de façon négative.

C'est normal. Nous apprendrons, nous grandirons et nous tirerons profit de l'expérience ; et eux aussi. C'est en assumant nos responsabilités et en laissant les autres assumer les leurs que nous exerçons l'influence la plus puissante et la plus positive sur autrui.

L'empathie réussit. L'investissement personnel nuit. Nous pouvons apprendre à faire la part des choses.

Aujourd'hui, j'établirai les limites nécessaires. Je lâcherai prise face au besoin que j'éprouve de me préoccuper plus des sentiments d'autrui que des miens. Je m'accorderai la permission de prendre soin de moi, en sachant que c'est la meilleure chose que je puisse faire pour moi et pour les autres.

10 mars — La vie en famille

> *J'avais quarante-six ans quand j'ai finalement admis, à moi-même et à quelqu'un d'autre, que ma grand-mère avait toujours réussi à me culpabiliser, à me mettre en colère et à me dominer.*
>
> Anonyme

Nous pouvons aimer profondément notre famille et nous en préoccuper beaucoup. Les membres de la famille peuvent nous aimer et se préoccuper de nous. Toutefois, l'interaction avec certains membres peut facilement déclencher notre codépendance – parfois même mener à un abîme de honte, de rage, de colère, de culpabilité et d'impuissance.

Il peut être difficile de se détacher, sur le plan affectif, de certains membres de la famille. Il peut être difficile de dissocier leurs problèmes des nôtres. Il peut être difficile de nous approprier notre pouvoir.

Difficile, non impossible.

La première étape est la conscience et l'acceptation – la simple reconnaissance, sans culpabilité, de nos émotions et de nos pensées. Nous n'avons pas à rejeter le blâme sur les membres de notre famille. Nous n'avons pas à nous blâmer ou à éprouver de la honte. L'acceptation est le but – l'acceptation et la liberté de choisir ce que nous voulons faire et avons besoin de faire pour nous assumer devant cette personne. Nous pouvons nous libérer des comportements passés. Nous sommes en convalescence. Notre but est de progresser.

Aujourd'hui, Puissance supérieure, aide-moi à faire preuve de patience envers moi-même à mesure que j'apprends à me servir des comportements appris au cours du travail sur moi, avec les membres de ma famille. Aide-moi à m'efforcer de chercher la conscience et l'acceptation.

11 mars — Lâcher prise face à la confusion

Quelquefois, le chemin n'est pas évident à suivre.

Notre esprit s'assombrit, devient confus. Nous ne sommes pas convaincus de ce que devrait être notre prochaine étape, nous ne savons pas à quoi elle ressemble, nous ne connaissons pas la direction à suivre.

C'est le moment de nous arrêter, de demander conseil et de nous reposer. Il est temps de lâcher prise face à la peur. Il est temps de savoir attendre, de ressentir la confusion et le chaos, puis de lâcher prise. Le chemin s'ouvrira de lui-même. La prochaine étape nous sera révélée. Nous n'avons pas à savoir dès maintenant. Nous saurons en temps et lieu. Ayez confiance. Lâchez prise et ayez confiance.

Aujourd'hui, j'attendrai, si le chemin est incertain. J'aurai foi en l'idée que du chaos surgira la lumière.

12 mars — Le moment opportun

> *Si nous pouvions faire la lumière sur les mystères de la vie et libérer les énergies que renferme le monde ; si nous pouvions évaluer correctement la signification des événements passés ; si nous pouvions mesurer les luttes, les dilemmes et les aspirations du genre humain, nous pourrions voir que le temps est à la source de toutes choses. Tout arrive au moment opportun.*
>
> Joseph R. Sizoo

Le temps peut être source de frustrations. Lorsque nous attendons que quelque chose se produise, le temps semble s'écouler interminablement. Ou, soudainement, un événement ou une circonstance s'impose à nous, nous prenant par surprise. Croire que les choses se produisent trop lentement ou trop vite est illusoire. *Le synchronisme est parfait.*

Aujourd'hui, je ferai confiance à l'Ordre divin et je travaillerai de concert avec Lui. J'accepterai le synchronisme de ma vie présente et passée comme étant parfait.

13 mars — Clarté et direction

En dépit de tous nos efforts pour suivre nos programmes et nous en remettre aux conseils de Dieu, il nous arrive parfois de ne pas comprendre ce qui se passe dans notre vie. Nous avons beau avoir la foi, attendre, prier, écouter les autres et nous écouter nous-mêmes, la réponse ne vient toujours pas.

Dans ces moments-là, il nous faut comprendre que nous sommes exactement où nous devons être, même si ce lieu peut paraître étrange et inconfortable. Notre vie a un but et un sens.

Nous sommes changés, guéris, transformés encore plus profondément que nous pouvons l'imaginer. De belles choses, qui dépassent notre imagination, sont en préparation et nous seront offertes. Nous sommes dirigés et guidés.

Tendons vers la tranquillité. Nous n'avons pas à agir à la hâte ou précipitamment simplement pour soulager notre inconfort, simplement pour obtenir une réponse. Nous pouvons attendre d'avoir l'esprit tranquille. Nous pouvons attendre d'avoir des indications précises. La lumière viendra.

La réponse viendra, et ce sera bien pour nous et pour ceux qui nous entourent.

Aujourd'hui, mon Dieu, aide-moi à comprendre que je suis guidé vers le meilleur de ce que la vie a à offrir, particulièrement lorsque j'éprouve de la confusion et que je suis désorienté. Aide-moi à avoir suffisamment foi pour attendre que mon esprit et ma vision deviennent clairs et stables. Aide-moi à me convaincre que la lumière viendra.

14 mars — Avoir confiance en soi

La confiance peut être un des concepts les plus déroutants du travail sur soi. À qui faire confiance ? Et dans quelle mesure ?

La situation de confiance la plus épineuse pour nous est celle de l'apprentissage de la confiance en soi. La chose la plus préjudiciable qui nous soit arrivée, c'est que nous en sommes venus à croire que nous ne pouvions pas avoir confiance en nous-mêmes.

Certains nous diront que nous ne devons pas nous faire confiance, que nous sommes décrochés de la réalité, détraqués. D'autres tireraient profit de notre manque de confiance en nous-mêmes.

La peur et le doute sont nos ennemis. La panique est aussi notre ennemie. La confusion est notre adversaire.

La confiance en soi est un don guérissant, que nous sommes en mesure de nous accorder. Comment l'acquérir ? Par l'apprentissage. Que faire de nos erreurs, de ces moments où nous croyions pouvoir avoir confiance en nous-mêmes, mais à tort ? Nous les acceptons et nous nous faisons confiance malgré tout.

Nous savons ce qui est bien pour nous. Nous savons ce qui nous convient. Si nous commettons une erreur, si nous devons changer d'avis, nous recevrons des conseils à cet effet – mais uniquement si nous avons confiance en ce que nous sommes aujourd'hui.

Nous pouvons chercher auprès d'autrui le soutien et l'appui, mais la confiance en soi est essentielle.

Ne laissons pas cours à la peur. Ne laissons pas cours à la panique. Nous pouvons avoir confiance en nous, nous en remettre à notre vérité, à notre propre lumière. Nous avons toute la lumière nécessaire pour aujourd'hui. Et demain, nous recevrons celle dont nous aurons besoin.

Ayons confiance en nous-mêmes et nous saurons à qui nous devons faire confiance. Ayons confiance en nous-mêmes et nous saurons ce qu'il faut faire. Quand nous avons le sentiment de ne pas pouvoir nous faire confiance, ayons confiance en Dieu, Il nous guidera vers la vérité.

Mon Dieu, aide-moi à lâcher prise face à la peur, au doute et à la confusion – les ennemis de la confiance en soi. Aide-moi à progresser dans la paix et la confiance. Aide-moi à grandir dans la confiance en moi et en Toi, petit à petit, expérience par expérience.

15 mars — Cesser d'agir en victime

« Les autres ne voient-ils pas à quel point je souffre ? Ne peuvent-ils voir que j'ai besoin d'aide ? Ne se soucient-ils pas de moi ? »

La question n'est pas de savoir si les *autres* se rendent compte ou se préoccupent de notre souffrance, mais bien si nous nous en rendons compte, si nous nous préoccupons de nous-mêmes. Souvent, lorsque nous montrons les autres du doigt, attendant qu'ils manifestent de la compassion à notre égard, c'est que nous n'avons pas encore accepté notre souffrance. Nous n'en sommes pas encore au point où nous nous préoccupons de nous-mêmes. Nous espérons que les autres arriveront à une prise de conscience qui nous échappe encore.

C'est à nous d'éprouver de la compassion pour nous-mêmes. Lorsque nous y arrivons, nous franchissons la première étape qui nous permettra de cesser d'agir en victime. Nous sommes sur la voie de l'autonomie, de la préoccupation de soi et du changement.

Aujourd'hui, je n'attendrai pas que les autres se rendent compte et se préoccupent de moi ; j'assumerai la responsabilité de ma souffrance et de mes problèmes, et je prendrai soin de moi.

16 mars — L'énergie positive

Il est si facile de regarder autour de soi et de remarquer ce qui fait défaut.

C'est avec le temps que l'on peut voir ce qui est bien.

Un grand nombre d'entre nous ont vécu dans la négativité pendant des années. Nous sommes devenus habiles à découvrir ce qui cloche chez les autres, dans notre vie, notre travail, notre journée, nos relations, nous-mêmes, notre conduite, notre processus de guérison.

Nous voulons être réalistes, et notre but est d'identifier et d'accepter la réalité. Cependant, il arrive souvent que ce ne soit pas là notre intention quand nous pratiquons la négativité. L'objet de la négativité est généralement l'anéantissement.

La pensée négative aggrave le problème. Elle nous prive d'harmonie. L'énergie négative est source de sabotage et de destruction. Elle recèle une grande force en elle-même.

Il en va ainsi de l'énergie positive. Chaque jour, nous pouvons nous demander ce qui va bien, ce qui est bien – à propos des autres personnes, de notre vie, de notre travail, de notre journée, de nos relations, de nous-mêmes, de notre conduite et de notre cheminement vers un rétablissement.

L'énergie positive guérit, elle est génératrice d'amour et elle transforme. Choisissons l'énergie positive.

Aujourd'hui, mon Dieu, aide-moi à lâcher prise face à ma négativité. Transforme mes convictions et mes pensées négatives à la source, rends-les positives. Fais que je vive en harmonie avec le bien.

17 mars — Appropriation

« Vous pouvez penser. Vous pouvez ressentir des choses. Vous pouvez résoudre vos problèmes. Vous pouvez prendre soin de vous-même. »

Ces mots m'ont souvent été plus bénéfiques que le conseil le plus judicieux et le plus élaboré.

Qu'il est facile de se laisser prendre au piège du doute de soi et d'autrui.

Lorsqu'une personne nous parle d'un problème, quelle est notre réaction ? Croyons-nous pouvoir résoudre le problème pour elle ? Croyons-nous que l'avenir de cette personne repose sur notre capacité à la conseiller ? C'est s'aventurer en terrain peu sûr – non la terre ferme, sur laquelle doit reposer la guérison.

Lorsqu'une personne tente de surmonter une émotion ou une montagne de problèmes, quelle est notre réaction ? Croyons-nous qu'elle ne réussira pas à s'en sortir ? Qu'elle ne devrait rien ressentir ? Qu'elle ne s'en sortira pas indemne ?

Lorsqu'une personne se doit d'assumer la responsabilité de sa vie et de ses comportements, quelle est notre réponse ? Qu'elle n'est pas à la hauteur ? Dois-je moi-même la sauver et éviter qu'elle ne se disperse aux quatre vents ? Qu'elle ne s'écroule ? Qu'elle n'échoue ?

Quelle est notre réaction face à nous-mêmes lorsque nous sommes confrontés à un problème, à une émotion ou à la possibilité d'avoir à nous prendre en main ?

Croyons-nous en nous-mêmes et aux autres ? Accordons-nous du pouvoir aux personnes – nous y compris –

et à leurs compétences ? Ou concédons-nous le pouvoir au problème, à l'émotion ou à l'irresponsabilité ?

Nous pouvons apprendre à nous contenir. Nous pouvons apprendre à réfléchir et à soupeser notre réponse avant de la formuler. « Je suis désolé que vous soyez confronté à ce problème. Je sais que vous pouvez trouver une solution. On dirait que vous êtes aux prises avec des émotions difficiles. Je sais que vous vous en sortirez, que vous franchirez les obstacles. »

Chacun de nous est responsable de *lui-même*. Cela ne signifie pas que nous sommes indifférents. Il ne s'agit pas de retirer notre appui froidement et délibérément. Cela signifie que nous apprenons à aimer et à soutenir les autres de manière positive. Cela signifie que nous apprenons à nous aimer et à nous soutenir de manière positive. Cela signifie que nous entrons en interrelation avec des amis qui nous aiment et nous soutiennent de manière positive.

Avoir foi en d'autres personnes, croire en la capacité inhérente à chacun de réfléchir, de ressentir des émotions, de résoudre des problèmes et de prendre soin de soi est un don important que nous pouvons offrir et recevoir en retour.

Aujourd'hui, je chercherai à donner et à recevoir un soutien à la fois désintéressé et source d'appropriation pour moi. Je m'efforcerai de croire en moi et aux autres – et en nos capacités mutuelles de réussir à faire face à nos émotions, à résoudre nos problèmes et à nous prendre en main.

18 mars — La sécurité

L'un des effets à long terme de la vie au sein d'une famille dysfonctionnelle – pour les enfants comme pour les adultes – est l'insécurité.

Une grande partie de ce que nous appelons la codépendance se produit parce que nous ne nous sentons pas en sécurité dans nos relations. Ce qui peut nous mener à contrôler l'autre, à faire de l'autre une obsession ou à articuler notre vie autour de cette personne, tout en négligeant l'être que nous sommes ou en faisant la sourde oreille à nos émotions.

Nous pouvons apprendre à nous entourer de sécurité et de confort, dans le cadre d'une attitude faite de soin et d'amour envers nous-mêmes.

Souvent, nous éprouvons un sentiment de sécurité et de confort en assistant aux réunions d'un programme Douze Étapes ou de groupes de soutien. Être en compagnie d'un ami ou faire quelque chose qui nous fait plaisir renforce notre sentiment de protection et d'amour. Parfois, tendre la main à une autre personne peut procurer un sentiment de sécurité. La prière et la méditation nous aident à affirmer que notre Puissance supérieure se préoccupe de nous.

Nous sommes en sécurité maintenant. Nous pouvons nous détendre. Peut-être les autres n'ont-ils pas toujours été là pour nous, de façon continue et fiable, mais nous apprenons à être là pour nous-mêmes.

Aujourd'hui, je m'efforcerai de trouver pour moi-même sécurité et confort.

19 mars — Éviter d'être pris entre deux feux

« Je ne veux pas être pris entre les deux, mais... » est un signe que nous venons justement de nous placer dans cette situation.

Nous n'avons pas à nous laisser prendre au cœur des débats, des problèmes ou de la communication entre les autres. Nous pouvons les laisser assumer leur propre responsabilité au sein de leurs relations. Nous pouvons les laisser résoudre leurs conflits entre eux.

Agir comme artisan de la paix ne signifie pas placer le doigt entre l'arbre et l'écorce. Nous apportons la paix en restant en paix avec nous-mêmes et en refusant de donner libre cours à l'agitation. Nous sommes les artisans de la paix si nous ne causons pas de désordre supplémentaire en nous immisçant au cœur des affaires et des relations des autres.

Ne vous placez pas entre deux feux à moins de vouloir vous y trouver.

Aujourd'hui, je refuserai d'accepter des invitations à m'immiscer dans les affaires, les problèmes et les relations d'autrui. Je ferai confiance aux autres, ils sauront s'occuper de leurs affaires, y compris des idées et des émotions qu'ils veulent communiquer entre eux.

20 mars — La libération

Laissez les peurs s'estomper.

Abandonnez aussi toutes les convictions négatives, contraignantes ou non nécessaires qui sont ancrées dans votre subconscient. Ces convictions peuvent porter sur la vie, sur l'amour ou sur vous-même. Les convictions créent la réalité.

Lâchez prise. Aussi loin que se cachent vos peurs, vos rancunes et vos convictions négatives, laissez-les partir. Laissez la foi et l'émotion faire surface. Acceptez-les ; abandonnez-vous. Sentez l'inconfort ou l'agitation. Puis lâchez prise. Laissez les nouvelles convictions remplacer les anciennes. Laissez la paix, la joie et l'amour remplacer la peur.

Accordez-vous, ainsi qu'à votre corps, la permission de lâcher prise face aux peurs, aux rancunes et aux convictions négatives. Abandonnez ce qui est devenu inutile. Croyez que vous êtes en voie de guérison et prêt à recevoir ce qui est bon.

Aujourd'hui, mon Dieu, aide-moi à avoir la volonté de lâcher prise face aux convictions et aux émotions anciennes qui pouvaient me blesser. Éloigne-les de moi doucement et remplace-les par des convictions et des émotions nouvelles. Je mérite ce que la vie et l'amour ont de mieux à offrir. Aide-moi à le croire.

21 mars — Réfléchir avant tout engagement

Soyez attentif à vos engagements.

Alors qu'un grand nombre d'entre nous craignent l'engagement, il est bon de peser le coût de l'engagement que nous prévoyons de contracter. Nous devons constamment être assurés qu'il s'agit d'un engagement qui nous convient.

Beaucoup d'entre nous ont l'habitude de sauter à pieds joints – tête la première – dans des engagements sans peser le pour et le contre et sans en évaluer les conséquences. Une fois engagés, nous nous rendons compte que nous ne le souhaitions pas vraiment et nous nous sentons pris au piège.

Quelques-uns d'entre nous peuvent craindre de perdre une occasion précise en refusant de s'engager. Il est vrai que nous perdrons peut-être certaines possibilités en refusant de nous engager. Il faut toujours peser le pour et le contre. Nous devons avoir la certitude que cet engagement nous convient. Si ce n'est pas le cas, nous devons être francs et honnêtes avec les autres et avec nous-mêmes.

Soyez patient. Faites un examen introspectif. Attendez d'en arriver à une réponse claire. Nous ne devons pas prendre des engagements en vitesse sous l'effet de la panique, mais en ayant l'assurance qu'il s'agit d'un engagement qui nous convient.

Si une petite voix en vous dit non, ayez le courage de lui faire confiance.

Ce n'est pas notre dernière chance. Ce n'est pas la seule occasion que nous aurons. Ne paniquez pas. Nous n'avons pas à nous engager dans une chose qui ne nous convient pas, même si nous tentons de nous faire croire que cela *devrait* être bon pour nous et que nous *devrions* nous engager.

Souvent, en matière d'engagements, nous pouvons nous fier plus à notre intuition qu'à notre raison.

Dans l'excitation liée à l'engagement et à son début, nous pouvons oublier les réalités qui viennent ensuite. C'est ce à quoi nous devons réfléchir.

Nous n'avons pas à nous engager en vitesse, avec impulsivité ou par crainte. Il nous est permis de poser des questions, est-ce que cela est *bon* pour moi ? Nous avons le droit de nous interroger sur le bien-fondé de cet engagement.

Aujourd'hui, mon Dieu, guide-moi dans les engagements que je prendrai. Aide-moi à accepter ce qui me convient véritablement et à refuser ce qui est mauvais pour moi. J'accorderai une attention particulière avant de m'engager envers une personne ou dans une activité. Je prendrai le temps de considérer si j'ai vraiment la volonté de m'engager.

22 mars — Cesser d'être une victime

Il est normal d'avoir une bonne journée. Vraiment.

Il est normal de se sentir bien et d'avoir l'impression que notre vie est maîtrisée et sur la bonne voie.

Nous sommes nombreux à avoir appris, dans nos comportements de survivants, que la meilleure façon d'obtenir l'attention et l'approbation dont nous avons besoin est d'agir en victimes. Si la vie est pénible, trop difficile, incontrôlable, trop ardue, injuste, alors les autres nous accepteront, nous aimeront et nous approuveront, croyons-nous.

Nous avons peut-être appris cela au cours de notre vie et de notre association avec des personnes qui apprenaient aussi à survivre en étant des victimes.

Nous ne sommes pas des victimes. Nous n'avons pas à entrer dans la victimisation. Nous n'avons pas à nous sentir impuissants et incapables de diriger notre vie pour obtenir l'attention et l'amour désirés. En fait, la forme d'amour que nous recherchons ne peut être obtenue ainsi.

Nous pouvons obtenir l'amour que nous souhaitons véritablement et qui nous est nécessaire simplement en nous appropriant notre propre pouvoir. Nous apprenons à nous tenir debout, même si parfois il fait bon de s'en remettre un peu aux autres. Nous apprenons que les personnes sur lesquelles nous nous reposons ne sont pas nos béquilles. Elles nous accompagnent.

Nous connaissons tous des mauvais jours – des jours où les choses ne sont pas ce qu'elles devraient être, des jours où nous sommes envahis par la tristesse et la crainte. Cependant, nous pouvons affronter les mauvais jours et les pensées sombres d'une façon qui reflète l'autonomie plutôt que la victimisation.

Il est aussi normal d'avoir une bonne journée. Nous n'aurons peut-être pas autant à dire, mais nous aurons plus à apprécier.

Mon Dieu, aide-moi à lâcher prise face à mon besoin d'être une victime. Aide-moi à renoncer à ma conviction que pour être aimé et obtenir de l'attention, je dois être une victime. Entoure-moi de personnes qui m'aiment lorsque je suis en possession de mes moyens. Aide-moi à connaître de bonnes journées et à les apprécier.

23 mars

Les critiques issues de nouvelles limites

Nous devons savoir jusqu'où nous irons et jusqu'où nous permettrons aux autres de se rendre avec nous. Une fois que nous avons compris cela, nous pouvons aller n'importe où.

Au-delà de la codépendance

Lorsque nos moyens nous permettent de nous prendre en main – établir des limites, dire non, changer un vieux comportement – nous pouvons susciter de vives critiques de la part de certaines personnes. C'est normal. Nous n'avons pas à nous laisser contrôler ou arrêter par leurs réactions, ni à les laisser influencer notre décision de prendre soin de nous.

Nous n'avons pas à contrôler leurs réactions pendant notre processus de préoccupation de soi. Ce n'est pas notre responsabilité. Nous n'avons pas non plus à attendre une réaction de leur part.

Les personnes réagiront si nous faisons les choses différemment ou agissons avec assurance afin de nous nourrir nous-mêmes, particulièrement si notre décision les affecte d'une certaine manière. Laissez-les ressentir leurs propres émotions. Laissez-les avoir leurs propres réactions, mais de toute façon poursuivez votre chemin.

Si les gens ont l'habitude de nous voir agir d'une certaine façon, ils tenteront de nous convaincre de rester tels que nous sommes afin d'éviter de changer le système. Si les gens ont l'habitude de nous voir acquiescer toujours, ils peuvent commencer à rouspéter et à chuchoter lorsque nous refusons. Si les gens ont l'habitude de nous voir assumer leurs responsabilités, leurs émotions et leurs problèmes, ils peuvent nous critiquer vivement quand nous cessons de le faire. C'est normal. Au nom d'une préoccupation de soi salutaire, nous pouvons bien apprendre à vivre avec quelques critiques désobligeantes. Remarquez qu'il n'est pas question d'injures ici, mais de critiques.

Si les gens ont l'habitude de nous contrôler par la culpabilité, l'intimidation et le harcèlement, ils peuvent intensifier leurs efforts lorsque nous changeons et refusons d'être contrôlés. C'est normal. C'est aussi une manifestation de vive opposition.

Nous n'avons pas à laisser des critiques désobligeantes nous ramener en arrière si nous avons décidé ce que nous voulons et avons besoin de changer. Nous ne sommes pas obligés de réagir aux critiques ni de leur accorder beaucoup d'attention. Elles n'en valent pas la peine. Elles s'éteindront d'elles-mêmes.

Aujourd'hui, je passerai outre aux critiques désobligeantes suscitées par mon changement de comportement ou par mes efforts pour être moi-même.

24 mars — L'appréciation de soi

> *Nous sommes la meilleure chose qui puisse jamais nous arriver. Soyez-en persuadé. La vie n'en sera que plus facile.*
>
> *Vaincre la codépendance*

Il est temps de mettre fin à cette absurde manie de toujours nous en prendre à nous-mêmes.

Nous avons peut-être vécu une grande partie de notre vie en nous excusant directement ou indirectement – ayant l'impression d'être moins précieux que les autres, croyant qu'ils en savent plus que nous et que, d'une certaine manière, ils ont une raison d'être ici et nous, non.

Nous avons le droit d'être ici aussi.

Nous avons le droit d'être nous-mêmes.

Nous sommes ici. Notre vie a un but, une raison d'être et un dessein. Nous n'avons pas à nous excuser d'être ici ou d'être ce que nous sommes.

Nous sommes assez bien, nous avons suffisamment de mérite.

Les autres n'ont pas notre magie. Notre magie nous appartient. Elle fait partie de nous.

Les événements de notre passé n'importent plus. Nous avons tous un passé, tissé d'erreurs, de réussites et d'expériences d'apprentissage. Nous avons droit à notre passé. Il nous appartient. Il a contribué à nous modeler et à nous former. Au fil de notre voyage, nous verrons comment chacune de nos expériences sera transformée et utilisée au mieux.

Nous avons déjà passé beaucoup trop de temps à avoir honte, à nous excuser et à douter de notre beauté. Il faut en finir, lâcher prise. C'est un fardeau inutile. Les autres ont des droits, mais nous aussi. Nous ne sommes ni inférieurs ni supérieurs. Nous sommes égaux. Nous sommes ceux que nous sommes. Nous avons été créés ainsi. C'est notre destin.

Et cela, c'est un cadeau merveilleux.

Mon Dieu, aide-moi à m'approprier le pouvoir de m'aimer moi-même et de m'apprécier. Aide-moi à compter sur ma validation interne plutôt que chercher la validation d'autrui.

25 mars — Lâcher prise face à l'inquiétude

Qu'arriverait-il si nous savions avec certitude que tout ce qui nous inquiète aujourd'hui se passera bien ?

Et si... nous avions l'assurance que le problème qui nous ennuie sera résolu au mieux et au moment opportun ? Si nous savions, de plus, que dans trois ans nous serons heureux d'avoir subi ce problème et d'avoir trouvé la solution ?

Et si... nous savions que même notre pire crainte s'avérerait sans fondement ?

Et si... nous avions l'assurance que tout ce qui se produit, et s'est produit, au cours de notre vie devait arriver, était prévu pour nous et se situait au mieux de nos intérêts ?

Et si... nous avions l'assurance que nos proches connaissent exactement ce qui leur est nécessaire pour devenir les personnes qu'ils sont destinés à devenir ? Et si, en plus, nous avions la certitude que les autres peuvent se prendre en main et que nous n'avons pas à les manœuvrer ni à nous rendre responsables d'eux ?

Et si... nous savions qu'on nous réserve un bel avenir et que nous aurons en abondance des ressources et des conseils nous permettant de faire face à tout ce qui nous attend ?

Et si... nous savions que tout va bien et que nous n'avons à nous inquiéter de rien ? Que ferions-nous alors ?

Nous serions libres de lâcher prise et d'apprécier la vie.

Aujourd'hui, je saurai que je n'ai à m'inquiéter de rien. Si je m'inquiète, je le ferai en comprenant que je choisis de m'inquiéter et que c'est inutile.

26 mars — Des cadeaux, non des fardeaux

Les enfants sont des cadeaux, si nous les acceptons.

Kathleen TURNER CRILLY

Les enfants sont des cadeaux. Nos enfants, si nous en avons, sont nos cadeaux. Nous, quand nous étions enfants, étions des cadeaux pour nos parents.

Il est triste qu'un grand nombre d'entre nous n'aient pas reçu ce message de la part de leurs parents – qu'ils étaient des cadeaux pour eux et pour l'univers. Peut-être nos parents souffraient-ils eux aussi ; peut-être nous voyaient-ils comme leurs futurs gardiens ; peut-être sommes-nous arrivés à un moment difficile de leur vie ; peut-être avaient-ils leurs propres problèmes et ne pouvaient-ils simplement pas aimer, accepter et apprécier les cadeaux que nous étions.

Beaucoup d'entre nous ont la conviction profonde, parfois subconsciente, qu'ils étaient, et sont, un fardeau pour le monde et pour ceux qui les entourent. Cette conviction peut entraver notre capacité à apprécier la vie et nos relations avec autrui. Cette conviction peut même porter atteinte à notre relation avec une Puissance supérieure : nous pouvons avoir le sentiment d'être un fardeau pour Dieu.

Si nous avons cette conviction, il est temps de lâcher prise.

Nous ne sommes pas un fardeau. Nous ne l'avons jamais été. Si c'est le message que nous ont transmis nos parents, il est temps d'admettre qu'ils ont un problème à résoudre.

Nous avons le droit de nous traiter comme un cadeau – pour nous-mêmes, pour les autres et pour l'univers.

Nous sommes ici et nous avons le droit d'y être.

Aujourd'hui, je nous traiterai, moi et tous mes enfants si j'en ai, comme si nous étions des cadeaux. Je renoncerai à ma conviction d'être un fardeau – pour ma Puissance supérieure, pour mes amis, pour ma famille et pour moi-même.

27 mars — La brûlure ultérieure

« Comment ai-je pu faire cela ? Comment ai-je pu dire cela ? Même si c'est bien ce que je voulais dire, je me sens honteux, coupable et effrayé. »

C'est une réaction courante face aux comportements nouveaux et excitants qui sont le propre de la guérison. Tout ce qui est lié à l'appropriation de notre propre pouvoir et à notre prise en main peut déclencher des sentiments de honte, de culpabilité et de crainte.

Nous n'avons pas à laisser ces émotions prendre le dessus sur nous. Elles sont le contrecoup, le résultat de la brûlure ultérieure. Laissons-les se consumer.

Lorsque nous commencerons à contester et à tenir tête à des émotions et à des messages, nous ferons l'expérience de la brûlure ultérieure. Nous lui avons d'ailleurs permis de contrôler toute notre vie – elle est faite de honte et de culpabilité.

Nombre d'entre nous ont grandi avec des messages fondés sur la honte, disant qu'il était anormal de prendre soin de soi, d'être honnête, d'être franc et de s'approprier son pouvoir face à autrui. Ces messages disaient qu'il était anormal d'être qui nous étions et de résoudre les problèmes issus de nos relations avec autrui. Certains d'entre nous ont grandi avec le message disant que ce que nous voulons et ce dont nous avons besoin n'est pas normal.

Laissons tout s'éteindre. Nous n'avons pas à prendre la brûlure ultérieure aussi au sérieux. Ne la laissons pas nous convaincre que nous sommes dans l'erreur et que nous n'avons pas le droit de prendre soin de nous et d'établir des limites.

Avons-nous réellement le droit de prendre soin de nous ? Avons-nous réellement le droit de fixer des limites ? Avons-nous réellement le droit d'user de franchise et de dire ce que nous voulons dire ?

Bien sûr que oui.

Aujourd'hui, je laisserai s'estomper toute brûlure ultérieure qui apparaît après un nouveau comportement de guérison. Je ne la prendrai pas au sérieux. Mon Dieu, aide-moi à lâcher prise face à ma honte et à la futilité de mes craintes, qui ne manqueront pas de surgir si je commence véritablement à prendre soin de moi et à m'aimer.

28 mars — L'équilibre

Cherchons l'équilibre.

Équilibrons les émotions et la raison.

Jumelons le détachement au devoir accompli.

Équilibrons les actions de donner et de recevoir.

Alternons le travail et le plaisir, les affaires et les loisirs.

Équilibrons le temps que nous consacrons à nos besoins spirituels et celui que nous mettons à satisfaire nos besoins matériels.

Jonglons avec nos responsabilités envers autrui et celles que nous avons envers nous-mêmes.

Équilibrons la bienveillance à l'égard d'autrui et celle que nous éprouvons à notre égard.

Autant que possible, soyons bons envers les autres, mais envers nous-mêmes aussi.

Quelques-uns d'entre nous doivent rattraper le temps perdu.

Aujourd'hui, je m'efforcerai de trouver l'équilibre.

29 mars — Satisfaire ses besoins

Imaginez que vous marchez dans une prairie. Un sentier s'ouvre devant vous. Au fur et à mesure que vous avancez, vous commencez à avoir faim. Regardez à gauche. Un arbre étale ses fruits mûrs. Servez-vous.

Un peu plus loin, vous avez soif. À droite coule une source d'eau fraîche.

Des signes de fatigue ? Une aire de repos se dessine. Un sentiment de solitude vous gagne ; un ami vient à votre rencontre. Vous perdez votre chemin ; un professeur apparaît, une carte à la main.

Il vous faut peu de temps pour comprendre le cycle : le besoin et la satisfaction ; le désir et l'assouvissement. Peut-être songez-vous que Quelqu'un a créé le besoin parce qu'Il avait prévu de le satisfaire. Peut-être fallait-il que je ressente le besoin, de sorte que je puisse voir et accepter le don. Peut-être que le fait de fermer les yeux au désir m'empêche d'accueillir l'assouvissement.

La demande et la satisfaction, le désir et l'assouvissement – un cycle continu, à moins que nous ne le brisions. Tout ce dont nous avons besoin pour notre voyage, aujourd'hui, est déjà prévu et nous sera donné.

Aujourd'hui, tout ce dont j'ai besoin me sera donné.

Faire des expériences

Faisons des expériences. Essayons des choses nouvelles. Essayons de sortir du rang.

Nous avons été retenus trop longtemps. Nous nous sommes retenus trop longtemps.

Pendant l'enfance, un grand nombre d'entre nous ont été privés trop longtemps du droit de procéder à leurs propres expériences. Beaucoup d'entre nous se privent du droit de faire des expériences et d'apprendre comme des adultes.

Il est maintenant temps de faire ces expériences. C'est une partie importante de la guérison. Essayez des choses, des choses nouvelles. Certes, vous ferez des erreurs, mais ces erreurs vous permettront de connaître vos valeurs.

Certaines choses nous déplairont. C'est bien. Nous en apprendrons ainsi un peu plus sur qui nous sommes et sur ce qui nous déplaît.

Certaines choses nous plairont. Elles correspondront à nos valeurs. Elles conviendront à la personne que nous sommes, et nous découvrirons quelque chose d'important et d'enrichissant pour notre vie.

Le processus de cheminement pour vaincre la codépendance comporte une période de calme, de tranquillité et de guérison, le temps de nous accorder un moment de répit. C'est un temps d'introspection et de convalescence. C'est une période importante. Nous affrontons nos problèmes.

Vient aussi un moment où il est également important de faire des expériences, de commencer à évaluer la situation.

Le travail sur soi n'implique pas le repli sur soi. Le travail sur soi veut dire apprendre à vivre, et à vivre pleinement. C'est une exploration, une investigation et une expérimentation.

Travailler sur soi, c'est en finir avec les règles anciennes et strictes fondées sur la honte ; c'est formuler des valeurs saines fondées sur l'amour de soi, l'amour d'autrui et la vie en harmonie avec le monde actuel.

Faites des expériences. Essayez des choses nouvelles. Peut-être détesterez-vous cela. Peut-être commettrez-vous des erreurs. Peut-être, toutefois, aimerez-vous cela et découvrirez-vous quelque chose qui vous plaît.

Aujourd'hui, je m'accorderai la permission de faire des expériences. Je cesserai de me retenir inflexiblement et je m'élancerai, si je sens que c'est la chose à faire. Mon Dieu, aide-moi à lâcher prise face à mon besoin de m'empêcher d'être une personne vivante.

31 mars — Les finances

Assumer nos responsabilités financières fait partie du processus de cheminement vers un rétablissement. Quelques-uns d'entre nous peuvent se trouver en difficulté financière pour différentes raisons.

Nos concepts de rétablissement, y compris les Étapes, s'appliquent aux questions financières et à la reprise de la gestion de ce secteur de notre vie. Réglez vos comptes – même si cela veut dire rembourser une dette énorme au rythme d'une petite somme par mois.

Commencez là où vous en êtes, avec ce que vous avez. Comme c'est le cas pour d'autres problèmes, l'acceptation et la gratitude augmentent notre avoir.

Les questions d'argent ne se prêtent cependant pas au jeu du « faire comme si ». Ne rédigez pas de chèque avant que l'argent ne soit déposé. Ne dépensez pas l'argent avant de l'avoir en main.

Si l'argent manque pour subsister, faites appel aux soutiens disponibles, *sans honte*.

Établissez des buts.

Croyez que vous méritez ce qu'il y a de mieux, sur le plan financier.

Croyez que Dieu se préoccupe de vos finances.

Cessez d'avoir peur et ayez confiance.

Aujourd'hui, je me concentrerai sur la nécessité d'assumer la responsabilité de ma situation financière, peu importe à quel point ce secteur de ma vie m'apparaît ou est véritablement accablant.

Avril

1er avril — Procéder en douceur

Allez-y en douceur. Vous devez peut-être vous frayer un chemin, mais vous n'avez pas à être agressif. Avancez en douceur, avancez en toute tranquillité.

Ne vous pressez pas autant. Il n'y a aucune journée, aucune heure ni aucun moment où vous devez faire plus que ce que vous êtes en mesure d'accomplir en toute tranquillité.

Les comportements frénétiques et l'urgence ne sont pas un fondement pour votre nouveau mode de vie.

Ne soyez pas trop pressé de commencer. Commencez, mais ne forcez pas la note si le temps n'est pas encore venu. Les commencements viendront bien assez tôt.

Appréciez et profitez du milieu des choses, de leur centre.

Ne soyez pas si pressé de finir. Vous arrivez vers la fin, mais appréciez les derniers instants. Consacrez-vous entièrement à ces moments afin d'en profiter pleinement.

Adoptez une allure naturelle. Avancez. Mettez-vous en mouvement. Continuez à avancer. Allez-y en douceur, toutefois. Avancez en paix. Appréciez chaque instant.

Aujourd'hui, mon Dieu, aide-moi à garder une allure calme plutôt qu'une allure précipitée. Je continuerai à avancer en douceur, sans frénésie. Aide-moi à lâcher prise face à mon besoin d'anxiété, de tristesse et de tourmente. Aide-moi à le remplacer par un besoin de tranquillité et d'harmonie.

2 avril — Affronter notre côté obscur

Nous avons procédé à un inventaire moral, sérieux et courageux de nous-mêmes.

Quatrième Étape Al-Anon

À partir du moment où nous atteignons la Quatrième des Douze Étapes, nous sommes prêts à affronter notre côté obscur, le côté qui nous empêche de nous aimer nous-mêmes et d'aimer les autres, de laisser les autres nous aimer et d'apprécier la vie. L'objet de la Quatrième Étape n'est pas de nous affliger ; notre but est de faire disparaître les entraves à la joie et à l'amour.

Nous cherchons les craintes, la colère, la souffrance et la honte des événements passés – des émotions enfouies qui peuvent affecter notre vie d'aujourd'hui. Nous cherchons des convictions subconscientes sur nous-mêmes et sur les autres qui peuvent créer de l'interférence avec la qualité de nos relations. Ces convictions disent : *Je ne mérite pas d'être aimé... Je suis un fardeau pour tous ceux qui m'entourent... On ne peut faire confiance à personne... On ne peut me faire confiance... Je ne mérite pas d'être heureux ni de réussir... La vie ne vaut pas la peine d'être vécue.* Nous observons nos comportements et nos habitudes d'un œil vigilant, attentifs à ceux qui sont autodestructeurs. À l'aide de l'amour et de la compassion envers nous-mêmes, nous essayons de déterrer toute notre culpabilité – légitime ou non – et de l'exposer à la lumière.

Nous procédons à cet examen sans craindre ce que nous pourrions trouver, puisque cette introspection peut nous purifier et nous aider à avoir une perception de nous-mêmes meilleure que celle dont nous aurions pu rêver.

Mon Dieu, aide-moi à découvrir les obstacles et les barrières en moi. Mets à la portée de ma conscience ce qu'elle a besoin de savoir afin que je puisse m'en libérer. Montre-moi ce que je dois connaître de moi-même.

3 avril — L'acceptation

Abandonnez-vous au moment. Surmontez-le, prenez-le pour ce qu'il vaut. Immergez-vous dans ce moment.

Cessez de résister.

Une si grande part de notre angoisse est créée par la résistance. Tant de soulagement, d'abandon et de changement sont rendus possibles lorsque nous acceptons, simplement.

Nous perdons notre temps, gaspillons notre énergie et rendons les choses plus difficiles simplement en résistant, en réprimant et en niant. Réprimer nos pensées ne les fera pas disparaître. Réprimer une pensée déjà formée ne fera pas de nous une personne meilleure. Pensez-y. Laissez-la se réaliser. Puis libérez-la. Une pensée n'est pas éternelle. Si elle nous déplaît, nous pouvons en avoir une autre ou la modifier. Mais pour ce faire, nous devons accepter et libérer la première pensée.

La résistance et la répression ne changeront rien. Elles nous mettront en guerre avec nos pensées.

Nous nous rendons la vie plus difficile en résistant à nos émotions et en les réprimant. Peu importe à quel point nous croyons que nos émotions sont sombres, inconfortables, injustifiées, surprenantes et « inappropriées », y résister et les réprimer ne nous en libérera pas. Cela ne servira qu'à les faire empirer. Elles tourbillonneront en nous, nous tourmenteront, nous rendront malades, nous feront souffrir, nous inciteront à agir avec compulsion, nous empêcheront de fermer l'œil ou nous plongeront dans le sommeil.

En dernière analyse, tout ce que nous avons à faire, c'est accepter nos émotions en les ressentant et en disant : « Oui, c'est ce que je ressens. »

Les émotions s'appliquent au moment présent. Plus vite nous accepterons une émotion, plus vite nous passerons à la suivante.

Résister à nos pensées et à nos émotions ou les réprimer ne nous transforme pas ni ne nous fait devenir la personne que nous voulons être ou pensons devoir être. Cela nous fait résister à la réalité. Cela nous étouffe. Avec le temps, la dépression s'installe.

Résister aux événements ou aux circonstances de notre vie ne change pas les choses, si indésirables que soient ces événements ou ces circonstances.

L'acceptation nous fait devenir la personne que nous sommes et que nous voulons être. L'acceptation permet aux événements et aux circonstances de renverser la situation pour le mieux.

Que faire lorsque nous sommes en résistance, en guerre contre un aspect de notre vie ? *Accepter notre résistance* peut nous aider à la surmonter.

Accepter ne signifie pas que nous donnons notre consentement. Cela ne signifie pas que nous nous soumettons à la volonté et aux plans de quelqu'un d'autre. Ce n'est pas un engagement. Ce n'est pas éternel. C'est pour le moment présent. L'acceptation ne rend pas les choses plus difficiles, mais plus faciles. L'acceptation ne signifie pas que nous acceptons la violence ou les mauvais traitements ; cela ne signifie pas que nous renonçons à nous-mêmes, à nos limites, à nos espoirs, à nos rêves, à nos désirs ou à nos besoins. Cela signifie que nous acceptons la réalité, sachant dès lors ce qu'il faut faire pour prendre soin de nous et pour établir les limites dont nous avons besoin. Cela signifie que nous acceptons ce qui arrive et la personne que nous sommes actuellement, de sorte que nous sommes libres de changer et d'évoluer.

L'acceptation et la capitulation nous mènent plus loin dans ce périple. La force est inutile.

L'acceptation et la capitulation – les deux concepts les plus douloureux tant que nous ne les avons pas mis en pratique.

Aujourd'hui, je m'exercerai à m'accepter moi-même ainsi que les circonstances qui m'entourent. Je commencerai par être attentif à la magie que l'acceptation apporte à ma vie et à ma guérison.

4 avril — La négociation des conflits

Le rétablissement va plus loin que tourner le dos à certaines choses. Parfois, cela veut dire apprendre à rester et à faire des compromis. C'est une question d'édification et de maintien de relations réussies.

Au-delà de la codépendance

Les problèmes et les conflits font partie de la vie et des relations – avec les amis, la famille, les personnes aimées et les collègues de travail. La résolution des problèmes et la médiation des conflits sont des compétences que nous pouvons acquérir et améliorer avec le temps.

Refuser d'aborder et de résoudre des problèmes d'ordre relationnel fait naître des émotions non résolues de colère et de victimisation. Cela conduit à des ruptures de relations, à des problèmes non réglés et à des luttes de pouvoir qui intensifient le problème et gaspillent temps et énergie.

Le fait de refuser d'affronter et de résoudre les problèmes signifie que nous pourrons à nouveau être confrontés à ces problèmes.

Certains différends avec autrui peuvent ne pas être résolus à la satisfaction de tous. Parfois le problème porte sur une question de limite et ne laisse pas place à la négociation.

Dans ce cas, nous avons besoin de bien comprendre ce que nous voulons et ce dont nous avons besoin et ce qui est l'essentiel pour nous.

Certains problèmes interpersonnels peuvent, toutefois, être résolus, surmontés et négociés avec satisfaction. Souvent, il existe des choix acceptables pour résoudre ces problèmes, choix que nous verrons seulement une fois que nous aurons accepté le fait qu'il faut affronter les problèmes plutôt que de les fuir.

Pour négocier les problèmes, nous devons avoir la volonté de les identifier, de lâcher prise face au blâme et à la honte, puis de nous concentrer sur les possibilités de solution créative. Pour négocier et résoudre avec succès les différends qui surgissent dans nos relations avec autrui, nous devons avoir une idée exacte de nos limites et de ce qui nous apparaît essentiel, de façon à ne pas perdre de temps à négocier des éléments qui ne se prêtent pas à discussion.

Nous devons apprendre à identifier ce que les deux parties veulent vraiment et ce qui leur est nécessaire, ainsi que les diverses possibilités pour y arriver. Nous pouvons apprendre à faire preuve de souplesse, sans démesure. S'engager dans des relations intimes et partagées signifie, pour deux personnes, apprendre à surmonter les problèmes et les conflits de manière à respecter les intérêts des deux protagonistes.

Aujourd'hui, je serai ouvert à la négociation des conflits qui me dressent contre les autres. Je chercherai à atteindre l'équilibre sans être trop soumis ou trop exigeant. Je m'efforcerai de faire preuve de la souplesse nécessaire dans mes efforts pour résoudre les problèmes.

5 avril — Le détachement dans l'amour

Le détachement est la clé du cheminement pour vaincre la codépendance. Il renforce de saines relations – celles que nous souhaitons voir progresser et prospérer. Il donne un avantage dans les relations difficiles – celles qui nous apprennent à nous débrouiller. Il nous est utile !

Le détachement n'est pas un comportement ponctuel. C'est un comportement quotidien propre au rétablissement. Nous l'apprenons dès que nous commençons à vaincre la codépendance et les problèmes relatifs aux enfants adultes. Nous continuons à le pratiquer au fil de notre développement et de notre transformation comme au cours du développement et de la transformation de nos relations.

Nous apprenons à lâcher prise face aux personnes chères et aux amis, comme aux gens qui nous laissent plutôt indifférents. Nous nous dissocions, nous et notre cheminement, des autres et de leur cheminement.

Nous renonçons à notre emprise et notre besoin de régenter nos relations. Nous nous prenons en main et nous permettons aux autres de faire de même. Nous nous détachons en comprenant que la vie se déroule exactement comme il se doit, pour autrui comme pour nous. La vie se déroule de la bonne manière, même si parfois elle apporte la souffrance. Et finalement, nous pourrons tirer profit des situations même les plus difficiles. Nous avançons avec la perception qu'une Puissance supérieure nous dirige, et tout va bien.

Aujourd'hui, j'appliquerai de mon mieux le concept du détachement dans mes relations avec autrui. Si je ne peux pas lâcher prise entièrement, j'essaierai de « m'accrocher en douceur ».

6 avril — La patience

Que nous en avons par-dessus la tête d'entendre les gens nous dire d'être patients ou d'apprendre la patience ! Qu'il est frustrant de vouloir avancer ou obtenir enfin quelque chose sans que cela arrive jamais. Qu'il est irritant d'entendre quelqu'un nous dire d'attendre alors que nos besoins ne sont pas satisfaits et que nous sommes aux prises avec l'anxiété, la frustration et l'inaction.

Ne confondez pas la suggestion d'être patient avec l'ancienne règle qui veut que l'on étouffe ses émotions.

Être patient ne signifie pas traverser la vie et le chemin qui mène à la guérison sans éprouver d'émotions ! Ressentez la frustration. Ressentez l'impatience. Faites place à toute la colère que vous éprouvez du fait que vos besoins ne sont pas comblés. Ressentez votre colère.

Contrôler vos émotions ne permettra pas de contrôler le processus !

Nous découvrons la patience en nous abandonnant à nos émotions. On ne peut forcer la patience. C'est un cadeau, un cadeau qui suit de près l'acceptation et la reconnaissance. Lorsque nous résoudrons nos émotions et que nous accepterons véritablement la personne que nous sommes et ce que nous possédons, nous serons prêts à être et à posséder plus.

Aujourd'hui, je laisserai libre cours à mes émotions tout en m'exerçant à la patience.

7 avril — Retour des émotions anciennes

J'ai encore des mauvais jours, mais ce n'est rien. Auparavant, j'avais des mauvaises années.

Anonyme

À l'occasion, les émotions anciennes reprennent le dessus. Nous pouvons ressentir la crainte, la honte et le désespoir. Nous pouvons croire que nous sommes quelconques, impossibles à aimer, brimés et impuissants, et éprouver de la rancœur face à tout cela. C'est cela la codépendance, un état que certains décrivent également comme étant une « maladie de l'âme ».

Un grand nombre d'entre nous ont ressenti cela quand ils ont entamé leur guérison. Il nous arrive de succomber à ces émotions une fois le processus en marche. Quelquefois, il existe une raison. Un événement peut déclencher ces réactions, comme la fin d'une relation, le stress, des problèmes au travail, à la maison ou avec des amis. Les changements peuvent aussi donner lieu à ces réactions. De même que la maladie physique.

Il arrive aussi que ces émotions soient ravivées sans raison.

Un retour à ces émotions anciennes ne signifie pas que nous revenons à la case départ. Il ne s'agit pas d'un constat d'échec. Cela ne signifie pas que nous en sommes réduits à une longue et pénible période où nous nous sentirons mal dans notre peau. Ces émotions existent simplement.

La solution est la même : mettre en pratique les principes fondamentaux, comme l'amour et la confiance en soi, le détachement, le fait de faire face à ses émotions, donner et recevoir du soutien dans la communauté des gens en marche vers leur rétablissement, se servir de nos affirmations et profiter de la vie.

Un autre principe de base est la pratique des Étapes. Souvent, pratiquer les Étapes est ce qui nous donne la capacité et la puissance d'appliquer les autres principes de base, comme le détachement et l'amour de soi.

Si les vieilles émotions refont surface, soyez assuré qu'il existe une porte de sortie.

Aujourd'hui, si je me retrouve dans la trappe sombre de la codépendance, je pratiquerai une Étape qui m'aidera à m'en sortir.

8 avril — Préoccupation de soi

Je ne sais pas de façon précise ce que vous devez faire pour prendre soin de vous. Mais je sais que vous pouvez le découvrir.

Au-delà de la codépendance

Reposez-vous lorsque vous êtes fatigué.

Prenez un verre d'eau fraîche quand vous avez soif.

Appelez un ami quand vous vous sentez seul.

Demandez à Dieu de vous venir en aide lorsque vous vous sentez dépassé.

Beaucoup d'entre nous ont appris à se priver et à se négliger. Beaucoup d'entre nous ont appris à exiger beaucoup d'eux, alors que le problème est qu'ils exigent déjà trop d'eux-mêmes.

Beaucoup d'entre nous craignent que le travail ne soit pas terminé s'ils se reposent quand ils sont fatigués. Non seulement le travail sera accompli ; il sera meilleur que celui qui résulte de la fatigue de l'âme et de l'esprit. Les personnes nourries, rassasiées, qui s'aiment et prennent soin d'elles, font la joie de l'univers.

Elles sont pondérées, efficaces et guidées par Dieu.

Aujourd'hui, je m'appliquerai à prendre affectueusement soin de moi.

9 avril — Donner

Apprendre à donner sainement peut représenter un défi. Dans ce domaine, nous sommes nombreux à nous être laissé prendre par la manie de la compulsion – des gestes charitables motivés par un sentiment égoïste de culpabilité, de honte, d'obligation, de pitié et de supériorité morale.

Nous comprenons maintenant que l'investissement personnel et la dépendance vont de pair. Ils se retournent contre nous.

L'investissement personnel contribue à notre sentiment d'être victimes.

Beaucoup d'entre nous ont trop donné, croyant que c'était ce qu'il fallait faire ; puis ils ont éprouvé de la confusion parce que ni leur vie ni leurs relations ne fonctionnaient. Beaucoup d'entre nous ont donné tant de choses et pendant si longtemps, en ayant l'impression de respecter la volonté de Dieu, que lorsqu'ils ont entamé leur travail sur eux-mêmes, ils ont refusé de donner, de prendre soin et d'aimer pendant un certain temps.

C'est normal. Peut-être avaient-ils besoin d'une pause. Toutefois, un don équilibré fait partie d'une vie équilibrée. Le but du travail sur soi est l'équilibre – la bienveillance motivée par un désir véritable de donner, avec l'attitude sous-jacente de respect pour nous-mêmes et pour autrui.

Le but du travail sur soi est de choisir ce que nous voulons donner, à qui, à quel moment et en quelle quantité. C'est de donner, et non de sentir que notre don fait de nous des victimes.

Donnons-nous de bon cœur, parce que c'est notre responsabilité ? Ou donnons-nous par obligation, par culpabilité, par honte ou par supériorité ? Donnons-nous parce que nous avons peur de dire non ?

Les façons dont nous tentons d'aider les autres sont-elles utiles ou les empêchent-elles d'assumer leurs véritables responsabilités ?

Donnons-nous dans le but d'être aimés des autres ou de les placer dans une situation où ils se sentiront redevables ? Donnons-nous pour avoir l'impression d'être importants ? Ou donnons-nous simplement de bon cœur, parce que cela nous rend heureux ?

La guérison comporte un cycle : donner et recevoir. Elle maintient une énergie bénéfique qui flotte autour de nous, de notre Puissance supérieure et des autres. Il est temps d'apprendre à donner de manière saine. Il est temps d'apprendre à recevoir. Soyez patient. L'équilibre viendra.

Mon Dieu, s'il Te plaît, guide mes dons et mes intentions aujourd'hui.

10 avril — Se servir d'autrui pour soulager notre souffrance

Notre bonheur n'est pas un cadeau que quelqu'un d'autre tient entre ses mains. Personne ne garde notre bien-être pour nous le donner ou nous le retirer selon sa fantaisie. Si nous tendons la main et essayons de forcer une personne à nous donner ce que nous croyons qu'elle détient, nous serons déçus. Nous découvrirons qu'il s'agissait d'une illusion. L'autre ne détenait rien. L'autre n'en avait pas le droit. Ce cadeau enrubanné, entre les mains de l'autre, cette boîte magnifique qui contenait, croyions-nous, notre bonheur... n'était qu'une illusion !

Dans ces moments où nous tentons de tendre la main et de forcer une personne à atténuer notre douleur et à créer notre bonheur, si nous pouvons trouver le courage de cesser de nous débattre et, plutôt, de nous arrêter et de faire face à nos problèmes, nous trouverons le bonheur.

Oui, il est vrai que si une personne nous marche sur les pieds, elle nous blesse et, par conséquent, elle détient le pouvoir de faire cesser notre douleur en retirant son pied. Cependant, cette douleur est toujours la nôtre. Et il en va de même de notre responsabilité de dire à l'autre de cesser de nous marcher sur les pieds.

La guérison viendra lorsque nous prendrons conscience de la manière dont nous tentons d'utiliser les autres pour soulager notre souffrance et créer notre bonheur. Nous guérirons de notre passé. On nous offrira un éclairage nouveau qui nous permettra de modifier le cours de nos relations avec autrui.

Nous verrons que, depuis toujours, nous tenons notre bonheur et notre bien-être dans nos propres mains. Nous avons tenu cette boîte. Le contenu est à notre portée.

Mon Dieu, aide-moi à me rappeler que je détiens la clé de mon propre bonheur. Donne-moi le courage de m'arrêter et de faire face à mes émotions. Offre-moi ce nouvel éclairage qui me permettra d'améliorer mes relations avec autrui. Aide-moi à cesser de danser au rythme de la codépendance pour danser plutôt à celui de sa guérison.

Assumer la responsabilité de nos finances améliorera notre amour-propre et diminuera notre anxiété.

Aujourd'hui, chacun de nous a une *situation financière donnée*. Nous avons une certaine somme d'argent dans les mains et on nous en doit une autre. Nous avons une pile de factures à payer. Nous devons payer des impôts. Voilà notre situation financière réelle ; peu importe les détails. L'acceptation, la reconnaissance et le sens des responsabilités atténueront le stress.

Aujourd'hui, chacun de nous a un *avenir financier*. Il existe peu d'aspects futurs de notre vie que nous sommes en mesure de contrôler, mais un des rôles que nous pouvons jouer pour assurer notre avenir est d'établir des objectifs.

Les objectifs n'ont pas à nous obséder. Nous n'avons pas à être constamment aux aguets ni à noter nos progrès. Cependant, il est avantageux de réfléchir à nos objectifs et de les consigner sur le papier. Qu'attendons-nous de notre avenir financier ? Quels problèmes financiers aimerions-nous résoudre ? De quels comptes souhaitons-nous nous débarrasser ? Quel salaire espérons-nous gagner à la fin de l'année ? De l'année prochaine ? Dans cinq ans ?

Sommes-nous prêts à travailler à nos objectifs et à croire que notre Puissance supérieure va nous guider ?

Payez vos factures à temps. Prenez contact avec vos créanciers. Faites le nécessaire. Faites de votre mieux, aujourd'hui, pour assumer la responsabilité de vos finances. Établissez des objectifs pour l'avenir. Puis lâchez prise face à l'argent et concentrez-vous sur la vie. Assumer la responsabilité de vos finances ne signifie pas s'intéresser exclusivement à l'argent. Assumer la responsabilité de nos finances nous permet de placer notre centre d'attention sur autre chose que l'argent. Cela nous libère afin que nous puissions accomplir notre travail et vivre la vie que nous souhaitons.

Nous méritons l'estime de soi et la tranquillité d'esprit qui accompagnent la responsabilité financière.

Aujourd'hui, je prendrai le temps qu'il faut pour assumer mes responsabilités financières. S'il est temps de payer des factures ou de parler aux créanciers, je le ferai. S'il est temps d'établir des objectifs, je le ferai. Une fois que j'aurai fait ma part, je lâcherai prise face à ce qui reste.

12 avril — Lâcher prise face à la peur

Imaginez que vous nagez – flottez – calmement dans un ruisseau tranquille. Vous n'avez qu'à respirer, à vous relaxer et à suivre le courant.

Tout à coup, vous prenez conscience de votre situation. Craintif, submergé de « et si », vous devenez tendu. Vous commencez à vous débattre, cherchant frénétiquement quelque chose à quoi vous agripper.

Vous êtes dans un tel état de panique que vous commencez à couler. Puis vous vous rappelez – vous dépensez beaucoup trop d'énergie. Vous n'avez pas à vous affoler. Vous devez simplement bien respirer, vous détendre et suivre le courant. Vous ne coulerez pas.

La panique est notre plus grand ennemi.

Nous n'avons pas à désespérer. Si des problèmes de la vie nous écrasent, nous devons cesser de nous débattre. Nous pouvons descendre le courant pendant un moment, jusqu'à ce que nous retrouvions notre équilibre. Puis nous flotterons à nouveau calmement dans ce ruisseau tranquille. C'est notre ruisseau. Nous y sommes en sécurité. Notre parcours est tracé. Tout va bien.

Aujourd'hui, je me détendrai, je respirerai et je suivrai le courant.

13 avril — Le plaisir

Un des interdits que beaucoup d'entre nous ont appris pendant l'enfance est la règle tacite du *Ne t'amuse pas et ne profite pas de la vie*. Cette règle crée les martyrs – les personnes qui ne se permettront pas d'embrasser les plaisirs de la vie de tous les jours.

Beaucoup d'entre nous avaient associé la souffrance à une forme de sainteté. Maintenant, nous l'associons à la codépendance. Nous pouvons passer la journée à nous rendre craintifs, coupables, malheureux et démunis. Ou nous pouvons vivre la même journée en étant bien dans notre peau. La guérison nous apprend même que nous avons le choix.

Chaque jour est porteur de choses à apprécier et il est normal de se sentir bien. Nous pouvons nous permettre d'apprécier notre travail. Nous pouvons apprendre à nous relaxer sans culpabiliser. Nous pouvons même apprendre à avoir du plaisir.

Faites de votre mieux pour apprendre à vous amuser. Appliquez-vous avec ferveur à apprendre le plaisir. Travaillez autant pour apprendre à vous amuser que vous l'avez fait pour avoir des idées noires.

Notre travail portera ses fruits. Le plaisir deviendra plaisir. La vie vaudra la peine d'être vécue. Et chaque jour apportera son lot de plaisirs à savourer.

Aujourd'hui, je me permettrai de profiter de la vie tout au long de la journée.

14 avril — Le perfectionnisme

Le processus de cheminement pour vaincre la codépendance est un processus individuel au cours duquel il est essentiel de commettre des erreurs, de venir à bout de ses problèmes et de faire face à des situations difficiles.

Attendre la perfection de notre part ralentit le processus ; cela crée un état de culpabilité et d'anxiété. Attendre la perfection de la part d'autrui est aussi destructif ; cela crée de la honte chez les autres et peut nuire à leur épanouissement.

Les personnes sont des êtres humains vulnérables, et c'est merveilleux. Nous pouvons accepter et entretenir cette idée. Attendre la perfection de la part d'autrui nous place dans cet état de codépendance qu'est la supériorité morale. Attendre la perfection de notre part nous rend inflexibles et inférieurs.

Nous pouvons renoncer à ces deux idées.

Nous n'avons pas à passer d'un extrême à l'autre, en tolérant tout ce que les autres lancent sur notre chemin. Nous pouvons toujours espérer avoir un comportement approprié et responsable. Toutefois, la plupart d'entre nous peuvent se permettre d'être moins stricts. Et lorsque nous cesserons d'attendre la perfection de la part des autres, nous pourrons découvrir qu'ils réussissent beaucoup mieux que nous ne le pensions. Lorsque nous cesserons d'attendre la perfection de notre part, nous découvrirons notre beauté intérieure.

Aujourd'hui, je pratiquerai la tolérance, l'acceptation et l'amour des autres tels qu'ils sont, et de moi tel que je suis. Je rechercherai l'équilibre entre les attentes trop grandes et les attentes trop faibles de la part d'autrui comme de la mienne.

15 avril — La communication

Une partie intégrante de l'appropriation de notre pouvoir est l'apprentissage de la communication, une communication claire, franche et assurée. Nous n'avons pas à tourner autour du pot dans nos conversations dans le but de contrôler les réactions d'autrui. Les commentaires qui suscitent la culpabilité ne produisent que de la culpabilité. Nous n'avons pas à remettre sur pied les autres ni à prendre soin d'eux avec des mots ; nous n'avons pas non plus à attendre que les gens prennent soin de nous avec des mots. Nous pouvons nous contenter d'être écoutés et acceptés. Et nous pouvons prêter une oreille attentive à leurs propos.

Les allusions à nos besoins sont inutiles. Les autres ne peuvent lire nos pensées et il est probable qu'ils seront contrariés par nos détours. La meilleure façon d'assumer la responsabilité de nos désirs est de la manifester franchement. Et nous pouvons insister pour que les autres fassent preuve de la même franchise. Si nous devons refuser une demande précise, nous avons le droit de le faire. Si quelqu'un tente de nous contrôler au moyen d'une conversation, nous avons le droit de refuser d'y participer.

Reconnaître franchement les émotions comme le désappointement ou la colère, plutôt que de laisser deviner nos émotions ou de les laisser se manifester d'autres manières, constitue en partie toute communication responsable. Si nous ne savons pas quoi dire, nous pouvons aussi le faire savoir.

Nous pouvons demander des renseignements et utiliser les mots pour former un lien plus étroit, mais nous n'avons pas à faire marcher les autres avec notre conversation. Nous n'avons pas à écouter des histoires ni à participer à leur création. Nous pouvons dire ce que nous avons à dire et nous arrêter là.

Aujourd'hui, je communiquerai clairement et franchement au cours de mes conversations. Je m'efforcerai d'éviter les déclarations insidieuses, qui manipulent ou donnent lieu à la culpabilité. Je ferai preuve de tact et de gentillesse chaque fois que ce sera possible. Et au besoin, je ferai preuve d'assurance.

16 avril — Laisser les choses se produire

Il est inutile de travailler dur pour faire place à nos intuitions. Oui, nous apprenons que des choses difficiles et des désappointements se produisent, souvent pour une raison et dans un but qui nous dépassent. Oui, ces choses s'arrangent souvent pour le mieux. Cependant, nous n'avons pas à gaspiller tant de temps et d'énergie pour arriver à comprendre le but et le plan de chacun des détails de notre vie. C'est de l'hyper-vigilance !

Il arrive que la voiture ne démarre pas ; que le lave-vaisselle ne fonctionne plus ; que nous attrapions un rhume ; que l'eau chaude vienne à manquer ; que nous passions une mauvaise journée. Bien que l'acceptation et la reconnaissance aident à traverser ces ennuis passagers, nous n'avons pas à analyser chaque chose et à déterminer si elle fait partie d'un plan.

Réglez le problème. Faites réparer la voiture. Réparez le lave-vaisselle. Prenez soin de vous pendant la durée de votre rhume. Attendez que l'eau soit chaude pour prendre une douche. Nourrissez-vous pendant votre mauvaise journée. Assumez vos responsabilités et ne croyez pas que vous soyez personnellement visé.

S'il est nécessaire que nous reconnaissions une intuition ou une prise de conscience quelconque, cela nous sera indiqué. Certes, nous devons être attentifs aux types de comportements. Pourtant, les grandes intuitions et les développements importants arrivent souvent de façon naturelle.

Nous n'avons pas à mettre en cause chaque événement afin de voir comment il s'insère dans le plan divin. Ce plan – la conscience, l'intuition, le potentiel d'épanouissement personnel – viendra à notre conscience. Peut-être la leçon consiste-t-elle à apprendre à résoudre nos problèmes sans toujours en connaître l'importance. Peut-être consiste-t-elle à nous faire confiance à nous-mêmes pour vivre pleinement la vie.

Aujourd'hui, je laisserai les choses se produire sans m'inquiéter de l'importance de chaque événement. Je croirai que mon épanouissement sera plus rapide que si j'étudiais tout sous un microscope. Je croirai que les leçons se feront connaître d'elles-mêmes au moment opportun.

17 avril — Prendre soin de nous

Nous faisons souvent référence à la « préoccupation de soi » comme processus de cheminement pour vaincre la codépendance et les problèmes d'enfants adultes. La préoccupation de soi n'est pas, comme certains le croient, un dérivé de la « génération du moi ». Il ne s'agit pas d'apitoiement sur soi-même. Il ne s'agit pas d'égoïsme – au sens négatif du terme.

Nous apprenons à prendre soin de nous, plutôt que de nous concentrer de façon obsessive sur quelqu'un d'autre. Nous apprenons la responsabilité de soi, plutôt que la responsabilité excessive d'autrui. La préoccupation de soi signifie aussi assumer nos véritables responsabilités à l'égard d'autrui ; nous réussissons mieux lorsque nous ne nous sentons pas trop responsables.

La préoccupation de soi signifie parfois « moi d'abord », mais généralement, « moi aussi ». Cela signifie que nous sommes responsables de nous-mêmes et que nous pouvons décider de ne plus être des victimes.

La préoccupation de soi signifie apprendre à aimer la personne dont nous sommes responsables – nous. Nous ne faisons pas cela pour hiberner dans un cocon d'isolement et d'apitoiement, mais bien pour mieux aimer les autres et apprendre à les laisser nous aimer.

La préoccupation de soi n'est pas de l'égoïsme, mais plutôt de l'estime de soi.

Aujourd'hui, mon Dieu, aide-moi à m'aimer moi-même. Aide-moi à lâcher prise face à la responsabilité excessive que je manifeste à l'égard de ceux qui m'entourent. Montre-moi ce que je dois faire pour prendre soin de moi et pour bien assumer mes responsabilités à l'égard d'autrui.

18 avril — La liberté

Beaucoup d'entre nous ont été brimés et persécutés quand ils étaient enfants. Aujourd'hui adultes, nous continuons peut-être à nous opprimer nous-mêmes.

Certains de nous ne reconnaissent pas que l'investissement personnel et l'absence de limites nous donneront le sentiment d'être des victimes.

Certains ne comprennent pas que le simple fait de nous considérer comme des victimes nous donnera un sentiment d'oppression.

Certains ne savent pas que nous détenons la clé de notre liberté. Cette clé tient au respect de soi et au soin que nous nous accordons à nous-mêmes.

Nous pouvons dire ce que nous pensons et penser ce que nous disons.

Nous pouvons cesser d'attendre que les autres satisfassent nos besoins et nous pouvons assumer nos propres responsabilités. Lorsque nous y arriverons, les portes de la liberté seront grandes ouvertes.

Franchissez-les.

Aujourd'hui, je comprendrai que je détiens la clé de ma liberté. Je cesserai de participer à mon oppression et à ma victimisation. J'assumerai ma propre responsabilité et laisserai les autres agir comme bon leur semble.

19 avril — Accepter le changement

Les vents du changement soufflent dans notre vie, parfois doucement, parfois comme une tempête tropicale. Oui, nous avons des abris – le temps de nous adapter à un autre mode de vie, le temps de retrouver notre équilibre, le temps d'apprécier les récompenses. Nous avons le temps de reprendre notre souffle.

Pourtant le changement est inévitable et souhaitable.

Parfois, lorsque les vents du changement commencent à bruire, nous ne sommes pas convaincus que le changement est pour le mieux. Nous pouvons lui donner le nom de stress ou d'état temporaire, assurés que nous reviendrons à la normale. Parfois, nous opposons de la résistance. Nous baissons la tête et luttons contre le vent, en espérant que les choses se calmeront très vite et reviendront comme elles étaient. Est-il possible que nous soyons en voie d'être préparés à une nouvelle « normalité » ?

Le changement balaiera notre vie, au besoin, pour nous mener là où nous devons aller. Nous pouvons croire que notre Puissance supérieure a un plan, même si nous ne savons pas où mènent les changements.

Nous pouvons croire que le changement qui s'annonce est bon. Les vents nous porteront là où nous devons nous rendre.

Aujourd'hui, aide-moi, mon Dieu, à lâcher prise face à ma résistance au changement. Aide-moi à m'ouvrir au processus. Aide-moi à croire que l'endroit où l'on m'amène sera mieux que celui que je viens de quitter. Aide-moi à capi-

tuler, à faire confiance et à accepter, même si je ne comprends pas.

20 avril — Les échéances

Je ne sais pas si je veux poursuivre cette relation. J'éprouve des difficultés depuis des mois. Il n'est pas approprié de la laisser en suspens indéfiniment. Je m'accorde deux mois pour arriver à une décision.

Anonyme

Ce problème est suspendu au-dessus de ma tête depuis six mois, maintenant. Je suis désorienté. Je ne sais pas quoi faire. Je m'accorde un mois pour arriver à une solution.

Anonyme

Parfois, il est utile d'établir une échéance.

Cela peut être vrai dans le cas de problèmes non résolus, de décisions difficiles à prendre, lorsque nous sommes pris entre deux feux depuis longtemps ou confus depuis un moment à propos d'une situation particulière.

Cela ne signifie pas que l'échéance soit immuable. C'est plutôt que nous fixons un délai d'exécution afin de ne plus nous sentir aussi démunis et d'être en mesure de nous concentrer sur une solution. Établir des échéances peut libérer l'énergie nécessaire pour mettre le problème ou la situation difficile de côté, pour lâcher prise et permettre à l'univers, à notre Puissance supérieure et à nous-mêmes de nous diriger vers une solution.

Il n'est pas toujours utile de mentionner aux personnes qui nous entourent que nous avons décidé d'une échéance. Parfois, il est préférable de la taire, faute de quoi les autres pourraient croire que nous tentons de les contrôler, puis pourraient s'opposer à notre échéance. Mais parfois, il convient de faire partager nos échéances.

Les échéances constituent avant tout un outil pratique. Elles doivent être raisonnables et appropriées à chaque situation. Bien utilisées, les échéances peuvent devenir un outil avantageux et nous aider à résoudre des problèmes et à traverser des situations difficiles sans éprouver le sentiment d'être prisonniers et impuissants. Elles peuvent nous aider à lâcher prise face à l'inquiétude et à l'obsession, de manière à canaliser notre énergie de façon constructive. Établir une échéance peut nous aider à sortir de cet endroit inconfortable qu'est le sentiment d'être brimé par une personne ou par un problème insoluble.

Les échéances peuvent nous aider à la fois à nous détacher et à poursuivre notre route.

Aujourd'hui, je considérerai si une échéance pourrait être utile dans certains secteurs de ma vie. J'implore la Sagesse et la Direction divines au moment d'établir les échéances appropriées pour tous les problèmes ou tous les enjeux actuels liés à des relations qui subsistent.

21 avril — L'attente

Attendez. Si ce n'est pas le bon moment ni la bonne voie, si la question ou la décision n'est pas cohérente, attendez.

Nous éprouvons peut-être un sentiment d'urgence. Nous voulons résoudre la question par un geste – *n'importe lequel* maintenant – mais ce geste n'est pas dans notre intérêt.

Il est difficile de vivre dans la confusion ou avec des problèmes non résolus. Il est plus facile de régler les choses. Pourtant, en prenant une décision hâtive, en agissant prématurément, nous courons le risque d'avoir à revenir en arrière et recommencer.

Si ce n'est pas le bon moment, attendez. Si ce n'est pas la bonne voie, ne vous avancez pas plus loin. Si la réponse ou la décision semble confuse, attendez.

Il existe une Force directrice dans ce nouveau mode de vie. Nous n'avons pas à avancer trop rapidement ni à contre-pied. L'attente est une action – une action positive et énergique.

Souvent, l'attente est une action que Dieu guide, une action qui recèle autant de pouvoir qu'une décision et plus de pouvoir qu'une décision urgente et mal à propos.

Nous n'avons pas à exercer une pression sur nous-mêmes en insistant pour faire quelque chose avant le moment opportun. Nous saurons que le moment est venu. Nous passerons à ce moment de façon naturelle et harmonieuse. Nous connaîtrons la paix et la cohérence. Nous ressentirons une liberté d'action différente de celle que nous ressentons aujourd'hui.

Affrontez la panique, l'urgence, la crainte ; ne les laissez pas contrôler ou dicter vos décisions.

L'attente n'est pas facile. Elle n'est pas amusante. Pourtant l'attente est souvent nécessaire pour obtenir ce que l'on veut. Ce n'est *pas* un temps mort ; ce n'est pas un temps d'arrêt. La réponse viendra. La puissance viendra. Le temps viendra. Et ce sera bien.

Aujourd'hui, j'attendrai, si l'attente est l'action nécessaire pour prendre soin de moi. Je saurai que je réalise un geste positif, énergique, en attendant le bon moment. Mon Dieu, aide-moi à lâcher prise face à la peur, à l'urgence et à la panique. Aide-moi à apprendre l'art d'attendre le bon moment. Aide-moi à apprendre à bien choisir le moment.

22 avril — Faire face au stress

Inévitablement, il existe des moments de stress dans notre vie, peu importe depuis combien de temps nous faisons ce travail sur nous-mêmes pour guérir.

Parfois, le stress est extérieur ; il nous entoure. Nous avons le sentiment d'être équilibrés, mais notre situation est stressante. Parfois, le stress est intérieur ; nous nous sentons déséquilibrés.

C'est quand le stress est intérieur et extérieur que nous vivons les moments les plus difficiles.

Pendant les moments stressants, nous pouvons nous reposer plus fortement sur nos systèmes de soutien. Nos amis et nos groupes peuvent nous aider à retrouver un certain équilibre et un peu de paix, en dépit de toutes les conditions stressantes.

Affirmer que les événements qui se produisent constituent une partie provisoirement désagréable d'un plan solide et bon peut s'avérer utile. Nous pouvons nous rassurer, nous traverserons cette épreuve. Nous ne serons pas détruits. Nous ne nous décomposerons pas ni ne disparaîtrons.

Il est utile de revenir aux fondements – de se concentrer sur le détachement, d'affronter nos émotions et de prendre la vie au jour le jour.

La chose la plus importante, dans les moments de stress, est de prendre soin de nous. Nous sommes mieux en mesure de faire face aux circonstances, si étranges soient-elles, nous sommes plus susceptibles d'être présents aux autres si nous prenons soin de nous. Nous pouvons nous demander régulièrement : Que devons-nous faire pour prendre soin de nous ? Qu'est-ce qui pourrait nous aider à nous sentir mieux, à être bien ?

La préoccupation de soi ne vient peut-être pas aussi facilement dans les moments de stress. L'auto-négligence peut sembler plus rassurante. Pourtant, prendre soin de nous fonctionne toujours.

Aujourd'hui, je me rappellerai qu'il n'existe aucune situation qui ne saurait bénéficier du soin que je m'accorde à moi-même.

23 avril — S'ouvrir à l'amour

Nous permettre de recevoir de l'amour est l'un des plus grands défis auxquels nous sommes confrontés au cours du travail sur nous-mêmes.

Il arrive à beaucoup d'entre nous de s'empêcher de recevoir l'amour. Nous avons vécu avec des personnes qui utilisaient l'amour pour exercer un contrôle sur nous. Elles étaient là pour nous, mais au prix très élevé de notre liberté. On nous donnait, ou on nous retirait, l'amour pour nous dominer et exercer une emprise sur nous. Il n'était pas sain pour nous de recevoir de l'amour de ces personnes. Nous nous sommes peut-être habitués à ne pas recevoir d'amour, à ne pas reconnaître notre besoin d'être aimés, parce que nous vivions avec des personnes qui n'avaient pas d'amour véritable à donner.

À un certain moment de notre rétablissement, nous reconnaissons que, nous aussi, nous voulons être aimés et en avons besoin. Ce besoin peut nous paraître étrange. Où nous mène-t-il ? Que faut-il en faire ? Qui peut nous donner de l'amour ? Comment distinguer les personnes sûres de celles qui ne le sont pas ? Comment laisser les autres nous aimer sans avoir le sentiment d'être piégés, trompés et incapables de prendre soin de nous ?

Nous apprendrons. Le point de départ est l'abandon – à notre désir d'être aimés, à notre besoin d'être nourris et aimés. Nous serons plus confiants en notre capacité de prendre soin de nous devant les autres. Nous nous sentirons suffisamment en sécurité pour laisser les gens nous aimer ; nous en arriverons à croire en notre compétence à choisir des personnes sûres, qui peuvent nous donner de l'amour.

Il est peut-être nécessaire d'éprouver de la colère d'abord, de la colère parce qu'on n'a pas répondu à nos besoins. Plus tard, nous éprouverons de la reconnaissance envers ces personnes qui nous ont montré ce dont nous ne voulons pas, celles qui nous ont aidés à croire que nous méritons l'amour, et celles qui sont venues dans notre vie pour nous aimer.

Nous nous épanouissons comme des fleurs. Parfois, la douleur surgit lorsque les pétales s'ouvrent. Réjouissons-nous. Notre cœur s'ouvre à l'amour qui est là et qui continuera d'être là pour nous.

S'abandonner à l'amour présent, à l'amour que les gens, l'univers et notre Puissance supérieure placent sur notre chemin.

S'abandonner à l'amour, sans permettre aux autres de nous contrôler ou de nous empêcher de nous aimer nous-mêmes. Commencer par s'abandonner à l'amour de nous-mêmes.

Aujourd'hui, je m'ouvrirai à l'amour qui est là pour moi. Je me permettrai de recevoir l'amour sûr, en sachant que je peux prendre soin de moi en présence des autres. Je serai reconnaissant à toutes les personnes de mon passé qui m'ont aidé à m'ouvrir à l'amour. Je revendique et j'accepte l'amour qui m'est offert, et j'en suis reconnaissant.

24 avril — Les leçons au travail

Souvent, les leçons spirituelles ou celles du rétablissement que nous apprenons au travail sont le reflet des leçons que nous tirons d'autres secteurs de notre vie.

Souvent, les systèmes qui nous attirent au travail sont semblables aux systèmes dans lesquels nous vivons et aimons. Ces systèmes sont le reflet de nos problèmes et peuvent nous aider à apprendre nos leçons.

Apprenons-nous petit à petit à croire en nous au travail ? Et à la maison ? Apprenons-nous petit à petit à prendre soin de nous au travail ? Et à la maison ? Apprenons-nous aussi la notion de limite et d'estime de soi, à surmonter la peur et à affronter nos émotions ?

Si nous étudions nos antécédents de travail, nous verrons probablement qu'ils sont le reflet de nos problèmes et de notre croissance. C'est d'ailleurs ce qui se produit maintenant.

Pour aujourd'hui, nous pouvons croire que nous sommes exactement là où nous devons être – à la maison et au travail.

Aujourd'hui, j'accepterai ma situation actuelle au travail. Je réfléchirai à la façon dont les leçons tirées de ma vie s'appliquent aux leçons tirées de mon travail. Si je ne comprends pas, je m'abandonnerai à l'expérience jusqu'à ce que ce soit clair. Mon Dieu, aide-moi à accepter le travail que je dois accomplir aujourd'hui. Aide-moi à être ouvert et à apprendre ce que je dois connaître. Aide-moi à croire que cela peut être bon, aujourd'hui comme demain.

25 avril — La découverte de notre propre vérité

Nous devons tous découvrir notre propre vérité.

Il ne *nous* est pas utile que les personnes que nous aimons découvrent leur propre vérité. Elles ne peuvent nous la donner. Cela ne nous aide pas qu'une personne aimée connaisse une vérité particulière de notre vie. Nous devons découvrir notre vérité nous-mêmes.

Nous devons tous découvrir notre propre lumière et la laisser nous éclairer.

Nous devons souvent lutter, échouer et éprouver de la confusion et de la frustration. C'est ainsi que nous sortons vainqueurs de notre lutte, que nous apprenons ce qui est vrai pour nous et nous convient.

Nous pouvons partager ces renseignements avec autrui. Les autres peuvent nous prédire ce qui peut arriver si nous suivons une voie en particulier. Cependant, cela ne signifie rien tant que nous n'avons pas assimilé le message et que celui-ci n'est pas devenu notre vérité, notre découverte, notre connaissance.

Rien n'est facile quand il s'agit de nous en sortir et de trouver notre vérité.

Pourtant c'est possible, nous pouvons y arriver si nous le voulons.

Nous pouvons souhaiter simplifier les choses. Nous pouvons courir nerveusement vers nos amis et leur demander de nous donner leur vérité ou de faciliter notre découverte. Ils ne peuvent rien faire. La lumière se fera d'elle-même, le moment venu.

Chacun de nous possède sa part de vérité, qui attend de se révéler à nous. Chacun de nous possède sa part de lumière, qui attend de nous éclairer, qui attend que nous la réclamions.

L'encouragement est utile. Le soutien est utile. La ferme conviction que chacun renferme sa propre vérité – appropriée à chaque situation – est utile.

Chaque expérience, chaque frustration, chaque situation possède sa propre vérité qui attend d'être révélée. N'abandonnez pas avant de l'avoir trouvée – pour vous-même.

Nous serons guidés dans la vérité, si nous en faisons la demande. Nous ne sommes pas seuls.

Aujourd'hui, je chercherai ma propre vérité et je permettrai aux autres d'en faire autant. Je valoriserai ma vision et celle d'autrui. Nous sommes tous en pèlerinage, faisant nos propres découvertes – celles qui nous conviennent aujourd'hui.

26 avril — Résister à la négativité

Certaines personnes sont porteuses de négativité. Elles sont des réservoirs de colère refoulée et d'émotions volatiles. Certaines restent emprisonnées dans des rôles de victimes et accomplissent des gestes qui augmentent leur victimisation. Et d'autres sont toujours aux prises avec le cycle des comportements asservissants et compulsifs.

L'énergie négative peut exercer une forte attraction sur nous, particulièrement si nous luttons pour conserver notre énergie positive et notre équilibre. On pourrait croire que les personnes qui dégagent de l'énergie négative tentent de nous entraîner avec elles vers la noirceur. Nous n'avons pas à les suivre. Sans préjudice, nous pouvons décider qu'il est correct de nous éloigner, de nous protéger.

Nous ne pouvons changer les autres. Notre déséquilibre ne leur est pas utile. Nous ne les mènerons pas à la Lumière en les suivant dans la noirceur.

Aujourd'hui, mon Dieu, aide-moi à comprendre que je n'ai pas à me laisser entraîner dans la négativité, même auprès de ceux que j'aime. Aide-moi à établir des limites. Aide-moi à comprendre qu'il est normal de prendre soin de moi.

27 avril — Lâcher prise face au besoin de contrôler

> *Le jeu en vaut la chandelle : en récompense, on trouve la sérénité, une profonde sensation de paix, la capacité de donner et recevoir de l'amour en s'enrichissant soi-même, en retrouvant toute son énergie et la liberté de trouver de vraies solutions à ses problèmes.*
>
> *Vaincre la codépendance*

Renoncer à notre besoin de contrôler peut nous libérer et libérer les autres. Cela peut inciter notre Puissance supérieure à nous réserver ce qu'il y a de meilleur.

Si nous ne tentions pas de contrôler quelqu'un ou quelque chose, que ferions-nous différemment ? Que ferions-nous que nous nous refusons actuellement ? Où irions-nous ? Que dirions-nous ? Quelles décisions prendrions-nous ? Que demanderions-nous ? Quelles limites seraient établies ? Quand dirions-nous non ou oui ?

Si nous ne tentions pas de contrôler l'amour qu'une personne éprouve pour nous ou ses réactions à notre égard, que ferions-nous différemment ? Si nous ne tentions pas de contrôler le cours d'une relation, que ferions-nous différemment ? Si nous ne tentions pas de contrôler le comportement d'un autre, que penserions-nous, ressentirions-nous, dirions-nous, ferions-nous différemment de maintenant ?

Qu'avons-nous refusé de faire en espérant que l'abnégation aura une influence sur une situation particulière ou sur une personne précise ? Avons-nous cessé de faire des choses que nous faisions avant ?

Comment nous traiterions-nous si nous nous traitions différemment ? Nous laisserions-nous maintenant apprécier la vie un peu plus et nous sentir mieux ? Cesserions-nous d'être si mal dans notre peau ? Nous traiterions-nous mieux ? Si nous ne tentions pas de contrôler, que ferions-nous différemment ? Dressez une liste de ces choses et faites-les.

Aujourd'hui, je me demanderai ce que je ferais différemment si je ne tentais pas de contrôler. Quand je trouverai la réponse, je ferai ce qu'elle me dicte. Mon Dieu, aide-moi à lâcher prise face à mon besoin de contrôler. Aide-moi à me libérer et à libérer autrui.

28 avril — La colère à l'égard des membres de ma famille

Beaucoup d'entre nous ressentent de la colère envers certains membres de leur famille. Quelques-uns d'entre nous éprouvent beaucoup de colère et de rage – colère qui semble se perpétuer d'année en année.

Pour un grand nombre d'entre nous, la colère était le seul moyen de rompre un lien nuisible avec un membre de notre famille. C'était la force qui nous empêchait d'être captifs – que ce soit au point de vue mental, affectif et parfois spirituel – de certains membres de la famille.

Il importe de nous permettre de ressentir – d'accepter – notre colère à l'égard de membres de notre famille sans éprouver de culpabilité ou de honte. Il importe aussi d'examiner nos sentiments de culpabilité envers les membres de notre famille, puisque la colère et la culpabilité sont souvent intimement liées.

Nous pouvons accepter notre culpabilité et même la remercier de nous avoir protégés. Toutefois, nous pouvons nous fixer un autre but : reprendre notre liberté. Une fois que nous aurons réussi, notre colère deviendra inutile. Une fois que nous aurons réussi, nous pourrons pardonner.

Ayons des pensées aimantes, des pensées curatives envers les membres de notre famille. Cependant, laissons-nous ressentir toute la colère que nous avons besoin de ressentir.

À un moment, efforçons-nous de mettre un terme à notre colère. Toutefois, nous devons être tolérants envers nous-mêmes si ces émotions refont surface à l'occasion.

Remercions Dieu pour ces émotions. Ressentons-les. Libérons-les. Implorons Dieu de nous aider à reprendre notre liberté et à prendre soin de nous. Laissons la lumière dorée de la guérison briller sur tout ce qui nous est cher et sur tous ceux qui nous mettent en colère. Laissons la lumière dorée de la guérison briller sur nous. Croyons au fait que la guérison se produit, dès à présent.

Aide-moi à accepter les émotions puissantes que je ressens parfois envers les membres de ma famille. Aide-moi à être reconnaissant de ce qu'elles m'enseignent. J'accepte la lumière dorée de la guérison qui brille désormais sur moi et sur ma famille. Je remercie Dieu que la guérison prenne parfois des formes inattendues.

Amorcer des relations

Souvent, les personnes qui nous attirent peuvent nous apprendre beaucoup de choses sur nous-mêmes.

En progressant vers le rétablissement, nous apprenons qu'il n'est plus possible de former des liens *uniquement* sur la base de l'attraction. Nous apprenons à être patients, à nous permettre de tenir compte d'éléments importants et à interpréter les renseignements relatifs à une personne.

Ce que nous recherchons dans le rétablissement, c'est une saine attraction vers autrui. Nous nous permettons d'être attirés par les personnes que *sont* les autres, et non par leur potentiel ou par ce que nous espérons qu'elles sont.

Plus nous ferons de travail sur les problèmes liés à notre famille d'origine, moins nous aurons le sentiment d'avoir besoin de les surmonter avec les personnes qui nous attirent. Tourner le dos à notre passé nous aide à former de nouvelles relations plus saines.

Plus nous maîtriserons notre besoin d'être des gardiens excessifs, moins nous serons attirés par des personnes qui ont sans cesse besoin qu'on prenne soin d'elles.

Plus nous apprendrons à nous aimer et à nous respecter, plus nous serons attirés par des personnes qui nous aimeront et nous respecteront, et que nous pourrons aimer et respecter en toute sécurité.

C'est un processus lent. Nous devons faire preuve de patience envers nous-mêmes. Le type de personnes qui nous attire ne changera pas du jour au lendemain. L'attirance vers des personnes dysfonctionnelles peut très bien perdurer jusque dans les phases avancées de la guérison. Cela ne signifie pas que nous devions permettre à cette attirance de nous contrôler. Le fait est que nous créerons des liens avec les personnes dont nous avons besoin et les maintiendrons jusqu'à ce que nous apprenions ce que nous devons savoir – peu importe depuis combien de temps nous sommes engagés dans notre travail de guérison.

Peu importe avec qui nous établissons des liens et ce que nous découvrons dans la relation, le problème est toujours le nôtre et non celui de l'autre. C'est là le cœur, l'espoir et le pouvoir de la thérapie.

Nous pouvons apprendre à prendre soin de nous pendant que nous créons et formons des liens. Nous pouvons apprendre à y aller doucement. Nous pouvons apprendre à être vigilants. Nous pouvons nous permettre de commettre des erreurs, même si nous *sommes prudents*.

Nous pouvons cesser de blâmer Dieu à propos de nos relations et commencer à assumer notre responsabilité en la matière. Nous pouvons apprendre à apprécier des relations saines et à nous retirer plus vite des relations dysfonctionnelles.

Nous pouvons apprendre à chercher ce qui nous convient, plutôt que ce qui convient à l'autre.

Mon Dieu, aide-moi à faire attention à mon comportement pendant que j'amorce une relation. Aide-moi à assumer mes responsabilités et à apprendre ce qui m'est nécessaire. Je croirai que les personnes que je veux connaître et dont j'ai besoin viendront dans ma vie. Je comprends que si une relation est nuisible pour moi, j'ai le droit et la compétence de la refuser – même si l'autre croit que cette relation lui convient. Je serai ouvert à toutes les leçons que je dois tirer de mon comportement dans mes relations avec autrui, me préparant ainsi à vivre les meilleures relations possibles.

30 avril — L'équilibre

L'équilibre est le but que nous recherchons.

Nous avons besoin de trouver le juste milieu entre travail et plaisir. Nous avons besoin de trouver la juste mesure entre donner et recevoir. Nous avons besoin de faire la part des choses entre les pensées et les sentiments. Nous avons besoin d'équilibrer le soin de notre moi physique et celui de notre moi spirituel.

Une vie équilibrée est faite d'harmonie entre la vie professionnelle et la vie personnelle. Il arrive parfois que nous devions escalader des montagnes au travail. Il arrive parfois que nous devions consacrer beaucoup d'énergie à nos relations. Cependant, l'ensemble doit être équilibré.

Tout comme un régime alimentaire équilibré tient compte de toute la gamme de nos besoins nutritionnels pour rester en bonne santé, une vie équilibrée tient compte de tous nos besoins : amis, travail, amour, famille, plaisir, temps pour l'intimité, temps pour le travail sur soi, et temps pour la spiritualité – temps consacré à Dieu. Si nous tombons dans le déséquilibre, notre voix intérieure nous le fera savoir. Nous devons écouter.

Aujourd'hui, j'examinerai ma vie pour voir si les plateaux de la balance sont trop lourds dans certains domaines et trop légers dans d'autres. Je travaillerai pour atteindre l'équilibre.

Mai

1er mai — La prière de la guérison

Cette prière est fondée sur une section du Grand Livre des Alcooliques anonymes :

Merci de m'avoir maintenu dans le droit chemin, hier. Aide-moi à rester sobre aujourd'hui.

Pour les vingt-quatre prochaines heures, je prie pour prendre connaissance de Ta volonté à mon égard et pour avoir la force de m'y conformer.

Fais que ma pensée soit exempte d'entêtement, d'égoïsme, de malhonnêteté et de faux motifs.

Accorde-moi la pensée, le mot et le geste justes. Indique-moi la prochaine étape. Dans les moments de doute et d'indécision, transmets-moi Ton inspiration et Tes conseils.

Je Te demande de m'aider à surmonter tous mes problèmes, et de le faire au nom de Ta gloire et en Ton honneur.

Cette prière est une prière de guérison. Elle nous permet de traverser toutes les situations. Pendant les prochains jours, nous explorerons les idées qu'elle recèle. Si nous récitons cette prière, nous pouvons être assurés qu'elle recevra une réponse positive.

Aujourd'hui, je croirai que Dieu fera pour moi ce que je ne peux faire moi-même. Je jouerai mon rôle – en mettant en pratique les Douze Étapes et en laissant Dieu s'occuper du reste.

2 mai — Notre Puissance supérieure

Pour les vingt-quatre prochaines heures…

En période de convalescence, nous vivons au jour le jour ; c'est un concept qui exige une foi à toute épreuve.

Nous refusons de regarder en arrière – à moins que la guérison du passé ne fasse partie de notre travail d'aujourd'hui. Nous regardons vers l'avenir uniquement pour dresser des plans. Nous mettons l'accent sur l'activité du jour, en la vivant de notre mieux. Si nous persévérons, nous aurons accumulé suffisamment de jours de vie saine pour que notre vie gagne en valeur.

... je prie pour prendre connaissance de Ta volonté à mon égard...

Nous nous abandonnons à la volonté de Dieu. Nous cessons d'essayer de contrôler tout et nous contentons d'une vie plus facile à gérer. Nous *faisons confiance* à la volonté de notre Puissance supérieure à notre égard – elle est bonne, généreuse et de bon conseil.

Nous apprenons par tâtonnements à séparer notre volonté de la volonté de Dieu. Nous apprenons que la volonté de Dieu n'est pas offensive. Nous avons appris qu'il existe parfois une différence entre ce que les autres veulent que nous fassions et la volonté de Dieu. Nous apprenons aussi que Dieu n'avait pas l'intention de faire de nous des codépendants ni des martyrs. Il ne voulait pas que nous soyons réduits au contrôle ni à l'investissement personnel. Nous apprenons à nous faire confiance à nous-mêmes.

... et pour avoir la force de m'y conformer.

L'acceptation de l'impuissance joue un certain rôle dans le travail sur soi, mais cette dernière tient pour une grande part à la revendication de notre propre capacité à prendre soin de nous-mêmes.

Parfois, nous nous devons d'accomplir des choses qui nous effraient ou nous font mal. Quelquefois, nous devons nous détacher, reculer ou avancer. Et pour cela, nous devons faire appel à une Puissance supérieure.

Nous n'aurons jamais à accomplir des choses que nous serons incapables de réaliser.

Aujourd'hui, je ferai appel à une source de Puissance énergisante pour m'aider. Cette Puissance est Dieu. Je Lui demanderai ce qui m'est nécessaire.

3 mai — Se libérer de l'égoïsme

Fais que ma pensée soit exempte d'entêtement, d'égoïsme, de malhonnêteté et de faux motifs.

Paraphrase tirée de : Alcooliques anonymes

Il existe une différence entre posséder notre propre pouvoir de prendre soin de nous-mêmes, cette part de la volonté de Dieu pour notre vie, et l'entêtement. Il existe une différence entre la préoccupation de soi et l'égoïsme. Et notre comportement n'est pas autant l'objet de critiques que ne le sont les motifs qui le sous-tendent.

C'est un sentiment harmonieux, doux et opportun que nous procurent les actes de nous approprier notre pouvoir, de prendre soin de nous et d'agir au nom de motifs sains qui ne figurent pas dans l'entêtement et l'égoïsme. Nous apprendrons le discernement. Pourtant, nous ne saurons pas toujours faire la différence. Parfois, nous éprouverons inutilement de la culpabilité et de l'anxiété. Peut-être serons-nous surpris de l'amour que Dieu veut que nous nous accordions. Nous pouvons être sûrs que la préoccupation de soi est toujours de mise. Nous voulons nous libérer de l'entêtement et de l'égoïsme, mais nous sommes toujours libres de prendre soin de nous-mêmes.

Mon Dieu, guide mes motivations aujourd'hui et fais que je ne me détourne pas de Ton chemin. Aide-moi à m'aimer moi-même et à aimer autrui. Aide-moi à comprendre que, plus souvent qu'on ne pense, ces deux choses sont intimement liées.

4 mai — Se libérer des troubles compulsifs

Merci de m'avoir maintenu dans le droit chemin, hier. Aide-moi à rester sobre aujourd'hui.

Paraphrase tirée de : Alcooliques anonymes

Lorsque j'ai commencé mon travail sur moi-même pour vaincre la codépendance, j'étais furieuse d'avoir à entreprendre un autre programme. Sept ans auparavant, j'étais en cure pour vaincre une dépendance chimique. Cela me semblait injuste qu'une personne ait à vivre deux situations extrêmement difficiles au cours d'une seule vie.

J'ai surmonté ma colère. J'ai appris que mes phases de guérison n'étaient pas isolées les unes des autres. Beaucoup d'entre nous, qui sont engagés dans un travail de guérison par rapport à la codépendance et aux questions relatives aux enfants adultes, sont aussi en cure d'autres dépendances : l'alcoolisme, les drogues, le jeu, la nourriture ou le sexe. Certains tentent de se libérer d'autres troubles compulsifs – que ce soit l'investissement personnel, le fait de toujours être mal dans sa peau, la culpabilité ou la honte.

Une partie importante du travail sur la codépendance repose sur le fait de rester sobre et de se libérer de nos comportements compulsifs ou toxiques. La guérison est comme une grande pièce dans laquelle nous avons pénétré et qui porte le nom de Vie Saine.

Nous pouvons brandir un drapeau blanc pour abandonner toutes nos toxicomanies. Nous pouvons en toute sécurité nous tourner vers une Puissance supérieure pour qu'elle nous soulage de nos comportements compulsifs. Nous l'avons appris. Une fois que nous aurons entrepris un programme de guérison, Dieu nous libérera de nos addictions. Chaque matin, demandons à Dieu de nous aider à nous libérer de nos addictions et de nos compulsions. Remercions-Le de nous avoir aidés la veille.

Aujourd'hui, mon Dieu, aide-moi à prêter attention à tous mes problèmes de dépendance. Aide-moi à comprendre que pour travailler les points les plus délicats de ma guérison, comme mes relations avec autrui, je dois me libérer de mes comportements de dépendance.

5 mai — Le contrôle

Un grand nombre d'entre nous ont tenté de maintenir le monde en orbite par la simple et vigoureuse application de toute leur énergie mentale.

Qu'arrivera-t-il si nous renonçons, si nous cessons d'essayer de maintenir le monde en orbite et le laissons tourbillonner ? Il continuera à tourbillonner. Il maintiendra son orbite sans notre aide. Et nous serons libres et détendus, prêts à apprécier la place qui nous est réservée.

Le contrôle n'est qu'une illusion, particulièrement la forme de contrôle que nous avons tenté d'exercer. En fait, le contrôle permet aux autres, aux événements et aux maladies, comme l'alcoolisme, d'exercer un contrôle sur nous. *Tout ce que nous tentons de contrôler exerce un contrôle sur nous et sur notre vie.*

J'ai concédé ce contrôle à un grand nombre de choses et de personnes pendant ma vie. Je n'ai jamais obtenu les résultats escomptés en contrôlant ou en essayant de contrôler les gens. Ce que j'ai reçu en retour de mes efforts est une vie tourmentée, peu importe que la perte de contrôle ait trouvé son origine en moi ou dans les événements extérieurs.

Au cours du travail sur nous-mêmes, nous procédons à un échange. Nous échangeons une vie que nous avons essayé de contrôler et, en retour, nous recevons quelque chose de mieux – une vie dont nous avons la maîtrise.

Aujourd'hui, j'échangerai ma vie tourmentée pour une vie dont j'ai la maîtrise.

6 mai — Se sentir bien

Il faut nous forcer à nous sentir bien.

Nous devons commencer par nous sentir mieux, pour en arriver à nous sentir bien. Le travail sur soi ne vise pas seulement à faire cesser les sentiments douloureux ; il s'agit aussi de créer une vie agréable pour nous.

Nous n'avons pas à nous priver d'activités qui nous aident à nous sentir bien. Assister à des réunions, se dorer au soleil, faire de l'exercice, une promenade, ou passer du temps avec un ami sont des activités qui nous permettent de nous sentir bien. Nous avons tous notre propre liste. Sinon, nous sommes maintenant libres de l'explorer, de l'expérimenter et de l'élaborer.

Lorsque nous trouvons un comportement ou une activité qui nous laisse une bonne impression, il faut aussitôt l'inscrire sur la liste, puis la mettre en pratique fréquemment.

Cessons de nous priver de sentiments agréables et commençons à faire des choses qui nous permettent de nous sentir bien.

Aujourd'hui, je ferai une activité ou j'aurai un comportement qui me procurera un sentiment agréable. Si je ne sais pas ce que j'aime, je ferai l'expérience d'un comportement nouveau aujourd'hui.

7 mai — Renoncer à la peur

La peur est au cœur de la codépendance. Elle peut nous servir de motif pour nous amener à contrôler les situations ou à nous négliger.

Un grand nombre d'entre nous ont vécu dans la peur depuis si longtemps qu'ils ne donnent plus cette étiquette à leurs sentiments. Nous avons tellement l'habitude de nous sentir troublés et anxieux que nous croyons cela *normal*.

La paix et la sérénité peuvent sembler inconfortables.

Pendant un certain temps, il se peut que la peur ait semblé appropriée et utile. Nous pouvons l'avoir utilisée pour nous protéger, un peu comme un soldat le fait en temps de guerre pour survivre. Pourtant, en faisant ce travail sur nous-mêmes maintenant, nous vivons une vie différente.

Il est temps de remercier nos vieilles craintes de nous avoir aidés à survivre et de saluer leur départ. Accueillons la paix, la confiance, l'acceptation et la sécurité. Nous n'avons plus rien à faire de cette peur. Nous pouvons laisser libre cours à nos craintes saines et laisser tomber les autres.

Nous pouvons trouver un sentiment de sécurité, à présent. Nous sommes en sécurité, maintenant. Nous avons pris l'engagement de prendre soin de nous. Nous pouvons avoir confiance et nous aimer nous-mêmes.

Mon Dieu, aide-moi à lâcher prise, à renoncer à mon besoin d'avoir peur. Remplace-le par un besoin de paix. Aide-moi à écouter mes peurs saines et à laisser tomber les autres.

8 mai — Nous accorder ce que nous méritons

J'avais un bon emploi, avec un salaire décent. J'étais en cure de rétablissement depuis des années. Chaque matin, je montais en voiture et remerciais Dieu pour cette voiture. Le chauffage ne fonctionnait pas. Et le risque que l'auto ne démarre pas était aussi grand que la chance que le contraire se produise. J'endurais le tout et remerciais Dieu. Un jour, j'ai compris que rien ne m'empêchait d'acheter une nouvelle voiture – à ce moment-là – si je le voulais. Je me forçais à la gratitude en jouant inutilement la carte de la privation et du martyre. Je me suis acheté une voiture ce jour-là.

Anonyme

Souvent notre réaction instinctive devant une chose désirée ou nécessaire est : « Non, je n'en ai pas les moyens ! »

La question que nous devons nous poser est la suivante : « Mais est-ce possible ? »

Un grand nombre d'entre nous ont appris à se priver de tout ce qu'ils pourraient souhaiter, et souvent de choses nécessaires.

Parfois, nous utilisons mal le concept de gratitude pour nous priver inutilement.

La gratitude pour ce que nous avons est un concept important du travail sur soi. Il en est de même de la croyance que nous méritons ce qu'il y a de mieux, que nous devons faire un effort pour cesser de nous priver nous-mêmes et commencer à bien prendre soin de nous.

Il n'y a rien de mal à nous acheter ce que nous voulons quand nous pouvons nous le permettre. Apprenons à nous faire confiance et à nous écouter quand il s'agit de nos propres besoins. Il n'y a rien de mal à nous gâter, à nous acheter quelque chose de *neuf*.

Parfois, il est bon d'attendre. Parfois, nous ne pouvons réellement pas nous permettre ce luxe. Pourtant, souvent c'est possible.

Aujourd'hui, je combinerai les principes de gratitude pour ce que j'ai, avec la croyance que je mérite le meilleur. Je ne me priverai pas si je n'ai aucune raison valable de le faire.

9 mai — Apprendre de nouveaux comportements

À l'occasion, on aura peut-être à faire marche arrière. Mais cela aussi, c'est normal. Et parfois même nécessaire. C'est aussi comme cela qu'on avance.

Vaincre la codépendance

La vie est un professeur compréhensif. Elle veut nous aider à apprendre.

Les leçons qu'elle tient à nous enseigner sont celles que nous devons apprendre. Certains diront que ce sont les leçons que nous choisissons d'apprendre avant même notre naissance. D'autres diront que ces leçons, nous les avons choisies.

Il est frustrant d'être en plein apprentissage. C'est un peu comme assister à une leçon d'algèbre et écouter le professeur expliquer un sujet qui dépasse notre entendement. Nous ne comprenons pas, mais le professeur est convaincu du contraire.

Tous ces messages que nous ne comprendrons jamais nous apparaissent comme une torture. Nous sommes de plus en plus épuisés. Nous ressentons de la colère, de la frustration, de la confusion. Finalement, en désespoir de cause, nous abandonnons, en décidant que cette formule ne nous convient pas.

Plus tard, au fil d'une promenade, la lumière se fait. Tranquillement, le don de la compréhension s'est frayé un chemin au plus profond de nous. Nous comprenons. Nous avons appris. Le lendemain, il est difficile d'imaginer l'incompréhension. Il est difficile de nous rappeler la frustration, la confusion de ceux qui n'ont pas encore compris. Cela semble si *facile*... maintenant.

La vie est un professeur patient. Elle répétera la leçon jusqu'à ce que nous la sachions par cœur. C'est normal d'être frustré, confus. Parfois, il est normal d'être désespéré. Ensuite, il est aussi normal de se détourner et d'attendre que la lumière se fasse.

Elle se fera.

Aide-moi à me rappeler que la frustration et la confusion précèdent généralement une évolution. Si ma situation représente un défi, c'est que j'apprends quelque chose de nouveau, que j'atteins un niveau plus élevé de compréhension. Aide-moi à être reconnaissant, même dans ma frustration, envers la vie qui est faite d'une suite de leçons stimulantes.

10 mai — Apprécier les bons jours

Les sentiments de bien-être peuvent devenir une habitude dans notre vie.

La souffrance inutile, qu'un grand nombre d'entre nous ont ressentie longtemps, ne renferme aucune vertu. Nous n'avons pas à laisser les autres nous rendre misérables et nous n'avons pas à nous rendre misérables nous-mêmes.

Il n'est pas nécessaire qu'une bonne journée représente le « calme avant la tempête ». Voilà encore une façon de penser que nous avons apprise dans des systèmes dysfonctionnels.

Dans le travail de guérison, une bonne journée ou un bon sentiment ne signifie pas que nous sommes en dénégation. Nous n'avons pas à gâcher nos bons moments en cherchant avec obsession à trouver ou à créer un problème.

Apprécier nos bonnes journées ne signifie pas que nous manquons de loyauté envers les personnes qui nous sont chères et qui ont des problèmes. Nous n'avons pas à nous sentir coupables parce que les autres connaissent une mauvaise journée. Nous n'avons pas à être misérables pour faire preuve de solidarité. Ils ont leur journée et leurs sentiments ; nous pouvons avoir les nôtres.

Le bon sentiment doit être apprécié. Les bons jours nous appartiennent, plus que nous l'imaginons, il suffit de les demander.

Aujourd'hui, je me permettrai d'apprécier ce qui va bien. Je n'ai pas à gâcher ma bonne journée ou mes sentiments bénéfiques ; je n'ai pas à laisser les autres les gâcher non plus.

11 mai — La perfection

Nous nous harcelions sans pitié avant le travail que nous avons entrepris sur nous-mêmes. Nous avons peut-être encore tendance à nous harceler, même en phase de guérison.

« Si j'étais *véritablement* en train de guérir, je ne ferais plus *cela*... » « Je devrais avoir dépassé ce stade. » Ce sont des déclarations que nous nous permettons quand nous ressentons une certaine humiliation. Nous n'avons pas besoin de nous traiter ainsi, nous n'en retirons aucun avantage.

Rappelons-nous que la honte nous met des bâtons dans les roues, alors que l'amour de soi et l'acceptation nous permettent d'évoluer et de changer. Si une de nos actions suscite la honte, nous pouvons y remédier en faisant amende honorable et en adoptant une attitude d'acceptation de soi et d'amour.

Même si nous revenons à notre ancienne façon de penser, à nos anciens sentiments, à nos anciens comportements de codépendance, nous n'avons pas à avoir honte. Nous connaissons tous des rechutes de temps à autre. Cela fait partie de l'apprentissage et de l'évolution. La rechute, ou le recyclage, constitue une partie importante et nécessaire du processus de rétablissement. Et on ne sort pas du recyclage par la honte. Au contraire, la honte nous enlise plus profondément dans la codépendance.

Notre désir de perfection est une source considérable de souffrance. La perfection est impossible à moins de modifier notre façon de penser : la *perfection* consiste à être ce que nous sommes, là où nous sommes, aujourd'hui ; à nous accepter et à nous aimer tels que nous sommes. Nous nous trouvons tous là où nous devons être dans notre travail sur nous-mêmes.

Aujourd'hui, je m'aimerai et m'accepterai tel que je suis, là où je suis arrivé dans mon processus de rétablissement. Je suis exactement là où je dois être pour me rendre là où je dois aller, demain.

12 mai — L'intimité

Nous pouvons nous permettre d'être proches des gens.

Un grand nombre d'entre nous ont l'habitude bien ancrée de saboter les relations. Certains d'entre nous peuvent mettre fin de façon instinctive à une relation, dès qu'elle fait place à un certain niveau de rapprochement et d'intimité.

Lorsque nous commençons à nous rapprocher de quelqu'un, il peut nous arriver de cibler un de ses défauts et de le grossir au point qu'il nous aveugle. Ou de nous retirer ou de repousser l'autre pour créer un certain éloignement. Ou encore de commencer à critiquer l'autre, un comportement qui garantit l'éloignement.

Il se peut que nous commencions à contrôler l'autre, un comportement qui empêche l'intimité.

Nous nous disons peut-être que nous ne voulons ni n'avons besoin de personne d'autre, ou encore nous étouffons cet autre sous nos besoins.

Parfois, nous cherchons l'échec en tentant de nous rapprocher de personnes qui ne sont pas en mesure de partager l'intimité – des personnes encore dépendantes ou des personnes qui ne souhaitent pas se rapprocher de nous. Parfois, nous choisissons des personnes dotées de défauts précis ; ainsi, quand l'intimité commence à s'installer, nous avons une issue de secours.

Nous sommes effrayés et nous craignons de nous perdre nous-mêmes. Nous avons peur que la proximité nous empêche de nous approprier notre propre pouvoir de prendre soin de nous-mêmes.

Dans le processus de rétablissement, nous apprenons qu'il est normal de nous rapprocher des gens. Nous choisissons de nous rapprocher de personnes sûres, en bonne santé, afin que la proximité devienne possible. La proximité ne signifie pas que nous devions renoncer à nous-mêmes, à notre vie. Comme un homme le disait, nous apprenons que nous pouvons nous approprier notre propre pouvoir avec les autres, même si nous sommes proches d'eux, même si l'autre personne détient quelque chose dont nous avons besoin.

Aujourd'hui, je serai ouvert au rapprochement et à l'intimité avec autrui, si le moment est opportun. Chaque fois que ce sera possible, je me laisserai être moi-même, je laisserai les autres être eux-mêmes, j'apprécierai le lien qui nous unit et les sentiments bienveillants qui en découlent.

13 mai — Les limites de la propriété

Un outil utile à notre guérison, particulièrement au cours du comportement que nous appelons le détachement, est d'apprendre à identifier à qui appartient quoi. Puis nous laissons à chacun la juste possession de sa propriété.

Si une autre personne connaît une dépendance, un problème, un sentiment ou un comportement autodestructeur, c'est son droit et non le nôtre. Si une personne joue au martyr, qu'elle s'immerge dans la négativité, ou tend à contrôler ou à manipuler, c'est son problème et non le nôtre.

Si une personne a accompli un certain geste et que ce geste a une conséquence particulière, alors le comportement et la conséquence lui appartiennent en propre.

Si une personne vit dans le déni et si elle est incapable de se faire une idée précise sur un sujet particulier, cette confusion est la sienne.

Si une personne possède une capacité restreinte ou faussée à aimer ou à se préoccuper d'autrui, c'est son droit et non le nôtre. Si une personne n'a aucune approbation ni nourriture spirituelle à donner, c'est son droit.

Les mensonges, les tromperies, les ruses, les manipulations, les comportements abusifs, inappropriés, frauduleux ou vulgaires des personnes leur appartiennent aussi. Ils ne sont pas les nôtres.

Les espoirs et les rêves des gens leur appartiennent en propre. Comme leur appartient leur culpabilité. Il en est de même de leur bonheur et de leur malheur, de leurs croyances et de leurs messages.

Si des personnes ne s'aiment pas, c'est leur choix. Les choix des autres leur appartiennent en propre, et non à nous.

Ce que les personnes choisissent de dire ou de faire les regarde.

Qu'est-ce qui nous appartient ? Nous avons le dessus sur nos comportements, nos problèmes, nos sentiments, notre bonheur, notre malheur, nos choix et nos messages ; sur notre capacité à aimer, à soigner, à éduquer ; sur nos pensées, notre déni, nos espoirs et nos rêves pour nous-mêmes. Il ne tient qu'à nous de nous laisser contrôler, manipuler, tromper ou maltraiter.

Au cours de la guérison, nous apprenons le véritable sens de la possession. Nous ne prenons pas ce qui ne nous appartient pas. Et si nous décidons de le prendre, nous apprenons à le rendre. Laissons les autres jouir de ce qui leur appartient, et apprenons à posséder et à protéger ce qui nous appartient.

Aujourd'hui, je m'efforcerai d'acquérir un sens aigu de ce qui m'appartient et de ce qui ne m'appartient pas. Je ne garderai pas une chose qui ne m'appartient pas. Je m'occuperai de moi, de mes problèmes et de mes responsabilités. Je ne toucherai pas à ce qui ne m'appartient pas.

14 mai — L'honnêteté

Nous avons avoué à Dieu, à nous-mêmes, et à un autre être humain la nature exacte de nos torts.

Cinquième Étape Al-Anon

Parler honnêtement et ouvertement de nous-mêmes avec une autre personne, dans une attitude qui reflète notre sens des responsabilités, est crucial pour le travail sur soi.

Il importe d'admettre que nous avons commis des injustices envers autrui et envers nous-mêmes. Verbalisons nos croyances et nos comportements. Mettons en lumière nos ressentiments et nos craintes.

C'est ainsi que nous donnons libre cours à notre souffrance. C'est ainsi que nous donnons libre cours à nos anciennes croyances et à nos anciens sentiments. C'est ainsi que nous découvrons la liberté. Plus nous pouvons être francs et précis avec notre Puissance supérieure, avec nous-mêmes et avec une autre personne, plus vite nous ferons l'expérience de la liberté.

La Cinquième Étape est une partie importante de la guérison. Pour tous ceux d'entre nous qui ont appris à se cacher des secrets à eux-mêmes comme à autrui, il ne s'agit plus d'une simple étape – mais plutôt d'un bond vers la santé.

Aujourd'hui, je me rappellerai qu'il est normal de parler des questions qui me dérangent. C'est en partageant mes problèmes que je finirai par les surmonter. Je me rappellerai aussi que c'est bien d'être sélectif dans le choix de mes confidents. Je peux m'en remettre à mon instinct et choisir une personne qui n'utilisera pas mes confidences contre moi et qui m'apportera une saine rétroaction.

15 mai — Prendre des risques

Prendre un risque. Tenter sa chance.

Nous n'avons pas à prendre des risques qui sont de toute évidence de l'ordre de la témérité ou de l'autodestruction, mais nous pouvons prendre des risques calculés dans notre travail sur nous-mêmes. Nous ne pouvons pas nous permettre de rester paralysés.

Nous n'avons pas à nous enfermer et à nous emprisonner par crainte d'un échec ou d'une erreur. Naturellement, nous ferons des erreurs et nous échouerons de temps à autre. C'est la vie. Elle n'offre pas de garanties. Si nous attendons les garanties pour agir, nous passerons une grande partie de notre vie à attendre.

Nous n'avons pas à avoir honte de nos erreurs, ni à accepter que quiconque ait honte pour nous, même ceux qui sont engagés dans le même processus que nous. Le but du travail sur soi n'est pas de vivre dans la perfection, mais bien de vivre, de tirer les leçons de nos expériences et, dans l'ensemble, de réaliser des progrès.

Prenons un risque. N'attendons pas toujours une garantie. Nous n'avons pas à écouter les « je te l'avais bien dit ». Après une erreur, secouons-nous et lançons-nous à la poursuite du succès.

Mon Dieu, aide-moi à enfin prendre des risques calculés. Aide-moi à lâcher prise, à renoncer à ma crainte de l'échec et à ma peur de la réussite. Aide-moi à lâcher prise, à renoncer à ma peur de vivre pleinement ma vie et aide-moi à faire enfin l'expérience de toutes les étapes du voyage.

16 mai — L'amour de soi

« Quand je me suis éveillé ce matin, j'ai connu une période difficile, disait un homme en cours de rétablissement. Puis j'ai compris que c'était parce que je ne m'aimais pas beaucoup. » Les personnes en phase de guérison disent souvent : « Je ne m'aime pas. Quand vais-je commencer à m'aimer ? »

La réponse est : commencez maintenant. Nous pouvons apprendre à être gentils, aimants et à prendre soin de nous. Parmi tous les comportements de guérison que nous nous efforçons d'acquérir, l'amour de soi peut être le plus difficile et le plus important. Si nous avons l'habitude d'être durs et sévères envers nous-mêmes, apprendre à être gentils peut exiger beaucoup d'efforts.

Et pourtant, quelle entreprise valorisante !

En ne nous aimant pas, nous risquons de perpétuer le rejet, la négligence ou la violence dont nous avons été victimes de la part des personnes importantes de notre vie d'enfant. Nous n'aimions pas ce qui nous arrivait alors, mais nous avons adopté la même attitude en nous traitant *avec peu de respect*.

Nous pouvons rompre ce cycle et commencer à nous traiter avec l'amour et le respect que nous méritons.

Au lieu de nous critiquer, nous pouvons nous dire que nous avons plutôt bien agi.

Nous pouvons nous éveiller le matin et nous dire que nous méritons de passer une bonne journée.

Nous pouvons nous engager à prendre soin de nous toute la journée.

Nous pouvons reconnaître que nous méritons d'être aimés.

Nous pouvons accomplir des gestes aimants envers nous-mêmes.

Nous pouvons aimer les autres et les laisser nous aimer.

Les personnes qui s'aiment véritablement ne deviennent pas des destructeurs égoïstes. Elles ne font pas violence à autrui. Elles continuent d'évoluer et de changer pour devenir des personnes en bonne santé, sachant que leur amour était bien placé.

Aujourd'hui, je m'aimerai moi-même. Si je retombe dans mon ancien comportement, je trouverai le moyen d'en sortir et de m'aimer.

17 mai — Les limites

Parfois, la vie et les gens semblent nous bousculer sans répit. Parce que nous avons une telle habitude de la souffrance, nous pouvons nous dire que cela ne fait plus mal. Parce que nous sommes tellement habitués à ce que les gens nous contrôlent et nous manipulent, nous pensons peut-être qu'il y a quelque chose qui ne va pas chez nous.

Ce n'est pas le cas. La vie nous bouscule et nous blesse pour attirer notre attention. Parfois, la souffrance et la bousculade ont pour but de nous prodiguer une leçon. Et cette leçon peut nous enseigner que *nous exerçons* un trop grand contrôle. Ou peut-être sommes-nous bousculés pour nous approprier notre pouvoir de prendre soin de nous-mêmes. La question est d'établir des limites.

Si quelque chose ou quelqu'un nous pousse à la limite, c'est exactement ce qui se passe : nous sommes poussés à la limite. Nous pouvons être reconnaissants de la leçon qui pourra nous aider à explorer et à établir nos limites.

Aujourd'hui, je m'accorderai la permission d'établir les limites que je veux et dont j'ai besoin dans ma vie.

18 mai — Vivre sa vie

Il ne faut pas cesser de vivre notre vie !

Si souvent, lorsque surgit un problème, en nous ou autour de nous, nous recommençons à penser que si nous mettons notre vie en suspens, nous pourrons contribuer de façon positive à la solution. Si une relation ne fonctionne pas, si nous devons prendre une décision difficile, si nous nous sentons déprimés, il se peut que nous mettions notre vie en suspens et laissions des pensées obsessives nous tourmenter.

L'abandon de notre vie ou de notre routine contribue au problème et nous empêche de trouver la solution rapidement.

Fréquemment, la solution apparaît lorsque nous faisons preuve de suffisamment de renoncement pour vivre notre vie, revenir à notre routine et cesser d'être obsédés par le problème.

Parfois, même si nous n'avons pas l'*impression* de devoir ou de pouvoir lâcher prise ou renoncer, nous pouvons « faire comme si » et cela nous aidera à renoncer comme nous le souhaitons.

Nous n'avons pas à concéder le pouvoir à nos problèmes. Nous pouvons cesser de mettre l'accent sur le problème et le porter plutôt sur notre vie, en ayant confiance en le fait que ce geste nous rapprochera de la solution.

Aujourd'hui, je vivrai ma vie et me consacrerai à ma routine. Je déciderai, aussi souvent qu'il le faut, de cesser d'être obsédé par ce qui me dérange. Si je ne souhaite pas renoncer à une chose en particulier, je « ferai comme si » j'y avais renoncé jusqu'à ce que mes sentiments s'accordent à mon comportement.

19 mai — Résoudre les problèmes

« La honte est le premier sentiment que j'éprouve chaque fois que j'ai ou qu'une personne aimée a un problème », disait une femme en cours de guérison.

Un grand nombre d'entre nous ont été élevés en croyant qu'il est honteux d'avoir un problème.

Cette croyance peut nous être très dommageable. Elle peut nous empêcher de cerner nos problèmes ; elle peut entraîner un sentiment d'aliénation et d'infériorité quand nous, ou une personne aimée, avons un problème. La honte peut nous empêcher de résoudre un problème et d'en tirer profit.

Les problèmes font partie de la vie. Il en est de même des solutions. Les gens rencontrent des problèmes, mais nous, de même que notre estime de soi, sommes distincts de nos problèmes.

Je n'ai encore jamais rencontré quiconque qui soit sans problèmes, mais j'ai rencontré plusieurs personnes qui éprouvaient de la honte à parler des problèmes qu'elles avaient réussi à résoudre !

Nous valons plus que nos problèmes. Même si notre problème réside dans notre propre comportement, il ne tient pas à la personne que nous sommes, mais bien aux gestes que nous choisissons d'accomplir.

C'est normal d'avoir des problèmes. C'est normal de parler de nos problèmes – à un moment approprié, à des personnes sûres. C'est normal de trouver une solution aux problèmes.

Et nous sommes normaux, même quand nous avons un problème ou qu'une personne aimée en a un. Nous n'avons pas à perdre notre pouvoir personnel ou notre estime de soi. Nous avons résolu exactement les problèmes que nous devions résoudre pour devenir la personne que nous sommes.

Aujourd'hui, je renoncerai à éprouver de la honte face à mes problèmes.

20 mai — La tristesse

En définitive, faire le deuil de nos pertes signifie s'abandonner à nos sentiments.

Nous sommes si nombreux à avoir tellement perdu, à avoir dit tant de fois adieu, à avoir vécu de si nombreux changements. Nous avons peut-être tendance à retenir le vent du changement, non pas parce que le changement est mauvais, mais parce que nous avons vécu trop de changements, trop de pertes.

Parfois, plongés au cœur de la douleur et de la peine, nous manquons de vision, comme les membres de cette tribu décrite dans le film *Souvenirs d'Afrique*.

« Si vous les mettez en prison, dit un personnage, en parlant des membres de cette tribu, ils mourront. »

« Pourquoi ? », demande un autre.

« Parce qu'ils ne peuvent comprendre qu'ils en sortiront un jour. Ils croient que c'est pour toujours, alors ils meurent. »

Un grand nombre d'entre nous ont tant de peine à surmonter. Nous en venons parfois à croire que le chagrin ou la douleur est une condition permanente.

La douleur cessera. Une fois que nous les aurons ressentis et manifestés, nos sentiments nous mèneront vers des cieux plus cléments que ceux que nous avons quittés. Laisser libre cours à nos sentiments, plutôt que les nier ou les diminuer, nous permet de guérir de notre passé et d'avancer vers des jours meilleurs. Laisser libre cours à nos sentiments nous permet de lâcher prise.

Peut-être souffrirons-nous pendant un moment, mais la paix et l'acceptation nous attendent. Un nouveau départ également.

Mon Dieu, aide-moi à profiter des fins pleinement et jusqu'au bout, afin de me préparer à de nouveaux départs.

21 mai — Satisfaire ses besoins

« Je veux changer de carrière... J'ai besoin d'un nouvel ami... Je suis prêt à vivre de nouvelles relations... »

Nous prenons régulièrement connaissance de nouveaux besoins. Il est peut-être nécessaire de modifier notre comportement avec nos enfants. Il se peut que nous ayons besoin d'un nouveau canapé, d'amour et de nourriture spirituelle, d'argent ou d'aide.

Il ne faut pas avoir peur de reconnaître un manque ou un besoin. La naissance d'un manque ou d'un besoin, la frustration temporaire liée à la reconnaissance d'un besoin avant qu'il soit satisfait, voilà le début du cycle qui nous permettra de recevoir ce dont nous avons besoin. Nous y arrivons en lâchant prise, puis en recevant ce qui nous est nécessaire. L'identification de nos besoins constitue une préparation pour les bonnes choses qui nous attendent.

Reconnaître nos besoins signifie que nous sommes préparés et attirés par ce que nous trouverons. Nous pouvons croire que notre place est là, au milieu.

Aujourd'hui, je renoncerai à ma conviction que mes besoins ne seront jamais satisfaits. Je reconnaîtrai mes manques et mes besoins, puis je les remettrai entre les mains de ma Puissance supérieure. Elle se préoccupe de la moindre peccadille, si je fais de même. Mes manques et mes besoins ne sont pas des accidents. Dieu m'a créé avec tous mes désirs.

22 mai — Les moments de reprogrammation

Ne demandez pas l'amour tant que vous ne serez pas suffisamment guéri pour le donner et le recevoir vous-même.

Ne demandez pas la joie tant que vous ne serez pas prêt à laisser libre cours à votre douleur et à la surmonter, afin d'éprouver la joie.

Ne réclamez pas le succès tant que vous ne serez pas prêt à conquérir les comportements qui saboteraient votre réussite.

Ne serait-ce pas merveilleux de nous imaginer avoir ou devenir – et puis recevoir instantanément – ce que nous souhaitons ? Nous pouvons *avoir* et *être* les bonnes choses que nous voulons. Il ne nous en coûtera que la peine de les demander. Toutefois, il faut d'abord accomplir un travail de défrichage – un travail de préparation.

Un jardinier ne ferait pas ses semis avant d'avoir bien préparé le sol afin que ses semences se trouvent en terrain riche et favorable. La plantation serait inutile autrement. Tout comme les efforts pour obtenir ce que nous voulons avant d'être prêts seraient inutiles.

D'abord, nous devons être conscients de nos besoins et de nos désirs. Ce n'est pas toujours facile ! Nous avons tellement l'habitude de faire taire la voix intérieure de nos manques, de nos besoins et de nos désirs. Parfois, la vie doit faire de grands efforts pour attirer notre attention.

Ensuite, nous devons renoncer à notre ancienne « programmation » – les comportements et les croyances qui entravent la nourriture spirituelle et matérielle du bien. Pour beaucoup d'entre nous, il s'agit de laisser tomber les bons vieux programmes de sabotage, appris dès l'enfance. Nous devrons peut-être « faire comme si » jusqu'à ce que nous croyions véritablement mériter ce qui est bien.

Nous jumelons ce processus à un plus grand lâcher-prise, tout en nous transformant jusqu'à la moelle.

Le processus est naturel, mais il peut être des plus intenses. Il faut beaucoup de temps pour changer les choses.

De bonnes choses nous attendent, si nous consentons à participer au défrichage. Il faut travailler et être patient.

Aujourd'hui, mon Dieu, donne-moi le courage d'identifier le bien que je veux dans ma vie et de le demander. Accorde-moi la foi et l'endurance dont j'ai besoin pour exécuter le travail qui doit être accompli en premier.

23 mai — Le plaisir

On ne doit pas endurer la vie ; on doit l'apprécier et la prendre à pleines mains.

La croyance voulant que l'on doive tendre le dos et vivre une existence frugale et dépourvue de tout plaisir pour atteindre la « récompense de la vie éternelle » est une croyance de codépendance.

Assurément, la plupart d'entre nous connaîtront encore des moments où la vie sera stressante et défiera leurs capacités de résistance. Cependant, à travers le travail sur soi, nous apprenons à vivre, à apprécier la vie et à faire face aux situations comme elles se présentent.

Nos aptitudes de survie nous ont bien servis. Elles nous ont aidés à traverser des moments difficiles – pendant notre enfance et notre vie d'adulte. Notre habileté à figer les sentiments, à nier les problèmes, à nous priver et à surmonter le stress nous a aidés à arriver au point où nous en sommes aujourd'hui. Cependant, nous sommes en sécurité aujourd'hui. Nous apprenons à faire plus que survivre. Nous pouvons abandonner les comportements malsains. Nous apprenons de nouvelles et meilleures façons de nous protéger et de prendre soin de nous. Nous pouvons laisser libre cours à nos sentiments, cerner et résoudre nos problèmes et nous accorder ce qu'il y a de mieux. Nous sommes libres de nous épanouir et de vivre.

Aujourd'hui, j'abandonnerai mon endurance malsaine et mes aptitudes de survie. Je choisirai un nouveau mode de vie, qui me permettra d'être vivant et d'apprécier l'aventure.

24 mai — Laisser les cycles se dérouler

La vie est cyclique et non pas statique. Nos relations en bénéficient lorsque nous leur permettons de suivre leur cycle naturel.

Comme le flux et le reflux de la marée, les relations sont cycliques. Elles comportent des périodes de rapprochement et des périodes d'éloignement, des moments pour nous réunir et des moments où il faut nous isoler pour travailler chacun pour soi.

Nous connaissons des moments d'amour et de joie, et des moments de colère.

Parfois, la dimension des relations se modifie au fil de notre évolution. Parfois, la vie nous apporte de nouveaux amis ou un nouvel amour pour nous apprendre la prochaine leçon.

Cela ne signifie pas que les anciens amis disparaissent à jamais, mais plutôt que nous sommes entrés dans un nouveau cycle.

Nous n'exerçons aucun contrôle sur le cours de nos relations, qu'il s'agisse d'amitié ou d'amour. Nous n'avons pas à satisfaire notre besoin de contrôler en imposant un caractère statique à nos relations.

Laissons-les couler. Faisons place aux cycles. L'amour ne s'évanouira pas. Le lien entre deux amis ne se rompra pas. Les choses ne sont pas immuables, particulièrement lorsque nous croissons et changeons à un rythme aussi rapide.

Il faut suivre le courant. Prendre soin de soi, mais être prêt à laisser les autres partir. Lorsque l'on s'accroche trop à une personne, elle disparaît.

Le vieil adage sur l'amour est toujours aussi vrai : « Il arrivera ce qui doit arriver. Et si vous aimez véritablement une personne, laissez-la partir. Si elle revient, c'est qu'elle vous aime. »

Aujourd'hui, j'accepterai la nature cyclique de la vie et des relations. Je m'efforcerai de suivre le courant. J'essaierai d'être en harmonie avec mes propres besoins et ceux d'autrui.

25 mai — Nous aimer inconditionnellement

Que votre amour de vous-même vous apporte la santé et une vie agréable qui vous est propre. Qu'il vous apporte des relations qui vous conviennent à vous et à autrui. Qu'il vous apporte la paix, le bonheur, la joie, le succès et la satisfaction.

Que cet amour vous apporte tout ce que vous avez toujours voulu. Nous pouvons cesser de nous traiter comme les autres nous traitent, s'ils se conduisent de façon plutôt malsaine et inappropriée. Si nous avons appris à nous voir d'un œil critique, d'une manière conditionnelle et dans le but de nous diminuer et de nous punir, il est temps d'arrêter. Les autres nous ont traités ainsi, mais c'est encore pire lorsque nous nous traitons de même maintenant.

Nous aimer nous-mêmes peut nous sembler étrange, voire ridicule parfois. Les gens peuvent nous accuser d'égoïsme. Nous ne sommes pas tenus de les croire.

Les personnes qui s'aiment elles-mêmes sont véritablement en mesure d'aimer les autres et de laisser les autres les aimer. Les personnes qui s'aiment elles-mêmes et se tiennent en haute estime sont celles qui donnent le plus, contribuent le plus et aiment le plus.

Comment peut-on s'aimer ? Au début, par obligation. Au besoin, par simulation. En « faisant comme si ». En consacrant autant d'efforts à nous aimer et à nous estimer que nous en avons consacré à ne pas nous aimer. Explorons ce que signifie s'aimer soi-même.

Faire pour soi des choses empreintes d'amour de soi compatissant et nourrissant.

Adopter, épouser, aimer et jouir de tout ce qui fait partie de soi – le passé, le présent et l'avenir. Se pardonner aussi rapidement et aussi souvent qu'il le faut. S'encourager, se dire des choses agréables.

Si l'on entretient des pensées négatives, en parler franchement et sans tarder, afin de les remplacer par de meilleures pensées.

S'applaudir au besoin. Se faire des reproches, s'il y a lieu. Demander de l'aide, du temps ; réclamer ce qui nous est nécessaire.

S'accorder des faveurs à l'occasion. Ne pas se traiter comme une bête de somme, en insistant et en exigeant toujours plus. Apprendre à être bon pour soi. Choisir des comportements qui auront des conséquences heureuses – le fait de bien se traiter en est un.

Apprendre à faire cesser la douleur, même si cela signifie prendre des décisions difficiles. Ne pas se priver inutilement. S'accorder quelquefois ce que l'on désire, *simplement parce qu'on le veut.*

Cesser de tout expliquer et de se justifier. Lorsque nous faisons des erreurs, savoir lâcher prise. Nous apprenons, nous évoluons et nous apprenons encore. Et malgré tout cela, nous nous aimons nous-mêmes.

Il faut y travailler sans relâche. Et, un beau jour, nous nous réveillerons, regarderons dans le miroir et découvrirons que nous avons pris l'habitude de nous aimer. Nous vivons maintenant avec une personne qui donne et qui reçoit de l'amour, parce que cette personne s'aime elle-même. L'amour de soi s'enracinera et deviendra une force éclairante dans notre vie.

Aujourd'hui, je pratiquerai l'amour de moi. Je consacrerai autant d'efforts à m'aimer que j'en ai consacré au contraire. Aide-moi, mon Dieu, à renoncer au sentiment de haine que j'éprouve envers moi et aux comportements autodestructeurs. Aide-moi à remplacer ces comportements par d'autres, empreints d'amour. Aujourd'hui, mon Dieu, aide-moi à atteindre une haute estime de moi-même. Aide-moi à prendre conscience que je mérite d'être aimé et que je peux donner de l'amour et en recevoir.

26 mai — Les commérages

L'intimité est ce don chaleureux qui se dégage des liens que l'on crée avec les autres et du plaisir qui en découle.

Au fil de notre travail sur nous-mêmes, nous trouvons ce don dans un grand nombre d'endroits, parfois même dans des lieux surprenants. Nous découvrons que nous avons établi des rapports intimes avec des collègues, des amis, des membres de nos groupes de soutien – quelquefois avec les membres de notre famille. Beaucoup d'entre nous découvrent l'intimité dans une relation amoureuse particulière.

L'intimité n'est pas sexuelle, même si le sexe a un caractère intime. L'intimité consiste en relations mutuelles honnêtes, chaleureuses, affectueuses et sécurisantes – des relations où l'autre personne peut être elle-même et où nous pouvons aussi être nous-mêmes – qui accordent la même valeur aux deux partenaires.

Parfois, des conflits surgissent. Ils sont inévitables. Parfois, il faut surmonter des sentiments difficiles.

Parfois, les limites ou les paramètres des relations changent. Pourtant, le lien est toujours là – lien d'amour et de confiance.

Beaucoup de choses entravent l'intimité et les relations intimes. Les addictions et les mauvais traitements freinent l'intimité. Les problèmes non résolus liés à la famille l'empêchent. Les attitudes de contrôle la gênent. Les relations déséquilibrées, où le partage des pouvoirs est trop inégal, l'entravent. L'investissement personnel peut la freiner. Le harcèlement, le retrait et le refus de communiquer peuvent lui nuire.

Il en est ainsi d'un comportement simple comme le commérage – par exemple, le commérage à propos d'une autre personne, visant à la diminuer et par ce biais, de nous valoriser nous-mêmes ou de porter un jugement sur cette personne. Le fait de discuter des problèmes d'une autre personne, de ses manques ou de ses échecs devant autrui aura une incidence négative prévisible sur la relation.

Nous méritons de profiter de l'intimité retrouvée dans le plus grand nombre de relations possible. Nous méritons des relations sans sabotage. Cela ne signifie pas qu'il faut marcher la tête dans les nuages, mais bien qu'il faut nous efforcer de discuter d'autrui sans arrière-pensée. Si nous avons connaissance d'un problème grave avec une personne, la meilleure solution est de discuter de ce problème avec la personne elle-même.

Une conversation franche et directe détend l'atmosphère, conduit à l'intimité, à la bienveillance des sentiments à notre égard tant qu'à l'égard de nos relations avec autrui.

Aujourd'hui, mon Dieu, aide-moi à surmonter ma peur de l'intimité. Aide-moi à m'efforcer de faire en sorte que la communication avec autrui reste franche et dépourvue de malice. Aide-moi à œuvrer pour développer l'intimité dans mes relations. Aide-moi à faire face à mes sentiments aussi directement que possible.

27 mai — Reconnaître ses choix

Nous avons des choix, plus que nous ne nous en accordons. Nous avons peut-être l'impression que nos relations, notre emploi et notre vie sont comme un étau. Il se peut que nous nous sentions emmurés dans nos comportements – comme l'investissement personnel ou le contrôle.

Le sentiment d'être pris au piège est un symptôme de codépendance. Lorsque nous nous entendons dire : « Je dois prendre soin de cette personne... », « Je dois dire oui... », « Je dois tenter de diriger cette personne... », « Je dois agir ainsi, penser ainsi, avoir ce sentiment... », prenons conscience que nous *choisissons* de ne pas tenir compte des choix.

Le sentiment d'être pris au piège est une illusion. Nous ne sommes pas gouvernés par les circonstances, par notre passé, par les attentes d'autrui ou par nos attentes malsaines. Nous pouvons choisir ce qui nous convient, sans culpabilité. Nous avons des options.

Le rétablissement ne tient pas à la perfection ou au respect des règles établies par d'autres. Plus que tout, il est la connaissance des choix qui se présentent à nous, et de la liberté de choisir.

Aujourd'hui, j'aurai les idées larges et je m'ouvrirai aux choix qui m'attendent. J'arrêterai les choix qui me conviennent.

28 mai — Renoncer à douter de soi-même

Une femme mariée qui venait d'arriver à Al-Anon m'appelle un après-midi. Mariée, elle travaille à temps partiel comme infirmière diplômée. Par ailleurs, elle assume toute seule l'éducation de ses deux enfants, et c'est à elle que reviennent toutes les tâches ménagères, y compris les réparations et la gestion du budget familial. « Je veux me séparer de mon mari, sanglote-t-elle. Je ne peux plus le supporter, lui et ses excès. Mais dites-moi, je vous en prie, dites-le-

moi : est-ce que vous croyez que je peux m'en sortir toute seule ? »

Vaincre la codépendance

Non seulement il est normal de prendre soin de nous, mais nous pouvons prendre *bien* soin de nous.

Un grand nombre d'entre nous, si confiants en leur capacité de prendre soin des autres, doutent de leur force inhérente à prendre soin d'eux-mêmes. Nous en sommes peut-être venus à croire, selon notre situation passée ou présente, que nous avons besoin de prendre soin des autres comme nous avons besoin que les autres prennent soin de nous. C'est la conviction par excellence de la codépendance.

Peu importe l'origine de cette conviction destructrice, nous pouvons y renoncer et la remplacer par une autre, meilleure, plus saine et plus appropriée.

Nous pouvons prendre soin de nous – que nous soyons au cœur d'une relation ou seuls. On nous donnera tout ce qui nous est nécessaire. Nous aurons l'aide de personnes chères, d'amis et de notre Puissance supérieure.

Savoir que nous pouvons prendre soin de nous-mêmes n'exclut pas les sentiments de crainte, d'inconfort, de doute, de colère et de fragilité à certains moments. Cela signifie plutôt que nous pratiquons une « vulnérabilité courageuse », comme l'appelait *Colette Downing* dans *Le complexe de Cendrillon*. Il se peut que nous soyons effrayés, mais nous y arrivons quand même.

Aujourd'hui, mon Dieu, aide-moi à savoir comment prendre soin de moi.

29 mai — Impuissance et perte de maîtrise

La volonté n'est pas la clé du mode de vie que nous cherchons. C'est la capitulation.

« J'ai passé toute ma vie à tenter de faire des autres ce qu'ils n'étaient pas, à tenter de leur faire exécuter des choses qu'ils ne voulaient pas exécuter ou à tenter de leur faire ressentir des choses qu'ils refusaient de ressentir. Je les ai rendus fous et me suis perdue à le faire, disait une femme en cours de travail sur elle-même.

« J'ai passé mon enfance à tenter de faire d'un père alcoolique qui ne s'aimait pas une personne normale qui m'aimerait. J'ai ensuite épousé un alcoolique et tenté pendant dix ans de le faire cesser de boire.

« J'ai passé des années à tenter d'obtenir un soutien affectif de personnes qui n'étaient pas disposées à m'en donner.

« J'ai passé plus d'années encore à tenter de rendre heureux les membres de ma famille, alors qu'ils étaient satisfaits d'être malheureux. Ce que je veux dire, c'est ceci : toute ma vie, j'ai tenté désespérément et en vain de réaliser l'impossible tout en ayant le sentiment d'être une ratée lorsque je n'y arrivais pas. C'est comme planter du maïs et s'attendre à récolter des pois. Cela ne marche jamais !

« En capitulant devant l'impuissance, j'ai gagné la présence d'esprit de cesser de perdre mon temps et mon énergie à essayer de changer et de contrôler ce que je ne peux ni changer ni contrôler. J'ai la permission de cesser de tenter d'accomplir l'impossible et je peux mettre l'accent sur les choses possibles : être celle que je suis, m'aimer moi-même, ressentir ce que je ressens et faire ce que je veux de ma vie. »

Dans le travail sur soi, nous apprenons à cesser de nous battre contre des moulins à vent, simplement parce que la victoire est impossible. Nous apprenons que plus nous nous efforçons de contrôler et de changer autrui, plus nous perdons la maîtrise de notre vie. Plus nous insisterons pour vivre notre propre vie, plus nous aurons une vie à vivre et plus nous en aurons la maîtrise.

Aujourd'hui, j'accepterai l'impuissance lorsque je n'ai pas le pouvoir de changer les choses et je garderai la maîtrise de ma vie.

Dans notre traversée de la vie, il est possible que de nombreuses choses ou de nombreuses personnes nous échappent, ou que nous soyons perdants dans certaines situations, si nous refusons de nous engager. Nous devons nous engager pour que les relations dépassent l'étape des rendez-vous, ou pour habiter la maison ou l'appartement souhaité, obtenir l'emploi voulu ou la voiture désirée.

Nous devons nous engager à fond en ce qui concerne une carrière, des objectifs, la famille, les amis, le travail sur soi. Le simple fait de tenter une chose n'est pas une garantie de réussite. Notre engagement l'est.

Pourtant, nous n'avons pas à nous engager avant d'y être prêts.

Parfois, notre peur de l'engagement est révélatrice. Nous ne souhaitons peut-être pas nous engager dans une relation, un achat ou une carrière en particulier. D'autres fois, il s'agit de nos peurs qui prennent le dessus. À ce moment-là, il est préférable d'attendre. Attendre que la situation se précise.

Se faire confiance. Implorer sa Puissance supérieure de supprimer notre peur de l'engagement. Prier Dieu d'effacer tout ce qui entrave notre engagement. Demander à Dieu de nous guider.

Il faut se demander si nous sommes prêts à perdre ce pour quoi nous refusons de nous engager. Puis écouter, tranquillement. Et attendre, jusqu'à ce qu'une décision nous semble juste et aisée.

Nous devons être en mesure de nous engager, mais il ne faut jamais le faire sans être prêts. Croyons fermement que nous nous engagerons lorsque nous voudrons le faire.

Mon Dieu, guide-moi dans mes engagements. Donne-moi le courage de prendre ceux qui me conviennent, la sagesse de ne pas m'engager dans des choses inappropriées et la patience d'attendre le bon moment.

Et si ?

Un jour, je parlais avec un ami à propos de ce que je prévoyais de faire. En fait, je m'inquiétais de la réaction que pourrait avoir une certaine personne vis-à-vis de ce que j'entendais faire.

« Que faire s'il ne le prend pas très bien ? » demandai-je.

« Alors, répliqua mon ami, c'est vous qui devrez bien le prendre. »

Tous ces « si » peuvent nous rendre fous. Ils confèrent à quelqu'un d'autre le pouvoir de diriger notre vie. Les « si » constituent un signe que nous sommes revenus en arrière et pensons que les gens doivent réagir d'une certaine manière pour que nous puissions poursuivre notre chemin.

Les « si » sont aussi un indice que nous nous demandons si nous pouvons avoir confiance en l'idée que nous et notre Puissance supérieure feront ce qu'il y a de mieux pour nous. Relents d'une ligne de pensée, de sentiments et de comportements liés à la codépendance, ces « si » dénotent la peur.

Les réactions, les sentiments d'autrui, ainsi que ce que nous aimons et détestons chez autrui, n'ont pas à exercer un contrôle sur nos comportements, sur nos sentiments et notre orientation. Nous n'avons pas à manipuler la réaction des autres suivant nos choix. Nous pouvons nous faire confiance, avec l'aide d'une Puissance supérieure, nous saurons faire face à toute situation – même la plus inconfortable. Et, croyez-moi, nous pouvons avoir confiance, nous saurons bien l'affronter.

Aujourd'hui, je ne m'inquiéterai pas de la réaction d'autrui ni des événements qui m'échappent. Au contraire, je prêterai tout particulièrement attention à mes propres réactions. Je m'occuperai bien de ma vie aujourd'hui et j'aurai confiance en le fait de pouvoir en faire autant demain.

JUIN

1er juin — La franchise

Nous nous sentons en confiance avec les gens francs et honnêtes. Ils disent ce qu'ils pensent, et avec eux nous savons à quoi nous en tenir.

Les gens sournois, ceux qui craignent de révéler qui ils sont, ce qu'ils veulent et ce qu'ils ressentent, ne sont pas dignes de confiance. Même s'ils ne livrent pas leur vérité, leurs actes la révéleront d'une manière ou d'une autre. Et tout le monde pourrait en être surpris.

La franchise nous fait gagner du temps et de l'énergie. Elle nous éloigne du rôle de victime. Elle nous fait échapper à la tyrannie et rend inutiles les supplices et les jeux. Elle nous permet de nous approprier notre propre pouvoir et d'établir des relations fondées sur le respect.

Nous nous sentons en confiance lorsque nous sommes entourés de gens francs et honnêtes. Soyons une de ces personnes.

Aujourd'hui, je vais m'approprier le pouvoir de la franchise. Je n'ai pas à faire preuve de passivité ni d'agressivité. Je serai à l'aise quant à ma propre vérité, afin que ceux qui m'entourent puissent se sentir à l'aise avec moi.

2 juin — S'approprier son pouvoir

Nous n'avons pas à accorder aux autres autant de pouvoir et de confiance, alors que nous nous en accordons si peu. Dans la guérison de la codépendance, nous découvrons qu'il y a une grande différence entre l'humilité et la dévalorisation de soi.

Quand les autres agissent à la légère et qu'ils tentent de rejeter sur nous la responsabilité de leurs problèmes, nous ne nous sentons plus coupables. Nous les laissons faire face aux conséquences.

Quand les autres débitent des absurdités, nous ne mettons plus en doute notre propre raisonnement.

Quand les autres tentent de nous manipuler ou de nous exploiter, nous savons qu'il est normal d'éprouver de la colère et de la méfiance, et de refuser ce qui nous est proposé.

Quand on nous dit que nous voulons quelque chose alors qu'il n'en est rien ou, au contraire, que nous ne voulons pas une chose alors que nous la désirons vraiment, nous nous faisons confiance. Quand on nous raconte des choses que nous ne croyons pas, nous savons qu'il est correct de nous fier à notre instinct, même si nous changeons d'avis par la suite.

Nous n'avons pas à renoncer à notre pouvoir personnel, et ce en faveur de qui que ce soit : étrangers, amis, conjoints, enfants, symboles d'autorité ou personnes sur lesquelles nous avons autorité. Les gens peuvent avoir des choses à nous apprendre. Ils peuvent en savoir plus que nous et paraître plus assurés et plus énergiques, mais nous sommes égaux. Notre magie n'est pas en eux. Notre magie, notre lumière est en nous et cette lumière est aussi brillante que la leur.

Nous ne sommes pas des citoyens de seconde zone. En nous appropriant notre pouvoir, nous n'avons pas à nous montrer agressifs ou dominateurs. Nous n'avons pas à déprécier les autres, pas plus que nous-mêmes d'ailleurs.

Aujourd'hui, je m'approprierai mon propre pouvoir face aux autres. Je me permettrai de savoir ce que je sais, de ressentir ce que je ressens, de croire ce que je crois et de voir ce que je vois. Je m'ouvrirai à ce qu'autrui et l'expérience peuvent m'inciter à découvrir et à changer, mais je me ferai confiance et m'affirmerai aussi. Je serai fidèle à ma propre vérité.

Si nous avons besoin de limites saines quand il s'agit de recevoir de l'argent, il en va de même quand il s'agit d'en donner.

Certains d'entre nous donnent de l'argent pour de mauvaises raisons.

Peut-être avons-nous honte de posséder de l'argent que nous croyons ne pas mériter. Peut-être faisons-nous partie d'une organisation qui veut en profiter et se sert de la honte comme moyen de nous contraindre à le donner.

Il se peut que nous ayons pris l'habitude de donner de l'argent à nos enfants, à des parents ou à des amis parce que, à tort ou à raison, nous nous sentions coupables. Nous laissons des gens, des êtres chers parfois, nous faire chanter pour de l'argent.

Cet argent n'est pas donné librement ni sainement.

Certains d'entre nous le font par désir de s'investir personnellement. Nous pouvons, en effet, nous sentir exagérément responsables des autres, y compris sur le plan financier.

Peut-être le faisons-nous simplement parce que nous n'avons pas appris à nous approprier notre pouvoir de dire non quand la réponse est *non*.

Certains d'entre nous donnent parce qu'ils croient ou souhaitent que les gens les aimeront s'ils sont responsables d'eux financièrement.

Nous ne sommes pas *tenus* de donner de l'argent à qui que ce soit. C'est un choix qui nous revient. Nous ne devons pas nous laisser tyranniser, manipuler, ni contraindre à accomplir ce geste. Financièrement, nous prenons nos propres responsabilités. Il importe, pour notre équilibre, de laisser ceux qui nous entourent prendre les leurs.

Il n'y a pas de honte à posséder l'argent que nous gagnons ; quel qu'en soit le montant, nous le méritons, et n'avons pas à nous sentir obligés de tout donner, ni à nous sentir coupables parce que d'autres nous envient.

La charité est une grâce. Donner fait partie d'une vie équilibrée. Nous pouvons apprendre à définir des limites saines quand il s'agit de donner.

Aujourd'hui, je m'efforcerai de définir des limites saines quand il s'agit de donner de l'argent. Je comprends qu'il est de mon choix de donner.

4 juin — Faire confiance à Dieu

Un couple marié, des amis à moi, avait décidé d'apporter quelques changements à leur situation. Ils avaient toujours habité en ville et voulaient maintenant vivre à la campagne, près d'un lac.

Ils trouvèrent une petite propriété aux abords d'un lac. Ce n'était pas la maison de leurs rêves, mais en vendant leur maison en ville, ils auraient l'argent nécessaire pour entreprendre les rénovations nécessaires. Comme ils avaient des économies, ils emménagèrent dans leur nouvelle résidence avant d'avoir vendu celle qu'ils avaient en ville.

Une année s'écoula. La maison en ville ne s'était toujours pas vendue. Au cours de cette période, mes amis vécurent de nombreux changements, se sentant tantôt patients, tantôt impatients. Certains jours, ils avaient confiance en Dieu ; d'autres jours, ils n'arrivaient pas à comprendre pourquoi Il les faisait attendre si longtemps, pourquoi Il ne leur permettait pas de mettre leur projet à exécution. Les portes refusaient simplement de s'ouvrir.

Un jour, mes amis reçurent la visite d'un voisin qui avait une maison au bord du lac. Celle-ci correspondait à tout ce que mes amis désiraient et même plus : c'était la maison de leurs rêves. La première fois qu'ils l'avaient vue, ils l'avaient admirée en souhaitant en avoir une semblable un jour, mais avaient par la suite oublié cette idée. Ils ne croyaient pas que leur désir pourrait jamais se réaliser.

En fait, ce voisin venait rendre visite à mes amis parce que sa femme et lui avaient décidé de déménager. Il leur proposa la première option sur l'achat de sa maison.

Mes amis acceptèrent son offre et signèrent une promesse de vente. En deux mois, ils vendirent leur maison de ville ainsi que leur propriété, petite mais convenable, près du lac. Peu de temps après, ils emménageaient dans la maison de leurs rêves.

Nous traversons parfois des moments de frustration dans la vie. Nous croyons être sur la bonne voie, ayant confiance en Dieu et en nous-mêmes, et pourtant nous n'y arrivons pas. Nous prenons de faux départs et nous arrêtons. Les portes refusent de s'ouvrir.

Nous nous demandons alors si Dieu nous a abandonnés, ou s'Il est indifférent. Nous ne savons plus très bien où nous allons ni vers quoi nous nous dirigeons.

Puis, un jour, nous constatons que si nous n'avons pas obtenu ce que nous souhaitions, c'est que Dieu nous réservait quelque chose de bien meilleur.

Aujourd'hui, je cultiverai la patience. Je demanderai à ma Puissance supérieure de me transmettre ce qu'elle a de meilleur et je lui ferai confiance.

5 juin — Combattre la honte

La honte peut nous freiner, nous immobiliser et nous faire baisser les yeux.

Au-delà de la codépendance

Méfiez-vous de la honte.

Bien des systèmes et bien des gens empestent la honte. Ils sont dominés par la honte et peuvent chercher à nous faire entrer dans leur jeu. Ils espèrent nous tenir et nous soumettre de cette façon.

Nous n'avons pas à sombrer avec eux dans la honte. En revanche, nous accepterons les sentiments positifs que sont l'acceptation de soi, l'amour et la nourriture spirituelle.

Les comportements compulsifs, les comportements liés à la dépendance sexuelle, la suralimentation, l'abus de substances chimiques et la passion du jeu reposent sur la honte. Si nous adoptons de tels comportements, nous en aurons honte. C'est inévitable. Il faut nous méfier des comportements liés à la dépendance, comme de ceux qui sont de nature compulsive, car ils nous plongent dans la honte.

Notre passé et le conditionnement que nous avons pu recevoir, lequel nous a infligé la « honte originelle », peuvent nous faire honte. Cela peut se produire quand nous sommes seuls, quand nous passons au supermarché ou simplement quand nous vaquons tranquillement à nos activités. Ne pas penser... ne pas sentir... ne pas évoluer ni changer... ne pas vivre... ne pas vivre sa vie... avoir honte !

Finissons-en avec la honte. Attaquons-la. Faisons-lui la guerre. Apprenons à la reconnaître et à nous en méfier comme de la peste.

Aujourd'hui, je refuserai délibérément de me laisser prendre au piège de la honte dans laquelle le monde est plongé. Si je ne peux y résister, je vais la ressentir, l'accepter, puis m'en défaire aussi vite que possible. Mon Dieu, donne-moi l'assurance qu'il est bien de m'aimer et aide-moi à refuser de me soumettre à la honte. Si je m'égare, apprends-moi à transformer la honte en culpabilité, à corriger mon comportement et à poursuivre ma vie dans l'amour immédiat de moi-même.

6 juin — Le don du consentement

Nous avons pleinement consenti à ce que Dieu élimine tous ces défauts de caractère.

Sixième Étape Al-Anon

Nous parvenons à la Sixième Étape en travaillant assidûment, de notre mieux, aux cinq premières Étapes. Ce travail nous prépare à un changement d'attitude, à une ouverture, pour être transformés par une Puissance qui nous est supérieure – Dieu.

Le chemin menant à cette volonté peut être long et difficile. Beaucoup d'entre nous ont à lutter contre un comportement ou un sentiment particulier avant d'en arriver à lâcher prise. Nous avons besoin de voir, encore et encore, que le mécanisme d'adaptation qui autrefois nous protégeait n'est plus utile.

Les défauts de caractère auxquels on fait allusion à la Sixième Étape sont d'anciens comportements de survie qui, autrefois, nous permettaient de faire face aux gens, à la vie et à nous-mêmes. Mais aujourd'hui, ils nous barrent la route et le moment est venu de consentir à ce qu'ils soient éliminés.

Ayez confiance en ce moment. Ayez confiance, car on vous prépare à renoncer à ce qui est devenu inutile. Ayez confiance, car un changement d'attitude s'opère en vous.

Mon Dieu, aide-moi à me préparer à lâcher prise et à renoncer à mes défauts de caractère. Donne-moi la certitude, dans mon âme et mon esprit, d'être prêt à me départir de mes comportements autodestructeurs, ces blocages et ces obstacles qui m'empêchent de vivre.

7 juin — En orbite

Tant pis s'ils se font du mal. Tant pis si nous savons que nous pourrions les aider si seulement ils voulaient nous écouter, coopérer. TANT PIS, TANT PIS, TANT PIS !

Vaincre la codépendance

« Je crois que je peux l'amener à changer. Personne ne l'a jamais vraiment aimé et apprécié. Je serai celle qui le fera, puis il changera... Elle n'a jamais connu quelqu'un qui soit digne de confiance. Je lui prouverai qu'on peut avoir confiance en moi et elle sera alors capable d'aimer. Personne n'a pu la toucher, la conquérir auparavant. Je serai celui qui le fera... Personne ne lui a jamais vraiment laissé de chance... Personne n'a jamais vraiment cru en lui... »

Voilà des signes qui nous mettent en garde, des feux, des drapeaux rouges. En fait, si ces pensées nous viennent à l'esprit, c'est sûrement signe qu'il faut nous arrêter.

Si nous nous sommes accrochés à l'idée que, d'une façon ou d'une autre, nous serions celui ou celle qui fera la différence dans la vie de quelqu'un, si nous essayons de prouver combien nous pouvons être bons pour quelqu'un, nous nous attirons des ennuis.

C'est un jeu, une illusion. Cela ne peut qu'échouer et nous faire perdre la raison, nous pouvons en être assurés. Nous ne sommes pas lucides. C'est en nous que quelque chose ne va pas.

Cela mène à l'autodestruction.

Bien sûr que nous pourrions être « celui (ou celle) qui... », celui ou celle qui se retrouve victime.

Tout ce schéma de pensée tient de la codépendance, de l'irresponsabilité personnelle et de la victimisation. Chacun doit lui-même jouer son rôle.

« Personne, dans le passé, ne l'a jamais vraiment compris... Personne n'a vu ce que je vois en elle... » C'est un piège. Nous cessons d'être attentifs à nous-mêmes alors que nous accordons trop d'attention à l'autre. Cela nous écarte de notre chemin et, souvent, cela nous fait comme entrer en orbite autour d'une personne.

« Personne ne l'a suffisamment apprécié... Personne n'a guère fait preuve de bonté à son égard, ni fait pour elle ce que je peux faire... » Il s'agit d'un sauvetage, d'une manœuvre, d'un jeu dans lequel nous n'avons pas à entrer. Nous n'avons pas à prouver que nous sommes celui (ou celle) qui réussira. Si nous voulons à tout prix montrer aux gens que nous sommes la meilleure chose qui leur soit arrivée, il est peut-être temps de nous demander si eux sont la meilleure qui nous soit arrivée.

On ne nous a pas assigné le rôle d'ange gardien, de parrain ou marraine, ni de « celui (ou celle) qui... ». L'aide, le soutien, l'encouragement qui profitent véritablement aux autres, comme à nous-mêmes, viennent naturellement. Laissons-les venir.

Mon Dieu, aide-moi à me départir de mon besoin de répondre aux exigences dysfonctionnelles dans mes relations.

8 juin — Le plaisir

Prenez du plaisir – à la vie, à cette journée.

La vie n'est pas une corvée ; c'est là une vieille croyance qu'il faut abandonner. La vie est une aventure, un voyage au cours duquel viendront à se produire des événements que nous ne pouvons pas encore envisager.

Remplacez la tristesse et la lassitude d'esprit par la joie. Entourez-vous de gens et de choses qui vous donnent un cœur léger.

Soyez sensibles à la légèreté d'esprit.

Ce voyage peut s'avérer une aventure passionnante. Donnez-vous la chance d'en profiter.

Aujourd'hui, la vie, la guérison, les gens me donneront du plaisir, tout au long de ma journée.

9 juin — La panique

Rares sont les situations – malgré les apparences – que l'on améliore en perdant son sang-froid.

Vaincre la codépendance

Ne cédez pas à la panique !

Si un nageur, en traversant un grand lac, se mettait soudainement à fixer son attention sur la distance qu'il lui reste à franchir, on pourrait bien le voir se débattre et couler, non pas parce qu'il ne sait pas nager, mais parce que la panique s'est emparée de lui.

C'est la panique, et non la tâche à accomplir, qui est notre ennemie.

Il nous arrive parfois de nous sentir débordés et dépassés. Il y a des moments où nous avons l'impression que nous ne viendrons jamais à bout de tout ce qu'il y a à faire.

Nous sommes peut-être aux prises avec une tâche au travail, une amélioration personnelle ou un changement dans notre vie familiale.

Pour un instant, il peut être utile de regarder plus loin et d'imaginer l'objectif. Il est normal, quand nous pensons à tout ce que nous avons à faire, d'avoir des moments de panique. Ressentons cette crainte, puis laissons-la s'éloigner. Détournons notre regard de l'avenir et de l'ampleur de la tâche. Si nous avons imaginé le but, nous l'atteindrons. Nous n'avons pas à tout faire aujourd'hui, ni en une seule fois.

Concentrons-nous sur le présent. Disons-nous que tout est bien. Pour atteindre notre but, il nous suffit d'être attentifs à ce qui se présente aujourd'hui naturellement et de procéder avec méthode. Nous serons habilités à accomplir, sereinement, ce qui est nécessaire pour parvenir là où nous voulons être demain.

La panique freinera ce processus, mais la confiance et une action éclairée le favoriseront. Respirons profondément. Reprenons notre calme. Ayons confiance. Agissons comme nous y sommes invités, aujourd'hui.

Nous pouvons reprendre notre trajectoire en faisant du surplace jusqu'à ce que nous ayons retrouvé notre sang-froid. Une fois notre calme revenu, nous pouvons recommencer à nager, avec confiance. Portons simplement notre attention sur un mouvement à la fois. Si nous arrivons à faire un mouvement, nous avons progressé. Si nous sommes fatigués, nous pouvons flotter, à condition d'être détendus. Avant même de nous en rendre compte, nous aurons atteint le rivage.

Aujourd'hui, je croirai que tout est bien. Je suis guidé, mais je ne puis l'être qu'un jour à la fois. J'emploierai mon énergie à vivre cette journée de mon mieux. Si la panique surgit, je cesserai toute activité et la traiterai comme un problème distinct.

10 juin — La responsabilité

Prendre soin de nous-mêmes, c'est assumer nos responsabilités envers nous-mêmes ; c'est aussi prendre nos véritables responsabilités envers les autres.

Souvent, au début du travail de rétablissement, nous sommes minés par le fait de nous sentir responsables de tellement de gens. Découvrir qu'il suffit seulement de nous assumer peut être un tel soulagement que, pour un temps, nous renions nos responsabilités envers autrui.

Le but de la guérison est de trouver un équilibre : nous avons des responsabilités envers nous-mêmes et nous reconnaissons celles que nous avons envers autrui.

Il nous faudra peut-être faire la part des choses, surtout si depuis des années notre attitude repose sur des idées fausses quant à nos responsabilités envers autrui. Nous pouvons avoir des responsabilités envers une personne, en tant qu'ami ou employé ; envers une autre, en tant qu'employeur ou conjoint. Envers chacune, nous avons certaines responsabilités. Si nous nous chargeons de ces vraies responsabilités, nous trouverons l'équilibre.

Nous découvrons également que si les autres ne sont pas responsables de nous, ils le sont, en quelque sorte, envers nous.

Nous pouvons apprendre à distinguer nos véritables responsabilités envers nous-mêmes et envers autrui. Nous pouvons laisser les autres assumer leurs propres responsabilités et nous attendre à ce qu'ils se montrent responsables envers nous, comme il se doit.

Il nous faudra y aller doucement pendant notre apprentissage.

Aujourd'hui, je m'efforcerai de distinguer clairement mes véritables responsabilités envers les autres. J'assumerai ces responsabilités, prenant ainsi soin de moi-même.

11 juin — Aller de l'avant

Nous aimerions beaucoup emmener tout le monde avec nous au cours de ce voyage qu'on appelle le travail sur soi, la guérison, le rétablissement – mais c'est impossible. Il n'est pas déloyal de nous permettre d'aller de l'avant. Nous n'avons pas à attendre que ceux que nous aimons décident eux aussi de changer.

Il faut quelquefois nous accorder la permission de grandir, même si ceux que nous aimons ne sont pas prêts à changer. Il nous faudra peut-être même abandonner des gens qui souffrent ou qui sont aux prises avec une dysfonction, car nous ne pouvons pas guérir à leur place. Nous n'avons pas à souffrir avec eux.

Cela ne sert à rien.

Cela ne nous sert à rien de rester immobilisés simplement parce que c'est le cas de quelqu'un que nous aimons.

Notre capacité à aider les autres est tellement plus grande quand nous nous détachons, quand nous travaillons sur nous-mêmes et cessons de vouloir forcer les autres à changer avec nous.

C'est en changeant nous-mêmes, en nous permettant de grandir pendant que les autres cherchent leur propre chemin, que nous aurons une influence des plus positives sur ceux que nous aimons. Nous avons des responsabilités envers nous-mêmes. Ils en ont envers eux-mêmes. Nous les laissons aller et nous nous permettons de grandir.

Aujourd'hui, j'affirmerai que j'ai le droit de grandir et de changer, même si un être que j'aime ne le fait pas lui aussi à mes côtés.

12 juin — Spontanéité et plaisir

Exerçons-nous à être spontanés et à nous amuser. La joie qu'apporte la guérison, c'est que nous parvenons finalement à faire des expériences. Nous en arrivons à adopter de nouveaux comportements, sans avoir à le faire à la perfection. Il nous suffit de trouver une façon qui nous convienne. Nous trouvons même du plaisir en faisant ces expériences, en apprenant à connaître et à faire ce que nous aimons.

Nous sommes nombreux à nous être encroûtés dans la rigidité, le martyre et la privation. L'une des expériences « normales » dont beaucoup parmi nous ont été privés est celle du plaisir. La spontanéité en est une autre. Il se peut que nous n'ayons pas la moindre idée de ce que nous aimerions faire pour nous amuser. Et nous nous contenons si bien que, de toute façon, nous n'oserions pas tenter quelque chose d'amusant.

Nous pouvons nous laisser aller un peu, de temps en temps. Nous pouvons nous détendre un peu. Nous n'avons pas à rester si guindés et rigides, ni à craindre d'être qui nous sommes. Prenons quelques risques. Essayons de nouvelles activités. Qu'est-ce qui nous plairait ? Qu'est-ce que nous aimerions faire ? Puis, prenons un autre risque. Choisissons un film qui nous plairait et appelons un ami ou une amie pour l'inviter à nous accompagner. Si cette personne refuse, invitons quelqu'un d'autre ou tentons notre chance une autre fois.

L'important est de se décider à essayer quelque chose, puis d'aller jusqu'au bout. Faisons-le une fois, deux fois. Exerçons-nous à nous amuser jusqu'à ce que nous y prenions plaisir.

Aujourd'hui, je ferai quelque chose seulement pour le plaisir. Je vais m'exercer à m'amuser jusqu'à ce que j'y trouve un réel plaisir.

13 juin S'accrocher à d'anciennes relations

Nous voulons faire ce trajet, libres de tout bagage. Cela facilite le voyage.

Les sentiments qui subsistent à la suite d'anciennes relations et les questions qui n'ont pas été réglées – colère, ressentiment, sentiments d'humiliation, douleur ou regrets – sont une partie du bagage dont nous pouvons nous défaire. Si nous n'avons pas mis le point final à une relation, si nous ne pouvons nous éloigner en paix, nous n'avons pas encore tiré la leçon de notre expérience. Cela peut vouloir dire qu'il nous faudra encore revisiter cette expérience avant d'être prêts à tourner la page.

Nous voudrons peut-être effectuer une Quatrième Étape (un inventaire écrit de nos relations) et une Cinquième Étape (un aveu de nos torts). Quels sont les sentiments que nous a laissés telle ou telle relation ? Les ressentons-nous encore ? Voulons-nous que le poids de ce lourd bagage pèse aujourd'hui sur notre comportement ?

Nous sentons-nous encore humiliés, rejetés ou amers à la suite de quelque chose qui s'est produit il y a deux, cinq, dix ou même vingt ans ?

Il est peut-être temps de nous en détacher. Il est peut-être temps de nous ouvrir à la vraie leçon à tirer de cette expérience. Il est peut-être temps d'enterrer les relations passées, afin d'être libres d'aller vers des expériences nouvelles et plus valorisantes.

Nous pouvons choisir de vivre dans le passé, ou choisir de régler les questions restées en suspens et de nous ouvrir à la beauté d'aujourd'hui.

Lâcher prise, se défaire du bagage des relations passées.

Aujourd'hui, je m'ouvrirai au processus de purification et de guérison qui me permettra de rompre avec le passé et d'accueillir ce qu'aujourd'hui et demain peuvent m'apporter de mieux dans mes relations.

14 juin — Lâcher prise face au temps

Quand le temps viendra, mon enfant. Quand le temps viendra. Combien de fois avons-nous entendu ces mots dans la bouche d'un ami, d'un parrain ou de notre Puissance supérieure ?

Nous avons si grande envie de certaines choses : il y a cet emploi, ce chèque que nous attendons ; telle relation, tel bien que nous convoitons. Nous voulons que notre vie change.

Alors nous attendons, tantôt avec patience, tantôt avec impatience et pendant tout ce temps, nous nous demandons : quand l'avenir m'apportera-t-il ce que je désire ? Serai-je alors heureux ?

Nous tentons de prédire notre avenir, entourant des dates sur le calendrier, posant des questions. Nous oublions que nous ne détenons pas les réponses. Celles-ci viennent de Dieu. Si nous écoutons attentivement, nous les entendrons. *Quand le temps viendra, mon enfant. Quand le temps viendra. Maintenant, va en paix.*

Aujourd'hui, je me détendrai. On me prépare. Je peux lâcher prise face au temps. Je peux cesser de trafiquer les résultats. Les bonnes choses arriveront quand le temps viendra, et elles arriveront naturellement.

15 juin — La rivalité entre martyrs

« *Oui, je sais que votre conjoint est alcoolique, mais moi, mon fils est alcoolique, c'est différent. C'est pire !* »

Ma peine est plus grande que la vôtre !

Voilà un piège dans lequel nous pouvons facilement tomber. Nous nous efforçons de montrer aux autres combien nous avons été humiliés, à quel point nous souffrons, comme la vie est injuste et quel grand martyr nous sommes. Et nous ne serons pas satisfaits avant d'y parvenir.

Nous n'avons pas à prouver notre peine et notre souffrance à qui que ce soit. Nous savons que nous avons eu mal. Nous savons que nous avons souffert. La plupart d'entre nous se sont comportés à juste titre en victimes. Et les leçons que nous avons eu à apprendre étaient difficiles, douloureuses.

Le but de la guérison n'est pas de montrer aux autres à quel point nous souffrons ou avons souffert. C'est plutôt de mettre fin à notre douleur et de partager le remède avec les autres.

Si quelqu'un se met à essayer de nous prouver combien il souffre, nous pouvons lui dire simplement : « On dirait que vous avez souffert. » Cette personne ne cherche peut-être qu'une validation de sa peine.

Si nous nous surprenons à essayer de prouver à quelqu'un combien nous avons souffert, ou encore si nous cherchons à dépasser la peine d'autrui, nous devrions peut-être nous arrêter et faire le point. Avons-nous besoin que l'on reconnaisse combien nous souffrons ou avons souffert ?

Aucun prix, aucune récompense spéciale n'est accordée pour la souffrance, comme beaucoup d'entre nous, au comble de la codépendance, sont parvenus, à tort, à s'en persuader. La récompense est d'apprendre à mettre fin à la douleur et à aller vers la joie, la paix et l'accomplissement.

C'est le présent que nous offre la guérison, et il est tout aussi accessible à chacun de nous, que notre peine ait été plus grande ou moindre que celle d'un autre.

Mon Dieu, aide-moi à être reconnaissant de toutes les expériences qui m'ont été données, même de celles qui m'ont causé le plus de douleur et de souffrance. Aide-moi à apprendre ce qu'il me faut apprendre, pour que je puisse mettre fin à la douleur dans ma vie. Aide-moi à me concentrer sur le but de la guérison plutôt que sur la peine qui m'a amené à l'entreprendre.

16 juin — Se sentir bien

Avoir des limites, ça ne complique pas la vie ; au contraire, les limites simplifient l'existence.

Au-delà de la codépendance

Se fixer des limites comporte un aspect positif. Nous apprenons à nous écouter et à reconnaître ce qui nous blesse et ce que nous n'aimons pas. Mais nous apprenons aussi à reconnaître ce qui nous fait du bien.

Quand nous sommes prêts à prendre certains risques et commençons à le faire activement, notre qualité de vie s'en trouve rehaussée.

Qu'est-ce que nous aimons ? Qu'est-ce qui nous fait du bien ? Qu'est-ce qui nous procure du plaisir ? De qui apprécions-nous la compagnie ? Qu'est-ce qui nous aide à nous sentir bien le matin ? Qu'est-ce qui peut être une vraie gâterie dans notre vie ? Quelles sont les simples activités quotidiennes qui nous donnent le sentiment d'être sustentés et soignés ?

Par quoi est attiré notre être affectif, spirituel, mental et physique ? Qu'est-ce qui nous fait réellement du bien, à nous ?

Nous nous sommes privés trop longtemps. Il n'y a plus aucune raison de le faire, aucune. Si cela nous fait du bien et que l'amour de soi, non l'autodestruction, en découle, faisons-le !

Aujourd'hui, je m'accorderai ces petites choses qui rendent la vie plus agréable. Je ne me refuserai pas des plaisirs sains.

17 juin — La capitulation

Il faut maîtriser les leçons à tirer de notre situation actuelle.

Nous ne progressons pas en résistant à ce qui aujourd'hui est peu souhaitable dans notre vie. Nous progressons, nous évoluons, nous changeons par l'acceptation.

L'évasion n'est pas la clé ; la capitulation nous ouvre la porte.

Écoutez cette vérité : chacun de nous se trouve dans sa situation actuelle pour une raison. Il y a une leçon, une leçon valable, qui doit en être tirée avant de pouvoir aller plus loin.

Un phénomène important s'opère en nous, comme en ceux qui nous entourent. Nous ne sommes peut-être pas à même de le cerner aujourd'hui, mais nous pouvons être certains qu'il est à la fois déterminant et salutaire.

C'est par la capitulation, non par la force, que nous triompherons. La bataille se joue, et elle se gagne, en nous-mêmes. Nous devons la mener jusqu'à ce que nous apprenions et que nous acceptions, jusqu'à ce que nous soyons reconnaissants et que nous soyons libérés.

Aujourd'hui, je serai à l'écoute des leçons à tirer de ma situation actuelle. Je n'ai pas à nommer, à savoir, ni à comprendre ce que je suis en train de découvrir ; j'y verrai clair avec le temps. Pour l'instant, la confiance et la gratitude suffisent.

18 juin — Être vulnérable

Une partie du travail sur soi consiste à apprendre à se confier à autrui. Nous apprenons à admettre nos erreurs et à révéler nos imperfections, non pas pour que les autres puissent nous corriger, nous secourir ou se désoler pour nous, mais pour pouvoir nous aimer et nous accepter nous-mêmes. Ce partage joue le rôle d'un catalyseur, accélérant la guérison et le changement.

Beaucoup d'entre nous craignent de révéler leurs imperfections, car cela les rend vulnérables. Certains se sont déjà montrés vulnérables, et les gens ont tenté de les dominer, de les manipuler ou de les exploiter, ou encore ils les ont humiliés.

Quelques-uns d'entre nous, qui ont entrepris le travail sur soi, ont été blessés en se montrant vulnérables. Peut-être avons-nous partagé des choses avec des gens qui ont trahi notre confiance. Ou peut-être nous sommes-nous confiés, à un moment inopportun, à des gens mal choisis que nous avons fait fuir.

Nous tirons parti de nos erreurs et, en dépit de nos erreurs, il est toujours bon de nous permettre d'être vulnérables et honnêtes. Nous pouvons apprendre à choisir des gens sûrs à qui nous confier. Nous pouvons apprendre à le faire de façon juste, afin de ne pas effrayer ni repousser les gens. Nous pouvons aussi apprendre à laisser les autres se montrer vulnérables avec nous.

Aujourd'hui, mon Dieu, aide-moi à être vulnérable de façon juste. Je ne laisserai pas autrui m'exploiter ni m'humilier parce que je suis vulnérable, et je ne m'exploiterai pas moi-même.

19 juin — Se rendre la vie plus facile

La vie n'a pas à être difficile.

Bien sûr, il y a des moments où il nous faut endurer, lutter et nous fier à nos capacités de survie. Mais il n'est pas nécessaire de rendre la vie, la croissance, la guérison, le changement ou encore nos préoccupations quotidiennes toujours si difficiles.

Nous rendre la vie *si* difficile est ce qui reste de notre martyre, un vestige de nos vieilles façons de penser, de ressentir et de croire. Nous avons de la valeur, même lorsque la vie n'est pas *si* difficile. Le fait de nous donner tellement de mal ne nous confère pas plus de valeur et d'importance.

Si nous rendons les choses *tellement* difficiles, dit une femme, nous les rendons peut-être plus difficiles que nécessaire. Apprenons à *laisser* les choses se produire aisément et naturellement. Apprenons à laisser les événements, et notre participation à ces derniers, se mettre en place. Maintenant, les choses peuvent être faciles, plus faciles qu'elles ne l'ont été. Nous pouvons suivre le courant, cesser de porter le monde sur nos épaules et laisser notre Puissance supérieure nous faire entrer en douceur là où nous devons nous trouver.

Aujourd'hui, je cesserai de me donner tant de mal. Je renoncerai à croire que la vie et le rétablissement doivent être difficiles. Au lieu de cela, j'aurai la conviction que je peux faire ce trajet facilement et paisiblement. Et quelquefois, cela peut même être amusant.

20 juin — Subir ses relations

Beaucoup d'entre nous sont devenus si engourdis et ont si peu tenu compte de leurs sentiments qu'ils se sont coupés de leurs besoins sur le plan relationnel.

Nous pouvons apprendre à distinguer les gens en compagnie desquels nous nous plaisons, qu'il s'agisse d'amis, de relations d'affaires, de partenaires ou d'un conjoint. Nous devons tous avoir des rapports avec des gens que nous préférerions peut-être éviter, mais nous ne sommes pas tenus d'entretenir des relations intimes ni à long terme avec ces gens-là.

Nous avons la liberté de choisir nos amis, nos partenaires, notre conjoint. Quant aux gens que nous n'avons pas toujours le choix de voir ou non, des parents par exemple, nous sommes libres de choisir combien de temps nous passons avec eux. C'est notre vie. Un point, c'est tout. Nous pouvons décider de ce à quoi nous voulons employer nos heures et nos journées. Nous ne sommes pas réduits en esclavage ni pris au piège. Et aucun de nous n'est privé d'options, même si elles ne nous apparaissent pas clairement. Bien que nous ayons peut-être à venir à bout de la honte et à nous approprier notre pouvoir, nous pouvons apprendre à passer nos heures et nos jours précieux avec des gens que nous *choisissons* et apprécions.

Mon Dieu, aide-moi à accorder de la valeur à mon temps et à ma vie. Aide-moi à attacher de l'importance à ce que je ressens en présence de certaines personnes. Guide-moi pendant que j'apprends à cultiver des relations saines et intimes, des relations de partage avec les gens. Aide-moi à m'accorder la liberté de faire des expériences, d'explorer, de découvrir qui je suis et qui je puis être dans mes relations.

21 juin — Les sentiments agréables

Permettez-vous de ressentir aussi les sentiments agréables.

Oui, les sentiments agréables peuvent parfois être aussi gênants que les plus pénibles. Oui, les sentiments agréables peuvent causer de l'angoisse à ceux d'entre nous qui n'y sont pas habitués. Mais allez-y et, quoi qu'il en soit, ressentez ces sentiments agréables.

Ressentez et acceptez la joie, l'amour, la chaleur, l'exaltation, le plaisir, la satisfaction, l'allégresse, la tendresse, le bien-être.

Savourez la victoire, le grand plaisir.

Permettez-vous de ressentir l'affection d'autrui.

Permettez-vous de vous sentir quelqu'un de respecté, d'important, de spécial.

Ce ne sont que des sentiments, mais des sentiments qui font du bien. Ils sont pleins d'une énergie positive qui rend optimiste – et nous méritons de les éprouver quand quelque chose les suscite.

Nous n'avons pas à refouler nos émotions. Nous n'avons pas à nous empêcher de nous sentir bien, pas un seul instant.

Si nous éprouvons une émotion, elle nous appartient pour l'instant. Emparons-nous de notre émotion et, si elle est agréable, savourons-la.

Aujourd'hui, mon Dieu, aide-moi à être réceptif à la joie et aux émotions agréables qui passent à ma portée.

22 juin — Le passé professionnel

Tout comme nous avons un passé relationnel, la plupart d'entre nous ont un passé professionnel.

Aussi, comme nous devons accepter la situation actuelle dans notre vie relationnelle et y faire face, nous devons faire de même dans notre vie professionnelle.

Si nous cultivons une attitude saine face à notre passé relationnel – une attitude qui nous permettra d'évoluer – nous pouvons avoir la même face à notre passé professionnel.

J'ai occupé de nombreux emplois dans ma vie. Je travaille en effet depuis l'âge de onze ans. Si j'ai beaucoup appris sur moi-même grâce à mes relations, j'ai aussi appris bien des choses par le biais de mon travail. Celles-ci sont souvent analogues à celles que j'acquiers à d'autres plans dans ma vie.

J'ai occupé des emplois que je détestais, mais dont j'étais temporairement tributaire. J'en ai eu dont je restais prisonnière parce que je craignais de me mettre à mon compte et de relever le défi d'une nouvelle situation.

J'ai assumé certains postes pour acquérir des compétences. Parfois, je n'étais pas consciente d'acquérir ces compétences, jusqu'au moment où elles s'avéraient un aspect important de la carrière que j'avais choisie.

J'ai occupé certaines places où je me sentais victime, où j'avais l'impression de donner et donner sans jamais rien recevoir en retour. J'ai eu des relations où je fabriquais des sentiments semblables.

Il y en a eu d'autres où j'ai appris des choses qui ne m'intéressaient absolument pas ; d'autres encore m'ont donné une idée de ce que je désirais et méritais réellement sur le plan professionnel.

Certains emplois m'ont permis de forger mon caractère ; d'autres, de parfaire des compétences. Tous m'ont donné l'occasion de mettre en pratique des comportements fondés sur le travail sur soi.

Tout comme j'ai dû faire face, dans mes relations, à mes sentiments et aux messages me concernant, j'ai dû y faire face aussi dans mon travail, ainsi qu'à ce que je croyais mériter à cet égard.

Tout comme il m'a fallu effacer ce qui restait de mes sentiments face à d'anciennes relations, il m'a aussi fallu régler certaines questions dans mon travail et dans ma carrière.

J'ai connu deux changements de carrière importants dans ma vie. J'ai appris qu'aucun métier n'avait été une erreur et qu'aucun emploi n'avait été une perte de temps. Chacun m'a permis d'apprendre quelque chose et mon expérience professionnelle a contribué à faire de moi qui je suis.

J'ai aussi appris autre chose : il y avait un Plan et j'étais guidée. Plus je me fiais à mon instinct, à ce que je désirais et à ce qui me semblait juste, plus je me sentais guidée.

Plus je refusais de me donner corps et âme à mon travail, plus je m'y consacrais par désir et non pour l'argent, moins je me sentais victime, quelle que fût mon occupation, même si mon emploi ne rapportait qu'un maigre salaire. Plus je me fixais des objectifs et prenais des responsabilités pour réussir dans ma carrière, plus j'étais apte à juger si un certain emploi correspondait à ma façon de voir. J'étais à même de savoir pourquoi j'occupais un certain poste et en quoi cela me serait profitable.

Il y a eu des moments, au travail, où j'ai été prise de panique de voir où j'en étais dans mon cheminement professionnel. La panique ne me fut d'aucun secours, mais le fait d'avoir confiance et de suivre mon programme m'a aidée.

Il m'arrivait de regarder autour de moi et de me demander ce que je faisais là. Parfois, les gens pensaient que ce n'était pas là ma place. Mais quand je regardais en moi-même et vers Dieu, je savais, *moi*, que j'étais au bon endroit, à ce moment-là.

Parfois, je n'obtenais pas la promotion que je désirais et parfois je la refusais, parce que cela ne me semblait pas approprié.

Dans certains cas, j'ai dû donner ma démission et m'éloigner pour être fidèle à moi-même. Parfois, j'en étais effrayée. Parfois, j'avais un sentiment d'échec. Mais j'ai appris ceci : si je suivais mon programme et restais fidèle à moi-même, je n'aurais jamais à craindre d'aller là où j'étais guidée.

Il y a eu des périodes où je ne gagnais pas assez d'argent pour vivre. Au lieu de soumettre ce problème à un employeur en particulier et de le blâmer, j'ai dû apprendre à le soumettre à moi-même et à ma Puissance supérieure. J'ai appris que j'avais la responsabilité d'établir mes limites et de définir ce que j'estime mériter. J'ai aussi appris que Dieu, et non un employeur en particulier, est la source qui me guide.

J'ai appris que je n'étais pas prisonnière d'un emploi, pas plus que d'une relation. Je peux faire des choix. Peut-être suis-je incapable de les distinguer clairement en ce moment, mais ils me reviennent bel et bien. J'ai appris que si j'entends vraiment veiller sur moi-même d'une façon particulière pendant le travail, je le ferai. Et si je veux vraiment en être victime, je permettrai que cela se produise aussi.

Je suis responsable de mes choix, et j'ai des choix.

Par-dessus tout, j'ai appris à accepter ma situation actuelle au travail et m'y conformer en toute confiance. Cela ne veut pas dire se soumettre, ni ignorer les limites. Cela veut dire avoir confiance, accepter et, enfin, prendre soin de soi-même de son mieux et à tout instant.

Mon Dieu, aide-moi à adopter un comportement de rétablissement face à mes expériences professionnelles.

23 juin — Renoncer aux vieilles croyances

« Faites un effort. Faites mieux. Soyez parfait. »

Ces messages nous jouent des tours. Même si nous fournissons de gros efforts, nous croyons que nous devons faire mieux. La perfection nous échappe et nous restons insatisfaits de ce que nous avons fait de bon.

Les messages de perfectionnisme sont une ruse, car nous ne parvenons jamais à répondre à leurs exigences. Nous ne pouvons être contents de nous-mêmes et de ce que nous avons accompli lorsque nous sommes poussés par de tels messages. Nous ne serons jamais satisfaits tant que nous ne les modifierons pas en nous disant que nous faisons suffisamment bien.

Nous pouvons commencer à nous approuver et à nous accepter. Être tels que nous sommes suffit. Ce qui était le meilleur de nous-mêmes hier était satisfaisant et ce qui est le meilleur de nous-mêmes aujourd'hui l'est amplement.

Nous pouvons être tels que nous sommes, et à notre façon, aujourd'hui même. Voilà essentiellement ce que signifie éviter la perfection.

Mon Dieu, aide-moi à me départir de ces messages qui conduisent à la folie. Je m'accorderai la permission d'être tel que je suis et d'en être satisfait.

24 juin — Le détachement

Pour beaucoup d'entre nous, le détachement ne vient pas naturellement. Mais une fois que nous prenons conscience de la valeur de ce principe du travail sur soi, nous comprenons à quel point il est vital. L'histoire qui suit illustre comment une femme en est venue à comprendre ce qu'est le détachement.

« La première fois que j'ai mis le détachement en pratique, c'est au moment où j'ai renoncé à mon mari, qui était alcoolique. Il buvait depuis notre mariage, sept ans auparavant. Pendant tout ce temps, j'ai nié le fait qu'il était alcoolique et j'ai essayé de le faire cesser de boire.

« J'ai fait des choses terribles pour qu'il arrête, pour lui ouvrir les yeux, pour lui faire prendre conscience de tout le mal qu'il me faisait. Je croyais vraiment bien faire en essayant de le raisonner.

« Un soir, j'ai vu les choses clairement. Je me suis rendu compte que mes efforts pour le raisonner ne viendraient jamais à bout du problème. Je me suis aperçue aussi que ma vie m'échappait. Je ne pouvais le contraindre à faire ce qu'il ne voulait pas faire. J'étais gouvernée par son alcoolisme, même si je ne buvais pas.

« Je l'ai laissé libre, libre de faire comme il l'entendait. En vérité, il faisait à sa guise de toute façon. Les choses ont changé le soir où je me suis détachée. Il l'a senti, tout comme moi d'ailleurs. En le libérant, je me suis donné la liberté de vivre ma vie.

« J'ai eu à appliquer le principe du détachement bien des fois depuis. J'ai dû me séparer de gens qui étaient sains comme de gens qui ne l'étaient pas. Par le détachement, j'y suis toujours parvenue. C'est un principe infaillible. »

Le détachement est un don. Il nous sera offert quand nous y serons prêts. Lorsque nous libérons l'autre, nous sommes libérés.

Aujourd'hui, chaque fois que cela sera possible, je me détacherai dans l'amour.

25 juin — Le refus

Quelquefois, pour nous protéger, nous nous rendons inaccessibles à l'être avec qui nous vivons une relation. Notre corps est peut-être présent, mais nous ne le sommes pas. Nous ne sommes pas disponibles pour participer à la relation.

Nous nous fermons.

Il est parfois sain et opportun de se fermer dans une relation. En effet, il se peut que nous ayons besoin d'un répit, ce qui est tout à fait légitime. Cependant, nous fermer ainsi peut parfois être néfaste.

Cesser d'être vulnérable, honnête et attentif à l'autre peut mettre un terme à la relation, car l'autre ne peut l'entretenir seul. Lorsque nous nous fermons, nous ne sommes plus disponibles pour la partager.

S'il est fréquent de connaître des périodes où l'on se retire temporairement d'une relation, il n'est pas bon pour autant d'en faire une habitude. Cela peut être un de nos moyens de saboter la relation.

Avant de nous retirer, il faut nous demander ce que nous espérons accomplir en le faisant. Avons-nous besoin de temps pour agir ? Pour guérir ? Pour grandir ? Pour faire le point ? Avons-nous besoin de nous donner un répit ? Ou sommes-nous en train de revenir à nos vieilles habitudes – nous cacher, filer et mettre fin à des relations parce que nous craignons que ce soit la seule façon dont nous puissions prendre soin de nous-mêmes ?

Éprouvons-nous le besoin de nous retirer parce que l'autre n'est vraiment pas fiable, parce qu'il est manipulateur, menteur ; ou encore parce qu'il s'exprime avec dépendance et violence ? Est-ce que nous nous fermons parce que l'autre s'est fermé et que nous ne voulons plus être à l'écoute ?

Poser des barrières, fermer notre cœur à l'autre et le priver de notre présence affective est un outil puissant, un outil que nous devons utiliser avec prudence et de façon responsable. Pour parvenir à l'intimité et à la proximité dans une relation, il faut que nous soyons présents affectivement. Nous devons être disponibles.

Mon Dieu, aide-moi à être présent affectivement dans les relations que je choisis de vivre.

26 juin — Surmonter la déprime

La déprime peut durer des jours et des jours. Nous nous sentons apathiques, désorientés et parfois submergés par des sentiments que nous n'arrivons pas à démêler. Nous ne comprenons pas ce qui se passe avec nous. Même nos efforts pour mettre en pratique des comportements fondés sur le travail de rétablissement peuvent sembler inefficaces. Nous ne nous sentons toujours pas, sur les plans affectif, mental et spirituel, aussi bien que nous le voudrions.

Quand nous sommes déprimés, il se peut que nous nous remettions instinctivement à penser, à sentir, à nous comporter selon de vieux modèles, même si nous les avions dépassés. Ou encore même si nous sommes obsédés, tout en ayant conscience que nous fabriquons de l'obsession, et que c'est improductif.

Dans l'espoir de nous sentir mieux, nous nous mettons peut-être à chercher frénétiquement la compagnie d'autres gens, tout en sachant qu'ils ne détiennent pas la clé de notre bonheur et de notre bien-être.

Nous nous mettons peut-être à nous préoccuper personnellement de problèmes qui ne sont pas les nôtres et à réagir d'une façon qui, nous ne le savons que trop bien, ne donne rien.

Nous sommes déprimés, mais cela ne durera pas indéfiniment. Ces périodes sont normales et même nécessaires. Ce sont des jours qu'il faut surmonter, des jours où il faut accorder une attention particulière aux comportements de guérison, que les récompenses soient immédiates ou non. Ce sont aussi, parfois, des jours où il faut nous laisser vivre et nous aimer du mieux que nous le pouvons.

Nous n'avons pas à avoir honte, peu importe depuis combien de temps nous sommes en rétablissement. Nos attentes envers nous-mêmes ne doivent pas être exagérées. Nous n'avons, en aucun cas, à exiger de nous-mêmes d'être parfaits dans la vie.

Il s'agit de traverser ce moment de déprime. Il prendra fin. Parfois, une déprime peut durer des jours et puis, au bout d'une heure, la voilà derrière nous et nous nous sentons mieux. Parfois, elle peut durer un peu plus longtemps.

Adoptons un comportement de rétablissement dans un domaine précis, puis amorçons la remontée. Bientôt, la déprime aura disparu. Nous ne pouvons jamais juger du point où nous serons demain à partir du point où nous sommes aujourd'hui.

Aujourd'hui, je m'attacherai à mettre en pratique un comportement de rétablissement face à l'un de mes problèmes, avec la conviction de pouvoir ainsi progresser. Je saurai me rappeler que l'acceptation, la gratitude et le détachement sont un bon point de départ.

27 juin — Parvenir à l'harmonie

Quand un pianiste apprend un nouveau morceau, il ne le joue pas parfaitement dès qu'il se met au piano. Il doit souvent travailler le doigté de chaque main séparément pour se familiariser avec le toucher, le son. D'une main, il retrouve un passage qu'il étudie jusqu'à ce qu'il trouve un rythme et joue facilement les parties difficiles. Puis, le musicien s'exerce de l'autre main, exécutant les notes une à une, jusqu'à ce qu'il soit à l'aise de cette main-là. Une fois qu'il a travaillé chacune des mains – le son, le toucher, le rythme, les tons – il peut alors jouer des deux mains.

Pendant qu'il s'exerce, la musique n'a peut-être rien d'extraordinaire. Elle peut sembler décousue, pas particulièrement agréable. Mais quand le pianiste est prêt à jouer des deux mains à la fois, on entend la musique – un morceau entier se fond dans l'harmonie et la beauté.

Au début du processus qu'est la guérison, il peut nous sembler que nous passons des mois, voire des années, à mettre en pratique des comportements distincts et apparemment sans rapport dans les différentes parties de notre vie.

Nous intégrons nos nouvelles capacités dans notre travail, notre carrière, et commençons peu à peu à les exercer, améliorant ainsi la qualité de nos rapports au travail. Nous intégrons nos capacités dans nos relations, parfois dans une seule à la fois. Nous venons à bout d'adopter ces nouveaux comportements dans nos relations amoureuses.

Abordant un passage à la fois, nous nous exerçons à jouer une à une les notes de notre nouvelle musique. Nous travaillons à améliorer notre relation avec notre Puissance supérieure, notre spiritualité. Nous travaillons à nous aimer, à croire que nous méritons ce qu'il y a de mieux. Nous travaillons à nos finances, à nos loisirs, parfois à notre apparence ou encore à notre foyer.

Le travail que nous accomplissons touche les sentiments, les croyances, les comportements. Nous lâchons prise face au passé, nous faisons de nouvelles expériences. Nous travaillons sans relâche. Nous nous exerçons. Nous nous démenons. Nous passons d'un extrême à l'autre, reprenant parfois depuis le début. Nous progressons un peu, reculons, puis avançons de nouveau.

Tout cela peut sembler sans rapport. Cela ne ressemble peut-être pas à une belle musique harmonieuse, plutôt des notes isolées. Puis, un jour, quelque chose se produit. Nous sommes prêts à jouer des deux mains à la fois, à interpréter la musique. L'œuvre à laquelle nous avons travaillé, note par note, est devenue une chanson. Celle-ci est toute une vie, une vie complète et harmonieuse. La musique se fera entendre dans notre vie si nous continuons de travailler les passages.

Aujourd'hui, je vais mettre en pratique mes comportements de rétablissement dans les parties distinctes de ma vie. J'ai la conviction qu'un jour les choses s'uniront pour former une chanson entière, complète.

28 juin — Quand les choses ne fonctionnent pas

Fréquemment, quand nous sommes aux prises avec un problème, nous tentons de le résoudre en procédant d'une certaine façon. Si nous n'y arrivons pas, il se peut que nous persistions à essayer de le résoudre en nous y prenant de la même façon.

Nous pouvons alors nous sentir frustrés, redoubler d'efforts, nous sentir encore plus frustrés, et déployer davantage d'énergie et d'influence pour imposer une solution que nous avons déjà essayée et qui s'est avérée inefficace.

Cette façon de procéder nous fait perdre la tête et, généralement, nous nous retrouvons bloqués, piégés. C'est l'essence même de l'incontrôlable.

Le même scénario complexe peut se répéter dans nos relations, dans les tâches qui nous incombent, et dans n'importe quel domaine de notre vie. Nous entreprenons quelque chose, cela ne fonctionne pas, ne coule pas ; nous en éprouvons un malaise et nous nous acharnons en nous y prenant de la même manière, même si cela s'avère inutile.

Parfois, il est bon de ne pas baisser les bras et de faire un effort. D'autres fois, il vaut mieux lâcher prise, nous détacher et cesser de nous acharner.

Si cela ne fonctionne pas, ne coule pas, la vie essaie peut-être de nous dire quelque chose. La vie est un professeur patient. Elle ne met pas toujours sur notre route des panneaux de signalisation lumineux pour nous guider.

Quelquefois, les signes sont plus subtils. Quelque chose qui ne fonctionne pas peut en être un !

Lâcher prise. Si nous sommes frustrés à la suite d'efforts répétés et infructueux, peut-être sommes-nous en train de nous forcer à suivre la mauvaise voie. Il convient parfois d'adopter une solution différente. Quelquefois, une autre avenue se présente. Souvent, la réponse apparaîtra plus clairement dans le calme du renoncement que dans l'urgence, la frustration et le désespoir qu'entraîne notre acharnement.

Apprendre à déceler lorsque quelque chose ne fonctionne pas ou ne coule pas. Prendre du recul et attendre d'être clairement guidés.

Aujourd'hui, je ne m'évertuerai pas à essayer obstinément d'appliquer des solutions qui se sont avérées inefficaces. Si quelque chose ne fonctionne pas, je prendrai du recul et attendrai d'être guidé.

29 juin — La volonté de Dieu

La volonté de Dieu se manifeste le plus souvent malgré nous, non grâce à nous.

Nous essayons peut-être de deviner ce que Dieu nous réserve, regardant, cherchant avec une extrême vigilance pour découvrir Sa volonté, comme s'il s'agissait d'un trésor enfoui, caché et hors d'atteinte. Si nous le trouvons, nous remportons le prix. Mais si nous ne faisons pas attention, nous pouvons lui dire adieu. Ce n'est pas *ainsi* que cela se passe.

Nous pouvons croire qu'il nous faut marcher sur des œufs en disant, en pensant et en ressentant ce qu'il faut, et nous obliger, en quelque sorte, à nous trouver au bon endroit, au bon moment, afin de découvrir la volonté de Dieu. Mais cela n'est pas vrai.

La volonté de Dieu à notre égard n'est pas cachée comme un trésor enfoui. Nous n'avons aucun besoin d'essayer de la diriger ou de la contraindre, ni de marcher sur des œufs pour la voir se manifester.

Elle est là, en nous et autour de nous. Elle est à l'œuvre en ce moment même. Parfois silencieuse et tranquille, elle comprend, entre autres, la discipline quotidienne que supposent la responsabilité et le soin de soi. Parfois, elle nous apaise lorsque les circonstances rappellent de vieilles douleurs ou des questions qui n'ont pas été réglées.

Quelquefois, elle est magnifique.

Nous avons un rôle à jouer. Nous avons des responsabilités, y compris celle de prendre soin de nous-mêmes. Mais nous n'avons pas à diriger la volonté de Dieu à notre égard. On s'occupe de nous. On nous protège. Et la Puissance qui prend soin de nous et nous protège recèle beaucoup d'amour pour nous.

S'il s'agit d'une journée tranquille, fiez-vous au calme. S'il s'agit d'une journée remplie d'action, comptez sur l'activité. S'il convient d'attendre, faites confiance au temps. Si le moment est venu de recevoir ce que vous attendiez, soyez assuré que cela se produira avec force et netteté, et acceptez ce présent dans la joie.

Aujourd'hui, j'aurai l'assurance que la volonté de Dieu se manifeste comme elle le doit dans ma vie. Je ne m'impatienterai pas à la rechercher énergiquement en me livrant vainement à des agissements censés diriger le cours de ma destinée ; ni ne me tourmenterai en me demandant si je l'ai croisée sans la voir.

30 juin — Accepter le changement

Un jour, ma mère et moi travaillions ensemble dans le jardin. Nous replantions des plantes pour la troisième fois. Les graines semées dans un petit godet ayant poussé, les plantes avaient été rempotées dans une jardinière plus grande, puis replantées dans le jardin. Cette fois, parce que je déménageais, nous les transplantions à nouveau.

M'y connaissant peu en jardinage, je me tournai vers ma mère, qui a un don pour faire pousser les plantes : « N'est-ce pas mauvais pour elles ? lui demandai-je alors que nous étions en train de les arracher et de secouer la terre de leurs racines. On ne risque pas de les abîmer en les déracinant et en les transplantant si souvent ? »

« Oh, non, répondit-elle, ce n'est pas mauvais de les transplanter. En fait, c'est bon pour celles qui survivent. C'est ce qui fortifie leurs racines. Elles vont avoir des racines profondes et ce seront des plantes résistantes. »

Je me suis souvent sentie comme ces jeunes plantes, déracinée et transplantée. Parfois, je supporte le changement de bon cœur, parfois à contrecœur, mais la plupart du temps, ma réaction est un mélange des deux.

Ne vais-je pas trouver cela difficile ? Ne vaudrait-il pas mieux que les choses restent comme elles sont ? C'est alors que je me rappelle ce que ma mère disait : c'est ce qui donne des racines solides et profondes.

Aujourd'hui, mon Dieu, aide-moi à me rappeler que, pendant les périodes de transition, ma foi et mon moi sont fortifiés.

JUILLET

1er juillet — Recevoir

Voici un exercice :

Aujourd'hui, laissez quelqu'un vous donner quelque chose. Laissez quelqu'un vous faire une gentillesse. Laissez quelqu'un vous adresser un compliment ou dire quelque chose de positif à votre sujet. Laissez quelqu'un vous aider.

Restez là et acceptez ce qu'on vous dit. Acceptez-le. Soyez-en content. Sachez que vous le méritez, que vous en êtes digne. Ne vous excusez pas. Ne dites pas : « Tu n'aurais pas dû. » Ne ressentez ni culpabilité, ni peur, ni honte, ni affolement. Ne tentez pas tout de suite de donner quelque chose en retour.

Dites simplement : « Merci ! »

Aujourd'hui, je vais me permettre de recevoir quelque chose de quelqu'un et de me sentir bien en le recevant.

2 juillet — Qui sait ce qui est le mieux ?

Les autres ne savent pas ce qui est le mieux pour nous.

Nous-mêmes, nous ne savons pas ce qui est le mieux pour les autres.

C'est à nous de déterminer ce qui est le mieux pour nous.

« Je sais ce qu'il te faut… Je sais ce que tu devrais faire… Écoute-moi, voici ce que tu devrais essayer d'améliorer tout de suite… »

Ce sont là des affirmations dangereuses, des certitudes qui nous éloignent de notre façon de fonctionner au niveau spirituel. Chaque jour, chacun de nous reçoit la capacité de repérer et de suivre sa propre voie. Ce n'est pas toujours facile. Il faut parfois lutter pour atteindre ce lieu calme et paisible.

Nous n'avons pas à donner des conseils aux autres, à prendre des décisions à leur place, à définir leur stratégie. Les autres ne doivent pas non plus nous diriger. Même lorsque nous avons une entente très claire avec quelqu'un qui s'engage à nous aider – comme dans une relation de parrainage – nous n'avons pas la certitude que les autres sauront *toujours* ce qui est le mieux pour nous. Nous avons le devoir d'écouter l'information qui nous est transmise. Nous avons le devoir de demander des conseils et une orientation. Par contre, il nous incombe de trier et d'analyser cette information et d'être à l'écoute de nous-mêmes quand vient le moment de décider ce qui est le mieux pour nous. Personne ne peut le savoir sauf nous.

Un des grands cadeaux que nous pouvons offrir aux autres est de leur apprendre la confiance en soi, leur apprendre qu'ils possèdent leur propre source de conseils et de sagesse, leur apprendre qu'ils ont la capacité de discerner ce qui est le mieux pour eux et *le droit de trouver leur voie en se trompant et en apprenant*.

Un des grands cadeaux que nous pouvons nous offrir à nous-mêmes est de croire que, nous aussi, nous pouvons découvrir notre voie par le même processus imparfait de luttes, d'essais et d'erreurs.

Aujourd'hui, je me souviendrai que nous avons tous reçu le don de pouvoir découvrir ce qui est le mieux pour nous. Aide-moi, mon Dieu, à faire confiance à ce don.

3 juillet — La franchise

Une grande partie de notre façon de communiquer reflète peut-être notre besoin de contrôle. Nous disons ce que nous croyons que les autres veulent entendre. Nous essayons d'empêcher les autres de se fâcher, d'avoir peur, de partir ou de nous détester. Pourtant, notre besoin de contrôler nous emprisonne dans des sentiments de victimes et de martyrs.

Quelques mots peuvent nous libérer. Ces mots sont nos propres vérités. Nous pouvons dire ce que nous avons besoin de dire. Nous pouvons dire ce que nous pensons, gentiment mais fermement.

Débarrassons-nous de ce besoin de contrôler. Lorsque nous affirmons nos propres vérités, il n'est pas nécessaire de porter des jugements, de manquer de tact, de faire des reproches ou d'être cruel. Il n'est pas nécessaire non plus de cacher notre lumière. Il faut lâcher prise et être librement celui ou celle que nous sommes.

Aujourd'hui, je serai honnête avec moi-même et avec les autres, parce que autrement ma vérité trouvera une autre façon de se manifester.

4 juillet **Fêter**[1]

Prenez le temps de fêter.

Fêtez vos succès, votre croissance, vos réalisations. Fêtez-vous vous-même et celui ou celle que vous êtes.

Vous avez fait preuve de dureté trop longtemps envers vous-même. D'autres ont déversé sur vous leur énergie négative, c'est-à-dire leurs attitudes, leurs convictions, leurs souffrances. Cela ne vous concernait pas ! Tout ce temps-là, vous étiez un cadeau pour vous-même et pour l'univers.

Vous êtes l'enfant de Dieu. Vous êtes une beauté, un délice, une joie. Vous n'avez pas besoin de faire davantage d'efforts, d'être parfait ou d'être ce que vous n'êtes pas. Votre beauté est en vous, tel que vous êtes à chaque moment.

Fêtez cela.

Quand vous avez un succès, quand vous accomplissez quelque chose, soyez-en heureux. Arrêtez-vous, réfléchissez et réjouissez-vous. Vous avez écouté trop longtemps ceux qui vous recommandaient de ne pas être satisfait de ce que vous aviez accompli de peur de glisser sur la pente de l'orgueil.

---

1. Le 4 Juillet est la fête nationale aux États-Unis (*N.d.É.*).

Une fête est une forme élevée de louange et de gratitude envers le Créateur pour la beauté de Sa création. Si vous aimez et fêtez ce qui est bon, ça ne signifie pas que vous le perdrez. Fêter c'est se réjouir d'un cadeau, c'est manifester sa gratitude.

Fêtez vos relations avec les autres. Fêtez les leçons du passé ainsi que l'amour et la chaleur qui existent aujourd'hui. Réjouissez-vous de la beauté des autres et de leurs liens avec vous.

Fêtez tout ce qui existe dans votre vie. Fêtez tout ce qui est bon. Fêtez-vous vous-même !

Aujourd'hui, je vais m'offrir le plaisir de fêter.

5 juillet — La culpabilité du survivant

Nous amorçons notre rétablissement. Nous commençons à prendre soin de nous-mêmes. Notre programme de guérison commence à fonctionner dans notre vie et nous commençons à nous sentir bien dans notre peau.

Et tout à coup, la culpabilité surgit.

Chaque fois que nous commençons à éprouver la plénitude de la vie et la joie de vivre, il se peut que nous nous sentions coupables à cause de ceux que nous avons laissés derrière nous, ceux qui ne sont pas sur la voie de la guérison, ceux qui souffrent encore. Cette culpabilité du survivant est un symptôme de codépendance.

Nous pensons peut-être au mari de qui nous avons divorcé et qui continue de boire. Nous nous apitoyons peut-être sur un enfant, adolescent ou adulte, qui continue de souffrir. Nous avons peut-être reçu un coup de fil d'un parent qui ne se rétablit pas et qui nous raconte ses misères. Et nous nous sentons attirés vers leur souffrance.

Comment pouvons-nous nous sentir si heureux, si bien, lorsque ceux que nous aimons connaissent encore la souffrance ? Pouvons-nous vraiment nous détacher d'eux et mener une vie satisfaisante, en dépit de ce qui leur arrive ? Oui, nous le pouvons.

Oui, ça fait mal de laisser derrière nous ceux que nous aimons. Il faut pourtant continuer d'avancer. Il faut être patient. La guérison des autres n'est pas notre affaire. Nous ne pouvons pas les forcer à se rétablir. Nous ne pouvons pas les rendre heureux.

Nous pouvons nous demander pourquoi *nous* avons été choisis pour vivre pleinement. Nous ne connaîtrons peut-être jamais la réponse. Il se peut que certains finissent par voir la lumière à un moment donné, mais leur guérison n'est pas notre affaire. La seule guérison que nous pouvons vraiment revendiquer est la nôtre.

Face aux autres, nous pouvons lâcher prise avec amour, et nous aimer nous-mêmes sans culpabilité.

Aujourd'hui, je consens à surmonter ma tristesse et ma culpabilité. Je vais me permettre d'être heureux et de mener une vie saine, même si quelqu'un que j'aime n'a pas choisi le même chemin.

6 juillet — Septième Étape

Nous Lui avons humblement demandé de faire disparaître nos déficiences.

Septième Étape Al-Anon

À la Sixième et à la Septième Étape du programme, nous sommes prêts à lâcher prise face à nos déficiences, qu'il s'agisse de problèmes, de comportements, de sentiments anciens, de souffrances persistantes ou de convictions qui nous coupent de la joie qui pourrait être la nôtre. Nous demandons alors à Dieu de les faire disparaître.

C'est simple, n'est-ce pas ? Nous n'avons pas besoin de nous contorsionner pour nous *contraindre* à changer. Nous n'avons pas besoin de nous imposer des changements. Pour une fois, nous n'avons pas à « le faire nous-mêmes ». Tout ce que nous avons à faire, c'est essayer d'avoir une attitude de bonne volonté et d'humilité. Tout ce que nous avons à faire, c'est demander à Dieu ce que nous voulons et ce dont nous avons besoin ; ensuite, nous nous fions à Lui pour qu'Il fasse pour nous ce que nous ne pouvons pas faire et *ce que nous n'avons pas* à faire nous-mêmes.

Nous n'avons pas à demeurer aux aguets en retenant notre souffle pour savoir comment et quand nous changerons. Notre programme n'est pas un programme d'auto-assistance. Dans ce programme miraculeux et efficace qui a apporté à des millions la guérison et le changement, nous sommes transformés par la pratique des Étapes.

Aujourd'hui, mon Dieu, aide-moi à m'abandonner à la guérison et au processus de changement. Aide-moi à me concentrer sur l'Étape dont j'ai besoin. Aide-moi à jouer mon rôle, à me détendre et à laisser le reste se dérouler.

7 juillet — Tout dire

Permettez-vous une bonne séance de ronchonnement.

Charlotte DAVIS KASL,
Women, Sex, and Addiction

Il faut tout dire. Ne pas hésiter et tout dire. Une fois la guérison amorcée, il se peut que nous ayons l'impression qu'il n'est pas bien de ronchonner et de nous lamenter. Nous nous disons peut-être que si nous suivions le programme vraiment bien, nous n'éprouverions pas le besoin de nous lamenter.

Voulons-nous dire par là que nous n'éprouverions pas d'émotions ? Que nous ne nous sentirions jamais dépassés ? Que nous n'aurions pas besoin de nous défouler ou de revoir des parties de nos vies peu agréables, moins que parfaites et pas très jolies ?

Avec les autres, nous pouvons nous permettre d'exprimer nos émotions, de prendre des risques et d'être vulnérables. Il n'est pas nécessaire de présenter toujours une belle façade. Ce serait un signe de codépendance plutôt que de guérison.

Dire ce que nous avons sur le cœur ne signifie pas qu'il faut jouer la victime, qu'il faut nous complaire dans notre misère, qu'il faut rechercher le statut de martyr. Ça ne veut pas dire que nous ne nous fixerons pas des limites. Ça ne veut pas dire que nous ne prendrons pas soin de nous-mêmes.

Pour prendre soin de soi-même, il est parfois indispensable de tout dire ce qu'on a sur le cœur. Il faut savoir quand capituler pour pouvoir continuer d'avancer.

Nous mettre à nu, ce n'est pas seulement révéler tranquillement nos émotions. C'est prendre parfois le risque de partager notre côté humain, le côté qui connaît la peur, la tristesse, la douleur, la rage, la colère irraisonnée, la fatigue ou le manque de foi.

Nous pouvons montrer notre côté humain. Nous donnons ainsi aux autres la permission d'être humains, eux aussi. Les gens « bien dans leur peau » connaissent des moments où ils se sentent moins bien. Parfois, se laisser aller – tout dire ce qu'on a sur le cœur – est la seule façon de se sentir à nouveau bien dans sa peau.

Aujourd'hui, si j'ai besoin de décompresser, je vais tout dire.

8 juillet — Se laisser porter par le courant

Laissez-vous porter par le courant.

Lâchez prise face à la peur et au besoin de contrôler. Renoncez à l'angoisse. Laissez-la s'éloigner pendant que vous plongez dans la rivière de l'instant présent, la rivière de votre vie, votre place dans l'univers.

Arrêtez de tenter d'imposer une direction. Essayez de ne pas nager à contre-courant, à moins que votre survie l'exige. Si vous vous êtes accroché à une branche le long de la berge, lâchez prise.

Laissez-vous avancer. Laissez le courant vous emporter en avant.

Dans la mesure du possible, évitez les rapides. Si ce n'est pas possible, détendez-vous. En restant détendu, vous pourrez traverser des courants tumultueux en toute sécurité.

Si vous vous retrouvez un instant submergé, laissez-vous remonter naturellement à la surface. Vous remonterez.

Appréciez la beauté du paysage tel qu'il est. Regardez les choses d'un œil neuf, frais. Vous ne repasserez plus jamais devant les paysages d'aujourd'hui !

Ne pensez pas trop à toutes sortes de choses. Le courant est fait pour être apprécié. Pendant qu'il vous emporte, prenez soin de vous. Vous êtes un élément du courant, un élément important. Suivez le courant. Laissez-vous emporter par lui. Vous n'avez pas besoin de vous débattre. Laissez le courant vous aider à prendre soin de vous. Laissez-le vous aider à fixer des limites et à prendre des décisions, et vous conduire là où vous devez être au moment voulu.

Vous pouvez faire confiance au courant et à vous-même qui en faites partie.

Aujourd'hui, je me laisserai porter par le courant.

9 juillet — Dépenser trop ou pas assez

Je croyais donner une bonne volée à mon mari quand je me servais de ma carte de crédit. J'avais l'impression d'avoir un certain contrôle, de posséder un moyen de me venger de lui.

Anonyme

J'ai passé dix années à m'acheter toutes sortes de choses dans les ventes de bric-à-brac, et je ne m'achetais même pas de nouvelles chaussures. Tout ce temps-là je me privais et mon mari jouait, spéculait dans des affaires risquées et faisait tout ce qu'il voulait avec l'argent. J'ai appris que si je décidais que je méritais les choses que je voulais et que si je décidais d'acheter ce que je voulais, j'avais assez d'argent pour le faire. Je n'étais pas économe ; je me privais moi-même et je jouais les martyres.

Anonyme

Acheter de façon compulsive ou trop dépenser peut nous donner un sentiment passager de pouvoir ou de satisfaction, mais comme tous les comportements déréglés, cela a des conséquences négatives prévisibles.

Ne pas dépenser assez peut aussi nous laisser le sentiment d'être une victime.

Il y a une différence entre dépenser de façon responsable et se priver pour jouer au martyr. Il y a une différence entre prendre bien soin de soi financièrement et trop dépenser. Nous devons apprendre à faire cette différence. Dans nos dépenses, nous pouvons acquérir des habitudes raisonnables qui reflètent beaucoup d'estime et d'amour de soi.

Aujourd'hui, je vais essayer d'équilibrer ma façon de dépenser. Si je dépense trop, je m'arrêterai et ferai face à ce qui se passe en moi. Si je ne dépense pas assez ou si je me prive, je me demanderai si c'est nécessaire et si c'est ce que je veux.

10 juillet — Mettre fin à une relation

Il faut du courage et de l'honnêteté pour mettre fin à une relation, que ce soit avec des amis, des êtres aimés ou des collègues de travail.

Il peut parfois sembler plus facile de laisser cette relation mourir d'elle-même faute d'attention que de prendre le risque d'y mettre fin. Il peut parfois sembler plus facile de laisser l'autre personne prendre la responsabilité de mettre fin à la relation.

Nous sommes peut-être tentés d'adopter une attitude passive. Au lieu d'expliquer ce que nous ressentons, ce que nous voulons ou ne voulons pas, ce que nous avons l'intention de faire, il se peut que nous commencions par saboter la relation, dans l'espoir que l'autre assume la responsabilité d'y mettre un terme.

Ce sont là diverses façons de mettre fin à une relation, mais ce ne sont ni les plus honnêtes, ni les plus faciles.

Lorsque nous commençons à prendre soin de nous, nous apprenons que, quand vient le moment de mettre fin à une relation, la façon la plus facile est l'honnêteté et la franchise. En évitant de dire la vérité, lorsque nous la connaissons, nous ne faisons preuve ni d'amour, ni de gentillesse, ni de bonté.

Nous ne ménageons pas les sentiments de l'autre personne en détruisant la relation au lieu d'accepter qu'elle prenne fin ou qu'elle change, et au lieu de faire quelque chose pour cela. Nous prolongeons et accroissons la peine et le malaise, chez l'autre et en nous-mêmes.

Lorsque nous sommes dans le doute, lorsque nous hésitons entre deux possibilités, c'est faire preuve d'amour et d'honnêteté que de le dire.

Si nous savons qu'il est temps de mettre fin à une relation, sachons le dire.

Les ruptures ne sont jamais faciles, mais nous ne les facilitons pas en ayant recours à la destruction, aux louvoiements, et en mentant au sujet de ce que nous voulons et de ce qu'il nous faut.

Le moment venu, il faut dire ce qui doit être dit avec honnêteté et amour. Si nous savons nous faire confiance et nous écouter, nous saurons ce qu'il faut dire et quand le dire.

Aujourd'hui, je me rappellerai que l'honnêteté et la franchise accroissent l'estime de soi. Aide-moi, mon Dieu, à lâcher prise, à renoncer à ma peur de m'approprier mon pouvoir de prendre soin de moi dans toutes mes relations.

11 juillet — Demander n'importe quoi à Dieu

On peut demander n'importe quoi à Dieu.

Aucune demande n'est trop importante, aucune n'est trop petite ou trop insignifiante.

Il nous arrive souvent d'imposer des limites à Dieu en ne Lui disant pas tout ce que nous voulons et tout ce qu'il nous faut.

Avons-nous besoin d'aide pour retrouver notre équilibre ? Pour traverser notre journée ?

Avons-nous besoin d'aide dans une certaine relation ? À propos d'un certain défaut ? Pour acquérir un trait de caractère positif ?

Avons-nous besoin d'aide pour progresser dans une certaine tâche qui constitue pour nous une gageure ? Avons-nous besoin d'aide au sujet d'un certain sentiment ? Voulons-nous modifier une conviction autodestructrice dont nous ne venons pas à bout ? Avons-nous besoin d'une information, d'une intuition ? D'un soutien ? D'un ami ?

Y a-t-il quelque chose dans l'univers de Dieu qui nous apporterait vraiment de la joie ?

Nous pouvons le demander. Nous pouvons demander à Dieu tout ce que nous voulons. Nous devons mettre notre demande entre les mains de Dieu, croire qu'elle a été entendue et, ensuite, lâcher prise. Laisser Dieu décider.

Demander ce que nous voulons et ce dont nous avons besoin, c'est prendre soin de nous-mêmes. Il faut faire confiance à cette Puissance supérieure à qui nous avons confié notre vie et qui se soucie vraiment de nous, de nos désirs et de nos besoins.

Aujourd'hui, je demanderai à ma Puissance supérieure ce que je veux et ce dont j'ai besoin. Je demanderai. Ensuite, je lâcherai prise.

12 juillet — Lâcher prise face à la peur de l'abandon

« Où es-tu, mon Dieu ? Où es-tu parti ? »

Il y a tellement de gens qui sont partis. Il se peut que nous nous soyons sentis très seuls bien souvent. Au milieu de nos luttes et de nos expériences, nous nous demandons peut-être si Dieu est parti Lui aussi.

Il y a des jours merveilleux où nous sentons la présence protectrice de Dieu qui dirige et guide chacun de nos pas et chaque événement. Il y a des jours gris, des jours vides de toute spiritualité où nous nous demandons si quelque chose dans notre vie est guidé ou planifié, si Dieu nous connaît ou s'Il se soucie de nous.

Les jours gris, il faut rechercher le calme. Il faut s'imposer de la discipline et de l'obéissance jusqu'à ce que la réponse vienne, car elle viendra.

« Je ne suis pas parti, mon enfant. Je suis toujours là. Repose-toi en Moi, aie confiance. Dans ta vie, Je guide et Je planifie tout, chaque détail. Je te connais et Je me soucie de toi. Les choses sont en train de s'arranger aussi vite que possible, au mieux de tes intérêts. Aie confiance et sois reconnaissant. Je suis là. Bientôt, tu verras et tu sauras. »

Aujourd'hui, je me souviendrai que Dieu ne m'a pas abandonné. Je peux croire en toute confiance qu'Il dirige, guide, oriente et planifie dans l'amour chaque détail de ma vie.

13 juillet — Dieu tel que nous Le concevons

Dieu est subtil, mais Il n'est pas malicieux.

Albert EINSTEIN

Le programme de travail sur soi que nous proposons est un processus spirituel intense qui nous demande de grandir dans notre compréhension de Dieu. Il se peut que des expériences religieuses antérieures ou que les croyances de ceux qui nous entouraient aient façonné cette compréhension. Nous nous demandons peut-être si Dieu peut nous terrifier ou nous humilier autant que certaines personnes. Nous pouvons avoir l'impression que Dieu nous brime ou nous abandonne comme d'autres personnes de notre passé.

Tenter de comprendre Dieu peut nous rendre hésitants à cause de ce que nous avons appris et vécu dans notre vie jusqu'à maintenant.

Nous pouvons quand même apprendre à faire confiance à Dieu.

J'ai progressé et ma compréhension d'une Puissance supérieure s'est modifiée. Cette compréhension ne s'est pas faite au niveau intellectuel, mais elle est survenue à cause de ce que j'ai *vécu* depuis que j'ai remis ma vie et ma volonté entre les mains de Dieu tel que je Le concevais, ou plutôt tel que je *ne pouvais pas Le concevoir*.

Dieu est réel, aimant, bon. Il se soucie de nous. Il veut nous donner tout le bien que nous pouvons recevoir. Plus nous essayons de tout notre esprit et de tout notre cœur de comprendre Dieu, plus Dieu nous donne raison d'agir ainsi.

Plus nous remercions Dieu pour ce qu'Il est, pour ce que nous sommes et pour la nature exacte de notre situation actuelle, plus Dieu agit en notre nom.

En fait, Dieu a toujours eu l'intention d'agir en notre nom.

Dieu est le créateur, le bienfaiteur et la source. Au-delà de toute chose, Il m'a montré que la façon dont je Le comprends est loin d'être aussi importante que ma certitude d'être compris par Lui.

Aujourd'hui, je serai disposé à accroître ma compréhension de ma Puissance supérieure. Je serai disposé à lâcher prise, à renoncer à mes anciennes croyances négatives et restrictives au sujet de Dieu. Quelle que soit ma conception de Dieu, je Le remercierai de me comprendre.

14 juillet — On peut nous aimer

> *Même si la personne la plus importante dans votre univers vous rejette, vous êtes quand même réel, et vous allez encore bien.*
>
> *Vaincre la codépendance*

Vous arrive-t-il de penser : Comment quelqu'un pourrait-il m'aimer ? Cette certitude est si profondément ancrée en beaucoup d'entre nous qu'elle risque de devenir une prophétie qui se réalise d'elle-même.

Croire qu'on ne peut nous aimer risque de détruire nos relations avec nos collègues de travail, avec nos amis, avec les membres de notre famille et avec d'autres personnes chères. Cette conviction peut nous amener à choisir ou à maintenir des relations moins bonnes que celles que nous méritons, parce que nous ne croyons pas mériter mieux. Il se peut que nous soyons désespérés au point de nous accrocher à une personne comme si elle était notre dernière possibilité d'amour. Il se peut que nous soyons sur la défensive et que nous repoussions les autres. Il se peut que nous nous renfermions en nous-mêmes ou que nous réagissions toujours de façon excessive.

Au cours de leur enfance, beaucoup d'entre nous n'ont pas reçu l'amour inconditionnel qu'ils méritaient. Nous sommes nombreux à avoir été abandonnés ou négligés par les personnes qui comptaient le plus dans notre vie. Nous en avons peut-être conclu qu'on ne nous aimait pas parce que nous n'étions pas « aimables ». Se blâmer soi-même est une réaction normale, mais inappropriée. Ce n'est pas de notre faute si d'autres ont été incapables de nous aimer ou de nous aimer de la bonne façon. Au cours de notre guérison, nous apprenons à nous détacher du comportement des autres. Nous apprenons aussi à assumer la responsabilité de notre guérison, quelles que soient les personnes qui nous entourent.

De même que nous avons peut-être cru que nous n'étions pas « aimables », nous pouvons acquérir l'habitude de croire qu'on peut nous aimer. Cette conviction nouvelle va améliorer la qualité de nos relations. Elle va améliorer notre relation la plus importante : notre relation avec nous-mêmes. Nous serons capables de laisser les autres nous aimer, de nous ouvrir à l'amour et à l'amitié que nous méritons.

Aujourd'hui, mon Dieu, aide-moi à prendre conscience et à me défaire de ma conviction autodestructrice que je ne suis pas « aimable ». À partir d'aujourd'hui, aide-moi à me dire qu'on peut m'aimer. Aide-moi à m'habituer à cette idée au point qu'elle fasse partie de moi et qu'elle se manifeste d'elle-même dans mes relations.

15 juillet — Famille et boutons de commandes

J'avais trente-cinq ans la première fois que je me suis opposé à ma mère et que j'ai refusé d'entrer dans ses jeux et ses manipulations. J'avais très peur et j'arrivais à peine à croire que c'était bien moi qui agissais ainsi. J'ai découvert que je n'avais pas à être méchant. Je n'avais pas à provoquer de discussion. Par contre, je pouvais dire ce que je voulais dire et ce que j'avais besoin de dire pour prendre soin de moi. J'ai appris que je pouvais m'aimer et me respecter tout en me souciant de ma mère, mais comme je le voulais, pas comme elle le voulait.

Anonyme

Qui peut mieux actionner nos boutons de commandes que les membres de notre famille ? À qui d'autre donnons-nous un tel pouvoir ?

Quelle que soit la durée de notre propre période de guérison ou de celle des membres de notre famille, les relations familiales peuvent se transformer en provocation.

Une seule conversation téléphonique peut nous plonger dans un cyclone psychologique et affectif qui durera des heures ou des jours.

La situation est pire parfois au début de notre guérison parce que nous avons davantage conscience de nos réactions et de notre malaise. Ce n'est pas une situation confortable, mais elle est salutaire. C'est en amorçant ce processus de prise de conscience et d'acceptation que nous changeons, que nous grandissons et que nous guérissons.

Ce processus de détachement dans l'amour des membres de notre famille peut durer des années, de même que l'apprentissage de façons efficaces de réagir. Nous ne pouvons pas contrôler ce qu'ils font ou tentent de faire, mais nous pouvons acquérir un certain contrôle sur la façon dont nous choisissons de réagir.

Cessons d'essayer de *les amener* à agir ou de nous traiter de façon différente. Débranchons-nous de leur système de contrôle en refusant d'essayer de les changer ou de les influencer.

Leur comportement, surtout avec nous, est leur problème. Ce qui nous concerne, ce sont nos réactions ou la façon dont nous sommes influencés par eux. La façon dont nous prenons soin de *nous* est notre problème.

Nous pouvons continuer d'aimer les membres de notre famille tout en refusant de jouer leur jeu. Nous pouvons aimer les membres de notre famille tout en nous fermant à leurs tentatives de manipulation, d'ingérence ou de culpabilisation.

Nous pouvons prendre soin de nous face aux membres de notre famille sans nous sentir coupables. Nous pouvons apprendre à nous affirmer sans nous montrer agressifs. Nous pouvons fixer les limites que nous voulons et dont nous avons besoin sans manquer de loyauté envers notre famille.

Nous pouvons apprendre à aimer les membres de notre famille sans renoncer à l'amour et au respect de nous-mêmes.

Aujourd'hui, mon Dieu, aide-moi à prendre soin de moi face aux membres de ma famille. Aide-moi à voir que je ne dois pas laisser leurs problèmes diriger ma vie, ma journée ou mes émotions. Aide-moi à voir que mes sentiments à leur égard sont corrects et que je ne dois pas en ressentir de la culpabilité ni de la honte.

16 juillet — Exiger ce qu'il y a de mieux

Nous méritons ce que la vie et l'amour ont de mieux à offrir, mais chacun de nous doit savoir reconnaître ce que cela signifie dans sa propre vie. Nous devons parvenir à une compréhension personnelle de ce que nous croyons mériter, de ce que nous voulons, et nous demander si nous le recevons.

Pour cela, il n'y a qu'un point de départ : là où nous en sommes, c'est-à-dire notre situation actuelle. Il faut commencer par nous.

Qu'est-ce qui nous blesse ? Qu'est-ce qui nous met en colère ? De quoi nous plaignons-nous et nous lamentons-nous ? Refusons-nous d'admettre qu'un certain comportement nous blesse énormément ? Excusons-nous l'autre personne en nous disant que nous sommes « trop exigeants » ?

Pour beaucoup de raisons mais surtout par peur, hésitons-nous à aborder ce qui nous blesse dans une relation ? Savons-nous ce qui nous blesse et savons-nous que nous avons le droit de mettre fin à cette souffrance si nous le voulons ?

Nous pouvons commencer le voyage qui part de la privation pour aller vers ce que nous méritons. Nous pouvons le commencer aujourd'hui même. Nous pouvons aussi faire preuve de patience et de gentillesse envers nous-mêmes lorsque au cours des étapes importantes de ce voyage, nous passons de la conviction de mériter le deuxième choix à la conviction profonde de mériter ce qu'il y a de mieux, et lorsque nous prenons la responsabilité de l'obtenir.

Aujourd'hui, je ferai attention à la façon dont je permets aux gens de me traiter et aux sentiments que j'éprouve ensuite. Je regarderai aussi la façon dont je traite les autres. Je ne réagirai pas de manière excessive en prenant leurs problèmes trop à cœur et trop au sérieux ; je n'étoufferai pas non plus mes réactions en niant que certains comportements sont inappropriés et inacceptables à mes yeux.

17 juillet — L'amour en paroles et en actes

Beaucoup d'entre nous ont des idées confuses sur ce que signifie être aimés et être bien soignés.

Beaucoup d'entre nous ont reçu de l'amour et des soins de personnes chez qui il existait une contradiction entre les paroles et les actes.

Nous avons peut-être eu un père ou une mère qui nous disait « Je t'aime », puis qui nous abandonnait ou nous négligeait. Cela nous a donné une idée confuse de l'amour. Un tel comportement peut donc nous sembler de l'amour, le seul amour que nous ayons connu.

Certains d'entre nous ont peut-être été confiés aux soins de personnes qui satisfaisaient leurs besoins et disaient les aimer, mais qui en même temps les violentaient ou les maltraitaient. Cela est peut-être devenu notre idée de l'amour.

Certains d'entre nous ont peut-être vécu dans un milieu vide de toute émotion, un milieu où les gens disaient les aimer, mais où il n'y avait ni sentiments ni soutien chaleureux. Cela est peut-être devenu notre idée de l'amour.

Il se peut que nous ayons appris à aimer les autres ou nous-mêmes comme nous avons été aimés, ou encore, que nous laissions les autres nous aimer comme nous avons été aimés, même si nous ne nous sentons pas bien comme ça. Il est temps de combler nos manques d'une façon vraiment efficace. Un amour malsain peut combler certains manques superficiels, mais pas notre besoin d'être aimés.

Nous pouvons en venir à attendre un comportement cohérent de la part des autres. Nous pouvons atténuer l'impact de leurs paroles et insister pour croire que leur comportement correspond à leurs paroles.

Nous pouvons trouver le courage de voir les contradictions entre leurs paroles et leurs actes, non pour humilier les gens, pour les blâmer ou pour les prendre en défaut, mais pour nous aider à rester en contact avec la réalité et avec nos besoins.

Nous pouvons donner et recevoir de l'amour lorsque les comportements correspondent aux paroles. Nous méritons de recevoir et de donner ce que l'amour peut offrir de meilleur.

Aujourd'hui, j'essaierai de donner et de recevoir l'amour le plus sain qui soit. Je surveillerai les contradictions entre les paroles et les comportements qui me remplissent de sentiments confus et me donnent l'impression de perdre la tête. Si cela se produit, je comprendrai que je ne perds pas la tête, mais que je suis aux prises avec une contradiction.

18 juillet — Il est temps de se fâcher

Il est vraiment temps de se fâcher. Oui, une *vraie* colère.

La colère peut être une émotion très puissante, très terrifiante. Elle peut aussi être un sentiment qui nous guide au moment de prendre des décisions importantes, parfois difficiles. Elle peut faire ressortir les problèmes des autres, nos propres problèmes ou tout simplement des problèmes qu'il faut résoudre.

Nous refusons notre colère pour diverses raisons. Au début, nous ne nous permettons pas de la laisser intervenir dans notre prise de conscience. Il faut comprendre qu'elle ne s'en ira pas ; elle restera là, posée en couches successives juste sous la surface, attendant que nous soyons prêts, en sécurité et assez forts pour nous en occuper.

Au lieu de faire face à notre colère et à ce qu'elle nous dit sur la façon de prendre soin de nous, nous nous sentons blessés, humiliés, piégés, coupables et incertains quant à la façon de prendre soin de nous. Nous pouvons nous replier sur nous-mêmes, nier, chercher des excuses et nous enfouir la tête dans le sable... pour un temps.

Nous pouvons punir, nous venger, nous lamenter et nous interroger.

Nous pouvons à maintes reprises pardonner à l'autre des comportements qui nous blessent. Nous pouvons avoir peur que l'autre parte si nous nous occupons de la colère que nous ressentons à son égard. Nous pouvons avoir peur d'être obligés de partir si nous faisons face à notre colère.

Nous pouvons tout simplement avoir peur de notre colère et de sa puissance. Il se peut que nous ne sachions pas que nous avons le *droit*, et même la *responsabilité* envers nous-mêmes, de nous permettre de ressentir notre colère et d'en tirer une leçon.

Mon Dieu, aide mes sentiments de colère cachés et réprimés à remonter à la surface. Aide-moi à avoir le courage de leur faire face. Aide-moi à comprendre comment je dois prendre soin de moi auprès de ceux contre qui je ressens de la colère. Aide-moi à cesser de me dire que c'est de ma faute lorsque les autres m'humilient et que j'en éprouve de la colère. Je peux faire confiance à mes émotions qui m'indiquent des problèmes dont je dois m'occuper.

19 juillet — Se le prouver à soi-même

Pendant toute une année, j'ai essayé de prouver à mon mari à quel point son alcoolisme me faisait du mal. Quand j'ai commencé à me rétablir, j'ai vu que c'était moi qui avais besoin de me rendre compte à quel point son alcoolisme me faisait du mal.

Anonyme

J'ai passé des mois à essayer de prouver à un homme que je fréquentais à quel point j'avais le sens des responsabilités et une bonne santé. Puis, je me suis rendu compte de ce que je faisais. Il n'avait pas besoin d'être convaincu de mon sens des responsabilités et de ma bonne santé. C'est moi qui en avais besoin.

Anonyme

Nos tentatives pour prouver que nous sommes quelqu'un de bien, pour prouver que nous sommes acceptables, pour montrer à une personne à quel point elle nous a blessés, pour montrer à quelqu'un que nous sommes compréhensifs, sont des signaux qui nous préviennent que nous adoptons peut-être un comportement qui va à l'encontre du but recherché.

Elles peuvent nous indiquer que nous tentons de contrôler une personne. Que nous ne croyons pas être quelqu'un de bien, être à la hauteur ou être blessés par quelqu'un.

Elles peuvent nous avertir que nous nous laissons entraîner dans un système dysfonctionnel. Elles peuvent nous indiquer que nous sommes prisonniers de ce brouillard épais qu'est la négation, ou que nous sommes en train de faire quelque chose qui n'est pas bon pour nous.

Tenter de façon excessive de démontrer un point à quelqu'un peut signifier que nous ne sommes pas convaincus nous-mêmes de ce point. Lorsque nous nous en serons nous-mêmes convaincus, lorsque *nous* aurons compris, nous saurons quoi faire.

Il ne s'agit pas d'amener les autres à nous comprendre et à nous prendre au sérieux. Il ne s'agit pas d'amener les autres à croire que nous sommes très bien ou à la hauteur. Il ne s'agit pas de faire constater et croire aux autres que nous sommes responsables, aimants ou compétents. Il ne s'agit pas de faire réaliser aux autres que nous ressentons profondément une certaine émotion. C'est nous qui avons besoin de voir clair.

Mon Dieu, aide-moi aujourd'hui à lâcher prise, face à mon besoin de manipuler les événements en influençant la pensée des autres. Je vais m'efforcer de m'accepter moi-même au lieu d'essayer de prouver quelque chose aux autres à mon sujet. Si je me surprends dans le piège de la codépendance, en train d'insister sur un point à mon sujet, je me demanderai si j'ai besoin de me convaincre moi-même de ce point.

20 juillet — Renoncer à résister

Ne soyez pas si pressé de poursuivre votre route.

Détendez-vous. Respirez profondément. Vivez dans l'harmonie, aujourd'hui.

Soyez réceptif. Aujourd'hui, il y a de la beauté autour de vous et en vous. Cette journée a un but et un sens.

Aujourd'hui est important, pas tellement à cause de ce qui va arriver qu'à cause de votre façon de réagir.

Laissez votre journée se dérouler. Il faut apprendre les leçons, démêler les choses, changer en toute simplicité, c'est-à-dire en vivant pleinement sa vie aujourd'hui.

Il ne faut pas vous inquiéter des émotions, des problèmes ou des cadeaux de demain. Il ne faut pas vous demander si demain vous pourrez avoir confiance en vous, en la vie ou en votre Puissance supérieure.

Tout ce dont vous avez besoin aujourd'hui vous sera donné. C'est une promesse… de Dieu, de l'univers.

Ressentez vos émotions d'aujourd'hui. Réglez les problèmes d'aujourd'hui. Jouissez des cadeaux d'aujourd'hui. En ce jour, ayez confiance en vous, en la vie et en votre Puissance supérieure.

Apprenez l'art de vivre pleinement aujourd'hui. Imprégnez-vous des leçons, de la guérison, de la beauté et de l'amour qui sont disponibles aujourd'hui.

Ne vous dépêchez pas tant de poursuivre votre route. Rien ne presse. Vous ne pouvez vous échapper ; vous ne faites que remettre à plus tard. Lâchez prise face à vos émotions ; respirez dans la paix et la guérison.

Ne soyez pas si pressé de poursuivre votre route.

Aujourd'hui, je ne me fuirai pas moi-même, je ne fuirai pas ma situation ou mes émotions. Je serai attentif à moi-même, aux autres, à ma Puissance supérieure et à la vie. Je me dirai qu'en affrontant la journée d'aujourd'hui le mieux possible j'acquerrai les aptitudes dont j'ai besoin pour affronter la journée de demain.

21 juillet — Il suffit d'être

Nous ne savons pas toujours clairement ce que nous vivons ni pourquoi.

Il est difficile d'avoir une bonne perspective sur les choses au beau milieu d'un chagrin, d'une transition, d'une transformation, d'un apprentissage, d'une convalescence, d'un exercice de discipline.

C'est parce que nous n'avons pas encore retenu la leçon. Nous sommes plongés dans cette leçon. Nous n'avons pas reçu le don de la clarté.

Notre besoin de domination peut se manifester par le besoin de savoir exactement ce qui se passe. Nous ne pouvons pas toujours le savoir. Il faut parfois nous contenter d'être, et simplement avoir confiance en l'idée que la clarté viendra plus tard, après coup.

Si nous nous sentons confus, c'est parce que nous sommes censés l'être. Cette confusion est temporaire. Nous finirons par voir clair. La leçon, le but se fera connaître en temps voulu, au bon moment.

Tout sera parfaitement clair… plus tard.

Aujourd'hui, je vais cesser d'essayer de savoir ce que je ne sais pas, de voir ce que je ne peux pas voir, de comprendre ce que je ne comprends pas encore. Je croirai qu'il suffit d'être et je lâcherai prise face à mon besoin de tout démêler.

Beaucoup d'entre nous ont des problèmes de confiance.

Certains ont essayé très fort et très longtemps de faire confiance à des gens indignes de cette confiance. Ils ne cessaient de croire leurs mensonges et les promesses qu'ils ne tenaient jamais. Certains ont poussé la confiance jusqu'à croire l'impossible, par exemple, croire qu'un alcoolique actif ne boirait plus.

Certains d'entre nous ont fait confiance à leur Puissance supérieure d'une mauvaise façon. Ils ont cru que Dieu amènerait les autres à faire ce qu'eux-mêmes voulaient, puis ils se sont sentis trahis lorsque cela n'a pas fonctionné.

Certains d'entre nous ont appris qu'ils ne pouvaient faire confiance à la vie, qu'ils devaient se frayer un chemin en contrôlant et en manipulant.

La plupart d'entre nous ont appris à tort qu'ils ne pouvaient avoir confiance en eux.

Au cours de notre guérison, nous commençons à nous remettre de nos problèmes de confiance. Nous réapprenons la confiance. La première leçon est celle-ci : nous pouvons apprendre à nous faire confiance ; nous *sommes* dignes de confiance. Si d'autres nous ont enseigné que nous ne pouvions pas nous faire confiance, ils mentaient. Les dépendances et les systèmes dysfonctionnels poussent les gens à mentir.

Nous pouvons apprendre à faire confiance à notre Puissance supérieure de la bonne façon, pas pour amener les gens à faire ce que nous voulons qu'ils fassent, mais pour nous aider à prendre soin de nous-mêmes et à susciter dans notre vie les meilleures situations possibles au meilleur moment.

Nous pouvons faire confiance à la vie et à la guérison. Nous n'avons pas besoin de contrôler, d'être obsédés ou de devenir hyper-vigilants. Il se peut que nous ne comprenions pas toujours où nous allons ni ce qui se transforme en nous, mais nous pouvons avoir confiance et croire que quelque chose de bon est en train de se produire.

Lorsque nous savons cela, nous sommes prêts à apprendre à faire confiance aux autres. Lorsque nous aurons confiance en notre Puissance supérieure et en nous-mêmes, nous saurons à qui faire confiance et à quel sujet.

Nous l'avons peut-être toujours su. Nous n'étions tout simplement pas suffisamment à l'écoute de nous-mêmes ou nous ne faisions pas confiance à ce que nous entendions.

Aujourd'hui, j'affirmerai que je peux apprendre à faire confiance de la bonne façon. Je peux me fier à moi-même, à ma Puissance supérieure et à la guérison. Je peux aussi apprendre à faire confiance aux autres de la bonne façon.

23 juillet — Faire arriver les choses

Arrêtez d'essayer si fort de faire arriver les choses.

Arrêtez d'en faire *tant*, si cela vous épuise ou ne donne pas les résultats escomptés. Arrêtez d'y penser si fort et si souvent. Arrêtez de vous inquiéter. Arrêtez d'insister, de manipuler, de contraindre ou de *faire arriver les choses*.

Faire arriver les choses est une forme de contrôle. Nous pouvons prendre des mesures positives pour les aider à arriver. Nous pouvons jouer notre rôle. Par contre, nous faisons souvent bien plus que cela. Nous dépassons les limites des soins et du rôle qui nous incombent afin de pouvoir contrôler, surveiller et contraindre.

Contrôler va à l'encontre du but recherché. Ça ne marche pas. En faisant plus que notre possible pour que quelque chose arrive, il se peut que nous empêchions vraiment cette chose d'arriver.

Jouons notre rôle de façon détendue, dans l'harmonie et la paix. Puis, lâchons prise. Lâchons prise, tout simplement. Au besoin, forçons-nous à lâcher prise. « Faisons comme si. » Mettons autant d'énergie à lâcher prise que nous en avons mis à essayer de contrôler. Les résultats seront bien meilleurs.

Il se peut que la chose attendue n'arrive pas. Il se peut qu'elle n'arrive pas comme nous l'aurions voulu et comme nous l'espérions. Mais pendant que nous attendons pour voir ce qui va arriver, nous-mêmes et ceux qui nous entourent seront plus heureux.

Aujourd'hui, je vais arrêter de contraindre les choses à arriver. Je leur permettrai plutôt d'arriver naturellement. Si je me surprends en train de forcer les événements ou de contrôler les gens, je m'arrêterai et trouverai une façon de me détacher.

24 juillet — La dénégation

La dénégation est un outil puissant. Il ne faut jamais sous-estimer sa capacité d'embrouiller notre vision.

Soyons bien conscients que, pour beaucoup de raisons, nous sommes devenus des experts dans l'utilisation de cet outil afin de rendre la réalité tolérable. Nous avons très bien appris comment éliminer la souffrance causée par la réalité ; au lieu de modifier une situation, nous avons prétendu qu'elle était différente de ce qu'elle était.

Ne nous jugeons pas trop durement. Pendant qu'une partie de nous s'activait à créer une réalité imaginaire, l'autre partie s'efforçait d'accepter la vérité.

Aujourd'hui, il est temps de prendre notre courage à deux mains. Faisons face à la vérité. Laissons-la nous pénétrer doucement.

Quand nous serons capables de faire cela, nous aurons progressé.

Mon Dieu, donne-moi le courage et la force de voir les choses clairement.

25 juillet — Persévérer

Il faut persévérer dans la pratique de nos comportements de guérison, même lorsqu'ils paraissent bizarres, même lorsqu'ils ne semblent pas naturels, même lorsque nous ne les comprenons pas encore.

Il faut parfois des années avant qu'un concept du programme de guérison passe de notre intelligence à notre cœur et à notre âme. Il est nécessaire de pratiquer nos comportements de guérison avec le même zèle, les mêmes efforts et la même persévérance que nous avons apportés à nos comportements de codépendance. Nous devons nous forcer à faire certaines choses, même lorsqu'elles ne nous semblent pas naturelles. Nous devons nous dire que nous nous soucions de nous et que nous pouvons prendre soin de nous, même lorsque nous ne croyons pas ce que nous disons.

Nous avons besoin de le faire et de le refaire, jour après jour, année après année. Il n'est pas raisonnable de s'attendre à ce que ce nouveau mode de vie pénètre en nous du jour au lendemain. Il nous faudra peut-être « faire comme si » pendant des mois, des années avant que les comportements de guérison soient acquis et naturels.

Même après des années, dans les moments de tensions et de difficultés, il se peut que nos anciennes façons de penser, de sentir et d'agir reprennent le dessus. Il y a peut-être des couches de sentiments que nous ne serons pas prêts à aborder avant bien des années de guérison. C'est très bien ! Le moment venu, nous nous en occuperons.

Ne nous décourageons pas ! Il faut du temps avant que l'amour de soi s'installe au fond de nous. Il faut beaucoup de pratique. Il faut du temps et de l'expérience. Il faut des leçons, encore des leçons et toujours des leçons.

Puis, juste au moment où nous croirons avoir réussi, nous découvrirons que nous devons apprendre *davantage*. C'est cela la joie du travail sur soi. Nous continuons sans cesse d'apprendre et de grandir tout au long de notre vie !

Continuons de prendre soin de nous, quoi qu'il arrive. Continuons de travailler dur à acquérir des comportements de guérison, au jour le jour. Continuons de nous aimer, même lorsque cela ne semble pas naturel. Il faut « faire comme si » aussi longtemps que nécessaire, même lorsque cette période semble plus longue qu'il le faut.

Un jour, cela arrivera. Nous nous éveillerons et nous découvrirons que nous nous sentons enfin à l'aise dans les comportements qui ont exigé tellement de luttes, de travail et d'efforts. Ils auront trouvé le chemin de notre âme.

Après cela, nous serons prêts à apprendre quelque chose de nouveau et de meilleur encore.

Aujourd'hui, je travaillerai fort à acquérir des comportements de guérison même s'ils ne me semblent pas naturels.

Je me forcerai à accomplir les bons gestes même s'ils me paraissent bizarres. Je travaillerai à m'aimer tant que je n'aurai pas réussi.

26 juillet — S'approprier son pouvoir

Vous rendez-vous compte ? Nous n'avons pas à être des victimes de la vie, des gens, des circonstances, du travail, de nos amis, de l'amour, de nos relations, de notre famille, de nous-mêmes, de nos émotions, de nos pensées, de notre situation. Nous ne sommes pas des victimes. Nous n'avons pas à être des victimes. C'est ça qu'il faut comprendre !

Oui, il est important d'admettre et d'accepter notre impuissance. Mais ce n'est qu'une première étape, une introduction au programme de guérison. Vient ensuite la prise de possession de notre pouvoir. Changer ce que nous pouvons changer. Cela est aussi important qu'accepter et admettre notre impuissance. Il y a tant de choses que nous pouvons changer.

Nous pouvons nous approprier notre pouvoir partout où nous sommes, partout où nous allons, avec tous ceux que nous côtoyons. Nous n'avons pas à rester là, les mains liées, à ramper désespérément et à nous soumettre à tout ce qui arrive. Il y a des choses que nous pouvons faire. Nous pouvons dire ce que nous pensons. Nous pouvons résoudre le problème. Nous pouvons utiliser le problème pour nous motiver, pour faire quelque chose de bon pour nous.

Nous pouvons nous amener à nous sentir bien. Nous pouvons partir et revenir à nos propres conditions. Nous pouvons nous défendre. Nous pouvons refuser de laisser les autres nous contrôler et nous manipuler.

Nous pouvons faire ce qu'il faut pour prendre soin de nous. C'est là la beauté, la récompense, la couronne de laurier que ce processus, appelé guérison, nous donne. C'est ça qu'il fait !

Lorsque nous ne pouvons pas changer les circonstances, nous pouvons changer notre attitude. Nous pouvons faire le travail à l'intérieur de nous : affronter courageusement nos problèmes pour ne pas être des victimes. Nous avons reçu la clé miraculeuse de la vie. Nous ne sommes plus des victimes, à moins de le vouloir.

La joie et la liberté sont à notre disposition, nous n'avons qu'à les prendre et à les ressentir, en récompense du dur travail que nous avons accompli.

Aujourd'hui, je me rappellerai aussi souvent que nécessaire que je ne suis pas une victime, que je n'ai pas à être la victime de rien et de personne. Je m'efforcerai vraiment de refuser le rôle de victime, soit en fixant et en faisant respecter certaines limites, soit en partant, soit en m'occupant de mes sentiments, soit en me donnant ce dont j'ai besoin. Aide-moi, mon Dieu, à lâcher prise, à renoncer à mon besoin de me sentir une victime.

27 juillet — Lâcher prise

Cessons d'essayer si fort de tout régenter. Ce n'est pas à nous de régenter les gens, les événements, les situations, la vie. Dans le passé, nous ne pouvions peut-être pas avoir confiance et laisser les choses arriver. Par contre, nous le pouvons aujourd'hui. La vie se déroule de la bonne façon. Laissons-la se dérouler.

Cessons d'essayer si fort de faire mieux, d'être meilleurs, de faire plus. Ce que nous sommes et la façon dont nous faisons les choses conviennent fort bien en ce moment. Ce que nous avons été hier et la façon dont nous avons fait les choses convenaient fort bien à ce moment-là.

Donnons-nous une chance. Lâchons prise. Cessons d'essayer si fort.

Aujourd'hui, je vais lâcher prise. Je vais arrêter d'essayer de tout contrôler, d'essayer d'être meilleur et de faire mieux ; et je vais me permettre d'être moi-même.

28 juillet — La peur

Un jour, j'ai décidé d'essayer quelque chose de nouveau. J'ai emmené mon fils de dix ans sur la rivière Sainte-Croix à bord d'une moto marine. Une moto marine est une petite embarcation qui ressemble à un scooter.

Nous avons mis nos gilets de sauvetage et nous nous sommes lancés dans une expérience qui s'est révélée à la fois excitante et terrifiante ; excitante quand je me suis permis d'avoir du plaisir ; terrifiante quand je me suis mise à trop penser à toutes les choses épouvantables qui *pouvaient* survenir.

À mi-chemin de notre excursion, mes pires craintes se sont réalisées. Nous sommes tombés. Nous nous débattions dans dix mètres d'eau. La moto marine se balançait devant moi au gré des vagues, comme une tortue motorisée renversée sur le dos.

« Ne panique pas », m'a dit mon fils calmement.

« Mais nous risquons de nous noyer », ai-je répondu.

« Non, a-t-il dit, nous avons nos gilets de sauvetage. Tu vois ! Nous flottons. »

« Mais notre engin est tourné à l'envers. Comment allons-nous le redresser ? »

« Comme l'homme l'a expliqué, a répondu mon fils. La flèche pointe dans cette direction. »

Nous avons redressé la moto marine très facilement.

« Et si nous ne parvenons pas à remonter dessus ? »

« Nous y arriverons, a répliqué mon fils. Ces engins sont construits pour qu'on puisse remonter dessus quand on est dans l'eau. »

Je me suis détendue, et en continuant notre promenade, je me suis demandé pourquoi j'avais eu si peur. Je me suis dit que c'était peut-être parce que je ne faisais pas confiance à mon aptitude à résoudre les problèmes. C'était peut-être parce qu'une fois j'avais failli me noyer, même si je portais un gilet de sauvetage.

Mais tu ne t'es pas noyée, me disait une petite voix intérieure rassurante. Tu as survécu.

Ne pas paniquer.

Les problèmes sont faits pour être résolus. La vie est faite pour être vécue. Il peut arriver parfois que nous soyons dans les ennuis par-dessus la tête, il peut même arriver que nous coulions pendant quelques instants et que nous avalions un peu d'eau, mais nous ne nous noyons pas. Nous portons, et nous avons toujours porté, un gilet de sauvetage. Ce soutien, il s'appelle « Dieu ».

Aujourd'hui, je penserai à prendre soin de moi. Quand j'ai des ennuis par-dessus la tête, Dieu est là pour me soutenir, même lorsque mes peurs essaient de me Le faire oublier.

29 juillet — Avoir du plaisir

Ayons du plaisir. Laissons-nous aller un peu. Profitons de la vie !

Il n'est pas nécessaire d'être sombres et sévères. Il n'est pas nécessaire d'être si pensifs, si critiques, si renfermés en nous-mêmes, si liés par les paramètres rigides imposés par les autres et, souvent, par nous-mêmes.

La vie n'est pas un service funèbre. Ayons du plaisir dans la vie. Plongeons en elle. Participons. Faisons des expériences. Prenons des risques. Soyons spontanés. Ne soyons pas toujours inquiets en nous demandant si nous avons bien fait, si nous avons fait ce qui *convient*.

Ne nous inquiétons pas toujours au sujet de ce que les autres vont penser ou dire. Ce qu'ils pensent et disent ne concerne qu'eux. N'ayons pas peur de faire des erreurs. Ne soyons pas si craintifs et si convenables. Ne soyons pas si inhibés.

Dieu n'a pas voulu que nous soyons si remplis d'inhibitions, de contraintes, de contrôles. Ce sont les autres qui nous ont imposé ces paramètres répressifs, et nous leur avons permis de nous les imposer.

Nous avons été créés pleinement humains. Nous avons été dotés d'émotions, de désirs, d'espoirs, de rêves, de sentiments. Quelque part en nous, il y a un enfant enjoué plein de vie, d'excitation ! Il faut le laisser se manifester ! Le laisser vivre ! Laissons-le s'amuser, pas seulement pendant deux heures le samedi soir. Amenons-le avec nous. Laissons-le nous aider à jouir du don de la vie, à nous montrer pleinement humains et à être qui nous sommes !

Nous avons vécu avec tellement de règles, avec tellement de honte. Ce n'était vraiment pas nécessaire. Nous avons subi un lavage de cerveau. Il est temps de nous libérer, de lâcher prise et d'entrer dans une vie remplie en étant pleinement humains.

Nous ne devons pas nous inquiéter. Nous apprendrons nos leçons au moment voulu. Nous avons appris à être disciplinés. N'ayons pas peur de nous en aller à vau-l'eau. Nous commencerons simplement à jouir de la vie. Nous commencerons simplement à jouir de nous-mêmes, à être bien dans notre peau. Nous pouvons nous faire confiance. Nous avons des limites maintenant. Nous avons notre programme à la base de notre vie. Nous pouvons nous permettre de faire des expériences et d'apprendre de nouvelles choses. Nous sommes en contact avec nous-mêmes et avec notre Puissance supérieure. Nous sommes guidés, tandis qu'un objet gelé, inanimé ne peut pas être guidé. Il ne peut même pas être déplacé.

Ayons du plaisir. Laissons-nous aller un peu. Manquons à quelques règles. Dieu ne nous punira pas. Ne permettons pas aux autres de nous punir. De plus, nous pouvons cesser de nous punir nous-mêmes. Puisque nous sommes pleinement humains et vivants, aussi bien commencer à vivre.

Aujourd'hui, je me permettrai d'avoir du plaisir dans la vie. Je vais me laisser aller un peu, en sachant que je ne craquerai pas et que je ne me briserai pas. Mon Dieu, aide-moi à lâcher prise face à mon besoin d'être si inhibé, si convenable et si réprimé. Aide-moi à m'injecter une grosse dose de vie en me permettant d'être pleinement vivant et humain.

30 juillet — Accepter l'impuissance

Depuis mon enfance, je vis dans la confrontation avec une partie importante de moi-même : mes sentiments. J'ai constamment essayé d'ignorer, de réprimer ou de contraindre mes sentiments. J'ai essayé de créer des sentiments qui allaient contre ma nature ou de chasser les sentiments que j'avais.

J'ai nié ma colère quand, en fait, j'étais furieuse. Je me suis dit que je devais avoir tort de me sentir en colère, alors que la colère était une réaction raisonnable et logique, étant donné la situation.

Je me suis dit que certaines choses ne me blessaient pas quand elles me faisaient très mal. Je me suis raconté des histoires du genre : « Cette personne ne voulait pas me blesser. »... « Elle ne le fait pas exprès. »... « Je dois faire preuve de plus de compréhension. » En réalité, je faisais preuve de trop de compréhension à l'égard de cette personne, et je n'avais pas assez de compréhension et de compassion envers moi-même.

Je n'ai pas été en guerre uniquement contre mes sentiments importants ; j'ai lutté contre tout mon côté affectif. J'ai essayé d'utiliser mon énergie spirituelle, mon énergie mentale et même l'effort physique afin de ne pas sentir ce que je devais sentir pour être en bonne santé et en vie.

Mes tentatives pour contrôler mes émotions ont échoué. Le contrôle affectif était pour moi un comportement de survie. C'est grâce à lui que j'ai pu passer à travers bien des années et bien des situations, à l'époque où je n'avais pas d'autres choix. Cependant, j'ai appris un comportement qui est plus sain : l'acceptation de mes émotions.

Nous sommes faits pour éprouver des émotions. Une partie de notre comportement dysfonctionnel vient de nos efforts pour nier ou modifier cela. Une partie de notre guérison consiste à savoir suivre le courant de nos sentiments et à apprendre ce qu'ils essaient de nous dire.

Nous sommes responsables de nos comportements, mais nous ne sommes pas tenus de contrôler nos sentiments. Nous pouvons les laisser se manifester. Nous pouvons apprendre à accepter, à apprécier et à connaître – à ressentir – notre côté affectif.

Aujourd'hui, je vais arrêter d'essayer de contraindre et de contrôler mes émotions. Je vais plutôt donner du pouvoir et de la liberté à mon côté affectif.

31 juillet — Lâcher prise face à nos désirs

Pour ceux d'entre nous qui ont survécu grâce au contrôle de soi et des autres, la capitulation et le lâcher-prise ne viendront peut-être pas facilement.

Au-delà de la codépendance

Au cours de notre guérison, nous apprenons qu'il est important de déterminer ce que nous voulons et ce qu'il nous faut. Que nous apporte ce concept ? Tout un lot de désirs et de besoins insatisfaits jusque-là, mais clairement identifiés. Nous avons pris le risque de ne plus nier et de commencer à accepter ce que nous voulons et désirons. Le problème, c'est que les désirs et les besoins restent là, insatisfaits.

Cette situation peut être frustrante, douloureuse, irritante et parfois obsédante.

Une fois que nous avons cerné nos besoins, il y a une autre étape à franchir pour en obtenir la satisfaction. Cette étape est l'une des ironies spirituelles de la guérison. Elle consiste à lâcher prise, à renoncer à nos désirs et à nos besoins après avoir tant travaillé pour les repérer.

Nous lâchons prise, nous y renonçons, au niveau mental, affectif, spirituel et physique. Cela signifie parfois qu'il est nécessaire de *laisser tomber*. Ce n'est pas toujours une étape facile, mais c'est habituellement celle que nous devons franchir.

Bien des fois, j'ai nié un désir ou un besoin, puis je suis passée à travers les étapes pour cerner mes besoins, et je me suis retrouvée ennuyée, frustrée et mise au défi parce que je n'avais pas ce que je voulais et que je ne savais pas comment l'obtenir. Lorsque à ce moment-là j'ai adopté une ligne d'action qui me permettait d'exercer un contrôle ou une influence afin de satisfaire ce désir ou ce besoin, je n'ai fait habituellement qu'empirer la situation. Chercher à contrôler le processus ne fonctionne pas. J'ai appris à ma grande consternation que je dois lâcher prise.

Je dois même parfois aller jusqu'à dire : « Je n'en veux pas. Je me rends compte que c'est important pour moi, mais je ne peux pas influencer la façon de l'avoir. Peu m'importe maintenant si je l'ai ou non. En fait, je vais être parfaitement heureuse sans l'avoir et sans l'espérer, parce que l'espoir de l'obtenir me fait perdre la tête ; plus j'espère et plus j'essaie de l'obtenir, plus je me sens frustrée de ne pas l'avoir. »

Je ne sais pas pourquoi le programme fonctionne de cette façon. Je sais seulement que c'est comme ça qu'il fonctionne pour moi. Je n'ai trouvé aucun moyen d'éviter le concept du lâcher-prise.

Nous pouvons souvent obtenir ce que nous voulons vraiment et ce qu'il nous faut réellement, ou quelque chose de mieux. En lâchant prise, nous faisons une partie de ce qui est nécessaire pour ça.

Aujourd'hui, je m'efforcerai de lâcher prise, de renoncer à ces désirs et à ces besoins qui me donnent des frustrations. Je les inscrirai sur la liste de mes objectifs, puis je m'efforcerai de lâcher prise. J'ai confiance que Dieu exaucera les désirs de mon cœur au moment et de la façon qu'Il le voudra.

Août

1er août — La gratitude

Nous avons appris une leçon magique : en tirant profit au maximum de ce que nous avons, nous obtenons beaucoup plus.

Vaincre la codépendance

Il faut dire merci aussi longtemps que nous ne croyons pas à ce que nous disons.

Merci à Dieu, à la vie et à l'univers pour chaque personne et chaque chose qui ont croisé notre route.

La gratitude donne accès à la plénitude de la vie. Elle transforme ce que nous possédons en une richesse suffisante, voire en surabondance. Elle transforme la dénégation en acceptation, le chaos en ordre, la confusion en clarté. Elle peut faire un festin d'un repas, un foyer d'une maison, un ami d'un étranger. Elle transforme les problèmes en cadeaux, les échecs en succès, l'inattendu en concordance parfaite et les erreurs en événements importants. Elle peut transformer l'existence en vraie vie, et les situations erratiques en leçons importantes et bénéfiques. La gratitude donne un sens au passé, apporte la paix dans le présent et crée une vision de l'avenir.

La gratitude remet les choses en place.

La gratitude transforme l'énergie négative en énergie positive. Aucune situation, aucune circonstance, insignifiante ou importante, n'échappe au pouvoir de la gratitude. Nous pouvons partir de ce que nous sommes et de ce que nous avons *aujourd'hui*, faire preuve de gratitude, puis laisser la magie agir.

Il faut dire merci aussi longtemps que nous ne croyons pas à ce que nous disons. Si nous le disons suffisamment longtemps, nous finirons par le croire.

Aujourd'hui, je laisserai la lumière de la gratitude illuminer tous les événements de ma vie.

2 août — L'entre-deux

Pour aller de là où nous sommes à là où nous allons, nous devons parfois accepter un entre-deux.

Une des choses les plus difficiles dans la guérison, c'est le concept du lâcher-prise, c'est renoncer à ce qui est ancien et familier, mais dont nous ne voulons plus. C'est accepter de rester les mains vides en attendant que Dieu les remplisse.

L'entre-deux peut s'appliquer à des sentiments. Nous avons été pleins de souffrance et de colère. D'une certaine façon, nous nous sentions peut-être à l'aise avec ces sentiments familiers. Quand nous faisons enfin face à notre souffrance pour la laisser partir, il se peut que nous sentions un vide en nous pendant quelque temps. Nous sommes dans un entre-deux, entre la souffrance et la joie de la sérénité et de l'acceptation.

L'entre-deux peut s'appliquer à des relations. Pour nous préparer à ce qui est nouveau, nous devons d'abord lâcher prise et renoncer à l'ancien. Cela risque de nous faire peur. Il se peut que nous ressentions un sentiment de vide et de perte pendant quelque temps. Il se peut que nous nous sentions très seuls, nous demandant si nous n'avons pas eu tort de lâcher prise car, comme dit le proverbe, « un tiens vaut mieux que deux tu l'auras ».

L'entre-deux peut s'appliquer à bien des domaines de notre vie et de la guérison. À des emplois, à des carrières, à des maisons ou à des objectifs. Nous pouvons nous retrouver entre deux comportements au moment où nous lâchons prise et renonçons aux anciens sans savoir vraiment lesquels les remplaceront. Il peut s'agir de comportements qui nous ont protégés et bien servis toute notre vie, comme l'investissement personnel et la manipulation d'autrui.

Quand nous sommes dans un entre-deux, il se peut que nous éprouvions bien des sentiments : des moments de regret face à ce que nous avons perdu ou laissé aller ; de l'angoisse, de la peur et de la crainte face à ce qui nous attend. Il est normal de ressentir ces sentiments dans un entre-deux. Acceptons-les. Ressentons-les. Puis, laissons-les partir.

Ce n'est pas drôle d'être dans un entre-deux, mais c'est nécessaire. Ça ne durera pas indéfiniment. Nous avons peut-être l'impression d'être immobiles, mais nous ne le sommes pas. Nous sommes dans un entre-deux. C'est la seule façon de nous rendre d'un point à un autre. Ce n'est pas une destination.

Nous progressons, même quand nous sommes dans un entre-deux.

Aujourd'hui, j'accepterai que l'endroit où je me trouve est le lieu idéal pour moi. Si je suis dans un entre-deux, je m'efforcerai de croire que ce n'est pas une situation infructueuse, et que je progresse vers quelque chose de bon.

3 août — Nous approprier notre propre pouvoir dans nos relations

> *Beaucoup de ce que j'appelle ma codépendance est fait de peur et de panique parce que, pendant une grande partie de ma vie, on a abusé de moi et on m'a piégé, et je ne savais pas comment prendre soin de moi dans mes relations.*
>
> Anonyme

Que nous soyons en guérison depuis longtemps ou non, nous avons peut-être encore tendance à abandonner notre pouvoir à d'autres, qu'il s'agisse d'une personne en position d'autorité, d'un nouvel amour ou d'un enfant.

En faisant cela, nous éprouvons la série d'émotions et de pensées appelées « les aberrations de la codépendance ». Il se peut que nous éprouvions de la colère, de la culpabilité, de la peur, de la confusion et de l'obsession. Il se peut que nous nous sentions dépendants et indigents, ou que nous devenions trop manipulateurs et trop rigides. Dans les moments de tensions, il se peut que nous revenions à des comportements familiers. Pour ceux d'entre nous qui ont des problèmes de codépendance et d'enfants adultes, les relations peuvent être envahies de tensions.

Il n'est pas nécessaire de rester enfermés dans notre codépendance. Nous n'avons pas à nous sentir honteux, à nous blâmer ou à blâmer les autres à cause de notre état. Nous avons simplement besoin de nous approprier notre propre pouvoir.

Nous devons nous exercer, encore et encore. Exerçons-nous à utiliser notre pouvoir pour prendre soin de nous-mêmes, quelle que soit la personne avec nous, l'endroit où nous sommes ou ce que nous faisons. C'est cela, la guérison. Cela ne veut pas dire que nous devons essayer de régenter les autres, que nous devons nous montrer caustiques ou offensants. Cela veut dire que nous nous approprions notre propre pouvoir de prendre soin de nous-mêmes.

Cette idée peut faire naître des craintes en nous. C'est normal. Prenons soin de nous quand même. Les réponses, et le pouvoir d'y parvenir, sont en nous dès à présent.

Commençons aujourd'hui. Commençons là où nous sommes. Commençons par prendre soin le mieux possible de celui ou de celle que nous sommes à l'instant même.

Aujourd'hui, je m'efforcerai de m'approprier mon pouvoir de prendre soin de moi. Je ne laisserai pas la peur ou un faux sentiment de honte et de culpabilité m'empêcher de prendre soin de moi.

4 août — La vulnérabilité

J'ai appris que plus je me permets d'être vulnérable, plus je me maîtrise vraiment.

Anonyme

Beaucoup d'entre nous croient ne pouvoir montrer que leur côté fort, confiant. Nous croyons que le visage que nous montrons au monde doit *toujours* être celui de la courtoisie, de la perfection, du calme, de la force et du contrôle.

Il est sûrement bon et souvent approprié de nous montrer maîtres de nous-mêmes, calmes et forts, mais nous avons tous un côté contraire, une partie de nous qui se sent pleine de besoins, de peurs, de doutes et de colères. Cette partie de nous-mêmes a besoin de soin et d'amour ; elle a besoin d'être assurée que tout ira bien. Exprimer de tels besoins nous rend vulnérables et moins parfaits, mais cette partie de nous-mêmes a besoin elle aussi que nous l'acceptions.

En nous permettant d'être vulnérables, nous serons mieux en mesure d'établir des relations durables. En faisant connaître aux autres notre vulnérabilité, nous nous sentirons plus près d'eux et nous les aiderons à se sentir plus près de nous. Nous serons mieux en mesure de nous aimer et de nous accepter, de devenir des agents de guérison, de devenir pleinement nous-mêmes et accessibles aux autres.

Aujourd'hui, je vais me permettre d'être vulnérable devant les autres lorsque ce sera approprié et sans danger.

5 août — Les attitudes face à l'argent

Parfois, notre vie et notre histoire sont si pleines de souffrances que nous pensons qu'il est bien injuste de devoir grandir dès maintenant et être financièrement responsables de nous-mêmes.

C'est un sentiment compréhensible, mais c'est une attitude malsaine. En cours de guérison, beaucoup peuvent avoir l'impression que certaines personnes en particulier et la vie en général doivent les faire vivre après toutes les épreuves qu'ils ont connues.

Pour nous sentir bien dans notre peau, pour trouver la paix et la liberté affectives que nous cherchons, nous avons besoin de limites saines en ce qui concerne l'argent, qu'il s'agisse de celui que nous donnons aux autres ou de celui que nous acceptons de recevoir.

Avons-nous l'impression que les autres nous doivent de l'argent parce que nous ne pouvons pas prendre soin de nous ? Croyons-nous que les autres nous doivent quelque chose parce que nous avons moins d'argent qu'eux ? Croyons-nous, consciemment ou inconsciemment, que les autres nous « doivent » de l'argent à cause de la souffrance affective que nous a apportée notre relation avec eux ou avec une autre personne ?

Ce sont les tribunaux qui accordent des dommages punitifs, pas la guérison.

Des limites malsaines à propos de ce que nous nous permettons de recevoir des autres ne contribueront pas à des relations saines avec les autres ni avec nous-mêmes.

Il faut analyser le fond de notre cœur. La clé est notre attitude. Nos limites à propos de l'argent que nous recevons constituent le problème. Soyons disposés à relever le défi et à être responsables de nous-mêmes.

Aujourd'hui, j'essaierai de me fixer des limites claires et saines à propos de l'argent que je reçois des autres. Dans le cadre de ma guérison, j'examinerai avec soin mon passé financier afin de voir si l'argent que j'ai accepté fait ressortir des limites malsaines. Si je découvre des incidents qui démontrent que mon attitude face à mon autonomie financière n'était pas parfaitement saine, je me montrerai disposé à réparer mes torts et à adopter pour cela un plan d'action raisonnable.

6 août — Résoudre les problèmes

Les problèmes sont faits pour être réglés !

Certains d'entre nous passent plus de temps à réagir face à un problème qu'à le régler. « Pourquoi cela m'arrive-t-il ? »... « La vie est épouvantable ! »... « C'est vraiment terrible ! »... « Pourquoi Dieu (le monde, une organisation, une personne ou la vie) s'en prend-il toujours à moi ? »

Les problèmes sont inévitables. Certains sont prévisibles. D'autres vous prennent par surprise. Par contre, l'idée que des problèmes surviennent sans arrêt ne doit jamais nous surprendre.

La bonne nouvelle, c'est qu'il y a une solution pour tous les problèmes. Elle est quelques fois immédiate. À d'autres moments, il faut du temps avant de la découvrir. Parfois, la solution demande de lâcher prise. Parfois, c'est à nous de régler le problème, et d'autres fois ce n'est pas à nous. Parfois, il y a clairement quelque chose que nous pouvons faire pour régler un problème ; d'autres fois, nous devons lutter, nous débattre, jouer notre rôle, puis nous en remettre à l'aide de notre Puissance supérieure.

Parfois, le problème fait simplement partie de la vie. Parfois, il est important parce que nous apprenons quelque chose grâce à lui et à sa solution. Les problèmes finissent parfois par apporter quelque chose de bon dans notre vie. Ils nous orientent dans une direction meilleure que celle que nous aurions prise normalement.

Parfois les problèmes sont tout simplement là ; d'autres fois, ils nous avertissent que nous sommes sur la mauvaise voie.

Nous pouvons apprendre à accepter la présence inévitable des problèmes dans la vie. Nous pouvons apprendre à les régler. Nous pouvons apprendre à avoir confiance en notre aptitude à les régler. Nous pouvons apprendre à reconnaître les problèmes qui tentent de nous orienter dans une nouvelle direction et ceux qui demandent simplement une solution.

Nous pouvons apprendre à nous concentrer sur la solution plutôt que sur le problème, et à maintenir une attitude positive face à la vie et au flot inévitable de problèmes et de solutions.

Aujourd'hui, je vais apprendre à faire confiance aux solutions au lieu de laisser mes problèmes faire de moi une victime. Je ne me servirai pas de mes problèmes pour prouver que je suis impuissant, victime ou martyr. Je ne me servirai pas de mes problèmes pour montrer à quel point la vie est épouvantable. Je vais apprendre à faire confiance au flot de problèmes et de solutions. Aide-moi, mon Dieu, à régler aujourd'hui les problèmes que je peux régler, et à lâcher prise face aux autres. Aide-moi à croire en ma capacité d'affronter et de régler les problèmes. Aide-moi à avoir confiance dans le flot qui me porte. Il existe une solution pour chaque problème.

7 août — Dire non

Pour beaucoup d'entre nous, le mot le plus difficile à dire est le plus facile du dictionnaire : *non*. Allez, dites-le à voix haute : *non*.

Non, c'est simple à prononcer, mais difficile à dire. Nous avons peur de ne pas être aimés par les autres ou de nous sentir coupables. Nous croyons peut-être qu'un employé, qu'un enfant, qu'un parent, qu'un conjoint ou qu'un chrétien qui est bon ne dit jamais non.

Le problème, c'est que si nous n'apprenons pas à dire non, nous cessons de nous aimer et d'aimer ceux à qui nous essayons toujours de plaire. Nous pouvons même punir les autres, juste par rancune.

Quand devons-nous dire non ? Quand nous voulons vraiment dire non.

Une fois que nous avons appris à dire non, nous cessons de mentir. Les gens peuvent avoir confiance en nous, et nous pouvons avoir confiance en eux. Toutes sortes de bonnes choses surviennent quand nous commençons à dire ce que nous voulons dire.

Si nous avons peur de dire non, nous pouvons nous accorder un répit. Nous pouvons attendre un peu, nous exercer, puis revenir et dire non. Nous n'avons pas besoin d'expliquer nos décisions en long et en large.

Quand nous sommes capables de dire non, nous pouvons dire oui à ce qui est bon. Nos oui et nos non commencent à être pris au sérieux. Nous acquérons le contrôle de nous-mêmes. De plus, nous apprenons un secret : ce n'est pas vraiment si difficile de dire « non ».

Aujourd'hui, je vais dire non, si c'est ce que je veux dire.

8 août — Dire oui

Hier, nous avons parlé d'apprendre à dire non. Aujourd'hui, nous allons discuter d'un autre mot important : *oui*.

Nous pouvons apprendre à dire oui aux choses qui semblent bonnes, aux choses que nous voulons, pour nous-mêmes et pour les autres.

Nous pouvons apprendre à dire oui au plaisir. Oui aux réunions, oui à un appel à un ami, oui à une demande d'aide.

Nous pouvons apprendre à dire oui à des relations saines, à des personnes et à des activités qui sont bonnes pour nous.

Nous pouvons apprendre à dire oui à nous-mêmes, à nos désirs, à nos besoins, à notre instinct et aux conseils de notre Puissance supérieure.

Nous pouvons apprendre à dire oui quand il semble correct d'aider quelqu'un. Nous pouvons apprendre à dire oui à nos émotions. Nous pouvons apprendre à reconnaître à quel moment nous avons besoin de faire une promenade, de faire une sieste, de nous faire frotter le dos ou de nous acheter des fleurs.

Nous pouvons apprendre à dire oui à un travail qui nous convient.

Nous pouvons apprendre à dire oui à tout ce qui va nous soutenir et nous nourrir. Nous pouvons apprendre à dire oui à ce que la vie et l'amour ont de meilleur à offrir.

Aujourd'hui, je vais dire oui à tout ce qui me semble bon et bien.

9 août — Demander ce dont nous avons besoin

Il faut décider ce que nous voulons et ce dont nous avons besoin, puis aller vers la personne qui peut nous le donner et le lui demander.

Il faut parfois beaucoup de travail et d'énergie pour obtenir ce que nous voulons et ce dont nous avons besoin. Nous devons nous donner beaucoup de mal pour repérer ce que nous voulons, puis lutter pour croire que nous le méritons. Il se peut alors que nous essuyions une déception en le demandant à quelqu'un qui nous le refusera, et que nous ne sachions pas quoi faire ensuite.

Parfois, il n'est pas tellement difficile dans la vie d'obtenir ce que nous voulons et ce dont nous avons besoin. Il suffit de le demander.

Nous pouvons nous adresser à une autre personne ou à notre Puissance supérieure et lui demander ce dont nous avons besoin.

Pourtant, parce qu'il est très difficile à certains moments d'obtenir ce que nous voulons et ce dont nous avons besoin, nous pouvons tomber dans le piège de croire dans notre tête que ce sera toujours aussi difficile. Pour ne pas avoir à revivre les tracas, les angoisses, les luttes ou par simple peur, il se peut que nous rendions l'obtention de ce que nous voulons et de ce qu'il nous faut beaucoup plus difficile que nécessaire.

Convaincus de ne jamais obtenir ce que nous voulons ou prévoyant qu'il faudra « lutter », nous nous mettons peut-être en colère avant de demander. Lorsque nous finissons enfin par dire ce que nous voulons, nous sommes peut-être dans une telle fureur que nous exigeons au lieu de demander ; notre colère déclenche ainsi un jeu de pouvoir qui n'existait pas avant, sauf dans notre tête.

Il se peut aussi que nous soyons si en colère que nous ne demandions rien, ou encore que nous gaspillions plus d'énergie que nécessaire à lutter contre nous-mêmes, pour découvrir ensuite que l'autre personne ou que notre Puissance supérieure est heureuse de nous donner ce que nous voulons.

Parfois, nous devons lutter et travailler, puis attendre ce que nous voulons et ce dont nous avons besoin. D'autres fois, nous pouvons l'obtenir juste en le demandant ou en déclarant que c'est ce que nous voulons. Il faut demander. Si la réponse est non ou n'est pas ce que nous voulons, nous pouvons décider alors ce que nous ferons ensuite.

Aujourd'hui, je n'inventerai pas de toutes pièces une situation difficile avec d'autres ou avec ma Puissance supérieure pour obtenir ce que je veux et ce dont j'ai besoin. Si je veux quelque chose de quelqu'un, je commencerai par le lui demander avant de partir en guerre.

Lâcher prise face à la perfection

Au cours de mon travail sur moi-même, j'apprends de plus en plus qu'en m'acceptant et qu'en acceptant mes manies – en riant de moi à cause de mes façons de faire – je progresse davantage qu'en me faisant des reproches et qu'en essayant d'être parfait. C'est peut-être vraiment ce qu'il faut : l'acceptation totale et salutaire de soi dans la joie et l'amour.

Anonyme

Cessons d'attendre la perfection de nous-mêmes et de ceux qui nous entourent.

Lorsque nous nous attendons à la perfection, nous faisons quelque chose de terriblement agaçant. Nous créons une situation telle que les autres ne se sentent pas à l'aise avec nous et nous, avec nous-mêmes. Nous devenons tous si tendus que nous faisons plus d'erreurs que d'habitude parce que nous sommes nerveux et concentrés sur nos erreurs.

Cela ne veut pas dire qu'il faut accepter des comportements inappropriés sous prétexte que « personne n'est parfait ». Cela ne veut pas dire qu'il ne faut pas se fixer des limites et des attentes raisonnables face à nous-mêmes et aux autres.

Par contre, il faut que nos attentes soient raisonnables. S'attendre à la perfection n'est pas raisonnable.

Les gens font des erreurs. S'ils sont moins anxieux, moins intimidés et moins inhibés par nos attentes de perfection, ils agiront mieux.

La recherche de l'excellence, de la pureté créatrice, des réalisations harmonieuses et du meilleur en nous ne peut se faire dans un climat négatif de contraintes et de peurs comme celui que suscite l'attente de la perfection.

Il faut avoir et fixer des limites. Ayons des limites raisonnables. Recherchons le meilleur en nous et encourageons les autres à faire de même. Par contre, sachons que les autres, comme nous-mêmes, feront des erreurs, et que nous apprendrons tous par l'expérience et par les choses qui nous arriveront.

Ce sont parfois nos failles et nos imperfections qui nous rendent uniques, comme une œuvre d'art. Sachons les apprécier et en rire. Aimons-les et aimons-nous nous-mêmes.

Encourageons les autres à faire de leur mieux. Aimons-les et soutenons-les à cause de ce qu'ils sont. Encourageons-nous nous-mêmes à faire de notre mieux. Aimons-nous et soutenons-nous à cause de ce que nous sommes. Puis, rendons-nous compte que nous ne sommes pas *simplement* humains – il a été prévu que nous serions humains et nous avons été créés pour être humains.

Aujourd'hui, mon Dieu, aide-moi à lâcher prise face à mon besoin de perfection et à mon insistance déraisonnable pour que les autres soient parfaits. Je n'en profiterai pas pour tolérer des conduites abusives ou des mauvais traitements, mais pour avoir des attentes équilibrées et appropriées. Je vais susciter un climat sain d'amour, d'acceptation et de soutien autour de moi et en moi. Je suis certain que cette attitude fera ressortir le meilleur en moi et chez les autres.

11 août — L'énergie qui guérit

Laissez circuler dans votre corps l'énergie qui guérit.

L'énergie qui guérit, l'énergie de Dieu, de l'univers, de la vie et de la guérison vous entoure. Elle vous est offerte, elle attend que vous la puisiez, elle attend pour vous attirer en elle. Elle vous attend aux réunions, dans les groupes, dans les mots d'une prière à voix basse, dans un geste affectueux, dans une remarque ou dans une pensée positive. L'énergie qui guérit est dans le soleil, dans le vent, dans la pluie, dans tout ce qui est bon.

Laissez venir en vous l'énergie qui guérit. Attirez-la. Acceptez-la. Laissez-la vous pénétrer. Aspirez cette lumière dorée. Expirez. Lâchez prise, renoncez à la peur, à la colère, à la souffrance, au doute. Laissez l'énergie qui guérit glisser vers vous et à travers vous.

Elle est à vous lorsque vous la demandez, lorsque vous croyez en elle.

Aujourd'hui, je demanderai et j'accepterai l'énergie qui guérit, l'énergie de Dieu et de l'univers. Je la laisserai circuler vers moi et à travers moi, puis repartir vers les autres. Je fais partie du cycle ininterrompu de la guérison, je ne fais qu'un avec lui.

12 août — La franchise

C'est un plaisir de vivre avec des gens francs.

Nous n'avons jamais besoin de deviner ce qu'ils pensent ou ressentent *réellement* parce qu'ils sont honnêtes au sujet de ce qu'ils pensent et parce qu'ils expriment ouvertement leurs sentiments.

Nous n'avons jamais besoin de nous demander s'ils sont avec nous parce qu'ils le veulent ou s'ils sont là par culpabilité ou devoir.

Quand ils font quelque chose pour nous, nous n'avons pas à avoir peur qu'ils finissent par nous en vouloir, puisque les gens francs font généralement les choses qui leur plaisent.

Nous n'avons pas à nous tourmenter au sujet du caractère de nos relations, parce que si nous les interrogeons, ils nous le diront.

Nous n'avons pas à avoir peur qu'ils soient fâchés parce qu'ils font face ouvertement à leur colère et la surmontent rapidement.

Nous n'avons pas à nous demander s'ils parlent de nous dans notre dos, parce que s'ils ont quelque chose à dire, ils vont nous le dire franchement.

Nous n'avons pas à nous demander si nous pouvons nous fier à eux parce que les gens francs sont dignes de confiance.

Est-ce que ce ne serait pas formidable si nous étions tous francs ?

Aujourd'hui, je lâcherai prise et je cesserai de croire qu'il peut être bon ou souhaitable de ne pas être franc. J'essaierai plutôt de faire preuve d'honnêteté, de franchise et de clarté en communiquant avec les autres. Je ferai en sorte que la franchise dans mes relations commence avec moi-même.

13 août — L'amitié

N'oublions pas la valeur de l'amitié. Ne négligeons pas nos amis.

Les amis sont une joie. À l'âge adulte, nous pouvons apprendre à nous amuser avec nos amis et à apprécier tout le plaisir qu'ils peuvent nous procurer.

Les amis peuvent être un réconfort. Qui nous connaît mieux ou qui peut mieux nous réconforter qu'un ami ? L'amitié nous offre un lieu où nous nous sentons à l'aise. Le choix de nos amis reflète souvent les problèmes que nous sommes en train de régler. Donner ou recevoir du réconfort aide deux amis à grandir.

Certaines amitiés passent au fil des ans par des cycles d'enthousiasme et de fléchissement. D'autres se fanent lorsque deux amis ne grandissent pas au même rythme. Il est certain que, par moments, l'amitié nous soumettra à des épreuves et à des tests, et que nous devrons mettre en pratique nos comportements de guérison.

Par contre, certaines amitiés dureront toute la vie. Il y a des relations amoureuses spéciales et il y a des amitiés. Nos amitiés, surtout celles qui se sont nouées au cours de notre guérison, peuvent parfois être aussi des relations amoureuses spéciales.

Aujourd'hui, je tendrai la main à un ami ou à une amie. Je me permettrai de jouir du réconfort, des joies et de la stabilité de l'amitié.

14 août — S'approprier son pouvoir

Dans la vie de beaucoup d'entre nous, il y a quelqu'un qui met à l'épreuve notre aptitude à nous faire confiance et à prendre soin de nous.

Quand nous entendons la voix de cette personne ou quand nous sommes devant elle, il peut nous arriver d'oublier la réalité, d'oublier ce que nous savons au sujet de la façon de nous approprier notre propre pouvoir, au sujet de la façon d'être francs, au sujet de la vérité que nous connaissons et croyons, au sujet de notre propre importance.

Nous abandonnons notre pouvoir aux mains de cette personne. L'enfant en nous est attiré par un mélange de sentiments puissants : l'amour, la peur ou la colère. Il se peut que nous nous sentions piégés, impuissants ou si attirés que nous ne sommes plus capables de penser correctement. Il y a peut-être une lutte acharnée entre nos sentiments de colère et notre besoin d'être aimés et acceptés, ou entre notre tête et notre cœur.

Il se peut que nous soyons si séduits ou si intimidés que nous recommençons à croire que nous sommes incapables d'agir ou de réagir autrement devant cette personne.

Nous sommes pris au piège.

Il n'est pas nécessaire de rester dans cet envoûtement.

Commençons par nous rendre compte qu'une personne nous a pris au piège et acceptons ce fait.

Nous pouvons nous efforcer de réagir différemment devant cette personne, même si cette nouvelle réaction ne nous semble ni naturelle, ni confortable.

Examinons nos motivations. Essayons-nous de régenter ou d'influencer cette personne de quelque façon ? Nous ne pouvons pas changer l'autre, mais nous pouvons cesser de jouer notre rôle dans le jeu qu'il nous impose. Une bonne façon d'y parvenir est de nous détacher, de lâcher prise face à notre besoin d'influence.

L'étape suivante consiste à apprendre à nous approprier notre propre pouvoir de prendre soin de nous, d'être ce que nous sommes, libérés de l'influence des autres. Nous pouvons apprendre à conserver ce pouvoir auprès de personnes difficiles. Cela ne se fera pas du jour au lendemain, mais nous pouvons commencer aujourd'hui en modifiant nos réactions autodestructrices devant les personnes qui nous ont pris au piège.

Aide-moi, mon Dieu, à repérer les relations dans lesquelles j'ai abandonné mon pouvoir. Aide-moi à me déprendre de ce piège et à commencer à m'approprier mon pouvoir.

Faire de la place aux sentiments

Il faut que nous laissions aux autres et à nous-mêmes suffisamment de place pour éprouver des sentiments et les reconnaître pour ce qu'ils sont.

Nous sommes des humains, pas des robots. Une part importante de nous-mêmes – qui nous sommes, comment nous grandissons et comment nous vivons – est reliée à notre centre affectif. Nous avons des sentiments que nous devons reconnaître ; ils sont parfois pénibles, parfois troublants, parfois explosifs.

En leur faisant face et en les analysant, nous pouvons grandir, et les autres aussi. Dans n'importe quelle relation (amoureuse, amicale, familiale ou d'affaires), les gens ont besoin de place pour éprouver des sentiments et les reconnaître.

Certains appellent cela « suivre le processus ».

Il n'est pas raisonnable de croire que nous n'avons pas besoin d'espace et de temps pour comprendre nos sentiments, ou que les autres n'en ont pas besoin. Nous allons tout droit à l'échec, et nos relations aussi, si nous ne nous accordons pas ce temps et cet espace dans notre vie.

Nous avons besoin de temps pour comprendre nos sentiments. Nous avons besoin de l'espace et des permissions nécessaires pour que cette analyse ne s'effectue pas de la façon gauche, inconfortable et parfois pénible qui la caractérise souvent.

C'est la vie. C'est ainsi que l'on grandit. C'est correct.

Nous pouvons faire de la place pour les sentiments. Nous pouvons donner aux autres de la place et les permissions nécessaires pour qu'ils analysent leurs sentiments. Nous n'avons pas besoin de nous retenir et de retenir les autres. Pendant que nous analysons nos sentiments, il n'est pas nécessaire de gaspiller notre énergie sur chaque sentiment éprouvé par nous-mêmes ou par les autres. Il n'est pas nécessaire de prendre trop au sérieux tous nos sentiments et tous ceux des autres pendant ce processus.

Laissons les sentiments circuler et laissons-nous porter avec confiance par ce flot.

Je peux fixer des limites raisonnables aux comportements tout en faisant suffisamment de place pour toute une gamme d'émotions.

16 août — Être notre propre sauveur

Personne n'aime les martyrs.

Comment nous sentons-nous auprès d'un martyr ? Coupables, furieux, pris au piège, négatifs et pressés de nous éloigner.

Curieusement, beaucoup d'entre nous se sont mis à croire qu'en se privant, qu'en ne prenant pas soin d'eux-mêmes, qu'en étant des victimes et qu'en souffrant inutilement, ils obtiendraient ce qu'ils voulaient.

Il nous incombe de tenir compte de nos aptitudes et de nos forces, et de prendre soin de nous-mêmes en développant et façonnant ces aptitudes et ces forces.

Il nous incombe de tenir compte de notre souffrance et de notre fatigue, et de prendre soin de nous comme il convient.

Il nous incombe de tenir compte aussi de ce qui nous manque, et de commencer à prendre des mesures pour nous accorder l'abondance. Cela commence à l'intérieur de nous, lorsque nous modifions ce que nous croyons mériter, lorsque nous renonçons à nous priver et lorsque nous nous traitons comme nous méritons d'être traités.

La vie est difficile, mais il n'est pas nécessaire de la rendre encore plus difficile en nous négligeant. Dans la souffrance, il n'y a pas de gloire, seulement de la souffrance. Notre souffrance ne prendra pas fin lorsqu'un sauveur surgira, mais lorsque nous assumerons nous-mêmes cette responsabilité en mettant fin à notre propre souffrance.

Aujourd'hui, je serai mon propre sauveur. Je vais cesser d'attendre que quelqu'un analyse mes problèmes et trouve une solution à ma place.

Des pensées qui guérissent

Ayez des pensées qui guérissent.

Quand vous ressentez de la colère ou de la rancune, demandez à Dieu de vous aider à la ressentir, à en tirer profit, puis à la laisser partir. Demandez-Lui de bénir ceux envers qui vous ressentez de la colère.

Demandez-Lui de vous bénir, vous aussi.

Quand vous ressentez de la peur, demandez-Lui de vous en débarrasser. Quand vous vous sentez misérable, forcez-vous à éprouver de la gratitude. Quand vous vous sentez privé, sachez qu'il existe assez pour vous satisfaire.

Quand vous ressentez de la honte, rassurez-vous en vous disant que vous n'êtes pas en dessous de tout. Vous êtes à la hauteur.

Quand vous avez des doutes au sujet de votre place dans la vie ou de l'intérêt d'y être, rassurez-vous en vous disant que tout est bien ; vous êtes exactement là où vous devez être. Rassurez-vous en vous disant la même chose au sujet des autres.

Quand vous vous interrogez sur l'avenir, dites-vous qu'il sera bon. Quand vous vous retournez vers le passé, abandonnez tous vos regrets.

Quand vous remarquez un problème, dites-vous qu'une solution surviendra au moment voulu et qu'un cadeau résultera de ce problème.

Quand vous résistez à des sentiments ou à des pensées, pratiquez l'acceptation. Quand vous vous sentez mal à l'aise, sachez que cela passera. Quand vous repérez un désir ou un besoin, dites-vous qu'il sera comblé.

Quand vous vous inquiétez de ceux que vous aimez, demandez à Dieu de les protéger et d'en prendre soin. Quand vous vous inquiétez de vous-même, demandez-Lui de faire de même pour vous.

Quand vous pensez aux autres, ayez des pensées d'amour. Quand vous pensez à vous-même, ayez des pensées d'amour.

Ensuite, regardez vos pensées devenir une réalité.

Aujourd'hui, j'aurai des pensées qui guérissent.

Apprécier l'instant présent

Le détachement implique de « vivre dans l'instant », dans l'« ici et maintenant ». On laisse les choses arriver d'elles-mêmes au lieu d'essayer de tout contrôler. On renonce aux regrets pour le passé et aux craintes pour l'avenir. On tire le maximum de chaque jour qui passe.

Vaincre la codépendance

En ce moment, nous sommes exactement là où il faut que nous soyons, exactement là où il était prévu que nous serions.

Nous perdons souvent notre temps et notre énergie à désirer être quelqu'un d'autre, à faire autre chose ou à nous retrouver ailleurs. Il se peut que nous souhaitions que notre situation actuelle soit différente.

Nous nous plongeons inutilement dans la confusion et nous gaspillons de l'énergie lorsque nous pensons que l'instant présent est une erreur. Pourtant, nous sommes exactement là où nous devons être en ce moment. Nos sentiments, nos pensées, notre condition, nos défis, nos tâches surviennent tous au moment prévu.

Nous gâchons l'instant présent en désirant autre chose.

Reprenons place en nous-mêmes. Reprenons place dans l'instant présent. Nous ne changerons pas les choses en fuyant ou en abandonnant l'instant présent. Nous changerons les choses en capitulant et en acceptant l'instant présent.

Certains moments sont plus faciles à accepter que d'autres.

Pour faire confiance au processus, pour lui faire confiance intégralement, sans nous accrocher au passé ou sans regarder trop loin dans l'avenir, il faut beaucoup de foi. Acceptons l'instant présent. Si nous nous sentons en colère, fâchons-nous. Si nous sommes en train de fixer une limite, allons-y à fond de train. Si nous avons de la peine, ayons de la peine. Saisissons l'instant présent. Suivons notre instinct. Si nous sommes dans l'attente, attendons. Si nous avons une tâche à exécuter, jetons-nous dans le travail. Saisissons l'instant présent ; c'est le bon moment.

C'est bien d'être là où nous sommes. C'est là où il était prévu que nous soyons pour nous rendre là où nous serons demain. Et ce sera le bon endroit.

Tout a été planifié pour nous dans l'amour.

Aide-moi, mon Dieu, à lâcher prise face à mon besoin d'être autre que celui ou celle que je suis aujourd'hui. Aide-moi à me plonger entièrement dans l'instant présent. Je capitulerai et j'accepterai tous les instants, les faciles et les difficiles. Je ferai confiance à tout le processus, je n'essaierai plus de le maîtriser, je me détendrai plutôt, et je me laisserai le vivre.

19 août — Lâcher prise face à la honte

La honte est ce sentiment sombre et puissant qui nous empêche d'agir. Il est vrai que la honte peut nous empêcher d'agir de façon inappropriée. Par contre, beaucoup d'entre nous ont appris à associer la honte à des comportements sains qui sont en réalité dans leur intérêt.

Dans des familles dysfonctionnelles, il arrive que la honte soit associée à des comportements sains comme exprimer ses sentiments, faire des choix, prendre soin de soi, avoir du plaisir, réussir ou même se sentir bien dans sa peau.

La honte a peut-être été associée au fait de demander ce que nous voulions et ce dont nous avions besoin, au fait de parler franchement et honnêtement, au fait de recevoir et de donner de l'amour.

Il arrive parfois que la honte se déguise en peur, en rage, en indifférence ou en besoin de courir se cacher. Ce sentiment sombre qui nous rend mal à l'aise au sujet de celui ou de celle que nous sommes est probablement de la honte.

Au cours de notre guérison, nous apprenons à repérer la honte. Une fois que nous sommes capables de la reconnaître, nous pouvons lâcher prise. Nous pouvons nous aimer et nous accepter, à l'instant même.

Nous avons le droit d'être, d'être ici et d'être celui ou celle que nous sommes. Nous ne devons jamais permettre à la honte de nous dire le contraire.

Aujourd'hui, je vais affronter et conquérir la honte dans ma vie.

20 août — L'honnêteté dans nos relations

Nous pouvons faire preuve d'honnêteté et de franchise au sujet de nos limites dans nos relations et des paramètres d'une relation en particulier.

Il n'existe peut-être aucun domaine de notre vie qui reflète autant notre caractère unique et notre individualité que nos relations. Certains sont déjà engagés dans une relation. Certains ont des fréquentations stables. Certains ne fréquentent personne. Certains vivent avec quelqu'un. Certains aimeraient bien fréquenter quelqu'un. Certains aimeraient bien être engagés dans une relation. Certains amorcent de nouvelles relations après leur guérison. Certains fréquentent la même personne qu'avant leur guérison.

Nous avons aussi d'autres relations. Nous avons des amis. Nous avons des relations avec nos enfants, nos parents, la famille au sens large. Nous avons des relations professionnelles, des relations avec des collègues de travail.

Il faut que nous soyons capables de faire preuve d'honnêteté et de franchise dans nos relations. Il y a un domaine au sujet duquel nous pouvons faire preuve d'honnêteté et de franchise : c'est celui des paramètres de nos relations. Nous pouvons expliquer aux autres les relations que nous voulons, comme l'ont écrit Charlotte Kasl et d'autres, et nous pouvons demander aux autres de nous expliquer honnêtement et franchement leur vision de leurs relations avec nous.

Il est embarrassant de se retrouver dans une relation sans connaître notre position, qu'il s'agisse de collègues de travail, d'amis, de membres de la famille ou d'une relation amoureuse. Nous avons le droit de faire preuve de franchise en définissant une relation, en disant ce que nous voulons qu'elle soit. Par contre, une relation rend deux personnes égales et leur donne des droits égaux. L'autre personne doit aussi avoir la possibilité de définir sa relation. Nous avons le droit de savoir et de demander. Les autres aussi.

L'honnêteté est la meilleure ligne de conduite.

Nous pouvons fixer des limites. Lorsque quelqu'un veut une relation plus intense que nous le voulons, nous pouvons expliquer clairement et honnêtement ce que nous voulons, le niveau de participation que nous prévoyons d'apporter. Nous pouvons dire à une personne ce qu'elle peut raisonnablement attendre de nous parce que c'est ce que nous voulons lui donner. La façon dont elle accepte cela est son problème. Le lui dire ou ne pas lui dire est notre problème.

Nous pouvons nous fixer des limites et définir nos amitiés quand elles sont une source de confusion.

Nous pouvons même définir nos relations avec nos enfants lorsqu'elles deviennent lourdes et ne respectent plus nos paramètres. Il faut définir une relation amoureuse et ce qu'elle signifie pour chacun. Nous avons le droit de demander et de recevoir des réponses claires. Nous avons le droit de donner nos propres définitions et d'avoir nos propres attentes. L'autre personne aussi.

La seule ligne de conduite est l'honnêteté et la franchise. Il peut arriver que nous ne sachions pas ce que nous voulons dans une relation. Parfois, c'est l'autre personne qui ne le sait pas. Par contre, plus vite nous serons en mesure de définir une relation, avec l'aide de l'autre personne, plus vite nous pourrons décider de la meilleure manière de nous conduire.

Plus nous pouvons définir clairement une relation, plus nous pouvons prendre soin de nous dans cette relation. Nous avons le droit d'avoir des limites, des désirs et des besoins. L'autre personne aussi. Nous ne pouvons pas forcer une personne à avoir la relation ou le niveau de participation dans une relation que nous voulons, mais qu'elle ne veut pas. Nous avons tous le droit de ne pas être contraints.

L'information est un outil puissant, et posséder l'information nécessaire au sujet d'une certaine relation – ses limites et ses définitions – nous donne le pouvoir de prendre soin de nous dans cette relation.

Une relation prend un certain temps à prendre forme, mais à un moment donné, nous pouvons raisonnablement nous attendre à avoir une définition claire de cette relation et à connaître ses limites. Si les définitions ne concordent pas, nous sommes libres de prendre une nouvelle décision à partir de l'information que nous avons sur ce qu'il nous faut pour bien prendre soin de nous.

Aujourd'hui, je rechercherai l'honnêteté et la franchise dans mes relations. Si certaines de mes relations actuelles sont troubles et mal définies, et si elles ont eu suffisamment le temps de prendre forme, je prendrai des mesures pour les définir. Aide-moi, mon Dieu, à lâcher prise face à ma peur de définir et de comprendre la nature de mes relations actuelles. Guide-moi vers la lumière, donne-moi une pensée claire et saine. Aide-moi à savoir si ce que je veux est bien. Aide-moi à savoir si ce que je ne peux pas obtenir de l'autre est quand même bien, mais impossible à l'instant présent. Aide-moi à apprendre à ne pas renoncer à ce que je veux et à ce qu'il me faut, mais donne-moi le pouvoir de faire des choix judicieux et sains pour le trouver.

21 août Le détachement dans nos relations

Quand ils entendent parler pour la première fois du concept du détachement, beaucoup s'y opposent et le mettent en doute. Nous pensons peut-être que le détachement signifie l'indifférence. Nous pensons peut-être qu'en manœuvrant, qu'en nous inquiétant et qu'en essayant de forcer les choses à se produire, nous montrons à quel point nous nous soucions de l'autre.

Nous pensons peut-être que l'esprit de contrôle, l'inquiétude et la contrainte vont avoir une influence sur le résultat désiré. Le contrôle, l'inquiétude et la contrainte ne donnent rien. Même quand nous avons raison, le contrôle ne donne rien. Dans certains cas, il peut empêcher le résultat désiré de se produire.

En nous exerçant au détachement auprès de ceux qui nous entourent, nous commençons lentement à apprendre la vérité. Dans une relation, le détachement, et surtout le détachement dans l'amour, est un comportement qui porte ses fruits.

Nous apprenons aussi une autre chose. Le détachement – le lâcher-prise face à notre besoin de contrôler les gens – enrichit toutes nos relations. Il ouvre la porte aux meilleurs résultats possibles. Il réduit notre frustration et nous rend libres, ainsi que les autres, de vivre dans la paix et l'harmonie.

Le détachement signifie que nous nous soucions de nous-mêmes et des autres. Il nous rend libres de prendre les meilleures décisions possibles. Il nous permet de fixer aux autres les limites dont nous avons besoin. Il nous permet d'avoir nos propres émotions, de ne plus nous contenter de réagir et de commencer à adopter une ligne de conduite positive. Il encourage les autres à faire la même chose.

Il permet à notre Puissance supérieure d'intervenir et d'agir.

Aujourd'hui, je ferai confiance au processus du détachement dans l'amour. Je saurai que je ne me contente pas seulement de lâcher prise ; je lâche prise et je laisse Dieu agir. J'aime les autres, mais je m'aime également.

22 août — Responsabilités vis-à-vis des membres de la famille

Je me rappelle encore ma mère qui mettait la main sur sa poitrine, menaçait de mourir d'une crise cardiaque et disait que c'était de ma faute.

Anonyme

Chez certains d'entre nous, l'idée que nous sommes responsables des sentiments des autres remonte à notre enfance et a été implantée en nous par des membres de notre famille. On nous a peut-être dit que nous rendions notre mère ou notre père malheureux, ce qui nous a fait croire aussitôt que nous étions responsables de leur bonheur. Cette idée que nous sommes responsables du bonheur ou du malheur de nos parents peut provoquer en nous des sentiments exagérés de pouvoir et de culpabilité.

Nous n'avons pas ce genre de pouvoir sur nos parents, sur leurs sentiments ni sur le déroulement de leur vie. Nous ne devons pas non plus leur permettre d'avoir ce genre de pouvoir sur nous.

Nos parents ont fait de leur mieux. Par contre, cela ne nous oblige pas à accepter d'eux une conviction qui n'est pas saine. Ils sont peut-être nos parents, mais ils n'ont pas toujours raison. Ils sont peut-être nos parents, mais leurs convictions et leurs comportements ne sont pas toujours sains ou n'ont pas toujours notre intérêt en tête.

Nous sommes libres d'examiner et de choisir nos convictions.

Lâchons prise face à la culpabilité. Renonçons à nos sentiments excessifs et inappropriés de responsabilité à l'égard de nos parents ou d'autres membres de la famille. Nous ne devons pas permettre à leurs convictions destructrices de nous contrôler, de contrôler nos sentiments, nos comportements ou notre vie.

Aujourd'hui, j'amorcerai mon processus de libération de toute conviction autodestructrice héritée de mes parents. Je rechercherai des idées et des limites appropriées en ce qui concerne l'importance réelle de mon pouvoir et de mes responsabilités dans mes relations avec mes parents.

23 août — Préoccupation de soi

Quand pourrons-nous être aimés ? Quand nous sentirons-nous en sécurité ? Quand obtiendrons-nous toute la protection, la nourriture de l'esprit et l'amour que nous méritons largement ? Nous les obtiendrons quand nous commencerons à nous les accorder à nous-mêmes.

Au-delà de la codépendance

L'idée de nous accorder nous-mêmes ce que nous voulons et ce qu'il nous faut peut susciter de la confusion, surtout si nous avons ignoré pendant bien des années qu'il est bien de se préoccuper de soi. Voici un comportement utile à la guérison, que nous pouvons acquérir : cesser de consacrer notre énergie et notre attention aux autres et à leurs responsabilités pour consacrer cette énergie à nous-mêmes et à nos responsabilités. Cela s'apprend au quotidien.

Pour commencer, il faut se détendre, respirer profondément et lâcher suffisamment prise face à nos peurs pour nous sentir le plus en paix possible. Nous nous demandons ensuite ceci : De quoi ai-je besoin pour prendre soin de moi aujourd'hui ou à l'instant présent ?

De quoi ai-je besoin et qu'est-ce que je veux faire ?

Qu'est-ce qui serait une preuve de mon amour et de ma responsabilité envers moi-même ?

Est-ce que je me débats avec la conviction que les autres ont la responsabilité de mon bonheur, de ma personne ? Dans ce cas, la première chose à faire est de corriger mes convictions. Je suis responsable de moi-même.

Est-ce que je ressens de l'angoisse et de l'inquiétude au sujet d'une responsabilité que j'ai négligée ? Dans ce cas, je dois peut-être lâcher prise face à mes craintes et m'occuper de cette responsabilité.

Est-ce que je me sens dépassé, sans aucun contrôle ? J'ai peut-être besoin de revenir à la première des Douze Étapes.

Est-ce que j'ai travaillé trop dur ? J'ai peut-être besoin de prendre un peu de vacances et de faire quelque chose d'amusant.

Est-ce que j'ai négligé mon travail ou mes tâches quotidiennes ? Dans ce cas, il faut peut-être que je reprenne ma routine.

Il n'existe pas de recette, de formule ou de guide pour prendre soin de soi. Chacun de nous a un guide au fond de lui. Nous devons nous poser une question : Que dois-je faire pour me préoccuper de moi de façon aimante et responsable ? Nous devons ensuite écouter la réponse. Prendre soin de soi n'est pas tellement difficile. La partie la plus difficile est de faire confiance à la réponse qui nous vient et d'avoir le courage d'obéir une fois que nous l'avons entendue.

Aujourd'hui, je m'efforcerai de me préoccuper de moi. J'aurai confiance en moi et en ma Puissance supérieure pour me guider dans ce processus.

24 août — Huitième Étape

> *Nous avons dressé une liste de toutes les personnes que nous avions lésées et nous avons résolu de faire amende honorable.*
>
> Huitième Étape Al-Anon

Le but de la Huitième Étape n'est pas de nous punir, mais de nous libérer de la culpabilité, de l'angoisse et de la mésentente.

Nous commençons par dresser une liste de tous ceux à qui nous avons fait du tort en cours de route, lorsque nous luttions pour survivre. C'est probablement à nous que nous avons fait le plus de tort ; par conséquent, notre nom doit figurer le premier sur la liste.

Souvent, nous avons tendance à nous sentir coupables à cause de tout ce que nous avons fait dans notre vie, de tous ceux qui ont été en contact avec nous. Ce sentiment de culpabilité est injustifié. Le fait d'écrire nous aide à voir clairement si nous nous punissons sans raison. Par contre, nous devons être prêts à nous laisser guider lorsque nous mettons cette Étape en pratique, lorsque nous sortons tout ce que nous avons en nous pour le mettre par écrit afin de pouvoir être guéris.

Une fois la liste terminée, nous nous efforçons d'accepter de demander pardon à tous ceux qui y figurent, parce que c'est ainsi que nous guérirons. Demander pardon ne veut pas dire que nous devons nous sentir coupables et honteux, et nous punir nous-mêmes ; cela signifie que nous devons mettre de côté notre orgueil, nos défenses, et faire ce que nous pouvons pour nous préoccuper de nous-mêmes. Nous sommes prêts à accroître notre estime de nous-mêmes en assumant la responsabilité de nos comportements. Nous avons résolu de rétablir nos relations avec nous-mêmes, avec les autres et avec notre Puissance supérieure.

Aujourd'hui, j'essaierai honnêtement de comprendre ceux à qui j'ai fait du tort. Aide-moi, mon Dieu, à lâcher prise face à mes défenses et à mon orgueil. Aide-moi à consentir à demander pardon à ceux à qui j'ai fait du tort, afin que je puisse améliorer mes relations avec moi-même et avec les autres.

25 août — Avoir résolu de faire amende honorable

La Huitième Étape concerne un changement dans les sentiments, un changement bénéfique.

Cette attitude sera peut-être le début d'une grande chaîne de pardons et de guérisons dans nos relations avec nous-mêmes et avec les autres. Elle signifie que nous avons résolu de lâcher prise et de ne plus avoir le cœur dur, ce qui nuisait énormément à notre capacité de donner et de recevoir de l'amour.

À la Huitième Étape, nous dressons une liste de toutes les personnes à qui nous avons fait du tort, et nous nous permettons d'avoir envers elles une attitude qui guérit. C'est une attitude d'amour.

Il ne s'agit pas de nous précipiter de tous les côtés en criant comme des fous : « Excusez-moi ! » Nous ne dressons pas notre liste pour nous sentir coupables, mais pour faciliter la guérison. Avant de vraiment demander pardon ou de décider de quelle façon nous le ferons, nous nous permettons de changer d'attitude. C'est là que commence la guérison, à l'intérieur de nous.

Cela peut modifier l'énergie. Cela peut modifier la dynamique. Cela peut amorcer le processus, avant même que nous ouvrions la bouche pour nous excuser.

Cette façon d'agir ouvre la porte à l'amour. Elle ouvre la porte à l'énergie de l'amour et à la guérison. Elle nous permet de nous libérer de nos émotions et de notre énergie négatives, et d'accueillir des émotions et une énergie positives.

Cette énergie que l'on peut sentir dans l'univers prend naissance à l'intérieur de nous.

Après avoir été blessés, n'avons-nous pas souvent souhaité que l'autre constate simplement notre peine et nous dise : « Excuse-moi ? » N'avons-nous pas souvent simplement souhaité que l'autre nous voie, nous entende et dirige vers nous l'énergie de l'amour ? N'avons-nous pas souvent désiré un changement dans les sentiments, une petite dose de réconciliation dans des relations ternies par des malentendus et de la rancune ? C'est arrivé souvent.

La même chose est vraie pour les autres. Ce n'est pas un secret. L'énergie de la guérison prend naissance en nous. Notre désir de faire amende honorable ne sera pas nécessairement bénéfique à l'autre, qui ne consentira peut-être pas à tout effacer.

Nous, par contre, nous serons guéris. Nous serons capables d'aimer.

Aujourd'hui, je m'efforcerai de changer mes sentiments si j'ai le cœur dur, sur la défensive, plein de culpabilité ou d'amertume. Je consentirai à lâcher prise face à ces sentiments pour les remplacer par l'énergie qui guérit, l'énergie de l'amour.

26 août — Faire amende honorable

> *Nous avons réparé nos torts directement envers ces personnes quand c'était possible, sauf lorsque, ce faisant, nous pouvions leur nuire ou faire tort à d'autres.*
>
> Neuvième Étape Al-Anon

Au moment de réparer nos torts, deux choses doivent être claires : de quoi nous excusons-nous et quelle est la meilleure façon de nous excuser. Ce que nous faisons réellement en faisant amende honorable, c'est assumer la responsabilité de notre comportement. Nous devons être certains que le processus lui-même n'ira pas à l'encontre du but recherché et ne blessera pas.

Parfois, nous devons nous excuser directement d'une certaine chose que nous avons faite ou du rôle que nous avons joué dans un problème.

D'autres fois, au lieu de dire « Je m'excuse », nous devons travailler à modifier notre comportement à l'égard d'une personne.

Il y a des moments où nous risquons d'empirer les choses en avouant ce que nous avons fait et en demandant pardon.

Dans ce processus de réparation, nous devons faire confiance à un moment opportun, à notre intuition et aux conseils. Une fois que nous avons consenti à réparer, nous pouvons lâcher prise et procéder à la réparation de façon pacifique, cohérente et harmonieuse. Si rien ne semble bien ou approprié, si nous avons l'impression que ce que nous nous apprêtons à faire va provoquer une crise ou des dégâts, il faut que nous écoutions cette intuition.

Ce qui compte ici, c'est notre attitude, l'honnêteté, l'ouverture d'esprit et la bonne volonté. Nous pouvons nous efforcer de clarifier nos relations dans la paix et dans l'harmonie.

Nous méritons d'être en paix avec nous-mêmes et avec les autres.

Aujourd'hui, je me montrerai prêt à réparer les torts que je dois réparer auprès des autres. J'attendrai les Conseils divins pour les cas où je ne suis pas certain de quelle façon je dois réparer. J'agirai quand je me sentirai poussé à le faire. Aide-moi, mon Dieu, à lâcher prise quand j'ai peur de faire face aux gens et d'assumer la responsabilité de mes comportements. Aide-moi à comprendre que je ne réduis pas mon estime personnelle en faisant cela, mais que je l'augmente.

27 août — La procrastination

La procrastination – remettre les choses au lendemain – est un comportement qui va à l'encontre du but recherché.

Elle provoque de l'angoisse, de la culpabilité, de la mésentente, et nous restons hantés par la tâche que la vie nous a indiqué d'exécuter à un certain moment.

Nous ne faisons pas toujours preuve de procrastination lorsque nous remettons quelque chose à plus tard. Faire quelque chose avant le moment voulu peut parfois être aussi autodestructeur qu'attendre trop longtemps.

Nous pouvons apprendre à voir la différence. Soyons à l'écoute de nous-mêmes, à l'écoute de l'univers. Qu'est-ce qui aurait dû être fait, qui provoque en nous de l'anxiété et qui nous talonne intérieurement ?

Y a-t-il quelque chose dans notre vie que nous évitons parce que nous refusons d'y faire face ? L'angoisse s'accumule-t-elle en nous parce que nous remettons cette chose à plus tard ?

La procrastination a parfois pour cause la colère, la peur ou un sentiment d'impuissance. Parfois, elle est simplement devenue une habitude.

Ayons confiance et soyons à l'écoute de nous-mêmes, de notre Puissance supérieure et de l'univers. Surveillons les signes avertisseurs et les signaux d'alarme. Si le moment est venu de faire quelque chose, faisons-le tout de suite. S'il n'est pas encore temps, attendons le moment voulu.

Aide-moi, mon Dieu, à apprendre à être à l'heure et en harmonie dans ma vie. Aide-moi à être à l'écoute du moment et de l'ordre divins, et à leur faire confiance.

28 août — Prendre soin de soi au travail

Il est bon de prendre soin de soi au travail. Ce n'est pas seulement bon, c'est une nécessité.

Prendre soin de soi au travail signifie que nous nous occupons de nos sentiments de la façon qui convient ; nous acceptons d'être responsables de nous-mêmes. Nous faisons preuve de détachement quand il le faut. Nous fixons des limites quand nous avons besoin de le faire.

Nous réglons nos conflits par la négociation ; nous essayons de séparer nos problèmes des problèmes des autres, et nous n'attendons pas la perfection, ni de nous-mêmes, ni des autres.

Nous lâchons prise face à notre besoin de contrôler ce que nous ne pouvons pas contrôler. À la place, nous recherchons la paix et la souplesse, et nous nous approprions notre pouvoir d'être celui ou celle que nous sommes et de prendre soin de nous.

Nous ne tolérons pas les abus et les mauvais traitements, et nous n'abusons pas des autres, ni ne les maltraitons. Nous nous appliquons à lâcher prise face à la peur et à acquérir la confiance nécessaire. Nous essayons de tirer la leçon de nos erreurs, mais nous nous pardonnons de les avoir faites.

Nous essayons de ne pas nous piéger en acceptant un emploi où nous n'avons aucune chance de réussir ou qui n'est pas bien pour nous. Si nous nous retrouvons dans cette situation, nous réglons le problème de manière responsable.

Nous déterminons quelles sont nos responsabilités et, en règle générale, nous les assumons, à moins de conclure un autre accord. Nous laissons de la place aux bonnes journées et aux journées beaucoup moins bonnes.

Nous nous montrons gentils et aimables envers les autres chaque fois que c'est possible, mais également assurés et fermes au besoin. Nous acceptons nos forces et nous bâtissons sur elles. Nous acceptons nos faiblesses et nos limites, surtout les limites de notre pouvoir.

Nous nous efforçons de ne plus essayer de contrôler et de changer ce qu'il ne nous appartient pas de changer. Nous nous concentrons sur ce qui tombe sous notre responsabilité et sur ce que nous pouvons changer.

Nous nous fixons des objectifs raisonnables. Nous tenons compte de nous-mêmes. Nous recherchons l'équilibre.

Nous nous accordons parfois une bonne séance de ronchonnement pour nous permettre de tout dire, mais nous le faisons de façon appropriée, d'une façon qui nous permet de nous préoccuper de nous et d'exprimer nos sentiments sans nous détruire. Nous nous efforçons d'éviter les commérages malicieux et les autres comportements autodestructeurs.

Nous évitons la compétition, et nous recherchons la collaboration et un esprit bienveillant. Nous admettons que nous pouvons aimer certaines personnes avec qui nous travaillons et en détester d'autres, mais nous recherchons l'harmonie et l'équilibre avec toutes. Nous ne nions pas nos sentiments à l'égard d'une certaine personne, mais nous nous efforçons de maintenir autant que possible de bonnes relations de travail avec elle.

Quand nous ne savons pas quelque chose, nous le disons. Quand nous avons besoin d'aide, nous la demandons franchement. Quand la panique s'installe, nous la traitons comme un problème à part, en essayant de ne pas la laisser contrôler notre travail et notre comportement.

Nous nous efforçons de prendre soin de nous de façon responsable, en sachant demander ce qu'il nous faut au travail, tout en ne nous négligeant pas.

Si nous faisons partie d'une équipe, nous recherchons un travail d'équipe sain qui nous donnera l'occasion d'apprendre à travailler en collaboration avec d'autres.

Si quelque chose devient ou semble irrationnel, si nous travaillons avec une personne qui a une dépendance ou un dysfonctionnement quelconque qui nous trouble, il ne faut pas devenir encore plus irrationnel en niant le problème. Nous l'acceptons et nous essayons de déterminer dans la paix ce qu'il faut faire pour nous préoccuper de nous.

Au travail, nous lâchons prise face à notre besoin d'être des martyrs ou des sauveteurs. Nous savons que nous n'avons pas à endurer des situations qui nous rendent misérables. Au lieu de détruire le milieu de travail ou de nous détruire nous-mêmes, il nous faut trouver une solution positive, tout en sachant que nous ne devons jamais cesser d'assumer nos responsabilités envers nous-mêmes.

Nous renonçons au rôle de victimes, et nous nous efforçons de croire que nous méritons ce qu'il y a de mieux. Nous pratiquons l'acceptation, la gratitude et la foi.

Un jour à la fois, nous essayons de jouir de ce qui est bon, de régler les problèmes que nous devons régler et de donner à notre milieu de travail le cadeau de nous-mêmes.

Aujourd'hui, je serai attentif aux comportements de guérison que je pourrais pratiquer et qui amélioreraient ma vie professionnelle. Je vais me préoccuper de moi au travail. Aide-moi, mon Dieu, à lâcher prise face à mon besoin d'être une victime au travail. Aide-moi à être réceptif à toutes les bonnes choses qui me sont offertes grâce à mon travail.

29 août — Nous approprier notre énergie

Apprenez à conserver votre énergie à l'intérieur de vous.

Charlotte DAVIS KASL,
Women, Sex, and Addiction

Pour bien des raisons, il se peut que nous soyons des experts dans l'art de distribuer notre énergie aux autres. Il se peut que ce soit une chose que nous avons apprise dans l'enfance, parce que nos sentiments à l'époque étaient trop écrasants pour les assumer et que nous ne savions pas comment les traiter.

Notre obsession, notre attention centrée exagérément sur les autres vise en grande partie à faciliter cette expérience « en dehors du corps » appelée la codépendance.

Nous devenons obsédés, bavards, anxieux. Nous essayons de contrôler et de surprotéger les autres ou de les entourer de soins. Notre énergie s'échappe de nous pour aller vers n'importe qui.

Notre énergie nous appartient. Nos sentiments, nos pensées, nos problèmes, notre amour, notre sexualité sont à nous ; notre énergie mentale, physique, spirituelle, sexuelle, créatrice et affective est à nous.

Nous pouvons apprendre à nous entourer et à entourer notre énergie de limites saines, de paramètres sains. Nous pouvons apprendre à conserver notre énergie en nous et à nous occuper de nos problèmes.

Si nous essayons de nous échapper de notre corps, si notre énergie coule de nous de façon malsaine, nous pouvons nous demander ce qui se passe, ce qui nous blesse, ce que nous évitons, ce que nous devons affronter, ce que nous devons régler.

Ensuite, nous réglons cette question. Nous pouvons alors revenir vivre chez nous, en nous-mêmes.

Aujourd'hui, je garderai mon énergie dans mon corps. Je me concentrerai sur mes limites et je resterai à l'intérieur d'elles. Aide-moi, mon Dieu, à lâcher prise face à mon besoin de m'échapper de moi-même. Aide-moi à affronter mes problèmes pour pouvoir vivre à l'aise dans mon corps.

30 août — Accepter le meilleur de nous-mêmes

Il n'est pas nécessaire de faire mieux que ce que nous pouvons faire. Jamais.

Faisons de notre mieux pour l'instant, puis lâchons prise. S'il faut recommencer, nous ferons de notre mieux à un autre moment, plus tard.

Nous ne pouvons jamais faire plus ou mieux que ce dont nous sommes capables au moment présent. Nous nous punissons et nous nous donnons l'impression de perdre la tête lorsque nous nous attendons à plus que le meilleur de nous-mêmes au moment présent.

La recherche de l'excellence est une qualité positive.

La recherche de la perfection est autodestructrice.

Est-ce que quelqu'un nous a dit d'être, de faire ou de donner *davantage* ? Quelqu'un attend-il cela de nous ? Quelqu'un refuse-t-il toujours de nous approuver ?

Il arrive un moment où nous avons l'impression d'avoir fait de notre mieux. Quand ce moment arrive, lâchons prise.

Il y a des jours où le meilleur de nous-mêmes est moins que ce que nous espérions. Laissons ces moments passer eux aussi. Recommençons le lendemain. Refaisons les choses aussi longtemps que le meilleur de nous-mêmes ne sera pas meilleur.

Il y a un temps pour la critique constructive, mais si c'est tout ce que nous nous donnons à nous-mêmes, nous finirons par abandonner.

Le fait de nous accorder du pouvoir et de nous faire des compliments ne nous rendra pas paresseux. Cela va nous soutenir et nous permettre de donner le meilleur de nous-mêmes, de faire de notre mieux et d'être à notre meilleur.

Aujourd'hui, je ferai de mon mieux, puis je lâcherai prise. Aide-moi, mon Dieu, à cesser de me critiquer afin de pouvoir commencer à apprécier tout le chemin parcouru.

31 août — La dénégation

Je suis en guérison depuis bien des années. J'ai eu très souvent recours à la dénégation. Elle m'a servi de défense, d'instrument de survie, de moyen de m'en sortir, et à certains moments, elle a presque causé ma perte. Elle a été à la fois une amie et une ennemie.

Quand j'étais enfant, je me servais de la dénégation pour me protéger et pour protéger ma famille. Je me protégeais en ne voyant pas les choses trop douloureuses et en ne ressentant pas les sentiments trop lourds. La dénégation m'a permis de passer à travers bien des situations traumatisantes, lorsque je n'avais pas d'autres ressources pour survivre.

L'aspect négatif de l'utilisation de la dénégation, c'était de me faire perdre le contact avec moi-même et avec mes sentiments. J'en suis venue à être capable de prendre part à des choses qui me faisaient du mal sans même savoir que je souffrais. J'ai réussi à supporter énormément de souffrances et d'abus sans penser le moins du monde que c'était anormal.

J'ai appris à participer à ces choses et à abuser moi-même de moi.

La dénégation m'empêchait de souffrir, mais elle m'empêchait également de voir mes sentiments et mes besoins, et de me voir moi-même. C'était comme une épaisse couverture qui m'enveloppait et m'étouffait.

Par la suite, j'ai amorcé ma guérison. Je me suis vaguement rendu compte de ma souffrance, de mes sentiments, de mes comportements. J'ai commencé à me voir comme j'étais, et à voir le monde comme il était. Il y avait tellement de dénégation dans mon passé que je n'aurais pas survécu au choc si la couverture avait été arrachée d'un seul coup. J'avais besoin d'aborder doucement, graduellement ces intuitions, ces souvenirs, ces moments de conscience et ma guérison.

La vie a participé à ce processus avec moi. Elle est un professeur patient. En cours de guérison, je me suis retrouvée face à des incidents et à des personnes dont j'avais besoin pour me rappeler que je niais encore, pour me dire à quel moment il me fallait guérir davantage de mon passé, à mesure que je parvenais à en accepter des bribes.

Au fil de mes besoins, il m'arrive encore d'utiliser, puis de percer la dénégation. Quand le vent du changement souffle, renversant une structure connue pour me préparer à une nouvelle, je saisis ma couverture et je me cache pendant un moment. Quand quelqu'un que j'aime a un problème, il m'arrive parfois de me cacher momentanément sous ma couverture. Les choses niées font surgir des souvenirs, des souvenirs dont je dois me rappeler et que je dois ressentir et accepter afin de pouvoir continuer à guérir – à avoir de la force et de la santé.

Parfois, j'ai honte de prendre tellement de temps à lutter avant d'accepter la réalité. Je ressens de l'embarras quand je me retrouve enfouie dans le brouillard de la dénégation.

Puis, quelque chose se produit et je constate que je progresse. C'était une expérience nécessaire, reliée au processus ; ce n'était pas du tout une erreur, mais une partie importante de ma guérison.

Ce voyage qu'on appelle la guérison est un processus excitant, mais je sais que je dois parfois recourir à la dénégation pour traverser des endroits difficiles. Je me rends compte aussi que la dénégation est une amie et une ennemie. Je fais attention à certains signes de danger : des sentiments embrouillés, confus... une énergie paresseuse...

des compulsions... le fait de courir trop rapidement ou trop fort... le refus des mécanismes de soutien.

J'éprouve un respect sain à l'égard de mon besoin de me servir de la dénégation comme d'une couverture pour m'envelopper quand j'ai trop froid. Il ne m'incombe pas de courir partout pour enlever aux autres leur couverture ou pour leur faire honte d'en utiliser une. Si je leur fais honte, ils auront encore plus froid et se serreront encore plus dans leur couverture. Leur arracher leur couverture est dangereux. Ils pourraient mourir de froid, comme cela aurait pu m'arriver à moi aussi.

J'ai appris que la meilleure chose à faire, pour ceux qui sont enveloppés dans ce genre de couverture, est de leur faire sentir qu'ils sont au chaud et en sécurité. Plus ils se sentiront au chaud et en sécurité, plus ils seront capables de laisser tomber leur couverture. Je n'ai pas à approuver ou à stimuler leur dénégation. Je peux faire preuve de franchise. Si les autres nient une certaine chose et si cette négation me fait du tort, je n'ai pas besoin de rester près d'eux. Je peux leur souhaiter bonne chance et me préoccuper de moi. Si je reste trop longtemps près de quelqu'un qui me fait du mal, je finirai inévitablement par reprendre ma couverture encore une fois.

J'ai tendance à être attirée par les personnes chaleureuses. Près d'elles, je n'ai pas besoin de me servir de ma couverture.

J'ai appris à respecter les milieux chauds dans lesquels les couvertures ne sont pas nécessaires, ou du moins pas pour longtemps. J'ai appris à faire confiance à la façon dont les gens guérissent et affrontent la vie.

Aide-moi, mon Dieu, à me montrer réceptif et à faire confiance au processus qui me guérit de tout ce que j'ai nié dans mon passé. Aide-moi à rechercher la prise de conscience et l'acceptation, mais aide-moi aussi à faire preuve de compassion et de gentillesse envers moi-même et envers les autres, pour ces moments pendant lesquels j'ai eu recours à la dénégation.

Septembre

1er septembre — La patience

Il nous arrive parfois d'obtenir tout de suite ce que nous voulons. D'autres fois, nous nous demandons à quel moment nos désirs finiront par se réaliser.

Nous serons comblés le mieux possible et le plus vite possible. Cependant, certaines choses demandent du temps. Nous devons parfois commencer par apprendre des leçons qui nous préparent à accepter les bonnes choses que nous méritons. Les choses sont en train de s'arranger en nous et chez les autres. Nos blocages disparaissent. Des bases solides sont en train de s'établir.

Soyons patients. Détendons-nous et ayons confiance. Lâchons prise. Puis, lâchons prise encore plus. De bonnes choses sont en réserve pour nous. Nous les recevrons dès que le moment sera propice. Nous aurons tout ce que notre cœur souhaite.

Détendons-nous et ayons confiance.

Aujourd'hui, je cernerai mes désirs et mes besoins ; puis, je consentirai à lâcher prise et à y renoncer. Je consacrerai toute mon énergie à vivre ma vie d'aujourd'hui, afin de pouvoir maîtriser mes leçons aussi vite que possible. Je croirai que mes désirs et mes besoins finiront par être comblés. Je lâcherai prise face à mon besoin de contrôler les détails.

2 septembre — Se détacher avec amour de ses enfants

C'est une chose de lâcher prise face à son mari et de le laisser subir les conséquences. Mais comment puis-je lâcher prise face à mes enfants ? N'est-ce pas différent avec des enfants ? N'avons-nous pas des responsabilités en tant que parents ?

Un membre Al-Anon

Nos responsabilités à l'égard de nos enfants sont différentes de celles que nous avons à l'égard d'autres adultes. Nous sommes financièrement responsables de nos enfants ; nous avons la responsabilité de pourvoir à leurs besoins matériels et corporels.

Il faut enseigner à nos enfants comment s'aider eux-mêmes, qu'il s'agisse de lacer leurs souliers ou de planifier leur vie en société. Ils ont besoin de notre amour et de nos conseils. Ils ont besoin de se faire rappeler sans cesse les limites que nous leur avons fixées. Ils ont besoin pour grandir d'un milieu qui les appuie et nourrisse leur esprit. Ils ont besoin d'aide pour acquérir des valeurs.

Nous n'avons pas la responsabilité de contrôler nos enfants. Contrairement à la croyance populaire, le contrôle ne donne rien. Ce qui donne quelque chose, c'est la discipline et la nourriture de l'esprit, lorsqu'elles sont combinées. La honte et la culpabilité empêchent nos enfants d'apprendre et nuisent à notre rôle de parent. Nous devons réagir face à nos enfants de manière responsable et les rendre responsables de leurs actions d'une façon appropriée à leur âge. Il faut seulement que nous fassions de notre mieux.

Nous pouvons laisser nos enfants avoir leur propre processus de vie ; nous pouvons avoir notre propre processus de vie. De plus, nous pouvons prendre soin de nous tout au long de ce processus. Recherchons l'équilibre. Recherchons la sagesse. Ne cherchons pas à contrôler, mais à nous approprier notre pouvoir en tant que personnes et en tant que parents.

Aujourd'hui, mon Dieu, aide-moi à trouver un juste équilibre dans mes responsabilités envers mes enfants. Aide-moi à jouer mon rôle de parent en me servant de la nourriture de l'esprit et de la discipline plutôt que du contrôle.

Je sais que j'ai tendance à diriger, mais mon mari aussi, peut-être plus que moi. Chaque fois que je décidais de le quitter, chaque fois que je partais, il savait exactement quoi me dire pour me ramener. Et il savait que je réagirais. Il savait comment dire exactement ce que j'avais besoin d'entendre pour me garder là où il me voulait. Il savait ce qu'il faisait et ce que je ferais. Je le sais parce qu'il me l'a dit lorsque nous avons commencé notre travail sur nous-mêmes.

Anonyme

Certains d'entre nous sont très vulnérables aux mots.

Un « je t'aime » opportun. Un « je suis désolé » au bon moment. Une excuse prononcée sur le ton qui convient. Une tape sur l'épaule. Une douzaine de roses. Un baiser. Une carte de souhaits. Quelques mots promettant un amour qui ne s'est pas encore manifesté peuvent nous entraîner dans un tourbillon de dénégation. À cause d'eux, nous pouvons parfois continuer à nier qu'on nous ment, qu'on nous maltraite, qu'on abuse de nous.

Il y a ceux qui entreprennent délibérément de nous mettre sous leurs ordres, de nous contrôler et de nous manipuler par le verbe ! Ils connaissent et comprennent bien notre vulnérabilité devant quelques mots dits au bon moment. Ne soyons pas naïfs. Ils savent ce qu'ils font. Ils comprennent l'effet de ces mots sur nous.

Nous n'avons pas à accorder autant de pouvoir à des mots, même si ce sont exactement ceux que nous voulons entendre et que nous avons besoin d'entendre, même s'ils *sonnent bien*, même s'ils semblent calmer notre souffrance.

Tôt ou tard, nous finirons par nous rendre compte que nous permettons à une personne de nous contrôler, de nous manipuler, de nous tromper lorsque son comportement ne correspond pas à ses paroles. Tôt ou tard, nous finirons par nous rendre compte que les mots n'ont aucune valeur tant qu'ils ne s'accompagnent pas d'un comportement concordant.

Nous pouvons en venir à exiger que les comportements de ceux qui nous entourent soient en accord avec leurs paroles. Nous pouvons apprendre à ne pas être manipulés ou subjugués par du verbe.

Nous ne pouvons pas contrôler les actions des autres, mais nous pouvons choisir notre propre comportement et notre propre ligne de conduite. Nous n'avons pas à laisser des mots sans valeur prononcés au bon moment nous contrôler, même si ces mots que nous entendons sont exactement ceux que nous désirons entendre pour calmer notre souffrance.

Aujourd'hui, je lâcherai prise face à ma vulnérabilité aux mots. Aide-moi, mon Dieu, à croire que je suis capable de déceler la vérité, même quand on me trompe. Aide-moi à chérir des relations dans lesquelles il y a de la concordance. Aide-moi à croire que je mérite que la conduite et les mots de ceux qui me sont chers soient cohérents et vrais.

4 septembre — Trouver une orientation

> *J'avais l'habitude de passer beaucoup de temps à réagir face aux autres et à leur répondre parce que ma vie n'avait pas d'orientation. La vie, les problèmes et le vouloir des autres orientaient ma vie. Le jour où j'ai réalisé que je pouvais déterminer et repérer ce que je voulais, des choses remarquables ont commencé à se produire dans ma vie.*
>
> Anonyme

Nous avons chacun une vie à vivre, une vie qui a un but et un sens. Nous pouvons aider notre Puissance supérieure à donner un sens et une orientation à notre vie en nous fixant des objectifs.

Nous pouvons nous fixer des objectifs chaque année, chaque mois ou chaque jour dans les périodes de crise. Les objectifs donnent une orientation et un rythme à notre vie ; les objectifs nous aident à avoir une vie sans problème insoluble, une vie qui s'oriente dans la direction que nous avons nous-mêmes choisie.

Nous pouvons contribuer à donner une orientation à notre vie en nous fixant des objectifs.

Aujourd'hui, je m'appliquerai à donner une orientation à ma vie au lieu de laisser les autres diriger ma vie et mes affaires.

5 septembre — Dixième Étape

Nous avons poursuivi notre inventaire personnel et promptement admis nos torts dès que nous nous en sommes aperçus.

Dixième Étape Al-Anon

Une fois que nous avons cheminé jusqu'à cette Étape, nous pouvons conserver et accroître notre estime personnelle en mettant régulièrement la Dixième Étape en pratique.

Cette Étape englobe tout le processus que nous avons suivi de la Quatrième à la Neuvième Étape. Nous ne la mettons pas en pratique afin de nous punir ou afin de nous placer sous un microscope pour nous critiquer ou nous rabaisser sans cesse. Nous le faisons pour conserver notre estime personnelle et l'harmonie dans nos relations, avec nous-mêmes comme avec les autres. Nous le faisons pour rester sur la bonne voie.

Quand survient une question ou un problème qui nécessite notre attention, déterminons de quoi il s'agit et parlons-en avec au moins une personne sûre et avec Dieu. Acceptons ce problème. Soyons disposés à lâcher prise. Demandons à Dieu de nous en libérer. Modifions notre opinion en consentant à faire toute réparation qui s'impose, à faire ce qui est nécessaire pour prendre soin de nous. Adoptons les mesures nécessaires pour résoudre ce problème. Puis lâchons prise, renonçons à la culpabilité et à la honte.

C'est là une formule simple pour prendre soin de nous. C'est de cette façon que nous évoluons. C'est de cette façon que nous devenons différents. C'est le processus qui entraîne la guérison et une bonne santé. C'est le processus qui permet d'être responsable de soi et de s'estimer.

La prochaine fois que nous ferons quelque chose qui nous trouble, la prochaine fois que nous nous sentirons perdus ou désorientés, ne gaspillons pas notre temps ou notre énergie à éprouver de la honte. Nous pouvons mettre la Dixième Étape en pratique. Laissons le processus se dérouler. Puis, poursuivons notre route.

Aide-moi, mon Dieu, pour que cette Étape et les autres deviennent ma façon habituelle de réagir devant la vie et mes problèmes. Aide-moi à reconnaître que je suis libre de vivre, d'expérimenter pleinement et d'explorer la vie. Si je perds ma route ou s'il surgit une question qui exige mon attention, aide-moi à m'en occuper à l'aide de la Dixième Étape.

6 septembre — Ce qui est bon dans la Dixième Étape

La Dixième Étape nous dit ceci : « Nous avons poursuivi notre inventaire personnel et promptement admis nos torts dès que nous nous en sommes aperçus. » Elle ne nous propose pas d'ignorer ce qui est bien dans notre vie. Elle nous dit de poursuivre notre inventaire personnel et de rester attentifs à nous-mêmes.

En faisant notre inventaire, nous voudrons regarder bien des choses. Nous pouvons découvrir des sentiments qui demandent notre attention. Nous pouvons regarder si notre faible estime personnelle refait insidieusement surface. Nous pouvons traquer d'anciennes façons de penser, de sentir et de nous comporter. Nous pouvons chercher des fautes qu'il faut corriger.

Par contre, une partie essentielle de notre inventaire peut se concentrer sur ce que nous faisons de bien et sur tout ce qui est bon autour de nous.

Notre codépendance tient en partie à notre obsession à l'égard de ce qui ne va pas et de ce que nous faisons mal, en réalité ou dans notre imagination. En cours de guérison, nous apprenons à nous concentrer sur ce qui va bien.

N'ayons pas peur de jeter autour de nous un regard aimant, positif. Qu'avons-nous fait de bien aujourd'hui ? Notre comportement aujourd'hui était-il différent de celui de l'an dernier ? Avons-nous tendu la main à quelqu'un et nous sommes-nous permis d'être vulnérables ? Nous pouvons nous féliciter si la réponse est oui.

Avons-nous eu une mauvaise journée, mais l'avons-nous surmontée efficacement ? Avons-nous pratiqué la gratitude ou l'acceptation ? Avons-nous pris un risque, nous sommes-nous approprié notre pouvoir ou avons-nous établi des limites ? Nous sommes-nous montrés responsables de nous-mêmes d'une façon que nous n'aurions pas eue auparavant ?

Avons-nous pris le temps de prier ou de méditer ? Avons-nous fait confiance à Dieu ? Avons-nous laissé quelqu'un faire quelque chose pour nous ?

Même les pires journées, nous pouvons trouver une chose que nous avons bien faite. Nous pouvons trouver une chose qui nous donne de l'espoir. Nous pouvons trouver une chose qui va sûrement arriver. Nous pouvons nous concentrer de façon réaliste sur une vision de ce qui peut être.

Aide-moi, mon Dieu, à lâcher prise face à mon besoin de rester plongé dans la négativité. Je peux transformer l'énergie négative qui est en moi et dans mon environnement en énergie positive. Je proclamerai qu'une chose est bonne tant que je ne la sentirai pas comme telle et qu'elle ne me semblera pas réelle. Je m'efforcerai également de trouver une qualité que j'aime chez une personne qui compte pour moi, et je prendrai le risque de le lui dire.

7 septembre — Impuissance à l'égard des autres

Cessons de trouver des excuses aux autres.

Cessons de nous trouver des excuses à nous-mêmes.

Il est vrai que notre objectif est d'acquérir de la compassion et de parvenir à pardonner, à accepter et à aimer, mais nous avons aussi pour objectif d'accepter la réalité et de tenir les autres pour responsables de leur comportement. Nous pouvons également nous tenir pour responsables de notre propre comportement, tout en faisant preuve de compassion et de compréhension à notre égard.

Quand nous nous déclarons impuissants, nous ne nous déclarons pas irresponsables. Nous n'avons pas le pouvoir de contrôler les autres, de contrôler ce qu'ils font, ce qu'ils ont fait ou ce qu'ils pourraient faire. Nous disons que nous consentons à mettre fin à une vie inacceptable fondée sur le vouloir et sur le contrôle. De plus, nous amorçons un voyage spirituel, mental et affectif au cours duquel nous devenons responsables de nous-mêmes.

Nous ne sommes pas des victimes. Nous ne sommes pas sans aucun recours. L'acceptation de notre impuissance au moment voulu nous permet de commencer à nous approprier notre vrai pouvoir, celui de prendre soin de nous.

Aujourd'hui, j'éviterai de chercher à excuser mon comportement ou celui d'une autre personne. Je laisserai les conséquences et les responsabilités retomber à leur vraie place.

8 septembre — Cesser de souffrir

Certains de mes sentiments sont entreposés depuis si longtemps qu'ils sont brûlés par le froid.

Au-delà de la codépendance

Il y a de nombreuses sources de souffrance dans notre vie. Chez ceux qui sont engagés dans le processus de guérison de problèmes de codépendance et de problèmes d'enfants adultes, il y a souvent un bourbier de souffrances non apaisées et héritées du passé. Nous avons conservé des sentiments, parfois de notre petite enfance à aujourd'hui, qui faisaient trop mal pour que nous les ressentions ou dont nous ne pouvions nous occuper faute d'avoir l'aide ou la permission nécessaire.

Il y a aussi d'autres sources inévitables de souffrance dans notre vie. Pensons à la tristesse et à la peine qui accompagnent tout changement, même un bon changement, lorsque nous lâchons prise face à une partie de notre vie et que nous amorçons notre voyage dans une vie nouvelle.

La guérison renferme de la souffrance, quand nous commençons à nous permettre d'éprouver des sentiments, tout en laissant tomber notre écran protecteur, la dénégation.

Il y a la souffrance qui nous conseille et qui nous oriente vers de meilleurs choix pour l'avenir.

Nous disposons d'un grand choix de moyens pour cesser de souffrir. Il se peut que nous ayons essayé différents moyens. Des comportements de compulsion et de dépendance arrêtent la souffrance, mais temporairement seulement. Pour cesser de souffrir, nous avons peut-être eu recours à l'alcool, à d'autres drogues, à des liens avec d'autres ou à des relations sexuelles.

Il se peut que nous parlions de façon compulsive ou que nous fixions notre attention de façon compulsive sur les autres et leurs besoins afin d'éviter ou de cesser de souffrir.

Il se peut que nous nous servions de la religion pour éviter de faire face à nos sentiments.

Il se peut que nous recourions à la dénégation de nos sentiments pour cesser de souffrir.

Il se peut que nous nous arrangions pour être toujours trop occupés pour avoir le temps d'éprouver des sentiments. Il se peut que nous utilisions l'argent, l'exercice ou la nourriture pour cesser de souffrir.

Le choix des moyens est vaste. Dans le but de survivre, il se peut que nous en ayons utilisé quelques-uns, pour découvrir au bout du compte qu'ils n'étaient que des cataplasmes, qu'ils calmaient temporairement la douleur mais qu'ils ne réglaient pas les problèmes. Ils ne mettaient pas vraiment fin à notre souffrance. Ils ne faisaient que la reporter à plus tard.

La guérison nous offre un meilleur choix de moyens pour cesser de souffrir. Nous pouvons faire face à la douleur et la ressentir. Quand nous sommes prêts, avec l'aide de notre Puissance supérieure, nous pouvons prendre notre courage à deux mains pour ressentir notre souffrance, puis lâcher prise, renoncer à cette souffrance et la laisser nous faire progresser vers une nouvelle décision, une meilleure vie.

Le cas échéant, nous pouvons mettre fin à nos propres comportements qui provoquent de la souffrance. Nous pouvons décider de nous retirer de situations qui ont causé bien des fois la même souffrance. Nous pouvons apprendre la leçon que notre souffrance essaie de nous enseigner.

Lorsque nous sommes accablés de souffrance, il y a une leçon à en tirer. Accrochons-nous à cette idée. Quelque chose se prépare pour nous. La réponse ne viendra pas d'un comportement de dépendance ou d'autres comportements compulsifs ; nous recevrons la réponse quand nous nous mettrons à ressentir nos sentiments.

Il faut du courage pour accepter de rester immobiles et de ressentir ce qui doit être ressenti. Il nous semble parfois avoir en nous des couches sans fin de souffrance. La souffrance fait mal. La peine fait mal. La tristesse fait mal. Rien de cela ne fait du bien. Mais ça ne fait pas de bien non plus de nier ce qui est déjà là ; ça ne fait pas de bien de garder toute sa vie de nouvelles et d'anciennes poches de souffrances, accumulées, empilées et entreposées au fond de nous.

Ça ne fera mal que pendant quelque temps, pas plus longtemps que nécessaire, le temps de guérir. Croyons en toute confiance que si nous devons ressentir de la souffrance, cela fait partie de notre guérison et c'est bon pour nous. Nous pouvons consentir à capituler et à accepter les inévitables sentiments de souffrance qui constituent une bonne part de notre guérison.

Laissons-nous emporter par le courant, même lorsqu'il nous fait passer par des sentiments inconfortables. De l'autre côté, il y a la délivrance, la liberté, la guérison et des sentiments agréables.

Aujourd'hui, je consens et je suis disposé à ressentir ce que j'ai besoin de ressentir. Je consens à mettre fin à mes comportements compulsifs. Je consens à lâcher prise face à la dénégation. Je consens à ressentir ce que je dois ressentir pour être guéri, pour recouvrer la santé et être pleinement moi-même.

9 septembre — La perspective

Nous essayons trop souvent d'avoir une perspective claire avant l'heure.

Cela risque de nous faire perdre la tête.

Nous ne savons pas toujours pourquoi les choses arrivent comme elles arrivent. Nous ne savons pas toujours comment se déroulera une certaine relation. Nous ne comprenons pas toujours la source de nos sentiments, pourquoi nous avons été conduits sur un chemin en particulier, qu'est-ce qui se prépare en nous, ce que nous apprenons, pourquoi nous avions besoin de nous recycler, pourquoi nous avons dû attendre, pourquoi nous avons eu besoin d'une période de discipline ou pourquoi une porte s'est fermée. Nous ne voyons pas toujours clairement comment notre situation actuelle s'adaptera à toute la trame des événements. Il faut qu'il en soit ainsi.

La perspective viendra en rétrospective.

Aujourd'hui, nous pourrions essayer pendant des heures de trouver un sens à une chose que nous trouverons peut-être instantanément l'an prochain.

Lâchons prise. Nous pouvons renoncer à notre besoin de trouver des explications, de sentir que nous dominons tout.

C'est dans l'instant présent que nous devons être, que nous devons ressentir, que nous devons vivre. Que nous devons permettre aux choses de se produire. Que nous devons apprendre. Que nous devons laisser ce qui se prépare en nous suivre son cours.

Intuitivement, nous saurons. Tout deviendra clair. Aujourd'hui, il suffit d'être. On nous a dit que tout s'arrangera dans notre vie pour notre bien. Nous pouvons avoir confiance, même si nous ne pouvons pas voir la place que les événements d'aujourd'hui occuperont dans le tableau tout entier.

Aujourd'hui, je laisserai les choses arriver sans essayer de tout démêler. Si je ne vois pas clair aujourd'hui, je croirai que la lumière viendra plus tard, rétrospectivement. Je me contenterai de faire confiance à la vérité suivante : tout est bien, les événements se déroulent de la bonne façon et tout s'arrangera pour le mieux dans ma vie, mieux que je ne peux l'imaginer.

10 septembre — L'approbation personnelle

La plupart d'entre nous veulent être aimés. Nous voulons que les autres nous trouvent gentils, amicaux, bons et aimants. La plupart d'entre nous recherchent l'approbation des autres.

Certains essaient depuis l'enfance de recevoir l'approbation des autres, d'amener les autres à les aimer et à les tenir en estime. Il se peut que nous ayons peur d'être abandonnés par ceux qui n'approuvent pas nos actions. Il se peut que nous recherchions l'approbation de personnes qui n'en ont pas à donner. Il se peut que nous ne sachions pas qu'aujourd'hui nous sommes « aimables » et que nous pouvons apprendre à nous approuver nous-mêmes.

Pour vivre heureux, pour vivre constamment comme le veut notre Puissance supérieure et pour trouver un mode de vie qui soit en harmonie avec l'univers, il nous faut lâcher prise face à notre besoin excessif d'approbation. Ces besoins d'approbation et d'amour qui n'ont pas été comblés dans le passé permettent aujourd'hui aux autres de nous contrôler. Ces besoins peuvent nous empêcher d'agir au mieux de nos intérêts et d'être honnêtes envers nous-mêmes.

Nous pouvons nous approuver nous-mêmes. En définitive, c'est la seule approbation qui compte.

Aujourd'hui, je vais lâcher prise, renoncer au besoin d'être approuvé et aimé. Je vais remplacer ce besoin par le besoin de m'aimer et de m'approuver moi-même. Je vais jouir de la surprise que j'éprouverai en faisant cela. Les personnes qui comptent, notamment moi-même, me respecteront quand je serai honnête envers moi-même.

11 septembre — Conflit et détachement

Dans une relation, il y a des moments merveilleux où tout se passe bien pour les deux personnes, et où aucune des deux n'a besoin de se concentrer beaucoup sur la notion de détachement. Par contre, il y a des moments difficiles où une personne est en crise ou en train de changer, et où il faut faire preuve de détachement.

Il y a aussi des périodes de tension au cours desquelles les deux personnes en relation sont aux prises avec des questions prenantes. Toutes deux éprouvent des besoins et aucune n'a quelque chose à donner.

Il y a des moments où il est difficile de faire preuve de détachement et de prendre soin de soi.

Dans ces moments-là, il est bon de reconnaître le problème. Les deux personnes sont en train de s'occuper d'elles et de guérir. Elles n'ont pas grand-chose à donner, du moins pas en ce moment. Et toutes deux éprouvent de grands besoins.

C'est ça le problème.

Quelle est la solution ?

Il n'existe peut-être pas de solution parfaite. Le détachement demeure la clé, mais cette solution peut être difficile quand nous-mêmes, nous avons besoin de soutien. En fait, l'autre personne nous demande peut-être du soutien au lieu de nous en offrir.

Nous pouvons quand même travailler à nous détacher. Nous pouvons quand même analyser nos sentiments. Nous pouvons accepter ce qui arrive comme un cycle temporaire dans notre relation et cesser de demander à l'autre personne quelque chose qu'elle ne peut donner à ce moment-ci.

Nous pouvons cesser de nous attendre nous aussi à donner quelque chose à ce moment-ci.

Communiquer est utile. Savoir reconnaître le problème et en parler avec l'autre sans lui faire de reproches ou sans lui faire honte est un bon début. Trouver d'autres réseaux de soutien ou d'autres façons de satisfaire nos besoins est également utile.

Nous avons toujours la responsabilité de prendre soin de nous, même quand nous avons une relation idéale. Dans les relations les plus amoureuses et les plus saines, nous pouvons raisonnablement nous attendre à des besoins et à des problèmes conflictuels.

C'est un des cycles de l'amour, de l'amitié et des relations familiales.

Si la relation est saine, la crise ne durera pas indéfiniment. Nous retrouverons notre équilibre. L'autre personne aussi. Nous pouvons cesser de nous tourmenter en voulant que l'autre personne soit équilibrée lorsqu'elle ne l'est pas.

Sachons parler ensemble. Cherchons une solution. Conservons nos attentes à l'égard de nous-mêmes, des autres et d'une relation saine et raisonnable.

Une bonne relation sera en mesure de connaître des creux et d'y survivre. Nous avons parfois besoin de ces creux tous les deux pour grandir et pour apprendre chacun de notre côté.

Il arrive parfois que les personnes qui sont généralement là pour nous ne peuvent pas l'être. À nous de trouver une autre façon de prendre soin de nous.

Aujourd'hui, je me rappellerai que les relations les meilleures connaissent des creux. Si les creux sont la norme, je devrai peut-être me demander si cette relation est souhaitable. Si les creux représentent un cycle temporaire, je pratiquerai la compréhension envers moi et envers l'autre. Aide-moi, mon Dieu, à me rappeler que l'aide et le soutien que je veux et dont j'ai besoin n'existent pas sous la forme d'une seule personne. Aide-moi à être réceptif à d'autres moyens sains de prendre soin de moi, lorsque mon soutien habituel n'est pas disponible.

12 septembre — La guérison

Nous devons apprendre à ne pas perdre patience face au lent processus de guérison qu'est le temps. Nous devons nous habituer à reconnaître qu'il y a de nombreuses étapes sur la route qui va de la peine à une sérénité nouvelle... Au cours de notre convalescence affective, nous devons prévoir ces étapes : une souffrance insupportable, une peine profonde, des jours creux, de la résistance à la consolation, du désintéressement face à la vie, une ouverture graduelle... jusqu'à un nouveau tissage de lignes de conduite et à l'acceptation du défi irrésistible de la vie.

Joshua Loth LIEBMAN

La guérison est un processus. C'est un processus graduel, un processus de guérison et un processus spirituel, un voyage plutôt qu'une destination.

De même que la codépendance acquiert une vie qui lui est propre et se met à progresser, la guérison progresse elle aussi. Une chose en amène une autre et les choses s'améliorent, tout comme nous.

Nous pouvons nous détendre, jouer notre rôle et laisser le reste arriver.

Aujourd'hui, je ferai confiance au processus et au voyage que j'ai entrepris.

13 septembre — Les moments de reprogrammation

La guérison n'est pas uniquement un travail fatigant et ingrat. Il y a des moments de joie et de repos, des moments pendant lesquels nous pratiquons facilement ce que nous avons appris. Il y a des moments de changement, des moments où nous luttons pour apprendre quelque chose de nouveau ou pour surmonter une difficulté particulière.

Il y a des moments où ce que nous avons pratiqué pendant notre guérison commence à transparaître dans notre vie. Ces moments de changement sont intenses, mais ils ont un but.

Il y a aussi des moments où, tout au fond de nous, nous sommes « reprogrammés ». Nous commençons par lâcher prise, par renoncer à nos convictions et à nos comportements. Il se peut que nous éprouvions de la peur ou de la confusion dans ces moments-là. Nos anciennes conduites ou habitudes n'ont peut-être pas fonctionné, mais elles étaient rassurantes et familières.

Dans ces moments-là, il se peut que nous nous sentions vulnérables, seuls et dans le besoin, comme si nous voyagions de nuit sans carte ou sans lampe de poche, et avec l'impression que jamais personne n'est passé par là.

Il se peut que nous ne comprenions pas ce qui se prépare en nous. Il se peut que nous ne sachions pas où nous allons ou si nous avons un guide.

Quelqu'un nous conduit. Nous ne sommes pas seuls. Notre Puissance supérieure fait de son mieux et utilise ce qu'elle a de plus beau pour provoquer un changement réel en nous. D'autres sont passés par le même chemin. Nous serons conduits vers quelqu'un qui peut nous aider, vers quelqu'un qui peut nous fournir les jalons dont nous avons besoin.

On nous prépare à recevoir autant de joie et d'amour que notre cœur peut en contenir.

Le travail sur soi est un processus de guérison. Nous pouvons lui faire confiance, même quand nous ne le comprenons pas. Nous sommes exactement là où nous avons besoin d'être dans ce processus ; nous vivons exactement ce que nous avons besoin de connaître. Et nous nous acheminons vers un endroit meilleur que tous ceux où nous avons été.

Aujourd'hui, mon Dieu, aide-moi à croire que les changements que je vis sont pour mon bien. Aide-moi à croire que la route que je suis va me conduire à un lieu de lumière, d'amour et de joie.

14 septembre Qu'est-ce qui est bon pour moi ?

Lorsque nous sondons notre cœur, parfois à cause des petites ou des grandes décisions que nous devons prendre au cours d'une journée, nous pouvons apprendre à nous demander ceci : Est-ce que c'est bon pour moi ?... Est-ce que c'est ça que je veux ?... Est-ce que cette orientation semble la bonne pour moi ?... Ou suis-je en train de céder au contrôle et à l'influence que je permets parfois aux autres d'avoir sur moi ?

Ce n'est pas de l'égoïsme malsain que de se demander si quelque chose est bon pour soi. Voilà une façon de penser fort ancienne. Se demander si quelque chose est bon pour soi est un comportement sain dont il ne faut pas avoir honte, et qui finira probablement par être au mieux des intérêts de l'autre personne aussi.

En nous demandant si quelque chose est bon pour nous, nous ne nous égarons pas sur le sentier égoïste de ceux qui ne se refusent rien. En nous demandant si quelque chose est bon pour nous, nous ne nous écartons pas du plan prévu par Dieu, du bien supérieur de Dieu. En nous posant cette simple question, nous contribuons à orienter notre vie vers le bien et le but les plus élevés ; nous nous approprions notre pouvoir de nous estimer nous-mêmes.

Aujourd'hui, je commencerai à agir au mieux de mes intérêts. Je ferai cela en sachant bien que, parfois, mes choix ne plairont pas à tous ceux qui m'entourent. Je ferai cela en sachant que le fait de me demander si une chose est bonne pour moi m'aidera, en définitive, à assumer pleinement la responsabilité de ma vie et de mes choix.

15 septembre Surmonter les périodes difficiles

Nous sommes des êtres solides et résistants. Mais, de bien des façons, nous sommes aussi fragiles. Capables d'absorber le changement et la perte, mais à notre propre manière et à notre propre rythme. Et seuls nous et Dieu pouvons déterminer quand le moment est venu.

Vaincre la codépendance

Dans la vie, il n'y a pas que des périodes de difficultés et de tensions, mais ces périodes-là font *partie* de notre vie, de notre croissance et de notre progression.

C'est à nous de choisir ce que nous ferons des périodes difficiles et de l'énergie qu'elles suscitent.

Nous pouvons utiliser l'énergie des périodes difficiles pour analyser et résoudre nos problèmes. Nous pouvons l'utiliser pour parfaire nos aptitudes et notre spiritualité. Ou encore, nous pouvons traverser ces périodes en souffrant, en emmagasinant de l'amertume et en refusant de grandir ou de changer.

Les périodes difficiles peuvent nous façonner et nous pousser à donner le meilleur de nous-mêmes. Nous pouvons les utiliser pour progresser, pour atteindre des niveaux supérieurs de vie, d'amour et de croissance.

C'est à nous de choisir. Nous permettrons-nous d'éprouver des sentiments ? Adopterons-nous une approche spirituelle, éprouverons-nous de la gratitude face à ce qui arrive ? Interrogerons-nous la vie et notre Puissance supérieure au sujet de ce que nous sommes censés apprendre et faire ? Dirons-nous plutôt : « Il ne m'arrive jamais rien de bon »... « Je ne suis qu'une victime... On ne peut faire confiance à personne... La vie ne vaut pas la peine d'être vécue » ?

Nous n'avons pas toujours besoin de ce type d'énergie ou de tension pour nous pousser à grandir et à changer. Nous n'avons pas à susciter de la tension, à la rechercher ou à l'attirer. Mais lorsqu'elle est là, nous pouvons apprendre à la canaliser vers notre croissance, et à l'utiliser pour atteindre ce qui est bon dans la vie.

Mon Dieu, permets que mes moments difficiles soient des moments de guérison.

Même si nous sommes sur la voie de la guérison depuis longtemps, même si nos bases spirituelles sont solides, nous ressentons peut-être encore à certains moments un désir irrésistible de punir une autre personne ou de nous venger d'elle.

Nous voulons notre revanche.

Nous voulons que l'autre personne souffre comme elle nous a fait souffrir. Nous voulons voir la vie la traiter comme elle le mérite. En fait, nous aimerions donner un coup de main à la vie.

Ce sont là des sentiments normaux, mais ils ne doivent pas nous pousser à l'action. Ces sentiments font partie de notre colère, mais il ne nous incombe pas de nous faire justice.

Nous pouvons nous permettre de ressentir de la colère. Il est utile d'aller plus en profondeur et de nous laisser éprouver d'autres sentiments – souffrance, peine, angoisse. Par contre, notre objectif est de nous libérer de ces sentiments, de ne plus les ressentir.

Nous pouvons croire que l'autre personne a des comptes à rendre. Nous pouvons la tenir pour responsable. Mais le rôle de juge et de jury n'entre pas dans nos responsabilités. La recherche active d'une revanche ne nous aidera pas. Elle va entraîner un blocage et nous empêcher de progresser.

Éloignons-nous. Cessons de jouer ce jeu. Décrochons. Apprenons notre leçon. Remercions l'autre personne de nous avoir enseigné quelque chose de précieux. Puis, finissons-en. Mettons cette chose derrière nous, sans en oublier la leçon que nous en avons tirée.

L'acceptation aide. Le pardon également, pas celui qui invite l'autre personne à se servir encore de nous, mais celui qui la libère, lui laissant le loisir de suivre une voie différente, tout en nous libérant de notre colère et de notre rancune. Nous sommes libres ensuite de suivre notre propre voie.

Aujourd'hui, je ressentirai toute la colère que j'ai besoin de ressentir, en vue de régler mes problèmes avec les autres. Après m'être libéré de ma souffrance et de ma colère, je m'efforcerai d'accorder un pardon sain, un pardon avec des limites. Je sais que ces limites, jointes au pardon et à la compassion, me feront progresser.

17 septembre — De nouveaux comportements dans les relations

Au cours de notre guérison, nous parlons beaucoup des nouveaux comportements dans nos relations : permettre aux autres d'être eux-mêmes sans réagir de façon excessive et sans nous croire attaqués ; nous approprier notre pouvoir de prendre soin de nous. Nous parlons de lâcher prise et de renoncer à notre besoin de contrôler, en nous concentrant sur notre responsabilité envers nous-mêmes, au lieu de nous mettre dans une position de victimes en nous concentrant sur l'autre personne au point de nous négliger nous-mêmes. Nous parlons d'avoir et de fixer des limites saines, de parler franchement et d'assumer directement la responsabilité de ce que nous voulons et de ce qu'il nous faut.

Il est certain que de tels comportements nous aident dans nos relations avec des personnes ayant une dépendance, mais ils ne sont pas faits pour servir uniquement dans ce que nous appelons « des relations dysfonctionnelles ».

Ces comportements sont nos *nouveaux comportements dans nos relations*. Ils nous aident au sein de relations tendues. Ils peuvent nous aider à traverser des périodes de tension au sein de relations saines.

Les comportements de guérison que nous apprenons sont des outils – les aptitudes nécessaires à des relations saines – qui nous aident à améliorer la qualité de *toutes* nos relations.

Faire un travail sur soi signifie prendre soin de soi auprès des autres, apprendre à prendre soin de soi et à s'aimer. Plus nous serons sains, plus nos relations seront saines. Et nous aurons besoin de ces comportements sains pendant toute notre vie.

Aujourd'hui, je penserai à appliquer mes comportements de guérison à toutes mes relations – avec des amis et des collègues de travail comme à toute relation amoureuse particulière. Je m'efforcerai de prendre soin de moi dans les relations difficiles, en cherchant quelle aptitude conviendrait le mieux. J'examinerai aussi de quelles façons mes relations saines pourraient bénéficier de mes nouvelles aptitudes relationnelles.

18 septembre — Laisser les bonnes choses se produire

> *Avant ma guérison, mes relations étaient moches. Je ne réussissais pas très bien au travail. J'étais aux prises avec une famille dysfonctionnelle. Par contre, je savais au moins à quoi m'attendre !*
>
> Anonyme

Je veux que la seconde moitié de ma vie soit aussi bonne que la première a été misérable. Parfois, j'ai peur qu'elle ne le soit pas. D'autres fois, j'ai peur parce qu'elle *pourrait* l'être.

Les bonnes choses peuvent nous effrayer. Les changements, même les bons changements, peuvent être terrifiants. D'une certaine façon, les bons changements peuvent être plus terrifiants que les périodes difficiles.

Il se peut que le passé, surtout celui qui a précédé la guérison, soit devenu rassurant et familier. Nous savions à quoi nous attendre dans nos relations. Elles étaient prévisibles. Elles suivaient toujours le même modèle – les mêmes comportements, la même souffrance, encore et encore. Elles n'étaient peut-être pas ce que nous voulions, mais nous savions à quoi nous attendre.

Il n'en va plus ainsi quand nous changeons nos façons de faire et amorçons notre guérison.

Nous pouvions sans doute prédire assez bien ce qui arriverait dans la plupart des domaines de notre vie. Les relations seraient douloureuses. Nous nous sentirions privés.

Chaque année serait presque une répétition de la précédente. Parfois, elle serait légèrement pire, d'autres fois légèrement meilleure, mais le changement n'était pas énorme. Pas avant d'avoir amorcé notre guérison.

C'est alors que les choses ont changé. Et plus nous avançons dans ce programme miraculeux, plus nous changeons et plus notre situation évolue. Nous commençons à explorer des territoires inconnus.

Les choses vont mieux. Elles ne cessent de s'améliorer. Nous commençons à avoir du succès en amour, au travail et dans la vie. Au jour le jour, les bonnes choses commencent à se produire et la douleur disparaît.

Nous ne voulons plus être une victime de la vie. Nous avons appris à éviter les crises et les traumatismes inutiles.

La vie commence à être bonne.

« Comment vais-je traiter les bonnes choses ? a demandé une femme. Elles sont plus difficiles à vivre et moins familières que la souffrance et le drame. »

« De la même façon que nous avons traité les expériences difficiles et douloureuses, ai-je répondu. Au jour le jour. »

Aujourd'hui, mon Dieu, aide-moi à lâcher prise face à mon besoin de vivre dans la souffrance et les crises. Aide-moi à m'éloigner aussi vite que possible des sentiments de tristesse et des problèmes. Aide-moi à trouver mon appui et mon équilibre dans la paix, la joie et la gratitude. Aide-moi à travailler aussi dur à accepter ce qui est bon que j'ai travaillé dans le passé à accepter ce qui était douloureux et difficile.

19 septembre — Les excuses

Il nous arrive parfois d'agir d'une façon qui nous rend très mal à l'aise. C'est humain. C'est pourquoi les mots « Excuse-moi » existent. Ils guérissent et font le lien. Par contre, nous n'avons pas à dire « Excuse-moi » lorsque nous n'avons rien fait de mal. À cause d'un sentiment de honte, il se peut que nous nous excusions sans cesse de tout ce que nous faisons, de chaque mot que nous disons, d'être en vie et d'être celui ou celle que nous sommes.

Nous n'avons pas à nous excuser de nous préoccuper de nous, de nous occuper de nos sentiments, de fixer des limites, d'avoir du plaisir ou de recouvrer la santé.

Il ne faut jamais changer notre ligne de conduite si elle est au mieux de nos intérêts, mais parfois une excuse générale qui reconnaît ce que l'autre ressent peut être utile lorsqu'une situation ou une relation n'est pas claire. Nous pouvons dire : « Je m'excuse de ce malentendu. Je suis désolé si ce que j'ai dû faire pour prendre soin de moi t'a blessé ; je ne l'ai pas fait dans cette intention. »

Une fois que nous avons présenté des excuses, nous n'avons pas à les répéter sans cesse. Si une personne insiste pour nous extorquer des excuses pour le même incident, c'est son problème, et nous ne devons pas nous laisser prendre au piège.

Nous pouvons apprendre à traiter nos excuses avec sérieux et à ne pas les offrir lorsqu'elles ne s'imposent pas. Quand nous nous sentons bien dans notre peau, nous savons à quel moment il convient de nous excuser et à quel moment ce n'est pas nécessaire.

Aujourd'hui, je vais essayer de me montrer clair et sain dans mes excuses, en acceptant la responsabilité de mes actes et non des actes des autres. Aide-moi, mon Dieu, à reconnaître les choses pour lesquelles je dois m'excuser et celles dont je ne suis pas responsable.

20 septembre — La spontanéité

Pendant notre guérison, nous apprenons à lâcher prise face à nous-mêmes ! Nous apprenons la spontanéité.

La spontanéité peut effrayer certains d'entre nous. Il se peut que nous ayons peur de la perte de contrôle que suppose la spontanéité. Il se peut que nous fonctionnions encore selon les règles de la codépendance qui interdisent la spontanéité : être bon, être juste, être parfait, être fort, ne pas s'amuser et *garder toujours une certaine maîtrise*.

Il se peut que nous associions la spontanéité à des conduites de dépendance, de compulsion, d'autodestruction ou d'irresponsabilité.

Ce n'est pas de cela qu'il s'agit dans la guérison. Une spontanéité positive est la liberté d'exprimer celui ou celle que nous sommes, d'une façon amusante et saine, qui ne nous fait pas de mal et qui n'empiète pas sur les droits des autres.

Nous apprenons à être spontanés et libres à mesure que nous grandissons dans la connaissance et l'estime de nous-mêmes. La spontanéité naît avec l'accroissement de notre assurance et de notre confiance en nous, lorsque nous ne doutons plus de notre aptitude à maintenir des limites saines.

La spontanéité est liée à notre aptitude à jouer et à développer des rapports intimes. Pour pouvoir agir de cette façon souhaitable, nous devons être capables de lâcher prise face à notre besoin de nous contrôler et de contrôler les autres, et être capables d'entrer pleinement et librement dans l'instant présent.

Lâchons prise et ne nous tenons plus la bride aussi serrée. Et qu'arrivera-t-il si nous faisons une erreur ? Qu'arrivera-t-il si nous avons tort ? Savourons nos imperfections. Permettons-nous d'éprouver un peu de besoins et de vulnérabilité. Prenons un risque !

Nous pouvons être spontanés sans nous faire de mal et sans faire de mal aux autres. En fait, tout le monde profitera de notre spontanéité.

Aujourd'hui, je vais jeter le code de réglementation par la fenêtre et jouir de la personne que je suis. Je trouverai plaisir au cadeau qu'est la vie, au cadeau que je suis et au cadeau que sont les autres.

21 septembre — Lâcher prise face au sentiment d'urgence

Une chose à la fois.

C'est tout ce que nous avons à faire. Pas deux choses à la fois, mais une seule, faite dans la paix.

Une tâche à la fois. Un sentiment à la fois. Un jour à la fois. Un problème à la fois. Un pas à la fois.

Un plaisir à la fois.

Détendons-nous. Lâchons prise et renonçons au sentiment d'urgence. Commençons calmement maintenant. Prenons une chose à la fois.

Voyons-nous comme tout s'arrange ?

Aujourd'hui, j'aborderai en paix une chose à la fois. Quand j'aurai des doutes, je m'occuperai des choses importantes en premier.

22 septembre — Se faire confiance

Beaucoup d'entre nous croyions que pour être attentifs à Dieu ou à notre Puissance supérieure, nous devions suivre des règles rigides et un livret d'instructions sur la façon de vivre.

Aujourd'hui, nous sommes nombreux à ne plus croire cela. Notre Puissance supérieure ne nous chuchote pas des règles rigides, des instructions sans fin, des exhortations à la perfection.

Les paroles de Dieu sont souvent ces petits mots calmes que nous appelons intuition ou instinct, qui nous guident et nous poussent vers l'avant.

Nous sommes libres d'être celui ou celle que nous sommes, de nous écouter et de nous faire confiance. Nous sommes libres d'écouter les mots doux et aimants d'une Puissance supérieure, les mots chuchotés à chacun de nous et par chacun de nous.

Aujourd'hui, aide-moi, mon Dieu, à lâcher prise, à renoncer aux règles rigides fondées sur la honte. Je choisirai la liberté d'aimer, d'écouter et de faire confiance.

23 septembre — La tolérance

Pratiquons la tolérance.

Montrons-nous tolérants à l'égard de nos bizarreries, de nos sentiments, de nos réactions, de nos particularités, de notre côté humain. Montrons-nous tolérants à l'égard de nos hauts et de nos bas, de notre résistance au changement, de notre lutte et parfois de notre gaucherie.

Montrons-nous tolérants à l'égard de nos peurs, de nos fautes, de notre tendance naturelle à esquiver les problèmes et la souffrance. Montrons-nous tolérants à l'égard de notre hésitation à nous rapprocher, à nous exposer, à être vulnérables.

Montrons-nous tolérants à l'égard de nos besoins de nous sentir parfois supérieurs, de nous sentir parfois honteux, et de partager parfois l'amour à titre d'égal. C'est en nous montrant tolérants que nous progressons, que nous faisons quelques pas en avant et un ou deux pas en arrière.

Tolérons notre désir instinctif de contrôler et notre hésitation à apprendre à pratiquer le détachement. Tolérons la façon dont nous disons que nous voulons de l'amour, pour repousser parfois les autres ensuite. Tolérons notre tendance à être obsessifs, à oublier de faire confiance à Dieu et à nous enliser.

Il y a certaines choses que nous ne devons pas tolérer. Ne tolérons pas à l'égard des autres ou de nous-mêmes les comportements abusifs ou destructeurs.

« Pratiquons une tolérance saine et aimante à l'égard de nous-mêmes », a dit un homme. En faisant cela, nous apprendrons à être tolérants à l'égard des autres. Puis, faisons un pas de plus. Sachons que tous les traits humains que nous tolérons sont ceux qui nous rendent, nous et les autres, très beaux.

Aujourd'hui, je ferai preuve de tolérance à mon égard. Cela m'apprendra à faire preuve d'une tolérance appropriée à l'égard des autres.

24 septembre Se permettre d'avoir des besoins

Nous pouvons accepter d'être des personnes qui ont des besoins – besoin de réconfort, d'amour, de compréhension, d'amitié, de caresses saines. Nous avons besoin d'un renforcement positif, de quelqu'un qui nous écoute, de quelqu'un qui nous donne ce qu'il nous faut. Nous ne sommes pas faibles parce que nous éprouvons ces besoins. Ce sont ces besoins qui nous rendent humains et sains. Voir nos besoins comblés – croire que nous méritons qu'ils soient comblés – nous apporte le bonheur.

Il y a aussi des moments où, en plus de nos besoins habituels, nous éprouvons des besoins particuliers. À ces moments-là nous avons besoin de recevoir plus que de donner. Cela aussi est correct.

Nous pouvons accepter et incorporer à notre être tout entier nos besoins, ainsi que notre état « nécessiteux ». Nous pouvons assumer la responsabilité de nos besoins. Cela ne fait pas de nous des faibles ou des êtres carencés. Cela ne signifie pas que notre guérison ne se déroule pas bien ou que nous souffrons d'une dépendance malsaine. Cela rend nos besoins et notre état « nécessiteux » contrôlables. Nos besoins cessent de nous contrôler et nous reprenons le contrôle.

De plus, nos besoins commencent à être comblés.

Aujourd'hui, j'accepterai mes besoins et mon état « nécessiteux ». Je crois que je mérite que mes besoins soient comblés et je permettrai que cela arrive.

25 septembre — Faire la paix avec le passé

Même Dieu ne peut changer le passé.

AGATHON

Se cramponner au passé, que ce soit par culpabilité, par regret, par négation ou par rancune, c'est gaspiller une énergie précieuse, une énergie qui pourrait servir à transformer aujourd'hui et demain.

Voici ce que disait une femme en voie de guérison : « Je vivais dans mon passé. Soit que j'essayais de le changer, soit que je le laissais me contrôler. Habituellement, c'était les deux.

« Je me sentais constamment coupable des choses qui étaient arrivées. Des choses que j'avais faites ; des choses que d'autres m'avaient faites ; même si j'avais fait amende honorable pour presque toutes ces choses, la culpabilité m'habitait encore. Tout était de ma faute en quelque sorte. Je ne pouvais jamais lâcher prise tout simplement.

« Je me suis cramponnée à ma colère pendant des années, en me disant que j'avais raison. Je niais beaucoup de choses. Parfois, j'essayais d'oublier tout mon passé, mais je ne m'arrêtais jamais pour faire un tri ; mon passé était comme un nuage noir qui me suivait partout, et je ne pouvais pas m'en libérer. Je crois que j'avais peur de lâcher prise face à lui ; j'avais peur d'aujourd'hui et de demain.

« Je suis engagée dans le processus de guérison depuis bien des années maintenant, et il m'a fallu presque tout ce temps pour acquérir une juste perspective de mon passé. Je me rends compte que je ne peux pas l'oublier ; j'ai besoin d'en guérir. J'ai besoin de ressentir les sentiments que j'ai encore, surtout de la colère, et j'ai besoin de lâcher prise vis-à-vis d'eux.

« J'ai besoin de cesser de me blâmer pour les événements pénibles qui se sont produits, de croire que tout est arrivé au moment voulu et que tout est vraiment correct. J'ai appris à cesser de regretter, et à commencer à être reconnaissante.

« Quand je pense au passé, je remercie Dieu de la guérison et des souvenirs. S'il se produit une chose qui demande de faire amende honorable, je le fais et je n'y pense plus. J'ai appris à regarder mon passé avec compassion envers moi-même, confiante que ma Puissance supérieure dirigeait tout, même à cette époque.

« Je suis guérie de certaines des pires choses qui me sont arrivées. Je suis en paix avec moi-même au sujet de ces choses et j'ai appris que le fait d'être guérie de certaines d'entre elles me permettait d'aider autrui à guérir aussi. Je suis capable de voir que les pires choses ont contribué à former mon caractère et à développer certaines de mes meilleures qualités.

« J'éprouve même de la gratitude pour les relations qui ont échoué, car elles ont fait de moi celle que je suis et m'ont amenée là où je suis aujourd'hui.

« Ce que j'ai appris, c'est l'acceptation – sans culpabilité, sans colère, sans reproche ou sans honte. J'ai même dû apprendre à accepter les années pendant lesquelles je me suis sentie coupable, en colère, honteuse et pleine de reproches. »

Nous ne pouvons pas contrôler le passé. Par contre, nous pouvons le transformer en nous permettant de guérir de ce passé et en l'acceptant avec beaucoup d'amour envers nous-mêmes et envers les autres. Je le sais parce que cette femme, c'est moi.

Aujourd'hui, je commencerai par me savoir gré de mon passé. Je ne peux pas changer ce qui est arrivé, mais je peux transformer le passé en m'appropriant aujourd'hui mon pouvoir de l'accepter, d'en guérir et d'en tirer un enseignement.

26 septembre — Se sentir protégé

Notre tâche ne consiste pas à nous sentir naïvement en sécurité, à vivre et à aimer dans un monde utopique. Notre tâche consiste à nous sentir en sécurité, tout en apprenant à vivre et à aimer dans un monde qui n'est pas sûr.

Nous ne voulons pas insister sur les dangers, car cela donne du pouvoir à ce qui est négatif. Par contre, nous ne voulons pas non plus les ignorer ou prétendre qu'ils n'existent pas.

Lorsque nous allons prendre un bain de soleil, nous ne sommes pas naïfs au point d'ignorer les dangers du soleil. Nous savons que des rayons nuisibles peuvent brûler. Nous prenons des mesures pour nous protéger afin de pouvoir profiter des bienfaits du soleil.

C'est là notre tâche pendant la guérison.

Voici ce qu'une professionnelle de la relation d'aide m'a dit :

« Imaginez-vous entourée d'un écran pare-soleil. Placez-le autour de vous ; il ne doit pas être lourd et épais au point d'empêcher la lumière de passer, ni mince au point de vous exposer au danger.

« Imaginez-vous qu'un pare-soleil efficace vous protège. Assurez-vous que cet écran laisse passer ce qui est bon. Pendant quelque temps, votre écran était trop lourd. Il vous coupait de ce que vous vouliez. Changez-le maintenant pour qu'il laisse passer ce qui est bon.

« C'est votre écran devant la vie et le monde. Visualisez-le. Imaginez-vous qu'il vous entoure sans cesse. Il vous enveloppe dans l'amour, dans le réconfort, dans la sécurité. Rien de mal ne peut pénétrer. Aucune énergie négative ne peut passer à travers.

« Allez en paix ; allez en sécurité ; allez maintenant en sachant que vous êtes protégée. Allez partout où vous devez aller. Le mal a été arrêté ; la bonne volonté vous entoure. Vous n'avez pas besoin d'en faire autant pour vous protéger. Vous pouvez vous détendre et profiter de la vie, confiante d'être en sécurité. Allez sans crainte parce que vous êtes enveloppée dans l'amour et la sécurité. Et vous le serez toujours. »

Aujourd'hui, je m'imaginerai entouré d'un écran qui bloque les rayons négatifs et nocifs du monde, mais qui est construit de façon à laisser passer ce qui est bon.

27 septembre — Reculs temporaires

Après avoir amorcé notre guérison, tout dans notre vie paraît parfois aller plus mal pendant quelque temps. Notre situation financière, nos relations ou notre santé peuvent sembler se détériorer.

C'est temporaire ; c'est une partie normale de la guérison et du travail sur soi. Il se peut qu'il en soit ainsi pendant quelque temps, mais ça ne durera pas.

Continuons de travailler à notre guérison, et la tendance se renversera. Avant longtemps, les choses iront mieux et nous nous sentirons mieux qu'avant. Cette fois, nos bases seront solides.

Aide-moi, mon Dieu, à Te faire confiance et à faire confiance à la guérison, même lorsque je connais des reculs. Aide-moi à me rappeler que les problèmes sont temporaires et que, lorsqu'ils seront réglés, je me retrouverai en terrain solide.

28 septembre — La prière

Voici certaines de mes prières favorites :

Au secours. S'il te plaît. Ne fais pas cela.
Montre-moi. Guide-moi. Change-moi.
Es-tu là ?
Pourquoi as-tu fait cela ? Oh. Merci.

Aujourd'hui, je dirai à Dieu ce que je veux lui dire et j'écouterai Sa réponse. Je me rappellerai que je peux faire confiance à Dieu.

29 septembre — L'importance de l'argent

Nous ne pouvons pas permettre à l'argent de devenir le centre de notre vie. Cela ne nous apportera pas l'abondance que nous recherchons. En règle générale, cela ne nous donnera même pas une stabilité financière.

L'argent est important. Nous méritons d'être payés à notre juste valeur. Nous serons payés à notre juste valeur quand nous croirons que nous méritons de l'être. Cependant, nos plans échouent souvent lorsque l'argent devient notre principale préoccupation.

Qu'est-ce que nous voulons vraiment faire ? Vers quoi nous sentons-nous poussés ? Que nous dit notre instinct ? Que nous sentons-nous conseillés de faire ? Quelle activité nous remplit d'*enthousiasme* ? Cherchons un moyen de la faire sans nous inquiéter au sujet de l'argent.

Examinons les aspects financiers. Établissons des limites au sujet du salaire dont nous avons besoin. Soyons raisonnables. Attendons-nous à commencer au bas de l'échelle et à monter. Par contre, lorsque nous nous sentons attirés par un emploi, prenons-le.

Y a-t-il quelque chose que nous ne voulons vraiment pas faire, quelque chose qui va à l'encontre de nos goûts, mais que nous nous efforçons de faire « pour l'argent » ? Habituellement, ce comportement se retourne contre nous. Ça ne marche pas. Nous nous rendons misérables, et les choses tournent généralement mal du point de vue financier aussi.

J'ai appris que lorsque je suis sincère avec moi-même au sujet d'un travail et de ce que j'ai besoin de faire, l'argent suit. Parfois, il n'y en a pas autant que j'en voudrais ; parfois, j'ai une surprise agréable et il y en a plus. Par contre, j'éprouve de la satisfaction et j'ai *suffisamment*.

L'argent doit entrer en ligne de compte, mais il ne doit pas être notre principale préoccupation lorsque nous recherchons la sécurité spirituelle et la paix de l'esprit.

Aujourd'hui, je tiendrai compte de l'argent, mais je ne lui permettrai pas de devenir ma principale préoccupation. Aide-moi, mon Dieu, à être sincère avec moi-même et à croire en toute confiance que l'argent suivra.

30 septembre — Ne pas être une victime

Nous ne sommes pas des victimes.

Comme l'image de victime que nous avons de nous-mêmes est profondément gravée en nous ! Comme nous sommes habitués à nous sentir misérables et sans aucun recours ! L'état de victime peut être comme un voile gris qui nous enveloppe et qui attire ce qui fera de nous une victime, tout en faisant naître en nous des sentiments de victime.

Il se peut que nous ayons tellement l'habitude de nous sentir victimes que nous nous sentons ainsi même quand de bonnes choses nous arrivent !

Tu as une nouvelle voiture ? Oui, soupirons-nous, mais elle ne roule pas aussi bien que j'espérais, et elle a coûté tellement cher...

Tu as une famille formidable ! Oui, soupirons-nous, mais il y a des problèmes. Et puis, nous avons eu des périodes si difficiles...

Il n'y a rien à dire, tu réussis bien dans ta carrière ! Ah ! soupirons-nous, il faut payer un prix élevé pour le succès. Et tout ce surcroît de paperasse...

J'ai appris que, quand nous nous y mettons, nous avons une aptitude incroyable, presque extraordinaire, à repérer ce qui est pénible dans n'importe quelle situation, même la plus merveilleuse.

Les épaules courbées, la tête penchée, nous nous promenons dans la vie en traînant les pieds et en encaissant des coups.

Ça suffit ! Enlevons ce voile gris du désespoir, de la négativité et du comportement de victimes. Lançons-le au loin ; laissons le vent l'emporter.

Nous ne sommes pas des victimes. Il se peut que nous ayons été des victimes. Il se peut que nous ayons nous-mêmes permis aux autres de faire de nous des victimes. Il se peut que nous ayons cherché, créé ou recréé des situations qui ont fait de nous des victimes. Mais nous ne sommes plus des victimes.

Nous pouvons détenir notre pouvoir. Nous ne devons pas nous permettre d'être des victimes. Nous ne devons pas permettre aux autres de faire de nous des victimes. Nous ne devons pas rechercher ce qu'il y a de pénible dans la plus pénible ou la meilleure des situations.

Nous sommes libres de nous tenir debout dans la lumière, d'être responsables de nous-mêmes.

Fixons des limites ! Occupons-nous de notre colère ! Disons à quelqu'un : non, arrête ça ! Mettons fin à une relation ! Demandons ce dont nous avons besoin ! Faisons des choix et assumons la responsabilité de nos choix. Explorons les diverses options. Donnons-nous ce dont nous avons besoin ! Tenons-nous bien droits, la tête haute et revendiquons notre pouvoir. Revendiquons notre responsabilité à l'égard de nous-mêmes !

Et apprenons à jouir de ce qui est bon.

Aujourd'hui, je refuserai de penser, de répondre, de parler ou d'agir comme une victime. Je revendiquerai plutôt dans la joie ma responsabilité à l'égard de moi-même et je fixerai mon attention sur ce qui est bon et bien dans ma vie.

Octobre

1er octobre — Être soi-même

En guérison, nous apprenons un nouveau comportement : être celui ou celle que nous sommes.

Cela peut être terrifiant pour certains d'entre nous. Qu'arriverait-il si nous ressentions ce que nous ressentons, si nous disions ce que nous voulons, si nous avions des convictions solides, si nous lâchions prise et renoncions à nous camoufler pour nous adapter ? Qu'arriverait-il si nous nous appropriions notre pouvoir d'être nous-mêmes ?

Les autres continueraient-ils de nous aimer ? Partiraient-ils ? Se fâcheraient-ils ?

Il arrive un moment où nous consentons et devenons prêts à prendre des risques. Pour poursuivre notre croissance et vivre avec nous-mêmes, nous nous rendons compte que nous devons nous libérer. Le temps est venu de cesser de permettre aux autres et à leurs attentes de nous contrôler ; le temps est venu d'être sincères avec nous-mêmes, quelles que soient les réactions des autres.

Avant longtemps, nous commençons à comprendre. Il se peut que certains partent, mais la relation aurait pris fin de toute façon. Ceux qui restent nous aiment et nous respectent davantage parce que nous prenons le risque d'être celui ou celle que nous sommes. Nous commençons à nouer des liens intimes et des relations qui *marchent*.

Nous découvrons que la personne que nous sommes a toujours été acceptable. Il était prévu que c'est celle que nous serions.

Aujourd'hui, je m'approprierai mon pouvoir d'être moi-même.

Comportement avec sa famille

Il existe de nombreuses façons de prendre soin de soi par rapport à sa famille. Certains choisissent de couper les liens avec les membres de leur famille pendant quelque temps. Certains choisissent de conserver leurs liens avec leur famille et d'apprendre d'autres comportements. Certains s'éloignent pendant quelque temps, puis reviennent peu à peu sur des bases différentes.

Dans la guérison, il n'existe pas une façon unique et parfaite de se comporter avec les membres de sa famille. C'est à chacun de choisir la façon qui lui convient et qui comble ses besoins à différentes périodes.

L'idée nouvelle que nous apporte la guérison, c'est que nous *pouvons choisir*. Nous pouvons fixer aux membres de notre famille les limites que nous avons besoin de fixer. Nous pouvons choisir une façon qui nous convient sans culpabilité, sans obligation ni influence indue d'aucune source, même des spécialistes de la guérison.

Notre objectif est de nous détacher avec amour des membres de notre famille. Notre objectif est d'être aptes à prendre soin de nous, de nous aimer et de vivre une vie saine, en dépit de ce que les membres de notre famille font ou ne font pas. C'est à nous de décider des limites ou des décisions qui sont nécessaires pour atteindre cet objectif.

Il est correct de dire non à notre famille quand c'est ce que nous voulons dire. Il est correct de dire oui à notre famille si ça nous semble bien. Il est correct de garder nos distances un certain temps, puis de revenir en étant une personne différente.

Aide-moi, mon Dieu, à choisir une façon de me comporter avec ma famille qui soit bien pour moi. Aide-moi à comprendre qu'il n'y a pas de bonne ni de mauvaise façon. Aide-moi dans mes efforts pour pardonner et apprends-moi à me détacher avec amour chaque fois que c'est possible. Je sais que cela ne signifiera jamais que je doive renoncer à prendre soin de moi et de ma santé pour le bien du réseau familial.

3 octobre — Surmonter le malaise

Capitulez par rapport à la souffrance. Puis apprenez à capituler par rapport à ce qui est bon. Le bon est là, et il en viendra encore davantage.

Au-delà de la codépendance

Dans le travail sur nous-mêmes, notre objectif est de nous sentir à l'aise, en paix, satisfaits. Être heureux. Nous voulons être en paix avec nous-mêmes et avec notre milieu. Pour cela, nous avons parfois besoin de consentir à faire face à un malaise, à le ressentir et à le surmonter.

Je ne parle pas ici d'une accoutumance au malheur et à la peine. Je ne parle pas de susciter inutilement des souffrances. Je parle du malaise légitime que nous avons parfois besoin de ressentir pendant notre guérison.

Lorsque nous subissons une opération, nous souffrons pendant presque toute la journée qui suit l'opération. Lorsque nous faisons le genre de travail que demande la guérison, nous effectuons sur nous une opération affective, mentale et spirituelle. Nous enlevons des morceaux de nous-mêmes qui sont infectés et irrités.

Cette opération fait mal parfois.

Nous sommes assez robustes pour survivre au malaise et aux sentiments temporaires de souffrance affective. Une fois que nous avons consenti à faire face à notre malaise et à notre souffrance, à les ressentir, nous sommes presque sur le point d'en être délivrés.

Aujourd'hui, je consens à faire face à mon malaise, confiant de trouver ensuite la guérison et la délivrance. Aide-moi, mon Dieu, à m'ouvrir à tout sentiment que j'ai besoin de ressentir pour être guéri et sain. Pendant que je ferai cela, je croirai en toute confiance que moi-même, mes amis, ma Puissance supérieure et l'univers prennent soin de moi et me protègent.

4 octobre — Foi et argent

Parfois, il n'y a pas assez d'argent pour payer les dépenses, encore moins pour s'offrir le superflu.

Il se peut que les gens nous disent de faire un budget ; cela nous fait sourire. Les dépenses que nous devons payer pour survivre dépassent nos revenus.

Nous considérons la situation et nous secouons la tête en disant : « Ça ne peut pas marcher. »

Beaucoup d'entre nous ont dû vivre de telles situations. Ce n'est pas le moment de paniquer ; ce n'est pas le moment de désespérer.

La panique et le désespoir entraîneront des erreurs de jugement et des gestes désespérés. C'est le moment de remplacer la peur par la foi. C'est le moment de croire que Dieu comblera nos besoins.

Prenons la vie un jour à la fois, et prenons nos besoins un à un. Servons-nous de nos aptitudes à survivre de façon positive. Sachons que le passé ou que notre situation actuelle ne limite pas nos possibilités.

Examinons tout blocage qui pourrait arrêter le flot d'argent dans notre vie. Y a-t-il une attitude, une question, une leçon que nous pourrions changer ou apprendre ?

Il s'agit peut-être d'une simple leçon de foi. Dans la Bible, il est dit que Jésus a marché sur l'eau. Il est dit que ses disciples pouvaient le faire eux aussi, mais lorsque leur peur a pris le dessus, ils se sont enfoncés dans l'eau.

Dans les périodes financières difficiles, *nous* pouvons apprendre à « marcher sur l'eau » concernant des questions d'argent. Lorsque nous faisons notre budget et qu'il n'y a pas assez d'argent pour survivre ni pour payer les dépenses courantes, faisons de notre mieux, puis lâchons prise. Faisons confiance à notre Source qui saura combler nos besoins. Lorsque survient une urgence et qu'il n'y a pas d'argent pour répondre à ce besoin, regardons au-delà de notre porte-monnaie. Regardons notre Source. Réclamons un approvisionnement divin, un approvisionnement illimité pour tous nos besoins.

Faisons ce que nous avons à faire. Efforçons-nous d'être financièrement responsables en pensées et en actes. Demandons la sagesse divine. Écoutons les suggestions de Dieu. Puis lâchons prise, renonçons à nos peurs et à notre besoin de contrôler.

Nous savons que l'argent est nécessaire pour vivre et pour être vivants ; notre Puissance supérieure aussi.

Mon Dieu, fais remonter à la surface tout blocage et tout obstacle en moi, à propos de l'argent. Aide-moi à prendre soin de moi financièrement. Si l'argent se fait rare, j'écarterai la peur et j'apprendrai à « marcher sur l'eau » à propos des questions financières. Je n'adopterai pas cette attitude pour justifier mon irresponsabilité. Je ferai ce que j'ai à faire, surtout lâcher prise face à ma peur, et je croirai en toute confiance que Tu feras le reste.

5 octobre — La connaissance

Apprenons à nous laisser guider dans la vérité.

Nous saurons ce que nous avons besoin de savoir quand nous aurons besoin de le savoir. Nous n'avons pas à nous sentir mal à l'aise de prendre tout notre temps pour apprendre à nous connaître. Nous n'avons pas à nous forcer pour acquérir une connaissance ou une prise de conscience de nous-mêmes avant que le moment soit venu.

Oui ! Il se peut que tout le monde ait vu une vérité particulière dans notre vie, et que nous l'ayons niée tant que nous n'avons pas été prêts à y faire face. C'est notre affaire et notre droit ! Nous avons notre propre cheminement, et nous découvrirons nos vérités au moment voulu, quand nous serons prêts, quand l'expérience de l'apprentissage sera terminée.

Il y a un concept qui nous aide énormément à croître et que nous pouvons acquérir pour nous-mêmes et pour autrui : c'est de nous permettre d'avoir notre propre processus de cheminement. Au cours de ce processus, nous pouvons apporter un soutien et des encouragements aux autres, et en recevoir d'eux. Nous pouvons écouter les autres et leur dire ce que nous pensons. Nous pouvons fixer des limites et prendre soin de nous selon les besoins. Par contre, nous devons continuer de nous donner à nous-mêmes – et il en va de même pour les autres – le droit de croître à notre propre rythme, sans porter de jugement et en étant totalement certains que tout est bien et arrive au bon moment.

Quand nous serons prêts, quand le moment sera venu et quand notre Puissance supérieure sera prête, nous saurons ce que nous avons besoin de savoir.

Aujourd'hui, je me permettrai d'avoir mon propre rythme, mon propre calendrier de croissance et de changement. Je permettrai la même chose aux autres. Je ne doute pas qu'au moment voulu je serai muni de connaissances sur moi-même, ainsi que d'outils pour faire face à ces connaissances.

6 octobre — Prendre soin de nous

Quand nous sommes pleins d'attention envers les autres et quand nous réagissons à leurs émotions et à leurs besoins, nous nous montrons sains, sages et aimants. Ce n'est pas la même chose que de les prendre en charge. La prise en charge est un comportement qui va à l'encontre du but recherché et qui brise nos relations ; c'est un comportement qui se retourne contre nous et provoque en nous des sentiments de rancune et la sensation d'être victimes, parce qu'un jour les choses que nous sentons, voulons et dont nous avons besoin finissent par remonter à la surface.

Certaines personnes semblent inviter la prise en charge affective. Nous pouvons apprendre à refuser cette invitation. Nous pouvons nous soucier d'elles ; nous pouvons être aimants dans la mesure du possible ; par contre, nous pouvons aussi accorder de l'importance à nos besoins et à nos sentiments. Une partie de la guérison consiste à apprendre à être attentifs et à accorder de l'importance à ce que nous ressentons, voulons et avons besoin d'avoir, parce que nous commençons à percevoir les conséquences claires, prévisibles et habituellement indésirables qui se produisent lorsque nous agissons autrement.

Soyons patients et gentils envers nous-mêmes pendant que nous apprenons cela. Soyons compréhensifs envers nous-mêmes lorsque nous retombons dans notre ancien comportement de prise en charge affective des autres en nous négligeant nous-mêmes.

Par contre, arrêtons ce cycle aujourd'hui même. Nous n'avons pas à nous sentir responsables des autres. Nous n'avons pas à nous sentir coupables de ne pas nous sentir responsables des autres. Nous pouvons même apprendre à nous sentir bien dans notre peau parce que nous assumons la responsabilité de nos besoins et de nos sentiments.

Aujourd'hui, je regarderai si je suis retombé dans mon ancien comportement, si j'assume la responsabilité des sentiments et des besoins d'une autre personne tout en négligeant les miens. Je m'approprierai mon pouvoir, mon droit et ma responsabilité de reconnaître ma propre importance.

7 octobre — Lâcher prise face à la naïveté

Nous pouvons être aimants, confiants, sans permettre pour autant qu'on se serve ou qu'on abuse de nous. Nous n'avons pas à laisser les autres nous faire tout ce qu'ils veulent. Toutes leurs demandes ne sont pas légitimes ! Toutes leurs demandes n'exigent pas un acquiescement !

Il se peut que la vie nous mette à l'épreuve. Les autres recherchent peut-être nos points faibles. Nous pouvons peut-être voir un dénominateur commun dans les limites qui sont testées dans notre vie. Si nous avons un point faible, il se peut que les membres de notre famille, nos amis, nos collègues de travail et nos voisins nous mettent maintes fois à l'épreuve dans ce domaine. La vie, les gens, l'univers et notre Puissance supérieure tentent peut-être de nous enseigner quelque chose de précis.

Quand nous aurons appris cette leçon, nous découvrirons que les problèmes dans ce domaine diminuent. Nous aurons fixé des limites et nous nous serons approprié notre pouvoir. Pour l'instant, nous apprenons notre leçon. Il se peut que, pendant quelque temps, nous ayons besoin d'être en colère contre certaines personnes, des personnes qui ont dépassé les limites de notre tolérance. C'est correct. Bientôt, nous nous débarrasserons de notre colère et nous acquerrons en échange de la gratitude. Ces personnes étaient là pour nous apprendre ce que nous ne voulons pas, ce que nous refusons de tolérer ainsi que la façon de nous approprier notre pouvoir.

Nous pouvons les remercier de ce que nous avons appris.

Jusqu'à quel point voulons-nous être tolérants ? Jusqu'où laisserons-nous les autres aller avec nous ? Quelle somme de colère et d'intuition faudra-t-il pour que nous en tenions compte ? Où sont nos limites ? En avons-nous ? Si nous n'en avons pas, nous avons un grave problème.

Il y a des moments où nous ne devons pas faire confiance aux autres, mais où nous devons plutôt nous faire confiance à nous-mêmes et fixer des limites à ceux qui nous entourent.

Aujourd'hui, je centrerai mon attention sur les domaines où j'ai besoin de limites plus saines. Je ne présumerai plus naïvement que l'autre personne a toujours raison. Au lieu de cela, je me ferai confiance, je m'écouterai, j'aurai et je fixerai des limites saines.

8 octobre — Apprendre à attendre

> *J'ai commencé à me rendre compte que l'attente est un art, que l'attente accomplit des choses. L'attente peut être très, très puissante. Le temps est précieux. Si vous attendez deux ans, vous pouvez parfois réaliser une chose que vous n'auriez pas pu faire aujourd'hui, même si vous aviez travaillé très dur, même si vous aviez jeté l'argent par les fenêtres, même si vous vous étiez sans cesse frappé la tête contre les murs…*
>
> Dennis WHOLEY,
> *The Courage to Change*

Les personnes qui réussissent le mieux à vivre et à aimer sont celles qui peuvent apprendre avec succès à attendre. Peu de gens apprécient l'attente ou l'apprentissage de la patience. Pourtant, l'attente peut être un outil puissant qui nous aide à accomplir beaucoup de bonnes choses.

Nous ne pouvons pas toujours avoir ce que nous voulons au moment où nous le voulons. Pour différentes raisons, ce que nous voulons faire, avoir, être ou réussir n'est pas possible pour nous actuellement. Par contre, il y a des choses que nous ne pourrions absolument pas faire ou avoir aujourd'hui, mais que nous *pouvons* avoir dans l'avenir. Nous risquerions de perdre la tête si nous tentions d'accomplir aujourd'hui ce qui surviendra naturellement et facilement plus tard.

Nous pouvons avoir la certitude que tout arrive comme prévu. Le temps de l'attente n'est pas du temps perdu. Quelque chose est en train de se préparer en nous, chez une autre personne, dans l'univers.

Nous n'avons pas à mettre notre vie en veilleuse pendant que nous attendons. Portons plutôt notre attention sur autre chose ; pratiquons entre-temps l'acceptation et la gratitude ; nous pouvons être certains que nous avons une vie à vivre pendant que nous attendons, et nous nous mettons donc à la vivre.

Faisons face à nos frustrations et à notre impatience, mais apprenons à attendre. Le vieux dicton selon lequel on ne peut pas toujours obtenir ce qu'on veut n'est pas tout à fait vrai. Dans la vie, nous pouvons souvent obtenir ce que nous voulons – surtout ce que notre cœur désire – lorsque nous sommes capables d'apprendre à attendre.

Aujourd'hui, je consens à apprendre l'art de la patience. Si je ressens de l'impuissance parce que j'attends que quelque chose se produise et que ce n'est pas moi qui décide du moment, je fixerai mon attention sur le pouvoir qui m'est offert grâce à l'apprentissage de l'attente.

9 octobre — Se révéler soi

En apprenant à révéler doucement qui nous sommes, nous nous ouvrons à l'amour et à l'intimité dans nos relations.

Beaucoup d'entre nous se sont cachés sous un écran protecteur, une cuirasse qui empêche les autres de les voir ou de les blesser. Nous ne voulons plus être *aussi* vulnérables. Nous ne voulons plus exposer aux autres nos pensées, nos sentiments, nos peurs, nos faiblesses et parfois nos forces.

Nous ne voulons pas que les autres voient qui nous sommes réellement.

Nous craignons peut-être qu'ils nous jugent, qu'ils partent ou qu'ils ne nous aiment pas. Nous ne savons peut-être pas si celui ou celle que nous sommes est assez bien, ou de quelle façon exactement nous devrions nous révéler aux autres.

La vulnérabilité peut être terrifiante, surtout si nous avons vécu avec des personnes qui nous ont violentés, maltraités, manipulés ou qui ne nous appréciaient pas.

Peu à peu, nous prenons le risque de nous révéler. Nous dévoilons aux autres la vraie personne en nous. Nous choisissons des gens sûrs, et nous commençons à dévoiler des parcelles de nous-mêmes.

Parfois, nous nous retenons par peur, en pensant que cela peut améliorer une relation ou aider les autres à nous aimer davantage. C'est une illusion. Ne pas révéler qui nous sommes ne nous aide pas et n'aide pas l'autre ni notre relation. Ne pas se révéler est un comportement qui peut jouer contre soi. Pour qu'il existe une intimité réelle et des liens étroits, pour que nous nous aimions et soyons satisfaits dans une relation, il nous faut dévoiler qui nous sommes.

Cela ne veut pas dire qu'il faut tout dire à tout le monde sur-le-champ. Un tel comportement peut aussi aller à l'encontre du but recherché. Nous pouvons apprendre à nous faire confiance au sujet des choses que nous pouvons dire, de ceux à qui nous pouvons les dire ainsi que du moment et du lieu où nous pouvons les dire.

Il est terrifiant de faire confiance aux gens et de croire qu'ils nous aimeront si nous sommes exactement celui ou celle que nous sommes. Par contre, c'est la seule façon dont nous pouvons obtenir ce que nous voulons dans une relation. La clé, c'est de lâcher prise, c'est de renoncer à notre besoin de contrôler les autres, leurs opinions, leurs sentiments à notre sujet et évidemment, notre relation avec eux.

Nous pouvons apprendre à nous ouvrir doucement, comme une fleur. Comme une fleur, nous le ferons lorsque le soleil brillera et qu'il y aura de la chaleur.

Aujourd'hui, je commencerai à prendre le risque de dévoiler celui ou celle que je suis à quelqu'un auprès de qui je me sens en sécurité. Je lâcherai prise face à certains de mes moyens de protection et je risquerai d'être vulnérable, même si on m'a peut-être enseigné le contraire, même si je me suis peut-être enseigné le contraire. Je dévoilerai qui je suis d'une façon qui reflète ma franchise, mon honnêteté ainsi que mon sens des responsabilités et mon amour envers moi-même. Aide-moi, mon Dieu, à lâcher prise face à ma peur de révéler aux autres qui je suis. Aide-moi à accepter qui je suis, et aide-moi à lâcher prise face à mon besoin d'être celui ou celle que les autres veulent que je sois.

10 octobre — Les gains d'une relation destructrice

Il peut parfois s'avérer utile de comprendre qu'une relation destructrice qui nous cause tant de souffrance nous apporte quelque chose.

Il se peut que cette relation se nourrisse de notre état de détresse ou de notre rôle de martyr.

Il se peut que cette relation satisfasse notre besoin d'être indispensables, qu'elle accroisse notre estime personnelle en nous faisant sentir que nous contrôlons l'autre personne ou que nous lui sommes moralement supérieurs.

Certains évitent des responsabilités financières ou autres en maintenant une certaine relation.

« Mon père abusait de moi sexuellement quand j'étais enfant, disait une femme. À cause de ça, j'ai passé les vingt années suivantes à le faire chanter sur les plans affectif et financier. Je pouvais obtenir de lui tout l'argent que je voulais et je n'ai jamais eu à devenir financièrement responsable de moi-même. »

Admettre que notre codépendance peut avoir bénéficié d'une relation n'est pas une raison d'avoir honte. Cela veut dire que nous cherchons en nous les blocages qui peuvent entraver notre croissance.

Nous pouvons assumer nos responsabilités pour le rôle que nous avons peut-être joué en restant des victimes. Une fois que nous aurons consenti à regarder honnêtement et sans crainte ces gains et que nous lâcherons prise, nous trouverons la guérison que nous cherchons. Nous serons également prêts à recevoir les gains positifs et sains que procure une relation, les gains que nous voulons vraiment et dont nous avons besoin.

Aujourd'hui, je ferai attention à ce que j'ai peut-être gagné en maintenant une relation malsaine ou en laissant fonctionner des systèmes destructeurs. Je me montrerai disposé à lâcher prise et à renoncer à mon besoin de rester dans un système malsain ; je suis prêt à m'affronter moi-même.

11 octobre — La guérison

Comme il est facile de blâmer les autres pour nos problèmes. « Regarde ce qu'il fait... Tu vois depuis combien de temps j'attends... Pourquoi n'appelle-t-elle pas ?... Si seulement il voulait changer, je serais heureuse... »

Souvent, nos accusations sont justifiées. Nous éprouvons probablement de la souffrance et de la frustration. Dans ces moments-là, nous nous mettons peut-être à croire que la solution à notre souffrance et à notre frustration est soit d'amener l'autre à faire ce que nous voulons, soit d'obtenir les résultats que nous souhaitons. Pourtant, ce sont là des illusions qui vont à l'encontre du but recherché et qui mettent, dans notre vie, le pouvoir et le contrôle entre les mains des autres. Cela s'appelle la *codépendance*.

La solution à notre souffrance et à notre frustration, si valables qu'elles soient, est d'admettre nos propres sentiments. Nous ressentons notre colère, notre douleur, puis nous lâchons prise, nous renonçons à ces sentiments et nous trouvons la paix – en nous-mêmes. Nous savons qu'une autre personne ne contrôle plus notre bonheur, même si nous étions convaincus du contraire. Cela s'appelle l'*acceptation*.

Ensuite, nous décidons que, même si nous aimerions être dans une situation différente, il y a peut-être une raison pour que notre vie se déroule ainsi. Il se peut qu'un objectif supérieur, qu'un plan meilleur que celui que nous pourrions avoir conçu, soit en train de se manifester. Cela s'appelle la *foi*.

Nous décidons alors de ce que nous avons besoin de faire, de ce qui est en notre pouvoir de faire pour prendre soin de nous. Cela s'appelle la *guérison*.

Il est facile de pointer une autre personne du doigt, mais il est plus fructueux de nous pointer nous-mêmes du doigt avec douceur.

Aujourd'hui, je vivrai avec ma souffrance et ma frustration en m'occupant de mes propres sentiments.

12 octobre — Deuil et douceur envers soi

Le processus d'adaptation à un changement et à une perte demande de l'énergie. Le deuil est fatigant, parfois épuisant. Pour surmonter leur deuil, certains ont besoin, selon les mots de Pat Carnes, d'un « cocon pour leur transformation ».

Il se peut que nous nous sentions plus fatigués que d'habitude. Notre aptitude à bien fonctionner dans d'autres domaines de notre vie est peut-être temporairement réduite. Il se peut que nous voulions nous dissimuler dans la sécurité de notre chambre. Le deuil est lourd à porter. Il peut nous épuiser.

Il est correct de faire preuve de douceur envers soi-même dans les moments de changement et de deuil. Nous voulons évidemment maintenir la discipline de la guérison. Mais nous pouvons faire preuve de compassion envers nous-mêmes. Pendant ces périodes, nous ne devons pas nous attendre à plus de nous-mêmes que ce que nous sommes capables de donner. Nous ne devons même pas nous attendre à ce qu'il serait raisonnable d'attendre en temps normal.

Il se peut que nous ayons besoin de plus de repos, de plus de sommeil, de plus de confort. Il se peut que nous éprouvions plus de besoins et que nous ayons moins à donner. Pendant ces périodes de deuil, de tension et de changement, il est correct de nous accepter nous-mêmes et d'accepter nos nouveaux besoins.

Il est correct de nous autoriser à nous enfermer dans notre cocon pendant ces périodes de transformation. Nous pouvons capituler devant le processus et croire en toute confiance qu'une énergie nouvelle et excitante est en train de naître au fond de nous. Bientôt, nous aurons des ailes et nous pourrons voler.

Aide-moi, mon Dieu, à accepter mes nouveaux besoins pendant les périodes de deuil, de changement et de perte.

13 octobre — Le fond avant la forme

> *Je suis en train d'apprendre que, pour diverses raisons, pendant presque toute ma vie, je me suis concentrée sur le contenant plutôt que sur le contenu. Mon attention était centrée sur les choses suivantes : être coiffée à la perfection, porter les bons vêtements, avoir un maquillage impeccable, habiter le bon quartier, posséder les bons meubles, occuper le bon emploi et avoir le bon compagnon. C'est la forme, et non le fond, qui a contrôlé mon comportement dans bien des domaines de ma vie. Aujourd'hui, je découvre enfin la vérité. C'est le fond qui compte.*
>
> Anonyme

Il n'y a rien de mal à vouloir paraître de notre mieux. Que nous nous efforcions de nous façonner une personnalité, une relation ou une existence, il nous faut quelques idées solides sur l'apparence que nous voulons avoir.

La forme nous donne un point de départ. Par contre, chez beaucoup d'entre nous, la forme a pris la place du fond. Il se peut que nous nous soyons centrés sur la forme en guise de compensation, parce que nous éprouvions de la peur ou un sentiment d'infériorité. Il se peut que nous nous soyons centrés sur la forme parce que nous ne savions pas comment nous centrer sur la substance.

La forme est un contour que la substance remplit. Nous remplissons le contour de nous-mêmes en étant authentiques ; nous remplissons le contour de notre vie en nous offrant à la vie et en y participant de notre mieux.

Maintenant que nous sommes en voie de guérison, nous apprenons à être attentifs à la façon dont les choses se déroulent et sont ressenties, et pas seulement à leur apparence.

Aujourd'hui, je centrerai mon attention sur la substance dans ma vie. Je remplirai le contour de ma personne avec une vraie personne – moi. Je me concentrerai sur la substance de mes relations, plutôt que sur leur apparence. Je ferai attention à la façon dont fonctionne réellement ma vie, plutôt qu'aux signes extérieurs.

14 octobre — Contrôler ou faire confiance

À une certaine époque de ma vie, je me sentais si effrayé et si dépassé par le simple fait de vivre que j'ai vraiment voulu établir un calendrier pour chaque jour de ma vie pendant les cinq années à venir. Je voulais y inscrire toutes les tâches que j'aurais à faire, le moment où il faudrait les faire, et même les moments de détente. Je voulais mettre un peu d'ordre dans ce qui semblait me dépasser. Je voulais sentir que je maîtrisais tout.

Anonyme

Vouloir tout maîtriser s'inscrit immédiatement en réaction à notre peur, notre panique et notre état de détresse.

C'est une réaction directe à notre sentiment d'être dépassés, et à notre méfiance.

Il se peut que nous n'ayons pas confiance en nous, en notre Puissance supérieure, que nous ne croyions pas au Plan, que nous n'ayons pas foi en l'univers ou dans le processus de vie. Au lieu d'avoir confiance, nous avons recours au contrôle.

Nous pouvons faire face à ce besoin de maîtrise en nous occupant de notre peur. Nous nous occupons de notre peur en ayant confiance – en nous-mêmes, en notre Puissance supérieure, en l'amour et dans le soutien de l'univers, dans le Plan et dans le processus que nous appelons la vie et le travail sur soi.

Nous pouvons croire en toute confiance que, lorsque les choses ne se déroulent pas comme nous le voulons, Dieu a planifié quelque chose de mieux.

Nous pouvons croire en toute confiance que nous irons là où nous avons besoin d'aller, que nous dirons ce que nous avons besoin de dire, que nous ferons ce que nous avons besoin de faire, que nous serons celui ou celle que nous avons besoin d'être et que nous deviendrons tout ce que nous pouvons devenir, au moment prévu, quand nous serons prêts et quand le temps sera venu.

Nous pouvons croire en toute confiance que notre Puissance supérieure et l'univers nous donneront toutes les orientations dont nous avons besoin.

Nous pouvons croire en toute confiance que nous écouterons et saurons réagir de la façon appropriée.

Nous pouvons croire en toute confiance que nous aurons tout ce qu'il nous faut pour ce voyage. Nous n'aurons pas tout ce qu'il nous faut pour tout le voyage aujourd'hui. Aujourd'hui, nous recevrons les provisions pour aujourd'hui, et demain, les provisions pour demain. Il n'a jamais été prévu que nous transportions les provisions pour tout le voyage. Le fardeau serait trop lourd, et il était prévu que la route soit facile.

Ayons confiance en nous. Nous n'avons pas à tout planifier, à tout contrôler et à tout programmer. Le programme et le plan sont écrits. Nous n'avons qu'à nous présenter. Le chemin deviendra clair et les provisions seront fournies amplement et clairement, jour après jour.

Ami, faisons confiance à la journée d'aujourd'hui.

Aujourd'hui, je croirai en toute confiance que je recevrai tout ce dont j'ai besoin pour ma journée. Je croirai en toute confiance que la même chose se produira demain.

15 octobre — Lâcher prise face au chaos

Aucun bon travail ne se fait dans l'agitation.

Il se peut que nous soyons motivés par l'agitation, la peur, la colère ou la tristesse. Ces sentiments visent parfois à nous forcer à agir. Pourtant, notre meilleur travail se fait une fois que nous avons remplacé ces sentiments par la paix.

Nous n'exécuterons pas notre tâche plus vite ou mieux sous l'impulsion de l'urgence, de la peur, de la colère ou de la tristesse.

Lâchons prise, renonçons à l'agitation. Laissons la paix prendre sa place. Nous n'avons pas à abandonner notre pouvoir, le pouvoir personnel que Dieu nous a donné – ou notre paix – pour faire le travail qui nous est demandé aujourd'hui. Au moment voulu, nous recevrons tout le pouvoir dont nous avons besoin pour faire ce qu'on attend de nous.

Laissons venir d'abord la paix. Puis agissons. Le travail se fera tout naturellement et à temps.

Aujourd'hui, je commencerai par être en paix, et je laisserai mon travail et ma vie découler de ce fondement.

16 octobre — Être honnête envers soi-même

Notre relation avec nous-mêmes est la relation la plus importante que nous ayons besoin de maintenir. La qualité de cette relation déterminera la qualité de nos autres relations.

Quand nous pourrons nous dire ce que nous ressentons en acceptant nos émotions, nous pourrons le dire aux autres.

Quand nous pourrons accepter ce que nous voulons et ce qu'il nous faut, nous serons prêts à voir nos désirs et nos besoins comblés.

Quand nous pourrons accepter ce que nous pensons et croyons, accepter ce qui est important pour nous, nous pourrons le faire savoir aux autres.

Quand nous saurons nous prendre au sérieux, les autres nous prendront au sérieux eux aussi.

Quand nous saurons nous moquer de nous, nous serons prêts à rire avec les autres.

Quand nous saurons nous faire confiance, nous serons dignes de confiance et prêts à faire confiance.

Quand nous pourrons éprouver de la gratitude pour celui ou celle que nous sommes, nous aurons appris à nous aimer.

Quand nous aurons appris à nous aimer et à accepter nos désirs et nos besoins, nous serons prêts à donner et à recevoir de l'amour.

Quand nous aurons appris à nous tenir debout tout seuls, nous serons prêts à nous tenir à côté de quelqu'un.

Aujourd'hui, je m'efforcerai d'avoir une bonne relation avec moi-même.

17 octobre — Sentiments et capitulation

Capituler est une expérience très personnelle *et* très spirituelle.

Capituler n'est pas quelque chose que nous pouvons faire dans notre tête, que notre seule volonté peut imposer ou contrôler. C'est une expérience qui se vit.

L'acceptation et la capitulation ne forment pas un colis bien ficelé. C'est souvent un colis plein de sentiments pénibles – colère, rage et tristesse, puis libération et soulagement. Lorsque nous capitulons, nous éprouvons de la frustration et de la colère contre Dieu, contre d'autres personnes, contre nous-mêmes et contre la vie. Puis nous parvenons au cœur de notre souffrance et de notre tristesse – au lourd fardeau affectif qui pèse en nous et duquel nous devons nous libérer pour nous sentir bien dans notre peau. Ces émotions sont souvent liées à notre travail sur nous-mêmes et à notre libération, à un niveau très profond.

La capitulation met tous les rouages en marche. Lorsque nous capitulons, nous nous libérons de notre peur et de notre angoisse face à l'avenir.

Nous sommes protégés. Nous sommes guidés. De bonnes choses sont prévues. Nous pouvons maintenant aborder l'étape suivante. La capitulation est le processus qui nous permet d'avancer. C'est le moyen utilisé par notre Puissance supérieure pour nous faire progresser.

En vivant péniblement et humainement cette expérience spirituelle, ayons confiance en la pertinence de notre démarche. La liberté nous attend.

Je serai attentif au processus de capitulation dans ma vie. Je me permettrai de ressentir toutes les émotions étranges et puissantes dont je dois me libérer.

18 octobre — Jeter le code de réglementation

Beaucoup d'entre nous ont l'impression d'avoir besoin, pour vivre leur vie, d'un code de réglementation, d'un microscope et d'une garantie. Nous ressentons de l'incertitude, de la crainte. Nous voulons la sécurité que donne la connaissance de ce qui va arriver et de notre façon d'agir.

Nous n'avons pas confiance en nous ni en la vie.

Nous ne croyons pas au Plan.

Nous voulons garder une emprise sur tout.

« Dans mes choix, a dit une femme, j'ai fait des erreurs terribles, des erreurs qui m'ont presque détruite. La vie m'a vraiment traumatisée. Comment puis-je me faire confiance ? Comment puis-je me fier à la vie et à mon instinct, après ce qui m'est arrivé ? »

Il est compréhensible que nous ayons peur d'être encore une fois écrasés, étant donné l'état dans lequel nous étions lorsque nous sommes sortis du fond de notre codépendance. Nous ne devons pas avoir peur. Nous devons avoir confiance en nous, en la voie qui est la nôtre, et en notre instinct.

Oui, nous voulons éviter de commettre les mêmes erreurs. Nous ne sommes pas les mêmes personnes que nous étions hier ou l'an dernier. Nous avons appris, grandi et changé. Nous avons fait ce qu'il fallait pour cela. Si nous faisons une erreur, cela ne nous empêchera pas de vivre et de profiter pleinement de la journée d'aujourd'hui.

Nous avons fini par comprendre que nous avions besoin de nos expériences – et même de nos erreurs – pour arriver là où nous sommes aujourd'hui. Savons-nous qu'il fallait que notre vie se déroule exactement comme elle s'est déroulée pour que nous nous trouvions nous-mêmes, que nous trouvions notre Puissance supérieure et ce nouveau mode de vie ? Une partie de nous continue-t-elle au contraire de qualifier le passé d'erreur ?

Nous pouvons lâcher prise face à notre passé et nous faire confiance maintenant. Nous n'avons pas à nous punir en nous servant de notre passé. Nous n'avons pas besoin d'un code de réglementation, d'un microscope, d'une garantie. Tout ce dont nous avons vraiment besoin, c'est d'un miroir. Nous pouvons regarder dans ce miroir et dire : « J'ai confiance en toi. Quoi qu'il arrive, tu peux prendre soin de toi. Et ce qui arrivera continuera d'être bon, meilleur que tu ne le crois. »

Aujourd'hui, je cesserai de m'accrocher aux leçons douloureuses du passé. Je porterai mon attention sur les leçons positives qu'aujourd'hui et demain me réservent. Je sais que je peux prendre soin de moi maintenant, et que je le ferai. Je sais que le Plan est bon, même quand je ne le connais pas.

19 octobre — Nos bons points

Qu'est-ce qu'un codépendant ? La réponse est facile. Ils sont parmi les gens les plus aimants et attentifs que je connaisse.

Au-delà de la codépendance

Il n'est pas nécessaire de limiter notre inventaire à nos points négatifs. Nous concentrer sur ce qui va mal est un des problèmes clés de notre codépendance.

Demandons-nous honnêtement, sans crainte : « Qu'est-ce qui va bien en moi ? Quels sont mes bons points ? »

« Suis-je une personne aimante qui prend soin des autres et les nourrit spirituellement ? » En nous occupant des autres, nous avons peut-être négligé de nous aimer nous-mêmes, mais le soutien spirituel est un bon point.

« Y a-t-il quelque chose que je fais particulièrement bien ? » « Est-ce que ma foi est puissante ? » « Suis-je là pour ceux qui ont besoin de moi ? » « Suis-je meilleur en tant que membre d'une équipe, ou en tant que meneur ? » « Est-ce que je manie habilement les mots ou les émotions ? »

« Ai-je le sens de l'humour ? » « Est-ce que je mets les gens de bonne humeur ? » « Est-ce que j'ai le don de réconforter les autres ? » « Suis-je toujours apte à trouver quelque chose de bon dans la moindre petite chose ? » « Est-ce que je vois ce qu'il y a de mieux chez les gens ? »

Ce sont là des traits de caractère positifs. Nous les avons peut-être poussés à l'extrême, mais c'est correct. Nous sommes en train de découvrir l'équilibre.

La guérison ne cherche pas à nous enlever notre personnalité. La guérison vise à nous faire changer, à nous faire accepter ou transformer nos points négatifs, ainsi qu'à parfaire nos points positifs. Nous avons tous des traits positifs ; il suffit que nous concentrions notre attention sur eux, que nous les dotions de pouvoir et que nous les fassions ressortir.

Les codépendants sont parmi les personnes les plus aimantes et les plus attentives aux autres. Nous apprenons maintenant à nous donner à nous-mêmes un peu de cette attention et de ce soutien spirituel.

Aujourd'hui, je me concentrerai sur ce qui est bien chez moi. Je me donnerai un peu des soins que j'ai offerts à tout le monde.

20 octobre — Se détacher avec amour

Les gens que nous aimons font parfois des choses que nous n'aimons pas ou que nous n'approuvons pas. Nous réagissons. Ils réagissent. Bientôt, nous réagissons tous les uns contre les autres, et c'est l'escalade.

Quand faut-il se détacher ? Quand nous sommes accrochés à une réaction de colère, de peur, de culpabilité ou de honte. Quand nous sommes accrochés à un jeu de pouvoir, c'est-à-dire à une tentative pour contrôler les autres ou les forcer à faire ce qu'ils ne veulent pas faire. Quand notre façon de réagir n'aide pas l'autre personne ou ne règle pas le problème. Quand notre façon de réagir nous fait du mal.

Souvent, il est temps de nous détacher quand le détachement semble être la chose la moins probable ou la moins possible.

La première chose à faire pour se détacher, c'est de comprendre que la réaction et le contrôle ne sont pas utiles. Ensuite, il faut trouver la paix – nous « recentrer » et retrouver notre équilibre.

Allons faire une promenade. Quittons la pièce. Allons à une réunion. Prenons un long bain chaud. Appelons un ami. Appelons Dieu. Respirons profondément. De ce lieu de paix et de recentrage surgira une réponse, une solution.

Aujourd'hui, je capitulerai et je croirai en toute confiance que la réponse est proche.

21 octobre — Responsabilité financière

« Quand j'ai entamé ma guérison de la dépendance chimique, a dit une femme, j'ai dû faire face, sans boire d'alcool, et à froid, à un désastre financier, et le mot “désastre” n'est pas trop fort.

« Au début, je n'étais pas capable de gagner beaucoup, et il était important pour moi de réparer mes torts. Il y avait des comptes en souffrance depuis des années. Il fallait que j'essaie de payer les comptes courants au fur et à mesure. J'avais bien plus d'argent à l'époque de ma dépendance. Cependant, avec le temps, ma situation financière s'est améliorée, lentement, graduellement. Je suis redevenue solvable. J'avais un compte de chèques. J'avais un peu d'argent en banque.

« Puis, j'ai épousé un alcoolique, et j'ai commencé à me rendre compte brutalement de ma codépendance. Je me suis perdue, j'ai perdu mes émotions, ma tête et tout le progrès que j'avais fait du point de vue de ma situation financière. Mon mari et moi avons ouvert un compte courant commun, et il a émis tellement de chèques sans provision que j'ai perdu le droit d'avoir un compte courant. Je le laissais utiliser sans cesse ma carte de crédit, et il me l'a fait perdre.

« Nous n'arrêtions pas d'emprunter pour rester à flot ; nous empruntions énormément à mes parents. Quand j'ai entamé le travail sur ma codépendance, je faisais face à nouveau à un vrai désastre financier. J'étais furieuse, mais peu m'importait qui était responsable. Je devais affronter mes graves difficultés financières pour être capable de reprendre en main cette partie de ma vie.

« Lentement, très lentement, j'ai commencé à me sortir de mon bourbier. Cela semblait impossible ! Je ne voulais même pas y penser, tellement la situation paraissait écrasante, sans espoir. Mais je m'y suis mise. Chaque jour, je faisais de mon mieux pour être responsable de moi-même.

« Une de mes décisions a été de me séparer de mon mari et de me protéger financièrement de lui du mieux que je le pouvais, avant et après le divorce. L'autre décision que j'ai prise a été de faire face aux difficultés et de commencer à reconstruire ma situation financière.

« Ce fut difficile. Nous devions une somme importante d'argent, et j'étais moins en mesure de gagner un bon revenu. Je souffrais ; j'avais une piètre opinion de moi-même ; j'avais peu d'énergie. Je ne savais pas comment je réussirais à échapper à mon cauchemar. Mais j'y suis parvenue. Lentement, graduellement, avec l'aide de ma Puissance supérieure, l'ordre s'est installé et a remplacé le chaos.

« J'ai commencé par ne pas dépenser plus que je gagnais. J'ai remboursé quelques créanciers, un petit peu à la fois. J'ai lâché prise face à ce que je ne pouvais pas faire, et je me suis concentrée sur ce que je pouvais faire.

« Huit ans ont passé. Aujourd'hui, je n'ai plus de dettes, ce que je n'avais jamais cru possible. Je vis confortablement et j'ai de l'argent en banque. Je suis redevenue solvable, une fois de plus. Et j'ai bien l'intention de le rester.

« Je ne suis pas prête à ruiner de nouveau ni ma santé, ni ma stabilité financière par amour ou par alcoolisme. Avec l'aide de Dieu et des Douze Étapes, ça n'arrivera plus. »

Jour après jour, dans la guérison, nous pouvons recouvrir la santé – mentale, affective, spirituelle, physique et *financière*. Il se peut que la situation empire avant de s'améliorer, parce que nous faisons enfin face à la réalité au lieu de l'éviter. Par contre, une fois que nous avons pris la décision d'être financièrement responsables de nous-mêmes, nous sommes sur la bonne voie.

Aide-moi, mon Dieu, à me souvenir que ce qui semble sans espoir aujourd'hui peut souvent être résolu demain, même si je suis incapable d'entrevoir une solution. Si j'ai permis aux problèmes des autres de me nuire financièrement, aide-moi à redéfinir et à rétablir mes limites en ce qui concerne l'argent et ce que je consens à perdre. Aide-moi à comprendre que je ne dois pas laisser l'irresponsabilité financière, la dépendance, la maladie ou le problème de quelqu'un d'autre me nuire financièrement. Aide-moi à continuer à vivre malgré mes difficultés financières actuelles, en croyant en toute confiance que les choses vont s'arranger si je consens à faire amende honorable et à être responsable.

22 octobre — Tenir son bout

Faisons-nous confiance. Faisons confiance à ce que nous savons.

Il est difficile parfois de nous en tenir à notre propre vérité et de faire confiance à ce que nous savons, surtout lorsque les autres tentent de nous convaincre du contraire.

Dans ces cas-là, il se peut que les autres soient en train de régler des problèmes de culpabilité et de honte. Ils ont peut-être leur propre cheminement. Ils sont peut-être plongés dans la négation. Ils aimeraient nous faire croire que nous ne savons pas ce que nous savons ; ils aimeraient que nous ne nous fassions pas confiance ; ils préféreraient que nous les suivions dans leur folie.

Nous n'avons pas à laisser notre vérité ou notre pouvoir aux mains des autres. Ce serait de la codépendance.

Il est dangereux de croire des mensonges. Quand nous cessons de croire notre propre vérité, quand nous réprimons notre instinct, quand nous nous disons que nous devons avoir tort de ressentir ce que nous ressentons ou de croire ce que nous croyons, nous portons un coup mortel à ce que nous sommes et à notre santé.

Quand nous ne tenons pas compte de cette importante partie de nous-mêmes qui sait où est la vérité, nous nous coupons de notre centre. Nous avons l'impression de perdre la tête. Nous plongeons dans la honte, dans la peur et dans la confusion. Nous ne pouvons plus nous orienter lorsque nous permettons à quelqu'un de nous faire perdre pied.

Cela ne veut pas dire que nous n'avons jamais tort. Par contre, nous n'avons pas *toujours* tort.

Soyons francs. Tenons-nous-en à notre propre vérité. Faisons confiance à ce que nous savons. Et refusons de céder à la dénégation, au non-sens, à la brutalité ou à la contrainte de ceux qui aimeraient nous faire perdre notre orientation.

Demandons que la vérité nous soit montrée clairement, non par la personne qui tente de nous manipuler ou de nous convaincre, mais par nous-mêmes, par notre Puissance supérieure et par l'univers.

Aujourd'hui, je ferai confiance à ma vérité, à mon instinct et à mon aptitude à me camper dans le réel. Je ne me laisserai pas ébranler par des brutalités, de la manipulation, des jeux, de la malhonnêteté ou des personnes au cheminement particulier.

Dès le réveil, chaque journée nous apporte un message important.

Souvent, une fois notre journée amorcée, nous ne sommes peut-être pas aussi attentifs à nous-mêmes et à la vie que nous le sommes pendant les quelques moments de tranquillité qui suivent notre réveil.

Le temps idéal pour être attentifs à nous-mêmes, c'est lorsque nous sommes couchés tranquillement, que nos défenses sont abaissées et que nous sommes réceptifs et très vulnérables.

Quel est le premier sentiment qui nous envahit, celui auquel nous essayons peut-être d'échapper pendant le reste de la journée ? Sommes-nous en colère, frustrés, blessés ou confus ? C'est sur ce sentiment que nous devons nous concentrer pour nous en occuper. C'est le problème que nous devons régler.

Au réveil, quelle est la première idée ou la première pensée qui traverse notre esprit ? Faut-il que nous terminions un projet à temps ? Avons-nous besoin d'une journée de plaisir ? D'une journée de repos ?

Nous sentons-nous malades et avons-nous besoin de nous ressourcer ? Nous sentons-nous dans un état d'esprit négatif ? Avons-nous une difficulté à résoudre avec quelqu'un ?

Avons-nous besoin de dire quelque chose à quelqu'un ? Est-ce que quelque chose nous tracasse ? Une chose nous semble-t-elle particulièrement bonne ?

Avons-nous une idée sur une chose que nous pourrions avoir ou faire et qui nous ferait nous sentir bien dans notre peau ?

Au réveil, quelle est la première question qui se présente ? Nous n'avons pas à avoir peur. Nous n'avons pas à nous dépêcher. Nous pouvons rester immobiles, écouter, et accepter le message.

Nous pouvons établir nos objectifs de guérison pour la journée en écoutant ce message du matin.

Aide-moi, mon Dieu, à lâcher prise et à renoncer à mon besoin de résister au flot harmonieux de la vie. Aide-moi à apprendre à me laisser porter par le courant et à accepter l'aide et l'appui que Tu as à offrir.

24 octobre — S'ouvrir à l'amour

Ouvrons-nous à l'amour qui nous est offert.

Nous ne devons pas limiter nos sources d'amour. Dieu et l'univers ont une provision illimitée de ce dont nous avons besoin, surtout d'amour.

Quand nous sommes réceptifs à l'amour, nous commençons à en recevoir. Il peut venir des sources les plus étonnantes, notamment de notre for intérieur.

Nous serons ouverts et attentifs à l'amour qui est là et qui a toujours été là pour nous. Nous ressentirons et apprécierons l'amour de nos amis. Nous remarquerons et apprécierons l'amour qui nous vient de notre famille.

Nous serons prêts également à recevoir de l'amour dans notre relation spéciale. Nous n'avons pas à accepter l'amour de personnes peu sûres qui nous exploitent ou avec qui nous ne voulons pas avoir de relations.

Par contre, il y a beaucoup d'amour sain qui nous est offert, de l'amour qui guérit notre cœur, comble nos besoins et fait chanter notre âme.

Nous nous sommes privés trop longtemps. Nous avons joué au martyr trop longtemps. Nous avons tellement donné et nous nous sommes permis de si peu recevoir. Nous avons payé ce que nous devions. Il est temps de continuer la chaîne de ce qui est donné et reçu en nous permettant de recevoir.

Aujourd'hui, je m'ouvrirai à l'amour qui me vient de l'univers. Je l'accepterai et je l'apprécierai quand il arrivera.

25 octobre — Lâcher prise face au passé

... sur ton livre ils sont tous inscrits, les jours qui ont été fixés, et chacun d'eux y figure.

Ps 139,16

Certains croient que chacune de nos journées a été planifiée, divinement préparée avant notre naissance. Dieu savait, disent-ils, et Il a planifié exactement ce qui devait arriver.

D'autres disent plutôt que nous avons participé à la planification de notre vie, que nous *avons choisi* – nous avons choisi les événements, les personnes et les circonstances appelés à survenir, afin de régler nos problèmes et d'apprendre les leçons que nous avions besoin de saisir.

Quelle que soit notre philosophie, notre interprétation peut être la même : notre passé n'est ni un accident, ni une erreur. Nous avons été là où nous devions être avec les personnes qu'il fallait. Nous pouvons nous approprier notre histoire avec ses souffrances, ses imperfections, ses erreurs et même ses tragédies. Cette histoire est à nous seuls ; elle a été prévue uniquement pour nous.

Aujourd'hui, nous sommes exactement là où il faut que nous soyons. Notre situation actuelle est exactement ce qu'il faut qu'elle soit, pour l'instant.

Aujourd'hui, je lâcherai prise face à ma culpabilité et à ma peur au sujet de mon passé et de ma situation actuelle. Je croirai en le fait qu'il est bon pour moi d'avoir été là où j'ai été et d'être là où je suis.

26 octobre — La clarté

Je sais bien que je dois me fier à Dieu, mais il m'arrive de l'oublier. Quand nous sommes au cœur d'une expérience, il est facile d'oublier qu'il y a un Plan. Parfois, nous ne pouvons voir que la journée en cours.

Si nous regardions pendant deux minutes le milieu d'une émission de télévision, elle n'aurait pas beaucoup de sens. Ce serait une histoire décousue. Si nous regardions pendant quelques instants un tisserand à l'œuvre, en ne voyant qu'une petite partie de son travail, sa tapisserie ne semblerait pas très belle. Nous ne verrions que quelques fils apparemment disposés au hasard.

Que de fois nous adoptons cette même perspective limitée pour considérer notre vie, surtout lorsque nous traversons une période difficile.

Lorsque nous vivons ces périodes confuses et difficiles d'*apprentissage*, nous pouvons apprendre à prendre une distance qui nous permette de voir les choses en perspective. Lorsque nous sommes bombardés d'événements qui suscitent divers sentiments, pensées et questions, nous sommes en train d'apprendre quelque chose d'important.

Nous pouvons croire en toute confiance que quelque chose d'utile est en train de se produire en nous, même quand la vie est difficile, même quand nous ne pouvons plus nous orienter. La connaissance de nous-mêmes et la clarté n'apparaîtront que lorsque nous aurons saisi la teneur de notre leçon.

La foi ressemble à un muscle. Il faut l'exercer pour la renforcer. Les muscles de notre foi se renforcent grâce aux expériences répétées suivantes : faire confiance à ce que nous ne pouvons voir, et croire en toute sérénité que les choses vont s'arranger.

Aujourd'hui, je croirai que les événements de ma vie n'arrivent pas par hasard. Mes expériences ne sont pas des erreurs. L'univers, ma Puissance supérieure et la vie ne s'en prennent pas à moi. J'éprouve les difficultés que j'ai besoin d'éprouver afin d'apprendre quelque chose de précieux, quelque chose qui va me préparer à la joie et à l'amour que je recherche.

27 octobre — Onzième Étape

Nous avons cherché, par la prière et la méditation, à améliorer notre contact conscient avec Dieu tel que nous Le concevions, Le priant seulement de nous faire connaître Sa volonté à notre égard et de nous donner la force de l'exécuter.

Onzième Étape Al-Anon

« … Le priant seulement de nous faire connaître Sa volonté à notre égard et de nous donner la force de l'exécuter » signifie que nous demandons chaque jour de connaître le plan de la journée. Nous demandons également à notre Source la force dont nous avons besoin pour l'exécuter. Ces deux demandes recevront une réponse positive.

Nous ne demandons pas aux autres de nous faire connaître leur volonté à notre égard. Nous le demandons à Dieu. Puis nous croyons que nous serons investis de la force nécessaire pour obéir à la volonté de Dieu.

Jamais, au grand jamais, Dieu ne nous demandera de faire quelque chose sans nous pourvoir de ce qu'il nous faut pour le faire. Il ne nous demandera jamais de faire une chose que nous sommes incapables de faire. Si nous avons à la faire, nous aurons la force de la faire. C'est la partie facile du programme. Nous n'avons jamais à faire plus que ce dont nous sommes capables, ou à faire une chose que nous sommes incapables de faire. Si nous voulons nous inquiéter et nous compliquer la vie, libre à nous, mais ce n'est pas nécessaire. C'est notre choix.

J'ai appris que cette étape me permet de traverser les bonnes comme les mauvaises périodes. Quand je ne sais plus ce que je dois faire, Dieu le sait. En mettant cette Étape en pratique, *un jour à la fois*, nous sommes entraînés dans des endroits que nous n'aurions jamais connus par nous-mêmes. Des actes simples, exécutés chaque jour selon la volonté de Dieu à notre égard, nous entraînent dans le grand Plan de notre vie.

Aujourd'hui, je m'appliquerai à demander à Dieu de me montrer ce qu'Il veut que je fasse. Je Lui demanderai la force de le faire ; puis, je m'y mettrai et je le ferai. Aide-moi, mon Dieu, à lâcher prise et à renoncer à ma peur de vivre ma vie au jour le jour. Aide-moi à croire que lorsque la vie est vécue simplement et en toute confiance, il en résulte une magnifique mosaïque appelée « ma vie ». C'est la volonté divine qui me dirige, me guide et prend soin de moi.

28 octobre — Méditation et prière

La Onzième Étape nous demande de méditer afin d'améliorer notre contact conscient avec Dieu. La méditation est différente de l'obsession ou de l'inquiétude. L'obsession et l'inquiétude sont reliées à la peur. Méditer, c'est ouvrir notre esprit et notre énergie spirituelle à une relation avec Dieu.

Pour nous relier à Dieu, nous avons besoin de nous détendre le mieux possible et d'ouvrir notre conscience et notre inconscient à une Conscience supérieure qui est disponible pour chacun de nous.

Au milieu des activités de la journée et de la vie, il se peut que nous ayons l'impression de perdre notre temps si nous ralentissons notre rythme et si nous arrêtons notre travail pour faire ce genre de pause. Nous ne perdons pas plus notre temps que si nous nous arrêtons pour mettre de l'essence dans notre voiture lorsque le réservoir est presque à sec. C'est nécessaire, c'est bénéfique et nous gagnons du temps. En fait, la méditation peut créer plus de temps et d'énergie que les moments que nous lui consacrons.

Méditer et prier constituent de puissants moyens de guérison qui fonctionnent vraiment. Nous devons faire preuve de patience. Il n'est pas raisonnable de s'attendre tout de suite à une réponse, à une intuition ou à une inspiration.

Pourtant, les solutions apparaissent. Elles sont déjà en route si nous avons fait ce que nous avions à faire – si nous avons médité et prié – et si nous lâchons prise ensuite.

Nous avons le choix de prier et de méditer le matin en nous réveillant, pendant une pause-café ou le soir.

Lorsque notre contact conscient avec Dieu se sera amélioré, notre contact inconscient sera meilleur lui aussi. Nous nous retrouverons de plus en plus reliés à l'harmonie divine et à la volonté de Dieu à notre égard. Nous trouverons et maintiendrons une relation de l'âme, une relation avec Dieu.

Aujourd'hui, je prendrai un moment pour méditer et prier. Je déciderai quand le faire et pendant combien de temps. Je suis la création, l'enfant de Dieu, cette Puissance supérieure qui aime m'écouter et me parler. Aide-moi, mon

Dieu, à lâcher prise face à ma peur de ne pas être entendu ou entouré de soins par Toi. Aide-moi à savoir que Tu es là et que je suis capable de me relier à une conscience spirituelle.

29 octobre — L'acceptation

Chaque jour, une potion magique nous est offerte. Cette potion s'appelle l'*acceptation*.

On nous demande d'accepter bien des choses : nous-mêmes tels que nous sommes ; nos sentiments, nos besoins, nos désirs, nos choix et notre situation actuelle dans la vie. Les autres tels qu'ils sont ; l'état de nos relations avec eux. Nos problèmes. Nos bonheurs. Notre situation financière. L'endroit où nous vivons. Notre travail, nos tâches, notre rendement dans ces tâches.

La résistance ne nous fera pas progresser et n'éliminera pas non plus ce qui est indésirable. Par contre, il nous faut peut-être accepter même notre résistance. Même la résistance cède et se transforme devant l'acceptation.

L'acceptation est cette magie qui rend le changement possible. Nous n'acceptons pas pour toujours, mais pour le moment présent.

L'acceptation est cette magie qui fait que notre situation actuelle est bonne. Elle apporte la paix et la satisfaction, elle ouvre la porte à la croissance, au changement et au progrès.

Elle fait briller la lumière de l'énergie positive sur tout ce que nous avons et sur tout ce que nous sommes. Dans le cadre de l'acceptation, nous décidons de ce que nous devons faire pour prendre soin de nous.

L'acceptation donne du pouvoir à ce qui est positif et fait savoir à Dieu que nous avons capitulé en faveur du Plan. Nous avons saisi la leçon d'aujourd'hui et nous sommes prêts à poursuivre la route.

Aujourd'hui, j'accepterai. Je renoncerai à mon besoin de résister à moi-même et à mon milieu. Je capitulerai. Je cultiverai la satisfaction et la gratitude. Je progresserai dans la joie en acceptant d'être là où je suis aujourd'hui.

30 octobre — Savoir apprécier sa vie

Nous avons une vie réelle, bien à nous. Oui, c'est exact. Ce sentiment de vide, cette impression que tous sauf nous ont une vie à eux – une vie importante, précieuse et bonne – est une séquelle du passé. C'est aussi une conviction autodestructrice qui est fausse.

Nous sommes réels. Notre vie aussi est réelle. Plongeons dedans et nous le verrons bien.

Aujourd'hui, je vais vivre ma vie et l'apprécier parce qu'elle est à moi.

31 octobre — Tous nos besoins

En retour, mon Dieu comblera tous vos besoins, selon sa richesse, avec magnificence...

Ph 4,19

Ce verset m'a aidée bien des fois. Il m'a aidée quand je me demandais d'où viendrait mon prochain ami, la prochaine manifestation de sagesse, la prochaine connaissance de moi-même ou mon prochain repas.

Tout ce dont j'ai besoin aujourd'hui me sera fourni. Les gens, les emplois, les choses à notre disposition immédiate ne viennent pas de notre propre source. Nous sommes reliés à une Source supérieure, à une source d'approvisionnements infinis et immédiats : Dieu et Son univers.

Notre tâche est de nous permettre d'être en harmonie avec notre Source. Notre tâche est de croire et d'espérer en notre véritable Source. Notre tâche est d'abandonner la peur, les pensées négatives, les restrictions et l'idée que nous manquons de tout.

Tout ce qu'il nous faut nous sera fourni. Que cela devienne une réponse naturelle à toutes les situations, à toutes les situations de besoins. Rejetons la peur. Rejetons les idées de manque et de restrictions. Soyons réceptifs à l'abondance.

Chérissons le besoin parce qu'il fait partie de notre relation avec Dieu et Son univers. Dieu a prévu de combler tous nos besoins ; il a créé un besoin en nous pour pouvoir nous approvisionner. Aucun besoin n'est trop petit ni trop grand. Si nous nous occupons de notre besoin et si nous l'apprécions, Dieu s'en occupera et l'appréciera.

Notre rôle est d'assumer la responsabilité de posséder ce besoin. Notre rôle est de donner ce besoin à l'univers. Notre rôle est de lâcher prise dans la foi. Notre rôle est de donner à Dieu la permission de combler nos besoins, en croyant que nous méritons de voir nos besoins – et nos désirs – comblés.

Notre rôle est de donner de façon saine, nous pour prendre les autres en charge, non par culpabilité, obligation et codépendance, mais parce que nous avons une relation saine avec nous-mêmes, avec Dieu et avec toutes les créations de Dieu.

Notre rôle est d'être simplement celui ou celle que nous sommes, et d'aimer l'être.

Aujourd'hui, je m'exercerai à croire que tous mes besoins d'aujourd'hui seront comblés. Je marcherai en harmonie avec Dieu et Son univers, sachant que je compte.

Novembre

1er novembre — La transformation pendant le deuil

En guérison, nous nous efforçons de parvenir à l'acceptation – acceptation de nous-mêmes, de notre passé, des autres et de notre situation actuelle. L'acceptation nous apporte la paix, la guérison et la liberté, la liberté de prendre soin de nous-mêmes.

Mais cela ne se fait pas du jour au lendemain. Avant d'y arriver, nous franchissons différentes étapes : dénégation, colère, négociation et tristesse. Nous appelons ces étapes « processus de deuil ». Le deuil peut entraîner la frustration et la confusion. Nous pouvons osciller entre la tristesse et la dénégation. Notre conduite peut être hésitante. Il peut arriver que les autres ne nous comprennent pas et que nous-mêmes n'arrivions pas à nous comprendre, ni à expliquer notre propre conduite lorsque des peines nous affligent. Puis, un jour, les choses apparaissent clairement. Le brouillard se dissipe et nous nous apercevons que nous luttons pour affronter et accepter une réalité particulière.

Nous n'avons pas à nous inquiéter. Si nous prenons soin de nous-mêmes et que nos gestes vont dans ce sens, nous traverserons ce processus au rythme voulu. Soyons compréhensifs envers nous-mêmes et envers les autres, car la façon dont nous vivons les transitions est tout à fait humaine.

Aujourd'hui, j'accepterai la façon dont je traverse les changements. J'accepterai le processus de deuil et les étapes qu'il comporte, puisque c'est en les franchissant que l'on parvient à accepter les peines et le changement.

C'est en nous permettant de ressentir vraiment nos peines que nous pouvons nous abandonner au processus de la vie et à la guérison. Certains spécialistes, comme Patrick Carnes, déclarent que les Douze Étapes constituent « un programme permettant de faire face à nos épreuves et à notre deuil ».

Comment vivons-nous le deuil ?

Avec difficulté, de manière imparfaite et, en général, avec beaucoup de résistance. Souvent avec colère et en cherchant à négocier. Finalement, en nous abandonnant à la douleur.

Le processus de deuil, selon Elisabeth Kubler-Ross, comporte cinq stades : la dénégation, la colère, le marchandage, la dépression et, enfin, l'acceptation. Voilà comment nous vivons le deuil, comment nous en arrivons à accepter et à pardonner ; voilà comment nous réagissons aux nombreux changements que la vie met sur notre route.

Bien que ce processus en cinq étapes paraisse bien ordonné sur le papier, il ne l'est pas dans la vie. Nous ne le suivons pas d'une façon très structurée. En général, nous le traversons en nous débattant, en regimbant et en protestant, en nous agitant – jusqu'à ce que nous parvenions à cet état serein qu'on nomme acceptation.

Quand nous parlons de « choses qui ne sont pas réglées », nous faisons généralement allusion aux peines qui nous affligent encore. Nous parlons du fait d'être immobilisé, quelque part au milieu du processus de deuil. Chez les enfants adultes ou les codépendants, c'est en général au stade de la dénégation que cela se produit. Si la dénégation est le premier et le plus critique des stades du deuil, c'est aussi le premier pas vers l'acceptation.

Nous pouvons apprendre à connaître le processus de deuil et la façon dont il s'applique à la guérison. Celle-ci amène des changements qui, même positifs, peuvent être synonymes d'épreuves et, par le fait même, de chagrin. De mieux comprendre ce processus nous permet d'aider les autres, ainsi que nous-mêmes. Nous pouvons apprendre à vivre pleinement nos peines, à ressentir notre douleur, à accepter et pardonner, et ainsi éprouver la joie et l'amour.

Mon Dieu, aide-moi aujourd'hui à accepter le processus de deuil. Aide-moi à me permettre de le suivre sans trop de heurts et à en accepter toutes les étapes, afin de parvenir à la paix et à l'acceptation. Aide-moi à faire preuve de délicatesse envers moi-même et envers autrui, tandis que nous traversons ce processus si humain de la guérison.

3 novembre — La dénégation

La dénégation est un stade propice aux comportements de codépendance – chercher à dominer, être centré sur les autres et se négliger. À ce stade, la maladie, des comportements compulsifs ou des comportements de dépendance peuvent aussi apparaître.

La dénégation est parfois déroutante. C'est un peu comme le sommeil : on n'a pas vraiment conscience de dormir, jusqu'au moment où l'on se réveille. Nous obliger, nous ou qui que ce soit d'autre, à affronter la vérité est le plus souvent inutile. Nous n'affronterons les faits qu'au moment où nous serons prêts. Il semble en être ainsi pour tout le monde. S'il nous arrive, l'espace d'un instant, d'admettre la vérité, nous n'en prendrons véritablement conscience qu'au moment où nous nous sentirons en sécurité et assez bien préparés pour y faire face.

Il est bon de parler à des amis qui nous connaissent, nous aiment, nous soutiennent, nous encouragent et nous appuient.

Nous traiter avec douceur, avec amour, et cultiver une attitude positive envers nous-mêmes nous aidera. Pour trouver un guide au milieu de ces changements, il est bon de nous tourner vers nous-mêmes et vers notre Puissance supérieure.

La dénégation est la première étape vers l'acceptation. Le premier pas à faire pour la franchir est d'accepter de la vivre, pour ensuite nous permettre de progresser en douceur.

Mon Dieu, aide-moi aujourd'hui à trouver la confiance et l'assurance nécessaires pour accepter ce qu'il me faut accepter.

4 novembre — La colère

Il est naturel d'être en colère et de se livrer parfois à des reproches. Cela fait partie intégrante du processus qui nous amène à accepter les épreuves et le changement. La colère, la nôtre et celle des autres, est donc un sentiment que nous pouvons accepter tandis que nous passons de la dénégation à l'acceptation.

À mesure que nous acceptons les épreuves et le changement, il nous arrive de nous faire des reproches, ou encore de blâmer autrui ou notre Puissance supérieure. Il peut s'agir d'une personne qui a quelque chose à voir avec l'épreuve que nous subissons, ou qui en est simplement le spectateur. Nous pouvons nous entendre dire : « Si seulement il avait fait ceci... Si seulement je n'avais pas fait cela... Pourquoi Dieu n'a-t-Il pas fait les choses autrement ? » Nous savons que le blâme n'a pas de portée. La prise en charge de soi-même et la responsabilité personnelle, et non le rejet de la faute, sont les mots d'ordre de la guérison. La capitulation et la prise en charge de soi-même sont en fin de compte les seules choses qui puissent nous faire avancer, mais pour y parvenir, nous devrons peut-être nous accorder le droit de nous mettre en colère et de faire des reproches de temps en temps.

Il est bon de se rappeler que les autres aussi doivent peut-être franchir ce stade de colère pour parvenir à l'acceptation. Si nous ne permettons pas aux autres ni à nous-mêmes de passer par ce stade, le processus de deuil risque d'en être ralenti.

Faisons-nous confiance et fions-nous au processus de deuil. Notre colère ne durera pas indéfiniment. Mais celle-ci pourrait nous être nécessaire pendant un temps, ce temps passé à chercher ce qui aurait pu être, pour finalement accepter ce qui est.

Mon Dieu, aide-moi à accepter ma propre colère et celle d'autrui, la colère étant une étape normale pour parvenir à l'acceptation et à la paix. Dans ce but, soutiens les efforts que je fais pour me responsabiliser.

5 novembre — Faisons un pacte

> *Les choses n'allaient vraiment pas entre nous, mais je voulais tellement que ça réussisse. Je me disais toujours que si seulement je soignais mon apparence, si seulement je tâchais d'être plus affectueuse, plus gentille, il m'aimerait sûrement. J'ai tout essayé pour m'améliorer, alors qu'en réalité j'étais bien comme j'étais. Je ne me rendais pas compte de ce que je faisais jusqu'à ce que je fasse un pas en avant et que j'accepte la réalité.*
>
> Anonyme

L'un des stades les plus irritants qui mènent à l'acceptation est celui du marchandage. La dénégation procure une forme de béatitude et la colère donne un certain sentiment de puissance. Le marchandage, lui, est un stade où nous oscillons entre deux tendances : croire qu'on peut changer les choses et prendre conscience qu'il n'en est rien.

Il se peut que nous continuions de caresser des rêves, pour les voir aussitôt anéantis.

Beaucoup d'entre nous ont tenté par tous les moyens de négocier avec la réalité. Certains d'entre nous ont agi de manière qui semble absurde après coup, une fois qu'ils sont parvenus à l'acceptation.

« Si j'essayais d'être quelqu'un de mieux, alors ça n'arriverait pas… Si j'étais plus jolie, si la maison était plus propre, si je perdais du poids, souriais plus souvent, lâchais prise, m'accrochais bien, fermais les yeux en comptant jusqu'à dix et me mettais à sangloter, alors je n'aurais pas à affronter cette épreuve, ce changement. »

Des membres d'Alcooliques anonymes en auraient long à raconter sur leurs tentatives de marchandage avec des alcooliques : « Si la maison est plus propre, il ne boira pas… Si je lui fais plaisir en lui offrant une nouvelle robe, elle ne boira pas… Si j'achète une nouvelle voiture à mon fils, il va cesser de se droguer. »

Les enfants adultes ont marchandé, eux aussi, par rapport à leurs pertes : « Si je suis un enfant parfait, peut-être alors que maman ou papa va m'aimer et m'approuver, cesser de boire et être à mon écoute, comme je le souhaite. » Nous accomplissons des gestes graves, anodins ou plus ou moins importants, des gestes insensés parfois, pour parer, enrayer ou éviter la souffrance qu'entraîne l'acceptation de la réalité.

Il n'y a rien qui puisse remplacer l'acceptation de la réalité. C'est là notre but. Mais en cours de route, peut-être essaierons-nous de conclure un marché. Reconnaître nos tentatives de marchandage pour ce qu'elles sont, c'est-à-dire une partie du processus de deuil, nous aide à redevenir maîtres de notre vie.

Aujourd'hui, je m'accorderai, ainsi qu'à autrui, la liberté de regretter vraiment ce que j'ai perdu. Je m'en tiendrai pour responsable, mais je m'accorderai la permission d'être humain.

6 novembre — Prendre plaisir à la vie

Faites quelque chose d'amusant aujourd'hui.

Si vous vous détendez, laissez-vous aller sans vous sentir coupable, sans vous inquiéter du travail qui reste à faire.

Si vous êtes avec des êtres chers, montrez-leur que vous les aimez et laissez-les vous aimer aussi. Donnez-vous la possibilité de vous rapprocher.

Permettez-vous de prendre plaisir à votre travail, d'en goûter les côtés agréables.

Si vous faites quelque chose de distrayant, profitez-en et amusez-vous.

Qu'est-ce qui serait agréable ? Qu'est-ce qui vous plairait ? Y a-t-il un plaisir sain qui soit à votre portée ? Accordez-vous ce plaisir.

La guérison ne consiste pas uniquement à mettre fin à la douleur. La guérison consiste à apprendre à accomplir des gestes pour se sentir mieux ; puis à continuer de les faire pour se sentir bien.

Profitez de cette journée.

Aujourd'hui, je ferai quelque chose d'amusant, quelque chose qui me plaît, juste pour moi. Je veillerai à me donner un sentiment de bien-être.

7 novembre — Les relations

Toutes les relations que nous avons l'occasion de vivre ont quelque chose à nous apporter.

Parfois, il s'agit d'apprendre à adopter une certaine attitude : le détachement, l'estime de soi, le fait d'être assez sûrs de nous pour établir des limites, ou de nous approprier notre pouvoir d'une façon différente.

Certaines relations déclenchent en nous une guérison, nous aidant à résoudre soit des questions liées au passé, soit un problème auquel nous faisons face aujourd'hui.

Parfois, les leçons les plus importantes nous sont données par ceux de qui nous les attendions le moins. Les relations peuvent nous apprendre à nous aimer ou à aimer quelqu'un d'autre. Ou peut-être apprendrons-nous à laisser les autres nous aimer.

Parfois, nous ne comprenons pas très bien la leçon qui nous est donnée, surtout lorsque nous nous trouvons au milieu du processus. Mais nous pouvons être assurés qu'il y en a bien une et qu'elle nous enseignera quelque chose. Nous n'avons pas à diriger ce processus. Nous comprendrons, le moment venu. Nous pouvons également être assurés que ce que nous en tirerons correspond exactement à nos besoins.

Aujourd'hui, je serai reconnaissant de toutes les relations que je peux vivre. Je m'ouvrirai à ce que chacun peut m'apporter et m'apprendre. J'aurai l'assurance que je peux, moi aussi, apporter quelque chose aux autres.

Ceci par-dessus tout : sois fidèle à toi-même et il s'en suivra, comme la nuit le jour, que tu ne saurais être déloyal à personne.

William SHAKESPEARE

Sois fidèle à toi-même. Voilà une pensée sur laquelle peuvent s'appuyer ceux d'entre nous qui sont emportés par le tourbillon des besoins et des sentiments d'autrui.

Soyons à l'écoute de nous-mêmes. Quels sont nos besoins ? Ces besoins sont-ils satisfaits ? Que nous faut-il faire pour tenir compte de nos sentiments ? Que nous révèlent-ils sur nous-mêmes et sur la direction que nous devons prendre ?

Que voulons-nous faire ou dire ? Que nous dit notre instinct ? Fions-nous à notre instinct, même s'il paraît insensé et ne correspond pas aux règles et aux attentes des autres.

Parfois, les exigences des autres et les attentes confuses que nous avons à notre égard – les messages ayant trait à nos responsabilités envers autrui – peuvent créer une immense confusion et compliquer les choses.

Nous pouvons même nous persuader que faire plaisir aux gens, en allant à l'encontre de notre nature et en n'étant pas sincères, est une preuve de générosité et de loyauté !

C'est faux. Simplifions, retournons à l'essentiel. Cessons de nous sentir confus. En nous honorant et en nous respectant, nous serons fidèles à ceux qui nous entourent, même s'il nous arrive de leur déplaire.

Sois fidèle à toi-même. Ce sont là des mots simples, mais ce qu'ils expriment a le pouvoir de nous remettre sur la bonne voie.

Aujourd'hui, je m'honorerai, me chérirai et m'aimerai. Si je ne sais plus que faire, je serai fidèle à moi-même. Je me libérerai du pouvoir que les autres ont sur moi et des attentes qu'ils ont à mon égard.

Nous sommes nombreux à nous être donné trop de mal pour que des relations réussissent ; parfois, ces relations n'avaient aucune chance de réussir parce que l'autre n'était pas disponible ou refusait d'y participer.

Nous nous sommes donné trop de mal pour compenser le manque de disponibilité de l'autre. Nous avons peut-être été les seuls, ou presque, à fournir des efforts. Cela peut masquer le problème pendant un moment, mais le plus souvent, nous finissons par nous lasser. Puis, lorsque nous cessons de tout prendre sur nos épaules, nous constatons que la relation est inexistante, ou alors nous sommes parvenus à une lassitude telle que cela ne nous fait rien.

Être seul à fournir des efforts dans une relation n'a rien à voir avec le fait d'aimer, de donner ou de s'investir. C'est une attitude inutile qui va à l'encontre de la relation. Cela crée l'illusion qu'une relation existe, alors qu'en réalité ce n'est peut-être pas le cas. Cela permet à l'autre de ne pas assumer ses responsabilités et, comme la relation ne répond pas à nos besoins, nous finissons par nous sentir victimes.

Dans toute relation, même les meilleures, il y a des moments où l'un des partenaires participe plus que l'autre. Cela est normal. Mais si elle est permanente, cette façon de vivre la relation nous épuise, nous vide, nous laisse insatisfaits et nous plonge dans la colère.

Nous pouvons apprendre à apporter une contribution raisonnable, puis à laisser la relation se développer. Est-ce toujours nous qui tendons la perche ? Nous qui prenons les initiatives ? Nous qui donnons ? Sommes-nous toujours celui ou celle qui parle de ses sentiments et recherche l'intimité ?

Sommes-nous toujours celui ou celle qui attend, qui espère, qui travaille ?

Nous pouvons lâcher prise. Si la relation doit se poursuivre, elle se poursuivra et deviendra ce qu'elle est destinée à devenir. Nous ne facilitons pas ce processus en essayant de le diriger. Que nous le fassions pour nous-mêmes, pour l'autre ou pour sauver la relation, il est inutile d'essayer de forcer les choses ou de tout prendre sur nos épaules. Cela n'aide rien ni personne.

Laissons aller les choses. Attendons de voir. Cessons de nous en faire pour que les choses réussissent. Voyons comment elles se déroulent et attachons-nous à comprendre si c'est bien ce que nous voulons.

Aujourd'hui, je cesserai de tout prendre sur mes épaules dans mes relations. Je me ferai, ainsi qu'à l'autre, une faveur en exigeant que nous participions tous les deux. J'accepterai le niveau qu'atteignent naturellement les relations lorsque je joue mon rôle et laisse l'autre libre de décider quel sera le sien. Je peux être sûr que mes relations atteindront le niveau qui leur est propre. Je n'ai pas à faire, seul, tous les efforts.

10 novembre — Croyances concernant l'argent

J'allais assumer un nouveau poste dans une société. J'étais compétent dans mon domaine. Le directeur du personnel et moi en étions à discuter des conditions de travail, et celui-ci me demanda quel salaire je pensais mériter. Je réfléchis à la question et arrivai à un montant de 400 dollars (300 euros) par mois. C'était dans les années soixante. Je ne voulais pas demander un salaire trop élevé, alors je décidai de ne demander que le minimum pour vivre. Il m'engagea et me donna ce que j'avais demandé. Plus tard, lorsque je quittai ce poste, le directeur du personnel me dit qu'il aurait été prêt à me donner le salaire que j'aurais demandé. Si j'avais demandé 600 dollars ou même plus, ce qui à cette époque était un salaire très élevé, je l'aurais obtenu. Je m'étais limité à ce que je croyais mériter.

Anonyme

Que croyons-nous au sujet de l'argent ?

Croyons-nous que l'argent est mauvais, diabolique ? L'argent n'est ni l'un ni l'autre. C'est un bien pratique et nécessaire dans notre monde. Les gens en ont besoin pour se procurer de nombreux produits essentiels ainsi que des produits de luxe ; c'est aussi un moyen de récompenser leur travail. Cependant, aimer l'argent peut avoir un effet aussi autodestructeur qu'aimer n'importe quel autre bien. Nous pouvons être obsédés par l'argent ; nous pouvons nous en servir pour fuir nos relations et nos sentiments ; nous pouvons le dépenser de façon compulsive pour nous donner une sensation éphémère de puissance. L'argent n'est jamais que de l'argent.

Croyons-nous qu'il y a une pénurie ? Beaucoup d'entre nous ont grandi avec l'idée de la privation : il n'y en a pas assez. Il n'y en aura jamais assez. Si nous en avons un peu, il faut le garder et l'amasser, car il n'y en a plus.

L'argent ne manque pas. Nous n'avons pas à employer notre énergie à envier ceux qui en possèdent suffisamment. Il y en a amplement ici-bas.

Combien croyons-nous mériter ? Beaucoup d'entre nous se limitent à ce qu'ils croient mériter.

L'argent n'a rien de diabolique. Il n'y a pas de pénurie, mis à part celle qui provient de notre esprit et de notre attitude. Et ce que nous pensons mériter correspond à peu près à ce que nous recevrons.

Nous pouvons modifier nos croyances par des affirmations, en nous fixant des objectifs, en commençant là où nous sommes et en progressant lentement vers l'objectif que nous visons.

Aujourd'hui, j'examinerai mes croyances sur l'argent. J'amorcerai le processus qui consiste à me défaire de toute idée autodestructrice qui, sur le plan financier, peut constituer une limite ou une entrave.

11 novembre — La discipline

Les enfants ont besoin de discipline pour se sentir en sécurité ; il en va de même des adultes.

La discipline, c'est prendre conscience des conséquences logiques de notre comportement et d'assumer nous-mêmes ces conséquences.

La discipline, c'est apprendre à se montrer patient.

C'est aussi être prêt à travailler pour parvenir à ce que l'on veut.

La discipline consiste à adopter de nouveaux comportements et à les mettre en pratique.

C'est être à l'endroit où nous devons nous trouver, au moment voulu, peu importe ce que nous ressentons.

La discipline, c'est accomplir des tâches quotidiennes, qu'il s'agisse d'un comportement lié à la guérison ou de laver la vaisselle.

La discipline demande d'être persuadés que nos objectifs seront atteints, bien que nous ne puissions les discerner.

La discipline peut être épuisante. Il peut nous arriver d'avoir peur, d'être désorientés, incertains. Plus tard, nous en comprendrons l'utilité. Mais bien souvent, dans les moments où la discipline est nécessaire, les choses ne nous apparaissent pas aussi clairement. Nous ne croyons peut-être pas que nous avançons.

Mais nous progressons.

Notre tâche consiste simplement, pendant ces moments où la discipline est de rigueur, à écouter, à avoir confiance et à obéir.

Aide-moi, Toi ma Puissance supérieure, à apprendre à m'en remettre à la discipline. Aide-moi à T'exprimer ma reconnaissance, Toi qui Te soucies assez de moi pour permettre, dans mon existence, des moments où la discipline et l'apprentissage sont de rigueur. Aide-moi à bien comprendre que grâce à la discipline et à l'apprentissage, quelque chose d'important se sera produit en moi.

12 novembre — Le moment opportun

Attendre le moment opportun. S'il est inutile de remettre au lendemain et de faire traîner les choses, il est aussi inutile d'agir dans la hâte, avant que le moment ne soit venu.

Il arrive que la panique s'empare de nous et que la crainte nous pousse alors à agir. Nous accomplissons parfois des gestes prématurés dans le but de nous venger ou de punir quelqu'un. Nous agissons ou parlons trop vite dans le but de devancer quelqu'un ou de le contraindre à agir. Parfois, nous agissons dans la hâte de soulager l'anxiété ou le malaise que nous cause une situation dont l'issue est encore inconnue.

Un geste accompli trop tôt peut s'avérer aussi inefficace qu'un geste accompli trop tard. Il peut se retourner contre nous et créer plus de problèmes qu'il n'en résout. Habituellement, si nous savons attendre le moment opportun (ce n'est parfois qu'une question d'heures ou de minutes), le malaise disparaît et nous sommes alors en mesure d'accomplir ce que nous devons faire.

La guérison nous apprend à être efficaces.

Les réponses, les conseils que nous cherchons nous seront donnés. Il nous faut prier, avoir confiance, attendre et lâcher prise. La voie nous est montrée, nos pas sont guidés.

Aujourd'hui, je renoncerai à mon besoin de diriger et je saurai attendre le moment opportun. Quand le moment sera venu, j'agirai.

13 novembre — Prendre soin de nous

Nous n'avons pas à attendre que les autres viennent à notre rescousse. Nous ne sommes pas des victimes. Nous ne sommes pas impuissants.

Renoncer aux fausses croyances, c'est se rendre compte qu'il n'y a pas de princes charmants, pas de fées magiciennes dans l'espace qui veillent sur nous, prêts à voler à notre secours.

Il se peut que des maîtres viennent à notre rencontre, mais pas pour nous secourir, pour nous enseigner. Nous connaîtrons des gens bienveillants, mais eux non plus ne pourront nous sauver, même s'ils tiennent à nous. Nous aurons de l'aide, mais aider ce n'est pas secourir.

Notre sauveur n'est nul autre que nous-mêmes.

Nos rapports avec les autres s'amélioreront grandement lorsque nous cesserons d'aller à leur secours et de nous attendre à ce qu'ils en fassent autant pour nous.

Aujourd'hui, je cesserai de douter de moi-même et d'avoir peur, car cela m'empêche d'agir avec une assurance qui serait tout à mon avantage. Je peux prendre soin de moi-même et laisser les autres en faire autant.

14 novembre — Exprimer notre colère

Il est normal d'être en colère, mais il n'est pas bon d'être amer. En dépit de ce que nous avons appris dans notre enfance, peu importe les modèles que nous avons eus, nous pouvons apprendre à manifester notre colère d'une façon qui soit saine pour nous et pour ceux qui nous entourent. Nous pouvons établir un lien avec les émotions que la colère suscite en nous ; nous pouvons nous approprier ces émotions, les ressentir, les exprimer, les libérer, puis nous en détacher.

Nous pouvons apprendre à écouter ce que la colère nous révèle sur les désirs et les besoins que nous avons.

Parfois, nous pouvons même nous permettre de piquer des colères qui ne sont pas justifiées. Les émotions ne sont que des émotions : sur le plan moral, elles ne sont ni bonnes, ni mauvaises, seule notre attitude compte. Nous pouvons être en colère sans pour autant nous montrer blessants ou grossiers avec les autres ou avec nous-mêmes. Nous pouvons apprendre à exprimer la colère d'une façon qui permette d'améliorer nos rapports avec les autres au lieu de les détériorer.

Si nous ne ressentons pas aujourd'hui les émotions que suscite notre colère, nous devrons leur faire face demain.

Aujourd'hui, je me permettrai de ressentir ma colère. Je l'exprimerai d'une manière convenable, sans culpabilité. J'en serai alors libéré.

15 novembre — Les bienfaits de la guérison

La guérison nous apporte deux bienfaits : les gains que nous faisons à court terme et ceux que nous faisons à long terme.

Les gains à court terme, ce sont les choses que nous pouvons faire aujourd'hui et qui nous apportent un mieux-être immédiat.

Nous pouvons nous réveiller le matin, passer quelques minutes plongés dans notre livre de méditation et nous sentir encouragés. Nous pouvons pratiquer l'une des Étapes et, souvent, en constater aussitôt l'effet sur notre humeur et notre façon de fonctionner. Nous pouvons participer à une réunion et en ressortir revigorés, parler à un ami et nous sentir réconfortés, ou encore adopter un nouveau comportement de guérison, par exemple tenir compte de *nos* sentiments ou simplement faire une chose qui nous fait du bien, et nous sentir soulagés.

La guérison nous apporte également d'autres bienfaits, mais ceux-ci n'apparaissent pas immédiatement après une journée, ni même après un mois. Ce sont les gains à long terme, les progrès importants que nous faisons dans notre vie.

Au fil des années, nous pouvons éprouver de grandes satisfactions. Nous pouvons voir notre foi grandir, jusqu'à ce que nous ayons personnellement avec notre Puissance supérieure une relation quotidienne qui soit aussi réelle, à nos yeux, que celle que nous avons avec notre meilleur ami.

Nous pouvons voir notre beauté grandir, à mesure que nous nous défaisons de la honte, de la culpabilité, de l'amertume, de la haine de soi, et autres sentiments négatifs accumulés dans le passé.

Nous pouvons voir que la qualité de nos rapports avec notre famille, nos amis et notre conjoint s'améliore. Nous nous apercevons que notre capacité à vivre l'intimité et la proximité, à donner et à recevoir, s'accroît de façon constante et graduelle.

Nous constatons que nous progressons dans notre carrière, que nous avons de plus en plus de créativité, de dynamisme, de rendement, mettant nos dons et nos talents à profit d'une manière agréable et qui apporte quelque chose aux autres.

Nous découvrons la joie et la beauté qui se trouvent en nous, chez les autres, dans la vie.

Le progrès à long terme est constant, mais parfois lent ; il se fait graduellement et souvent au prix de bien des pas en avant et en arrière. Mais en ayant chaque jour une conduite qui favorise la guérison et en accumulant assez longtemps les gains à court terme, on parvient à trouver des récompenses à long terme.

Aujourd'hui, je serai reconnaissant des récompenses immédiates et des récompenses à long terme qu'apporte la guérison. Si le travail de rétablissement est nouveau pour moi, je croirai que je peux parvenir à en retirer les bienfaits à long terme. Si je suis sur la voie de la guérison depuis un certain temps, je m'arrêterai pour réfléchir, et je serai reconnaissant de l'ensemble de mes progrès.

16 novembre — Le piège de la victime

C'est de croire que la vie doit être dure et difficile qui nous rend misérables.

Nous pouvons modifier les idées négatives que nous avons sur la vie et sur la possibilité que nous avons de mettre fin à notre souffrance et de prendre soin de nous-mêmes.

Nous ne sommes pas sans ressources. Nous sommes capables de surmonter nos difficultés. Nous avons le pouvoir, non pas de changer ni de diriger les autres, mais de résoudre les problèmes qui se posent à nous.

Se servir de toutes les difficultés qui se présentent comme d'un prétexte pour « prouver » que la vie est difficile et que nous n'y pouvons rien, voilà qui tient de la codépendance. C'est le piège de la victime.

La vie n'a pas à être difficile. En fait, celle-ci peut être facile et agréable. Il ne faut pas voir les choses, ni nous-mêmes d'ailleurs, pires qu'elles ne le sont. Nous n'avons pas à subir la vie.

Nous avons plus de pouvoir que nous ne le soupçonnons, même dans les moments difficiles. Et ces moments difficiles ne signifient pas que la vie soit si terrible ; ils font simplement partie des hauts et des bas de l'existence et, souvent, les choses s'arrangent pour le mieux.

Il nous est possible de changer, de modifier notre attitude et parfois même notre situation.

La vie est un défi qui nous est lancé. Elle apporte parfois plus de souffrances que nous ne l'aurions voulu, mais aussi parfois plus de joie que nous ne l'aurions cru.

Tout cela fait partie intégrante de la vie, et celle-ci vaut son pesant d'or.

Nous n'en sommes pas les victimes. Nous pouvons apprendre à échapper au rôle de victime. Si nous renonçons à croire que la vie doit nécessairement être pénible et difficile, celle-ci devient dès lors beaucoup plus facile à vivre pour nous.

Aujourd'hui, mon Dieu, aide-moi à renoncer à l'idée que la vie est si dure, si terrible et si difficile. Aide-moi à avoir une vision des choses qui soit plus saine et plus réaliste.

17 novembre — Deuil et action

Ayez foi en Dieu et faites quelque chose.

Mary LYON

Il est important de nous permettre de vivre notre deuil pour effectuer le passage entre hier et demain. Mais il n'est pas bon d'être indûment dominé par son deuil, par sa douleur.

Il y a eu des moments où nous avons vécu un deuil, où nous avons capitulé devant la lassitude, la fatigue, l'usure que les circonstances ont engendrée. Il sera bientôt temps d'y mettre fin. Le moment de passer à l'action approche.

Nous saurons lorsqu'il sera temps de mettre fin à cette peine devenue routinière. En nous et autour de nous, des signes apparaîtront. Nous nous lasserons de la lourdeur. Une idée nous viendra, une occasion se présentera. Non, trop difficile..., nous dirons-nous peut-être. Faisons-le quand même. Faisons un essai. Sortons de notre coquille. Donnons-nous un élan. Faisons quelque chose d'inhabituel, de différent, de spécial.

Une nouvelle activité peut contribuer à déclencher le processus de transformation.

Veiller un peu plus tard que d'habitude. Prendre rendez-vous en vue de faire quelque chose uniquement pour soi, quelque chose dont on n'a pas l'habitude. Rendre visite à quelqu'un qu'on n'a pas vu depuis des années. Faire quelque chose pour favoriser, pour stimuler l'énergie nouvelle qui commence à circuler.

Nous pouvons ne pas avoir envie de rompre avec le deuil. Il peut nous sembler plus sûr, plus facile de rester dans notre coquille. Quoi qu'il en soit, commençons à repousser les limites.

Mettons les parois de notre coquille à l'épreuve. Poussons, poussons encore un peu plus fort. Il est peut-être temps d'en sortir.

Aujourd'hui, je me fierai à Dieu et au processus, mais j'accomplirai aussi des gestes pour me sentir mieux.

18 novembre — Se laisser nourrir

Laissez-vous nourrir et aimer. Laissez les gens vous entourer. Laissez quelqu'un vous prendre dans ses bras si cela vous fait du bien. Laissez quelqu'un vous écouter, vous soutenir et vous encourager quand vous en avez besoin. Laissez-vous réconforter par la présence physique de quelqu'un lorsque vous en avez besoin. Acceptez qu'on vous soutienne moralement et qu'on s'occupe de vous.

Nous sommes depuis trop longtemps restés dans l'ombre, à nous préoccuper des besoins des autres et à prétendre que nous n'avions pas de besoins propres. Nous avons depuis trop longtemps fait taire la part de nous-mêmes qui attend avec impatience d'être nourrie.

Il est temps, aujourd'hui, de revendiquer ces besoins, de les reconnaître et de comprendre que nous méritons d'être satisfaits.

Quels sont nos besoins ? Qu'est-ce qui nous ferait du bien ? De quelle façon souhaitons-nous que les autres nous nourrissent et nous soutiennent ? Plus nous exprimerons clairement nos besoins, plus ils auront de chances d'être satisfaits.

Quelqu'un qui nous serre dans ses bras. Une oreille attentive. Le soutien, l'encouragement. La présence physique et morale de gens qui tiennent à nous. Cela ne paraît-il pas réconfortant ? Tentant ?

Quelqu'un m'a dit un jour : « Les années quatre-vingt ont été la décennie du "moi". Maintenant, les années quatre-vingt-dix pourraient être celle du "toi". »

Ma réponse fut immédiate : « Faisons des années quatre-vingt-dix la décennie du "toi" et "moi". »

Peu importe que nous soyons sur la voie de la guérison depuis longtemps ou non, nous aurons toujours besoin d'être nourris et aimés.

Aujourd'hui, je serai à l'écoute de mes besoins, tout en tenant compte des besoins de ceux qui m'entourent. Je peux commencer à tenir compte de mon besoin d'être nourri et aimé et adopter une attitude responsable à l'égard de mes besoins relationnels.

19 novembre — Accepter ses émotions

Pourquoi lutter autant contre nos sentiments ? Pourquoi nous donner autant de mal pour nier nos sentiments, surtout ceux que nous avons envers les autres ? Ce sont *simplement* des sentiments !

Au cours d'une journée, il peut nous arriver de nier que nous avons été agacés par quelqu'un qui nous vendait un service.

Il se peut que nous niions qu'un ami nous a déçus, irrités ou blessés.

Nous nions peut-être des sentiments de crainte ou de colère vis-à-vis de nos enfants.

Il y a toute une gamme de sentiments, vis-à-vis de notre conjoint ou de la personne avec qui nous avons une relation amoureuse, que nous pouvons refuser d'admettre.

Au travail, il peut nous arriver de nier des sentiments provoqués par des supérieurs ou des subordonnés.

C'est quelquefois par réaction aux autres que nous éprouvons certaines émotions. Il arrive parfois que les gens touchent quelque chose de profond en nous, une peine, une frustration que nous gardons depuis longtemps.

Quelle que soit la cause de nos émotions, elles n'en demeurent pas moins les nôtres. Elles nous appartiennent. Et l'acceptation est souvent la seule chose qui soit nécessaire pour les faire disparaître.

Cependant, nous ne devons pas nous laisser emporter par nos émotions. Nous n'avons pas à céder à toutes les impulsions qui nous viennent ni à nous complaire dans un comportement qui ne serait pas souhaitable.

Il est bon de parler de ce que nous ressentons avec quelqu'un en qui nous avons confiance. Parfois, nous avons besoin de confier nos sentiments à la personne qui les provoque et cela peut permettre un rapprochement, une certaine intimité. Mais c'est d'abord à nous-mêmes qu'il faut en parler. Si nous laissons les émotions nous traverser, si nous les acceptons et les libérons, nous saurons ce que nous devons faire ensuite.

Aujourd'hui, je me rappellerai que les émotions jouent un rôle important dans ma vie. Je serai à l'écoute de mes émotions, que ce soit dans le contexte de la vie familiale, de l'amitié, de l'amour ou du travail. Je me permettrai de ressentir mes émotions sans me juger.

20 novembre — Désirs et besoins

On a réussi à faire croire à tellement d'entre nous qu'ils ne pouvaient pas obtenir ce qu'ils désiraient dans la vie. C'est ce que le martyr s'imagine. Cette croyance est née de la crainte et de la privation.

Reconnaître les désirs et les besoins que nous avons, puis les mettre sur le papier, c'est mettre en branle une série d'événements qui font boule de neige. Cela montre que nous prenons nos responsabilités, accordant à Dieu et à l'univers la permission de répondre à nos désirs et à nos besoins.

La conviction que nous méritons de voir un changement dans notre caractère, de connaître une relation, ou une dimension nouvelle à celle que nous avons déjà, de jouir d'un bien, de la santé, de la vie, de l'amour ou de la réussite, est une force puissante qui permet à notre désir de se réaliser.

Souvent, lorsque nous prenons conscience d'un désir, c'est parce que Dieu nous prépare à voir ce désir comblé.

Soyez à l'écoute. Ayez confiance. Permettez aux bonnes choses de se produire dans votre vie en étant attentif à vos désirs, à vos besoins. Mettez-les sur le papier. Affirmez-les mentalement. Faites-en votre prière. Puis, renoncez-y pour les mettre entre les mains de Dieu et attendez de voir ce qui se produira.

Le résultat pourrait être meilleur que vous ne croyez.

Aujourd'hui, je serai attentif à mes désirs et à mes besoins. Je prendrai le temps de les écrire, puis je lâcherai prise. Je commencerai à croire que je mérite ce qu'il y a de mieux.

21 novembre — Insécurité financière

Assise dans la voiture, je regardais la pancarte affichée à la porte de la banque alimentaire : « Fermé jusqu'à vendredi », pouvait-on lire. Nous étions mercredi. J'avais deux enfants à nourrir, et moi-même ; je n'avais pas d'argent.

J'ai appuyé ma tête sur le volant. Je n'en pouvais plus. Je m'étais montrée si forte, si courageuse, si confiante pendant tellement longtemps. Divorcée depuis peu, j'étais un parent seul, mère de deux enfants. Avec courage, je m'étais efforcée d'être reconnaissante pour ce que j'avais, tout en me fixant des objectifs financiers et en m'efforçant de croire que je méritais ce qu'il y a de mieux.

J'avais enduré tant de pauvreté, tant de privations. Chaque jour, je mettais en pratique la Onzième Étape. Je priais avec tellement d'ardeur pour connaître la volonté de Dieu à mon égard et avoir la force de l'exécuter. Je croyais faire mon devoir dans la vie. Je ne flânais pas. Je faisais tout mon possible, je travaillais de mon mieux.

Mais je n'avais tout simplement pas assez d'argent. La vie avait été une lutte à bien des égards, mais la lutte pour l'argent semblait sans fin.

Il n'y a pas que l'argent qui compte, mais il en faut pour régler certains problèmes. J'en avais plus qu'assez de « renoncer » encore et encore. J'en avais assez de « faire comme si » j'avais suffisamment d'argent. J'étais fatiguée de devoir chaque jour me donner autant de mal pour oublier le souci et la crainte de manquer d'argent. J'étais lasse de tâcher d'être heureuse sans avoir le nécessaire. Pourtant, la plupart du temps, j'étais heureuse. Dans la pauvreté, j'avais trouvé mon âme. Mais maintenant que j'avais trouvé mon âme et mon moi, je voulais aussi avoir un peu d'argent.

Alors que j'étais assise dans la voiture, essayant de reprendre mon calme, j'ai entendu la voix de Dieu, cette voix silencieuse et calme qui chuchote doucement à notre âme. « Tu n'as plus de souci à te faire au sujet de l'argent, mon enfant. À moins que tu ne le veuilles. Je t'ai dit que Je m'occuperais de toi. Et Je le ferai. »

Parfait, ai-je pensé. Merci beaucoup. Je Te crois. J'ai confiance en Toi. Mais, regarde ce qui m'arrive. Je n'ai pas d'argent, rien à manger. Et la banque alimentaire est fermée. Tu m'as laissée tomber.

Intérieurement, j'ai entendu de nouveau Sa voix : « Tu n'as plus de souci à te faire au sujet de l'argent. Tu n'as pas de craintes à avoir. J'ai promis de répondre à tous tes besoins. »

Je suis retournée à la maison et j'ai appelé un ami pour lui demander de me prêter de l'argent. J'avais horreur d'emprunter, mais je n'avais pas le choix. J'avais fondu en larmes dans la voiture et cela m'avait soulagée, sans pour autant rien arranger, du moins ce jour-là. Il n'y avait pas de chèque dans la boîte aux lettres.

Mais j'ai eu de la nourriture pour la journée, et pour le lendemain, et pour le surlendemain. En six mois, mon revenu avait doublé. En neuf mois, il avait triplé. Depuis ce jour, j'ai eu des moments difficiles, mais je n'ai jamais eu à me priver, du moins jamais bien longtemps.

Maintenant, j'ai un revenu suffisant. Il m'arrive encore de m'inquiéter au sujet de l'argent, comme si c'était une habitude. Mais aujourd'hui, je sais que je n'ai pas à m'inquiéter, et je sais que je n'aurai jamais à le faire non plus.

Mon Dieu, aide-moi à travailler de mon mieux à ce que j'estime juste dans ma vie aujourd'hui ; quant au reste, je Te ferai confiance. Aide-moi à me défaire de mes craintes au sujet de l'argent. Aide-moi à m'en remettre à Toi lorsqu'il s'agit de questions financières. Écarte les obstacles et les barrières qui m'empêchent de réussir financièrement.

22 novembre — Gratitude et acceptation

La gratitude et l'acceptation sont deux astuces magiques que nous offre la guérison. Peu importe qui nous sommes, où nous nous trouvons ou ce que nous possédons, la gratitude et l'acceptation portent fruit.

Il se peut que nous finissions par nous sentir assez heureux pour nous rendre compte que notre situation actuelle est favorable. Ou encore pour la maîtriser et, par la suite, passer à une nouvelle étape.

Si nous nous sommes retrouvés bloqués, malheureux, nous sentant pris au piège et désespérés, exerçons-nous à la gratitude et à l'acceptation. Si nous avons en vain essayé de changer notre situation actuelle et avons l'impression de nous heurter à un mur, faisons preuve de gratitude et d'acceptation.

Si nous voyons tout en noir, si nous ne distinguons pas le bout du tunnel, faisons preuve de gratitude et d'acceptation.

Si nous avons peur, si nous avons des doutes, faisons preuve de gratitude et d'acceptation.

Si nous avons tout essayé et que rien ne semble donner de résultat, faisons preuve de gratitude et d'acceptation.

Si nous luttons depuis longtemps contre quelque chose, faisons preuve de gratitude et d'acceptation.

Lorsque tout le reste échoue, revenons aux principes essentiels.

La gratitude et l'acceptation portent fruit.

Aujourd'hui, mon Dieu, aide-moi à cesser de résister. Aide-moi à bien comprendre que si j'accepte les choses qui m'arrivent, elles cesseront de me faire si mal. J'appliquerai les principes de gratitude et d'acceptation dans ma vie, quelle que soit ma situation.

23 novembre — Une sexualité saine

La guérison doit toucher bien des aspects de notre vie.

La sexualité est l'une des choses qui y jouent un rôle important. Ce que nous ressentons, ce que nous pensons au sujet de notre sexualité, la capacité que nous avons de la nourrir, de la chérir et d'en jouir, notre capacité de nous respecter sexuellement, notre capacité de nous défaire de la honte et de la confusion liées à la sexualité sont autant de choses que la codépendance peut affecter.

Il est possible que notre énergie sexuelle soit retenue. Ou, pour certains d'entre nous, le sexe peut être la seule façon dont ils aient appris à communiquer avec les gens. Il se peut que notre sexualité soit coupée des autres facettes de notre personne ; que, pour nous ou pour d'autres, le sexe ne soit pas associé à l'amour.

Certains d'entre nous ont été victimes de sévices sexuels pendant l'enfance. D'autres ont pu s'engager dans des comportements qui ont créé une dépendance sexuelle, c'est-à-dire des comportements sexuels compulsifs, incontrôlables, qui ont engendré la honte.

Certains d'entre nous ont pu se trouver aux prises avec la codépendance sexuelle faute d'avoir été attentifs à leurs désirs sur le plan sexuel, ou encore en ayant accepté d'avoir des rapports sexuels, parce que c'était ce que voulait leur partenaire. Ils ont fait taire leur sexualité et leurs sentiments ; ils se sont privés de jouir sainement de leur sexualité.

La sexualité est une partie de nous-mêmes qui mérite qu'on en prenne soin. C'est une partie de nous-mêmes à laquelle nous pouvons permettre de s'intégrer au tout que nous formons, et dont nous pouvons cesser d'avoir honte.

Il est correct et tout à fait sain de libérer notre énergie sexuelle et de la laisser se rétablir. Celle-ci est liée à notre créativité et à notre affectivité. Mais nous ne devons pas la laisser nous asservir ni dominer nos relations. Nous pouvons établir et maintenir des limites saines et raisonnables à notre sexualité. Nous pouvons définir à quoi correspondent ces limites dans notre existence.

L'énergie sexuelle est un cadeau que nous avons reçu ; nous pouvons en jouir sans en abuser et sans le dénigrer.

Aujourd'hui, je commencerai à intégrer la sexualité à l'ensemble de ma personnalité. Mon Dieu, aide-moi à me défaire des craintes et de la honte que j'ai face à ma sexualité. Montre-moi les questions qu'il me faut résoudre au sujet de ma sexualité. Aide-moi à m'ouvrir à la guérison dans cet aspect de ma vie.

24 novembre — La capitulation

Capituler, c'est dire : « D'accord, mon Dieu. Je ferai tout ce que Tu voudras. » Avoir la foi en Dieu, Celui qui nous guide sur la voie de la guérison, c'est être persuadé que nous en viendrons à le faire avec joie.

Aujourd'hui, je me livrerai à ma Puissance supérieure. J'aurai la conviction que Dieu me réserve quelque chose de positif, même si cela n'est pas tout à fait ce que j'avais espéré ou attendu.

25 novembre — La prise de conscience

Lorsque nous prenons conscience d'un problème, d'une situation ou d'un sentiment la première fois, il se peut que nous ayons une réaction de crainte ou d'anxiété. Il n'y a nul besoin de craindre la prise de conscience. Nul besoin.

Elle est le premier pas vers le changement positif et la croissance. C'est le premier pas à faire pour résoudre un problème ou répondre à un besoin. C'est aussi le premier pas vers l'avenir, car en le franchissant, nous portons notre attention sur la leçon suivante.

Par la prise de conscience, la vie, l'univers et notre Puissance supérieure attirent notre attention et nous préparent à être transformés. C'est avec elle que s'amorce le *processus de transformation*. Prise de conscience, acceptation, transformation, voilà le cycle. Nous pouvons accepter le malaise momentané d'une prise de conscience, car c'est ainsi que nous sommes amenés vers quelque chose de mieux. Nous sommes capables d'accepter ce malaise momentané, car nous avons confiance en Dieu et en nous-mêmes.

Aujourd'hui, je serai reconnaissant pour tout ce qui peut susciter une prise de conscience, quelle qu'elle soit. Je ferai preuve de gratitude, de sérénité et de dignité, chaque fois que la vie retiendra mon attention. Je me souviendrai qu'il est correct d'accepter le malaise momentané d'une prise de conscience, car je peux être sûr que c'est ma Puissance supérieure qui m'amène à évoluer.

26 novembre — Mesurer les progrès accomplis

Voyez le chemin que nous avons parcouru !

S'il est bon de penser au travail qui nous attend, au chemin qu'il nous reste à parcourir, il est important également de prendre le temps de nous arrêter et de nous réjouir de ce que nous avons accompli.

Bien sûr, il peut sembler que le changement se fait lentement. Par moments, celui-ci est épuisant. Bien sûr, nous retournons parfois en arrière. Mais nous sommes à l'endroit précis où nous devons nous trouver. Nous sommes là où il faut.

Et nous voilà arrivés jusqu'ici.

En faisant parfois des bonds en avant, parfois de petits pas, en protestant et en regimbant sans cesse, en relevant parfois nos manches pour nous atteler à la tâche, nous avons appris, grandi, changé.

Voyez le chemin que nous avons parcouru.

Aujourd'hui, je mesurerai les progrès que j'ai accomplis. Je me permettrai de m'en réjouir.

Avoir confiance en soi

Pour beaucoup d'entre nous, la question n'est pas de savoir si nous pouvons encore faire confiance à quelqu'un, mais si nous pouvons encore avoir confiance en notre propre jugement.

« La dernière erreur que j'ai faite a failli me coûter ma santé mentale, raconte une femme en voie de guérison dont le mari était un obsédé sexuel. Je ne peux pas me permettre de répéter une telle erreur. »

Nous sommes nombreux à avoir fait confiance à des gens qui nous ont par la suite trompés, maltraités, manipulés, ou sinon qui ont profité de nous. Ces gens ont pu nous paraître charmants, généreux, convenables. Peut-être avons-nous entendu une petite voix nous dire : « Non, ça ne tourne pas rond. » Ou peut-être étions-nous sûrs de pouvoir leur faire confiance et avons-nous été bouleversés de découvrir que notre instinct nous avait trompés.

Cette question peut ensuite avoir des répercussions sur notre vie pendant des années. La confiance que nous accordions aux autres a pu être ébranlée, mais notre confiance en nous-mêmes risque de l'avoir été encore plus.

Comment une chose peut-elle nous sembler si juste, si naturelle, et être une erreur monumentale ? On peut se le demander. Comment pourrai-je encore me fier à mon jugement, alors qu'il s'est avéré si trompeur ?

Nous n'obtiendrons peut-être jamais de réponses. Je crois qu'il était nécessaire que je commette certaines « erreurs », car j'en ai tiré des leçons cruciales que je n'aurais probablement pas apprises autrement. Nous ne pouvons laisser le passé miner notre capacité à nous faire confiance, ni vivre avec la crainte.

Si nous prenons toujours de mauvaises décisions en amour ou en affaires, il nous faut peut-être chercher les raisons pour lesquelles nous persistons à nous mettre en échec.

Mais pour la plupart, nous nous améliorons. Nous apprenons. Les erreurs que nous avons commises nous permettent de grandir. Nos rapports avec les autres s'améliorent peu à peu et, en affaires, nos choix sont plus judicieux. Nos décisions quant à notre façon d'aborder différentes situations avec nos amis ou nos enfants sont également meilleures. Nous tirons avantage de nos erreurs, de notre passé. Et si nous avons commis des erreurs, celles-ci étaient nécessaires à notre cheminement.

Aujourd'hui, je cesserai d'avoir peur de me faire confiance à cause des erreurs que j'ai commises dans le passé. Je comprends que mes craintes ne font maintenant que diminuer mon jugement. Je reconnaîtrai la valeur de mon passé, de mes erreurs même, en les acceptant et en étant reconnaissant. Je m'efforcerai de voir ce que mes erreurs m'ont appris. Je tâcherai aussi de prendre en compte toutes les bonnes décisions que j'ai prises. Je garderai un œil vigilant sur l'amélioration, l'ensemble des progrès de ma vie.

28 novembre — Retour aux Étapes

Retournons aux Étapes, ou à l'une d'elles.

Lorsque nous ne savons plus que faire, lorsque nous nous sentons désorientés, déprimés, égarés, au bout du rouleau, dépassés, lorsque nous sommes remplis d'obstination, de rage ou de désespoir, retournons aux Étapes.

Quelle que soit la situation que nous devons affronter, pratiquer une Étape nous aidera. Choisissons-en une, fions-nous à notre instinct et pratiquons-la.

Que veut dire pratiquer une Étape ? Y réfléchir, méditer sur cette question. Au lieu de se concentrer sur la confusion, les problèmes ou la situation qui causent le désespoir ou la rage, se concentrer sur cette Étape.

Réfléchir à la manière dont elle pourrait s'appliquer. Tenir bon. S'accrocher à cette Étape aussi solidement qu'on peut s'accrocher à la confusion ou à la difficulté qu'on éprouve.

Les Étapes nous apportent une solution. Elles sont efficaces, nous pouvons en être assurés.

Nous pouvons être sûrs qu'elles nous mèneront à bon port.

Lorsque nous ne savons plus à quelle Étape nous devons passer, passons à l'une des Douze.

Aujourd'hui, je m'appliquerai à me servir des Douze Étapes pour préserver mon équilibre et mon harmonie. Je pratiquerai l'une des Étapes de mon mieux. J'apprendrai à faire confiance aux Étapes et je compterai sur elles plutôt que sur mes comportements de protection, de codépendance.

29 novembre — Douzième Étape

Selon le texte de la Douzième Étape, ayant connu un réveil spirituel nous essayons de transmettre notre message à d'autres. Notre message est porteur d'espoir, d'amour, de réconfort, de santé ; il propose un mode de vie meilleur, un mode de vie qui fonctionne.

Comment le transmettons-nous ? Pas en allant au secours des autres, pas en les contraignant, ni en les tourmentant. Pas en devenant des évangélistes de la guérison.

Nous le transmettons de bien des façons, discrètes, subtiles, mais puissantes. Nous faisons nous-mêmes le travail nécessaire à notre guérison et nous devenons des exemples vivants d'espoir, d'amour de soi, de réconfort et de santé. Ces attitudes sereines peuvent constituer un message puissant.

Inviter quelqu'un à assister à une réunion (mais non lui ordonner ou l'exiger) est une excellente façon de transmettre le message.

Participer aux réunions et partager ce que la guérison nous apporte est aussi un excellent moyen de le communiquer.

Être tels que nous sommes et laisser notre Puissance supérieure guider nos pas sont d'excellentes manières de transmettre notre message. Souvent, nous verrons qu'il est mieux transmis de cette façon que lorsque nous avons en tête de convertir, de convaincre ou de forcer quelqu'un.

L'investissement personnel et la domination ne sauraient être des moyens de transmettre notre message, car ce sont des attitudes qui ne font qu'encourager la codépendance.

La meilleure façon d'aider les autres est encore de s'aider soi-même. Lorsque nous faisons ce que nous avons à faire et que nous en parlons ouvertement, avec franchise, nous avons plus d'influence sur les autres qu'en posant les gestes « secourables » les mieux intentionnés. Nous ne pouvons changer les autres, mais si nous arrivons à nous changer nous-mêmes, nous pourrions bien finir par changer le monde.

Aujourd'hui, je m'efforcerai de transmettre le message par des moyens efficaces. Je renoncerai au besoin que j'ai d'« aider » les gens. C'est moi-même, en revanche, que je m'appliquerai à changer et à aider. Si j'ai l'occasion de partager ma guérison avec quelqu'un, je le ferai tranquillement. Mon Dieu, aide-moi à être pour autrui une source de réconfort, de confiance, d'espoir. Je peux devenir un canal qui contribuera à aider les autres, lorsque je serai prêt. Je n'ai pas à forcer les choses, elles viendront d'elles-mêmes.

30 novembre — Le détachement

Un jour, mon fils a ramené une gerbille à la maison. Nous l'avons adoptée et mise dans une cage. Quelque temps après, la gerbille s'est échappée. Pendant les six mois qui ont suivi, l'animal, effrayé, courait partout dans la maison. Nous aussi, d'ailleurs, pour l'attraper !

« La voilà. Attrape-la ! », criait-on dès que quelqu'un l'apercevait. Mon fils ou moi nous arrêtions alors sur-le-champ et traversions la maison en courant pour nous précipiter sur la bête dans l'espoir de mettre la main dessus.

Elle me causait du souci, même lorsque nous ne la voyions pas. « C'est impossible, me disais-je, je ne peux pas laisser une gerbille courir en liberté dans la maison. Il faut l'attraper. Il faut absolument faire quelque chose. »

Une petite créature, pas plus grosse qu'une souris, avait mis toute la maison sens dessus dessous.

Un jour, alors que j'étais assise dans le salon, j'ai vu la bête traverser le couloir à toute allure. Avec frénésie, je me suis précipitée sur elle, comme j'en avais l'habitude, puis je me suis arrêtée.

« Non, dis-je. J'en ai assez. Si cette créature veut rester dans les coins et recoins de cette maison, qu'elle le fasse. J'en ai assez de me faire du souci. J'en ai assez de la pourchasser. Ce n'est pas une situation normale, mais il faudra s'y faire. »

J'ai donc laissé la gerbille passer à vive allure sans réagir. Je m'inquiétais un peu de ma nouvelle réaction, qui était de ne pas en avoir, mais, quoi qu'il en soit, je n'y ai rien changé.

J'ai fini par m'habituer à ma nouvelle réaction, qui était de ne pas en avoir. Avant longtemps, j'étais devenue tout à fait tranquille par rapport à la situation. J'avais cessé de combattre la gerbille. Un après-midi, quelques semaines seulement après que je m'étais mise à prendre une nouvelle attitude, la gerbille est passée près de moi à toute vitesse, comme elle l'avait fait si souvent, et je l'ai à peine regardée. La petite bête s'est arrêtée net, s'est retournée et m'a regardée. Je me suis alors précipitée vers elle et elle s'est mise à s'enfuir. Je me suis détendue.

« D'accord, dis-je, tu fais ce que tu veux. » Et je le pensais.

Une heure après, la gerbille est revenue. Elle est restée à côté de moi et elle a attendu. Délicatement, je l'ai prise et l'ai déposée dans sa cage, où elle coule depuis ce temps des jours heureux. La morale de cette histoire ? *Ne vous précipitez pas sur la gerbille*. Elle est déjà effrayée et la pourchasser ne peut que l'effrayer davantage et risque de nous rendre fous.

Le détachement est infaillible.

Aujourd'hui, je serai en paix avec ma nouvelle réaction, qui est de ne pas en avoir. Je serai tranquille.

DÉCEMBRE

1er décembre — Laisser les autres être présents

Nous avons parfois besoin d'être nourris spirituellement. Nous avons parfois besoin d'être soutenus par les autres.

Beaucoup d'entre nous ont été privés si longtemps de soutien et de nourriture spirituelle qu'il se peut qu'ils ne réalisent pas que ce sont les deux choses qu'ils veulent et dont ils ont besoin. Beaucoup d'entre nous ont appris à se retenir, à s'empêcher d'obtenir ce qu'ils veulent et ce dont ils ont besoin.

Il se peut que nous ne tendions pas la main pour que nos besoins soient comblés. Il se peut que nous soyons en relation avec des personnes qui ne peuvent pas ou ne veulent pas être disponibles pour combler nos besoins. Ou encore, il se peut que nous soyons en relation avec des personnes qui seraient heureuses de répondre à une demande directe de notre part.

Pour cela, nous devrons peut-être renoncer à quelque chose. Nous devrons peut-être renoncer à notre rôle de martyr ou de victime. Si nous demandons ce que nous voulons et ce dont nous avons besoin, et si nos besoins sont comblés, nous ne pourrons plus punir les autres ou les repousser par la suite sous prétexte qu'ils nous auront déçus.

Il se peut que nous soyons obligés de lâcher prise face à nos peurs, juste assez pour connaître cette relation intime qui s'établit lorsque nous permettons à quelqu'un de nous aimer et de nous soutenir. Il se peut même que nous soyons obligés d'apprendre, au jour le jour, comment éprouver du bonheur et de la satisfaction.

Apprenons à laisser les autres être présents pour nous.

Aujourd'hui, je ferai attention à ce dont j'ai besoin de la part des autres et je demanderai directement ce que je veux. Je laisserai les autres être présents pour moi.

2 décembre — Mettre notre vie en veilleuse

Nous ne pouvons pas nous permettre de mettre nos besoins en veilleuse en attendant qu'une autre personne nous comble, rende notre vie meilleure ou décide de devenir ce que nous voulons qu'elle soit. Cela susciterait de la rancune, de l'hostilité, une dépendance malsaine et un gâchis dont nous devrions nous occuper plus tard.

Si nous avons décidé que nous voulons une certaine relation ou que nous voulons attendre avant de prendre une décision dans une certaine relation, nous devons continuer de vivre entre-temps.

C'est peut-être difficile. Il peut nous sembler naturel de mettre notre vie en veilleuse. C'est à ce moment-là que nous nous embrouillons dans des idées de codépendance : Cette personne peut m'apporter le bonheur… J'ai besoin que cette personne fasse telle ou telle chose pour connaître le bonheur.

Une telle situation peut entraîner une faible estime de soi, le doute et une tendance à se négliger.

Il y a bien des façons de nous retrouver dans cette situation : lorsque nous attendons une lettre, un emploi, une personne, un événement particulier.

Nous n'avons pas à mettre notre vie en veilleuse. Si nous le faisons, nous en subirons les conséquences. Continuons de vivre. Vivons un jour à la fois.

Y a-t-il quelque chose que je pourrais faire tout de suite pour prendre soin de moi, pour me sentir mieux, pour voir mes besoins comblés de façon saine et correcte ?

Comment puis-je m'approprier mon pouvoir de prendre soin de moi, en dépit de ce que l'autre personne fait ou ne fait pas ?

Qu'arrivera-t-il si je brise ce système et si je commence à prendre soin de moi ?

Nous recevons parfois la réponse que nous voulons sur-le-champ. D'autres fois, nous attendons un certain temps.

Parfois, les choses ne tournent pas exactement comme nous l'avions espéré. Par contre, elles tournent toujours bien, et parfois mieux que nous l'aurions espéré.

Entre-temps, nous avons montré que nous nous aimons en vivant notre propre vie et en retirant aux autres leur emprise sur nous. Grâce à cela, nous recevons toujours dix fois plus en retour ; en effet, quand nous montrons vraiment que nous nous aimons, nous donnons à notre Puissance supérieure, à d'autres personnes et à l'univers la permission de nous transmettre l'amour que nous voulons et dont nous avons besoin.

Cesser de vivre pour forcer une chose à se produire ne fonctionne pas. Cela ne fait que nous rendre misérables parce que nous avons cessé de vivre notre vie.

Aujourd'hui, je me forcerai s'il le faut à vivre ma vie. J'agirai au mieux de mes propres intérêts, d'une façon qui reflète mon amour pour moi. Si j'ai donné un pouvoir ou le contrôle de ma vie à quelqu'un d'autre que moi ou ma Puissance supérieure, je le reprendrai, je me mettrai à agir au mieux de mes intérêts, même si cela me semble bizarre.

3 décembre — Développer une saine tolérance

Beaucoup d'entre nous sont très habiles à dénier et à ne pas tenir compte de ce qui les blesse. Il se peut que nous tolérions une certaine situation en nous répétant sans cesse que ce n'est pas si terrible, que nous ne devrions pas faire preuve de tant d'exigence, que ça va finir par changer, que nous devrions pouvoir vivre avec ça, que ça ne nous dérange pas, que l'autre personne n'avait pas l'intention de nous faire du mal, que ça ne nous blesse pas, que *c'est peut-être juste nous*.

Nous pouvons nous débattre et discuter dans notre for intérieur de la réalité et de la validité de notre souffrance, mais nous avons le droit de la ressentir et d'y faire quelque chose.

Souvent, nous tolérons trop de choses ou tellement de choses que nous devenons furieux et que nous refusons d'en tolérer davantage.

Nous pouvons apprendre à développer une saine tolérance.

Pour cela, nous fixons des frontières saines et nous nous déclarons capables de nous approprier notre pouvoir auprès des autres. Nous pouvons atténuer notre souffrance et notre peine en reconnaissant notre valeur et en faisant attention à nous. Nous pouvons travailler à réduire le temps qui s'écoule entre le moment où nous avons découvert le besoin de fixer une limite et celui où nous accomplissons un geste clair et direct.

Nous n'avons pas perdu la tête. Certains comportements nous dérangent vraiment. Certains comportements sont vraiment inappropriés, énervants, blessants ou abusifs.

Une fois que nous avons découvert la limite qu'il faut fixer, nous n'avons pas à nous sentir coupables de prendre soin de nous. Considérons cette expérience comme une tentative de nous approprier notre pouvoir, de tracer de nouvelles limites, des frontières saines pour nous-mêmes.

Après avoir fixé une limite, nous n'avons pas à nous sentir coupables, à nous excuser ni à donner des explications. Nous pouvons apprendre à accepter le malaise ou le sentiment étrange que suscite le fait de fixer des limites aux autres. Nous pouvons faire valoir notre droit d'avoir ces limites. Nous pouvons donner à l'autre personne l'espace qu'il lui faut pour ressentir et analyser ses sentiments ; nous pouvons nous donner de l'espace pour ressentir nos sentiments, pendant que nous luttons pour nous approprier notre pouvoir et pour créer de bonnes relations qui marchent.

Une fois que nous pourrons faire confiance à notre aptitude à prendre soin de nous, nous aurons acquis une tolérance saine et raisonnable à l'égard des autres.

Aide-moi, mon Dieu, à faire des efforts pour acquérir des limites saines ainsi qu'une tolérance saine à mon égard et à l'égard des autres.

4 décembre — Lâcher prise

« Jusqu'à quel point faut-il lâcher prise ? », m'a demandé une amie un jour.

« Je n'en suis pas certaine, ai-je répondu, mais il faut peut-être *tout* lâcher. »

Lâcher prise est un processus spirituel, affectif, mental et physique ; c'est parfois *un processus métaphysique mystérieux* qui nous fait remettre à Dieu et à l'univers une chose à laquelle nous nous agrippions très fort.

Nous lâchons prise, nous cessons de nous agripper à une personne, à un résultat, à une idée, à un sentiment, à un besoin, à un désir ; nous lâchons tout. Nous renonçons à contrôler notre cheminement dans la guérison. Oui, il est important de reconnaître et d'accepter ce que nous voulons et ce que nous voulons voir arriver. Par contre, il est également important de lâcher prise par la suite.

Le lâcher-prise est la partie dynamique de la foi. C'est un comportement qui donne à Dieu et à l'univers la permission de nous envoyer ce qu'il était prévu que nous aurions.

Lâcher prise signifie que nous reconnaissons que le fait de nous agripper si fort n'aide pas à résoudre un problème, ne change pas l'autre personne ni ne donne le résultat que nous souhaitons. Cela ne *nous* aide pas. En réalité, nous apprenons que le fait de nous agripper nous empêche souvent de recevoir ce que nous voulons et ce dont nous avons besoin.

Qui sommes-nous pour dire que les choses n'arrivent pas exactement comme elles doivent arriver ?

Il y a de la magie dans le lâcher-prise. Parfois, nous obtenons ce que nous voulons très vite après avoir lâché prise. Parfois, c'est plus long. Parfois, le résultat précis que nous désirons ne se produit pas. Quelque chose de mieux arrive à la place.

Le lâcher-prise nous libère et nous relie à notre Source.

Le lâcher-prise crée le climat optimal pour les meilleurs résultats et les meilleures solutions.

Aujourd'hui, je vais me détendre. Je vais lâcher prise face à ce qui me trouble le plus. Je vais croire en toute confiance qu'en lâchant prise j'ai fait ce qu'il fallait pour que les choses s'arrangent de la meilleure façon possible.

Peu de choses peuvent nous faire perdre autant la tête qu'attendre quelque chose de quelqu'un qui n'a rien à donner. Peu de choses sont aussi frustrantes qu'essayer de faire d'une personne ce qu'elle n'est pas ; nous avons l'impression de perdre la tête quand nous essayons de prétendre qu'une personne est ce qu'elle n'est pas. Il se peut que nous ayons passé des années à nous faire accroire des choses au sujet de certaines personnes de notre passé ou de notre vie actuelle. Il se peut que nous ayons passé des années à essayer d'amener quelqu'un à nous aimer d'une certaine façon quand cette personne ne le peut pas ou ne le veut pas.

Il est temps de lâcher prise. Il est temps de lâcher prise face à cette personne. Cela ne veut pas dire que nous ne pouvons plus l'aimer. Cela veut dire que nous éprouvons l'immense soulagement qui accompagne le fait de cesser de nier la réalité et de commencer à l'accepter. Nous laissons cette personne être ce qu'elle est réellement. Nous cessons d'essayer de faire d'elle quelqu'un qu'elle n'est pas. Nous nous occupons de nos sentiments et nous nous éloignons de ce système destructeur.

Nous apprenons à aimer cette personne et à nous soucier d'elle d'une façon qui tient compte de la réalité.

Nous nouons avec elle une relation sur des bases nouvelles, en tenant compte de nous-mêmes et de nos besoins. Si cette personne est dépendante de l'alcool, d'autres drogues, de ses difficultés ou d'autres gens, nous lâchons prise face à cela ; nous ne nous en mêlons plus. Nous lui rendons sa vie. Et en faisant cela, nous retrouvons en retour notre vie et notre liberté.

Nous cessons d'être dominés par ce que nous ne recevons pas de cette personne. Nous assumons la responsabilité de notre vie. Nous poursuivons le processus de nous aimer et de prendre soin de nous.

Nous décidons quelles interactions nous voulons avec cette personne, en tenant compte de la réalité et de notre meilleur intérêt. Nous nous mettons en colère, nous nous sentons blessés, mais nous nous retrouvons dans un espace de pardon. Nous libérons l'autre personne et nous sommes nous-mêmes libérés de notre esclavage.

C'est cela savoir se détacher avec amour.

Aujourd'hui, je travaillerai à me détacher avec amour d'une personne de mon entourage qui me trouble. Je m'efforcerai d'accepter la réalité dans ma relation. Je m'accorderai la permission de prendre soin de moi dans ma relation en ayant comme objectif notre liberté physique, affective, mentale et spirituelle à tous les deux.

6 décembre — Lâcher prise face à la honte

Beaucoup d'entre nous ont été victimisés, parfois à plusieurs reprises. Il se peut qu'on ait abusé de nous physiquement ou sexuellement, ou que nous ayons été exploités à cause de la dépendance d'une autre personne.

Sachons que nous ne devons pas avoir honte parce qu'une autre personne a abusé de nous. C'est l'abuseur et non la victime qui doit éprouver de la culpabilité pour cet acte d'abus.

Même si pendant notre guérison, nous tombons entre les mains d'une personne qui fait de nous sa victime, ce n'est pas une raison d'avoir honte.

La guérison a pour but de nous apprendre à prendre soin de nous, à nous libérer de ceux qui veulent faire de nous leurs victimes. Le but n'est pas de nous blâmer pour nos expériences passées. Il est de nous prémunir pour que nous ne continuions pas à être des victimes parce que nous avons honte et parce que nous n'avons pas fait la paix avec nos sentiments au sujet de ce premier acte d'abus.

Chacun de nous a son travail à faire, ses problèmes, ses tâches de guérison. Une de ces tâches est de cesser de montrer du doigt le coupable parce que cela détourne notre attention. Il est vrai que chaque personne est responsable de son comportement et doit en rendre compte, mais nous apprenons à éprouver de la compassion pour le coupable. Nous comprenons que bien des forces ont joué dans sa vie. Mais en même temps, nous ne continuons pas d'avoir honte.

Nous en venons à comprendre le rôle que nous avons joué dans cette victimisation, comment nous nous sommes mis à jouer ce rôle et pourquoi nous ne sommes pas venus à notre propre secours. Il s'agit d'une information qui nous arme pour que cela ne se reproduise plus.

Lâchons prise face à notre honte de victimes. Nous avons des problèmes et des tâches devant nous, mais nous n'avons pas à nous sentir coupables et dans l'erreur parce que nous avons été une victime.

Aujourd'hui, je me libérerai de toute honte que je conserve peut-être encore ou à laquelle je m'accroche peut-être encore en tant que victime.

7 décembre — Au moment voulu

Il y a des moments où nous ne savons tout simplement pas quoi faire ni où aller. Ces moments sont parfois temporaires, parfois persistants.

Nous pouvons passer à travers. Nous pouvons nous fier à notre programme et à la discipline de la guérison. Nous pouvons les surmonter en nous servant de notre foi, des autres et de nos ressources.

Acceptons l'incertitude. Nous n'avons pas toujours besoin de savoir quoi faire et où aller. Nous n'avons pas toujours besoin d'avoir une orientation précise. Notre refus d'accepter l'inaction et l'indécision ne fait qu'empirer les choses.

Il est correct d'être temporairement sans orientation. Disons « je ne sais pas », et soyons à l'aise avec cela. Nous n'avons pas besoin de forcer la sagesse, la connaissance ou la clarté à apparaître quand elles ne sont pas là.

En attendant une orientation, il est inutile de mettre notre vie en veilleuse. Lâchons prise face à l'angoisse et jouissons de la vie. Détendons-nous. Faisons quelque chose d'amusant. Apprécions l'amour et la beauté dans notre vie. Exécutons de petites tâches. Elles n'ont peut-être rien à voir avec la solution de notre problème ni avec notre orientation, mais c'est ce que nous pouvons faire entre-temps.

La clarté viendra. La prochaine étape se présentera d'elle-même. L'indécision, l'inactivité et le manque d'orientation ne dureront pas éternellement.

Aujourd'hui, j'accepterai ma situation, même si je manque de direction et d'intuition. Je me rappellerai de faire pendant ce temps-là des choses qui font que je me sens bien et que les autres se sentent bien. Je croirai en toute confiance que la clarté surviendra d'elle-même.

8 décembre — Accorder de la valeur à nos besoins

Quand nous ne demandons pas ce que nous voulons et ce dont nous avons besoin, nous ne tenons pas compte de nous-mêmes. Nous méritons mieux.

Les autres nous ont peut-être enseigné qu'il n'était pas poli ou approprié de réclamer des choses pour nous-mêmes. La vérité, c'est que si nous ne le faisons pas, nos désirs et nos besoins insatisfaits peuvent revenir un jour hanter nos relations. Nous risquons finalement de nous sentir pleins de colère ou de rancune, de nous mettre à punir quelqu'un de n'avoir pas deviné ce dont nous avions besoin. Nous risquons de mettre fin à une relation parce qu'elle ne comble pas nos besoins.

Il ne peut y avoir une relation intime et étroite entre deux personnes que si elles peuvent se dire ce qu'elles veulent et ce dont elles ont besoin. C'est ce qu'exige une intimité constante.

Parfois, il nous faut même *exiger* ce que nous voulons. Cela s'appelle fixer une limite. Nous ne le faisons pas pour contrôler l'autre personne, mais pour réussir à contrôler notre vie.

Notre propre attitude à l'égard de nos besoins est importante elle aussi. Nous devons leur accorder de la valeur et les prendre au sérieux si nous voulons que les autres nous prennent au sérieux. Quand nous commencerons à accorder de la valeur et de l'importance à nos besoins, nous verrons un changement remarquable. Nos désirs et nos besoins commenceront à être satisfaits.

Aujourd'hui, je respecterai mes désirs et mes besoins ainsi que ceux des autres. Je dirai à moi-même, aux autres et à ma Puissance supérieure ce que je veux et ce dont j'ai besoin. Je les écouterai me dire ce qu'ils veulent et ce dont ils ont besoin, eux aussi.

9 décembre — Demander de l'aide

Il est correct de demander de l'aide.

L'une des choses les plus absurdes que nous faisons contre nous-mêmes, c'est de ne pas demander l'aide dont nous avons besoin à un ami, à un membre de la famille, à notre Puissance supérieure ou à une ressource appropriée.

Nous n'avons pas à nous débattre seuls avec nos émotions et nos problèmes. Nous pouvons demander l'aide de notre Puissance supérieure ainsi que l'appui et les encouragements de nos amis.

Que nous ayons besoin d'un renseignement, d'un encouragement, d'une aide, de paroles bienveillantes, d'une caresse, d'une oreille attentive ou d'une promenade en voiture, nous pouvons le demander. Nous pouvons demander aux autres ce que nous avons besoin de recevoir d'eux. Nous pouvons demander à Dieu ce que nous avons besoin de recevoir de Lui.

Ne pas demander l'aide dont nous avons besoin est autodestructeur. Nous restons en panne. Si nous demandons suffisamment fort et suffisamment longtemps, si nous présentons notre requête à la bonne source, nous obtiendrons l'aide dont nous avons besoin.

Il y a une différence entre demander à quelqu'un de nous sauver et lui demander franchement l'aide dont nous avons besoin de sa part. Nous pouvons être francs et laisser l'autre accepter ou non de nous aider. Si la réponse est non, nous saurons nous en accommoder.

Il est autodestructeur de ne pas être directs, de nous lamenter, de recourir à la manipulation ou à la coercition pour obtenir de l'aide. Il est malsain de nous présenter aux autres comme une victime et de nous attendre à être sauvés par eux. Il est sain de demander de l'aide quand nous en avons besoin.

« Mon problème, c'est la honte, a dit une femme. Je voulais demander de l'aide pour surmonter ma honte, mais j'avais trop honte. N'est-ce pas ridicule ? »

Nous qui ne demandons pas mieux que d'aider les autres, nous pouvons apprendre à accepter de recevoir de l'aide. Nous pouvons apprendre à faire des ententes claires lorsque nous demandons et recevons l'aide que nous voulons et dont nous avons besoin.

Aujourd'hui, je demanderai au besoin l'aide des autres et de ma Puissance supérieure. Je ne serai pas une victime impuissante qui attend d'être sauvée. Je ferai une demande d'aide précise, claire, et je laisserai la personne libre de m'aider ou non. Je ne jouerai plus au martyr en refusant d'obtenir l'aide que je mérite dans la vie, l'aide qui simplifie la vie. Aide-moi, mon Dieu, à lâcher prise face à mon besoin de tout faire sans aide. Aide-moi à me servir du vaste univers ou des ressources qui sont à ma disposition.

10 décembre — Appropriation

Nous sommes capables de réfléchir. Nous sommes capables de prendre les bonnes décisions. Nous sommes capables de faire des choix qui sont bons pour nous.

C'est vrai que nous faisons tous des erreurs de temps à autre. Par contre, nous ne sommes pas une erreur.

Nous pouvons prendre de nouvelles décisions qui tiennent compte d'une information nouvelle.

Nous pouvons changer d'idée de temps à autre. C'est notre droit.

Il n'est pas nécessaire d'être des intellectuels pour faire de bons choix. Dans la guérison, il y a un cadeau et un objectif offert à chacun de nous. Ce cadeau s'appelle la *sagesse*.

Les autres sont capables de penser, eux aussi. Cela signifie que nous n'avons plus besoin de nous sentir responsables de leurs décisions.

Cela signifie également que nous sommes responsables de nos choix.

Nous pouvons nous adresser aux autres pour connaître leurs réactions. Nous pouvons demander de l'information. Nous pouvons tenir compte de diverses opinions. Par contre, notre devoir est de prendre nous-mêmes nos décisions. Avoir nos propres opinions est à la fois un droit et un plaisir.

Nous sommes tous et toutes libres de profiter et de jouir du trésor qu'est notre propre esprit, notre propre intellect et notre propre sagesse.

Aujourd'hui, j'apprécierai le cadeau qu'est mon esprit. Je ferai mes propres réflexions et mes propres choix, et j'accorderai de la valeur à mes idées. Je serai ouvert à ce que pensent les autres, mais je serai responsable de moi-même. Je demanderai la Sagesse divine et je croirai en toute confiance qu'Elle me guide.

11 décembre — Faire des affirmations

Dans le travail de guérison, nous avons le choix de penser ce que nous voulons, d'utiliser notre énergie mentale de façon positive.

Avoir une énergie mentale positive, une pensée positive, ne signifie pas penser de façon irréaliste ou recourir à la dénégation. Lorsque quelque chose ne nous plaît pas, nous respectons notre propre opinion. Lorsque nous détectons un problème, nous faisons preuve de franchise à ce sujet. Lorsque quelque chose ne va pas, nous acceptons ce fait. Par contre, nous ne nous attardons pas aux aspects négatifs de ce que nous vivons.

Chaque fois que nous consacrons de l'énergie à une chose, nous la dotons de pouvoir.

Il y a quelque chose de magique à doter de pouvoir ce qui est bon, parce que tout ce que nous dotons de pouvoir grandit. Une des façons de doter de pouvoir ce qui est bon est de faire des affirmations, c'est-à-dire de se faire à soi-même des déclarations simples et positives : *Je m'aime... Je suis assez bonne... Ma vie est belle... Je suis contente d'être en vie aujourd'hui... Ce que je veux et ce dont j'ai besoin me parviendra... Je peux...*

En convalescence, notre choix n'est pas de faire ou non des affirmations. Nous affirmons nos pensées et nos convictions depuis que nous sommes assez vieux pour parler. Notre choix est dans *ce que nous voulons affirmer.*

Aujourd'hui, je doterai de pouvoir le bien qui est en moi, dans les autres et dans la vie. Je suis disposé à lâcher prise, à renoncer à mes pensées négatives habituelles et à les remplacer par des pensées positives. Je choisirai ce que je veux affirmer, et je l'affirmerai.

12 décembre — La volonté de Dieu

Chaque jour, demandons à Dieu ce qu'Il veut que nous fassions aujourd'hui ; puis demandons-Lui de nous aider. C'est une demande simple, mais elle est si profonde et va si loin qu'elle peut nous mener partout où nous avons besoin d'aller.

Écoutons : tout ce que nous voulons, tout ce dont nous avons besoin, toutes les réponses, toute l'aide, tout le bien, tout l'amour, toute la guérison, toute la sagesse, tous les désirs comblés sont symbolisés dans cette simple demande. Nous n'avons pas besoin de dire autre chose que *Merci*.

Le Plan qui a été conçu pour nous n'est pas un plan de privation. C'est un Plan de plénitude, de joie et d'abondance. Entrons dans ce Plan.

Voyons par nous-mêmes.

Aujourd'hui, je demanderai à Dieu de me montrer ce qu'Il veut que je fasse aujourd'hui, puis je Lui demanderai Son aide pour le faire. Je croirai en toute confiance que cela suffira à me conduire dans la lumière et dans la joie.

13 décembre — Donner

N'ayons pas peur de donner.

Pendant un certain temps, il se peut que nous ayons besoin de cesser de donner pour apprendre la différence entre donner de façon saine et prendre en charge. Lorsque nous prenons en charge, nous nous sentons des victimes et les autres éprouvent de la rancune.

C'est une période passagère.

Pour être sains, pour jouer notre rôle sur le chemin spirituel de la vie, pour faire partie du cycle infini de l'univers, guidés par notre Créateur, nous avons besoin de donner et de recevoir.

Les deux rôles sont importants.

Qu'est-ce que donner de façon saine ?

Il s'agit d'un comportement précis que chacun de nous doit tenter de comprendre pour lui-même. C'est donner en nous sentant bien et en n'ayant pas l'impression d'être des victimes.

C'est un don par lequel la personne qui donne et celle qui reçoit éprouvent beaucoup d'estime l'une pour l'autre.

C'est un don qui se fonde sur un désir de donner plutôt que sur un sentiment de culpabilité, de pitié, de honte ou de devoir.

C'est un don sans aucune obligation de la part de la personne qui reçoit. C'est un don qui se fonde sur une entente honnête et franche.

Qu'il s'agisse de donner du temps, des efforts, de l'énergie, du confort, de la nourriture spirituelle, de l'argent, un peu de nous-mêmes, c'est un don que nous pouvons nous permettre.

Donner fait partie de la même chaîne que recevoir. Nous pouvons apprendre à donner de façon saine ; nous pouvons apprendre à donner avec amour. Il nous faut surveiller nos dons pour nous assurer qu'ils ne franchissent pas une certaine limite et ne deviennent pas de la prise en charge. Par contre, nous avons besoin d'apprendre à donner d'une façon qui fonctionne pour nous et pour les autres.

Aujourd'hui, mon Dieu, aide-moi à donner. Aide-moi à donner aux autres de façon saine. Aide-moi à donner ce qui me semble correct, ce que je trouve bon, ce que je trouve propre et ce que je peux me permettre de donner.

14 décembre — Une pensée claire

Efforçons-nous d'avoir une pensée claire. Beaucoup d'entre nous ont une pensée embrouillée par la dénégation. Certains ne se font même plus confiance parce qu'ils ont passé trop de temps à dénier. Par contre, ne plus faire confiance à notre pensée ne nous aidera pas. Ce qu'il faut, c'est ne plus faire confiance à la dénégation.

Ce n'est pas par manque d'intelligence que nous avons eu recours à la dénégation – de notre problème ou du problème d'une autre personne. La dénégation protège l'âme des chocs, nous protège nous-mêmes jusqu'à ce que nous soyons capables de faire face à la réalité.

Avoir une pensée claire et être en convalescence ne signifie pas que nous ne recourrons jamais à la dénégation. La dénégation est le premier pas vers l'acceptation, et pendant presque toute notre vie, nous devrons nous efforcer d'accepter une chose ou une autre.

Avoir une pensée claire signifie que nous ne nous permettons pas d'être enfouis dans le négativisme ni dans des attentes irréalistes. Nous restons en contact avec d'autres personnes en voie de guérison. Nous allons aux réunions où nous pouvons trouver la paix de l'esprit et un soutien réaliste. Nous mettons les Étapes en pratique, nous prions et nous méditons.

Nous gardons notre pensée sur la bonne voie en demandant à notre Puissance supérieure de nous aider à penser clairement, pas en nous attendant à ce qu'Elle, ou quelqu'un d'autre, pense à notre place.

Aujourd'hui, je rechercherai une pensée claire et équilibrée dans tous les domaines de ma vie.

15 décembre — Les émotions

Il est correct d'avoir et d'éprouver des émotions, toutes les émotions.

Après avoir passé des années en travail de guérison, nous sommes peut-être encore en conflit avec nous-mêmes à ce sujet. Parmi toutes les interdictions dans notre vie, celle-là est potentiellement la plus dommageable et la plus persistante.

Pour beaucoup d'entre nous, il était nécessaire d'enfermer ses émotions pour survivre à certaines situations. Nous avons enfermé la partie de nous-mêmes qui ressentait de la colère, de la tristesse, de la peur, de la joie et de l'amour. Il se peut que nous ayons mis fin à toute émotion sexuelle ou sensuelle. Beaucoup d'entre nous ont vécu dans un système où les autres ne toléraient pas leurs émotions. Ce sont habituellement ceux qui avaient appris à réprimer leurs propres émotions qui nous faisaient honte ou qui nous réprimandaient lorsque nous exprimions les nôtres.

Cependant, les choses ont changé. Il est correct pour nous maintenant de reconnaître et d'accepter nos émotions. Il n'est pas nécessaire de permettre à nos émotions de nous diriger, ni de les réprimer sévèrement. Notre centre affectif est une partie précieuse de notre être. Il est relié à notre bien-être physique, à notre façon de penser et à notre spiritualité.

Nos émotions sont également reliées à ce grand cadeau qu'est l'instinct. Elles nous permettent de donner et de recevoir de l'amour.

Nous ne sommes ni faibles ni stupides lorsque nous nous abandonnons à nos émotions. Nous sommes en train de devenir sains et pleinement nous-mêmes.

Aujourd'hui, je me permettrai de reconnaître et d'accepter toute émotion qui surgira en moi. Sans honte, je serai à l'écoute de ma partie affective.

16 décembre — Prendre soin de nos sentiments

Que signifie prendre soin de mes sentiments ? Je me rends compte que je ressens de la colère, et j'accepte ce sentiment sans en avoir honte ou sans me blâmer.

Je me rends compte que je me sens blessé et j'accepte ce sentiment sans tenter de punir la source de ma souffrance. Je reconnais la peur et je la ressens lorsqu'elle surgit en moi.

Je me permets d'éprouver du bonheur, de la joie et de l'amour lorsque ces sentiments se présentent à moi. Prendre soin de moi signifie que j'ai décidé qu'il était correct d'éprouver des émotions.

Prendre soin de mes émotions signifie que je me permets de garder une émotion tant que le moment n'est pas venu de la laisser partir et d'éprouver l'émotion suivante.

Je me rends compte que mes émotions peuvent parfois m'aider à voir la réalité, mais elles peuvent aussi être trompeuses quelquefois. Elles sont importantes, mais je ne dois pas les laisser me dominer. Je peux éprouver des émotions tout en continuant de réfléchir.

Je parle aux autres de mes émotions lorsque c'est approprié et sans danger.

Je demande de l'aide ou des conseils si je suis enlisé dans une émotion particulière.

Je suis attentif aux leçons que mes émotions peuvent essayer de m'enseigner. Après avoir éprouvé, accepté et laissé partir une émotion, je me demande ce que je veux ou ce que je dois faire pour prendre soin de moi.

Prendre soin de mes sentiments, c'est accorder une grande valeur à la partie affective en moi, c'est la conserver précieusement, l'explorer et la chérir.

Aujourd'hui, je prendrai soin de mes sentiments. J'accueillerai et j'accepterai la partie affective qui est en moi et chez les autres. Je rechercherai l'équilibre en reliant émotions et raison, mais je ne permettrai pas à mon intellect de repousser la partie affective de mon être.

17 décembre — Savoir se dorloter

Beaucoup d'entre nous ont été si peu dorlotés qu'ils pensent qu'il s'agit d'une bêtise ou d'un caprice. Se dorloter n'est ni une bêtise ni un caprice ; c'est notre façon de montrer que nous nous aimons. C'est ce que nous recherchons dans la guérison : une relation aimante avec nous-mêmes qui fonctionne, de façon à pouvoir avoir avec les autres des relations aimantes qui fonctionnent.

Quand nous avons mal, nous nous demandons ce qu'il nous faut pour nous sentir mieux. Quand nous nous sentons seuls, nous allons vers quelqu'un de sûr. Nous permettons à cette personne d'être présente pour nous sans nous sentir un fardeau pour elle.

Nous nous reposons quand nous sommes fatigués ; nous mangeons quand nous avons faim ; nous avons du plaisir ou nous nous détendons quand nous avons besoin de nous remonter le moral. Se dorloter, c'est savoir se faire des cadeaux ; ce peut être une visite au salon de coiffure, un massage, l'achat d'un livre, un nouveau blouson, un nouveau costume ou une nouvelle robe. Se dorloter, c'est prendre un long bain chaud pour oublier ses problèmes et le monde pendant quelques instants, si nous croyons que cela nous fera du bien.

Nous apprenons à faire preuve de douceur envers nous-mêmes et à nous ouvrir aux petits soins que les autres peuvent nous offrir.

En nous dorlotant, nous nous permettons de donner et de recevoir des caresses positives, des caresses qui nous semblent appropriées, des caresses qui sont sans danger. Nous rejetons les caresses qui ne semblent ni agréables, ni sûres, ni positives.

Nous apprenons à nous donner ce dont nous avons besoin avec douceur, avec amour et avec compassion. Nous le faisons en sachant que cela n'ouvrira pas la porte à la paresse, au caprice, à l'égocentrisme ou au narcissisme. Les personnes qui se dorlotent sont efficaces au travail et dans leurs relations personnelles.

Nous apprendrons si bien à sentir que nous nous aimons que nous pourrons vraiment aimer les autres et les laisser nous aimer.

Aujourd'hui, je me dorloterai. Je ferai attention aussi aux petits soins que je peux donner aux autres et recevoir d'eux.

18 décembre — Être attentif à ses émotions

Beaucoup d'entre nous sont si habiles à suivre la règle de « ne rien sentir » qu'ils essaient de se convaincre de ne ressentir aucune émotion, même en cours de guérison.

« Si je savais bien mettre le programme en pratique, je ne me sentirais pas en colère. »

« Je ne me mets pas en colère. Je suis une chrétienne qui sait pardonner et oublier. »

« Je ne suis pas en colère. J'affirme que je suis heureux. »

Toutes ces affirmations, dont certaines sont très astucieuses, montrent que nous fonctionnons à nouveau selon la règle de « ne rien sentir ».

Une partie de la mise en pratique efficace du programme consiste à reconnaître nos émotions et à nous en occuper. Nous nous efforçons d'accepter notre colère et de nous en occuper pour qu'elle ne se transforme pas en rancune. La guérison ne doit pas nous servir d'excuse pour étouffer nos émotions.

C'est vrai que nous nous efforçons de pardonner, mais nous voulons aussi ressentir, écouter et vivre nos émotions, jusqu'au moment de nous en libérer de la bonne façon. Notre Puissance supérieure a créé cette partie affective en nous. Dieu ne nous dit pas de ne rien ressentir ; ce sont nos systèmes dysfonctionnels qui nous disent cela.

Nous devons aussi faire attention à notre façon d'utiliser des affirmations ; ne pas tenir compte de nos émotions ne les fera pas disparaître. Si nous sommes en colère, il est correct d'éprouver ce sentiment. C'est en partie de cette façon que nous deviendrons sains et que nous le resterons.

Aujourd'hui, je refuserai de me faire honte ou de laisser les autres me faire honte parce que je ressens mes émotions.

19 décembre — Les rôles au travail

Comme il est facile de plonger dans des rôles au travail. Comme il est facile de donner des rôles aux autres. C'est parfois nécessaire, approprié et efficace.

Par contre, nous pouvons aussi nous permettre de briller dans notre rôle.

Il y a de la joie dans le fait de montrer nos talents au travail, dans le fait de nous plonger si entièrement dans notre tâche que nous nous sentons en relation intime avec elle. Il y a de la joie dans le fait de créer ou d'accomplir une tâche et de pouvoir se dire : « C'est une réussite ! »

Il y a aussi de la joie quand nous nous montrons tels que nous sommes au travail, et quand nous découvrons et apprécions les personnes qui nous entourent.

La tâche la plus désagréable, la plus banale se fait en un rien de temps quand nous cessons de penser que nous sommes un robot, et que nous nous permettons d'être une personne.

Ceux et celles qui nous entourent réagiront avec chaleur si nous les traitons comme des personnes au lieu de ne voir en eux que leur rôle au travail.

Cela ne signifie pas que nous devons nous mêler aux autres de façon inappropriée. Que nous soyons des employeurs ou des employés, cela signifie que nous éprouvons plus de joie et de satisfaction lorsqu'on nous permet d'être des personnes qui exécutent des tâches au lieu de nous considérer comme de simples exécutants.

Aujourd'hui, je me permettrai de briller dans mes tâches au travail. J'essaierai de laisser ou de regarder les autres briller eux aussi, au lieu de ne voir que leurs tâches. Aide-moi, mon Dieu, à m'ouvrir à ma beauté et à la beauté des autres au travail. Aide-moi à maintenir des relations saines avec mes collègues de travail.

20 décembre — Les attentes des autres

Il nous incombe d'identifier nos besoins, puis de trouver une façon équilibrée de les combler. Nous nous attendons en définitive à ce que notre source soit notre Puissance supérieure et l'univers, non une personne en particulier.

Il n'est pas raisonnable de nous attendre à ce qu'une personne soit capable ou désireuse de combler nos moindres demandes. Nous sommes responsables de demander ce que nous voulons et ce qu'il nous faut. L'autre personne a la responsabilité de choisir librement d'acquiescer ou non à notre demande. Si nous tentons de la contraindre ou de la forcer à être présente pour nous, nous exerçons sur elle un contrôle.

Il y a une différence entre demander et exiger. Nous voulons un amour qui soit librement donné.

Il est déraisonnable et malsain de nous attendre à ce qu'une autre personne soit la source qui comble tous nos besoins. Nous finirons par éprouver de la colère et de la rancune envers elle, et nous irons peut-être jusqu'à la punir parce qu'elle ne nous a pas soutenus conformément à nos attentes.

Il est raisonnable d'avoir certaines attentes bien définies de notre conjoint ou conjointe, de nos enfants et de nos amis.

Si une personne ne peut pas ou ne veut pas être présente pour nous, nous devons accepter d'être responsables de nous-mêmes dans cette relation. Il se peut que nous ayons besoin de fixer une limite, de modifier nos attentes ou de changer les limites de la relation pour tenir compte du manque de disponibilité de cette personne. Nous devons le faire pour nous-mêmes.

Il est raisonnable de faire connaître nos désirs et nos besoins autour de nous et d'être réalistes au sujet de ce que nous demandons à une personne en particulier ou de ce que nous attendons d'elle. Nous pouvons croire en toute confiance que nous savons ce qui est raisonnable.

La question des attentes revient à savoir que nous avons la responsabilité d'identifier nos besoins, de croire qu'ils méritent d'être comblés et de découvrir une façon appropriée et satisfaisante de le faire dans notre vie.

Aujourd'hui, je m'efforcerai d'avoir des attentes raisonnables au sujet des besoins que je veux voir comblés dans mes relations.

21 décembre — L'équilibre

Efforçons-nous d'avoir des attentes équilibrées des autres. Efforçons-nous d'avoir une saine tolérance.

Par le passé, il se peut que nous ayons toléré trop ou pas assez. Il se peut que nous ayons eu trop d'attentes ou pas assez.

Nous sommes peut-être passés de la tolérance des abus, des mauvais traitements et des tromperies au refus de tolérer chez les autres des comportements humains imparfaits mais normaux. Bien qu'il soit préférable de ne pas rester trop longtemps dans les extrêmes, c'est de cette façon que toutes les personnes changent – les vraies personnes qui luttent gauchement pour avoir une vie meilleure, des relations améliorées et des comportements plus efficaces dans leurs relations.

Toutefois, si nous sommes attentifs à nous-mêmes et au processus de rétablissement, nous amorcerons éventuellement une autre transition ; le moment viendra de nous éloigner des extrêmes pour trouver le juste milieu.

Nous pouvons avoir confiance en nous-mêmes et dans le processus de rétablissement pour nous retrouver dans un juste milieu par rapport à la tolérance, à la façon de donner, à la compréhension et aux attentes de nous-mêmes et des autres.

Nous pouvons tous trouver notre propre chemin vers le juste milieu lorsque nous amorçons et poursuivons notre guérison.

Aujourd'hui, je m'exercerai à accepter ma façon de changer et aussi celle des autres. Si j'ai dû passer à l'autre extrême d'un comportement, je me dirai que cette façon de faire me convient pour l'instant. Par contre, je garderai comme objectif une tolérance et des attentes équilibrées de moi-même et des autres.

22 décembre — De bonnes choses surviendront

Ne vous inquiétez pas de savoir comment les bonnes choses prévues pour vous surviendront.

Elles surviendront.

Ne vous inquiétez pas, ne soyez pas obsédé, ne pensez pas que vous devez manœuvrer pour recevoir ces bonnes choses, aller à leur recherche ou vous creuser la cervelle pour savoir comment elles vous trouveront et à quel moment.

Elles vous trouveront.

Abandonnez-vous chaque jour à votre Puissance supérieure. Ayez confiance en votre Puissance supérieure. Puis vivez dans la paix. Ayez confiance et soyez à l'écoute de vous-même. C'est de cette façon que les bonnes choses que vous voulez apparaîtront.

Votre guérison. Votre joie. Vos relations. Vos solutions. Ce travail. Ce changement souhaité. Cette occasion. Tout arrivera... naturellement, facilement et de multiples façons.

Une réponse vous sera donnée. Une orientation apparaîtra. L'argent. Les idées. L'énergie. La créativité. Un chemin s'ouvrira devant vous. Croyez-le puisque tout est déjà prévu.

Il est inutile de vous inquiéter en vous demandant comment cela arrivera ; c'est une perte et un gaspillage d'énergie. Tout est déjà arrivé. Vous avez déjà tout cela. Tout est en place. Mais vous ne le voyez pas !

Vous serez conduit vers tout cela ou bien tout cela sera conduit vers vous.

Aujourd'hui, je me détendrai et croirai en toute confiance que les bonnes choses dont j'ai besoin me trouveront. Que ce soit par mon entremise ou par celle des autres, tout ce que je veux, tout ce dont j'ai besoin surviendra au moment voulu.

23 décembre — Les déclencheurs du temps des fêtes

Quand j'étais jeune, il y eut un Noël où mon père s'est enivré et est devenu violent. Je venais de déballer un cadeau, un flacon de lotion pour les mains, lorsqu'il a fait une crise de rage sous l'effet de l'alcool. Notre Noël a été gâché. Ce fut terrible. C'était effrayant pour toute la famille. Aujourd'hui, trente-cinq ans plus tard, chaque fois que je sens de la lotion pour les mains, je ressens tout de suite tout ce que j'ai ressenti ce Noël-là : de la crainte, de la déception, un serrement de cœur, de l'impuissance et un désir instinctif de contrôle.

Anonyme

Il y a de nombreux déclencheurs positifs qui nous rappellent Noël : la neige, les guirlandes, « Douce Nuit », les cadeaux emballés, une crèche, des chaussons devant la cheminée. Ces déclencheurs peuvent éveiller en nous des sentiments chaleureux et nostalgiques de la fête de Noël.

Par contre, il y a d'autres types de déclencheurs qui sont peut-être moins apparents et qui suscitent des sentiments et des souvenirs différents.

Notre esprit est comme un puissant ordinateur. Il relie des choses que nous voyons, que nous entendons, que nous sentons, que nous touchons et que nous goûtons à des sentiments, à des pensées et à des souvenirs. Il nous relie à nos sens, et nous nous souvenons.

Parfois, l'incident le plus anodin, le plus inoffensif peut déclencher des souvenirs. Tous nos souvenirs ne sont pas agréables, surtout si nous avons grandi dans un milieu alcoolique, dysfonctionnel.

Nous ne comprenons peut-être pas pourquoi nous éprouvons tout à coup de la crainte, du découragement, de l'angoisse. Nous ne comprenons peut-être pas ce qui a déclenché des comportements de codépendance : une faible estime de nous-mêmes, notre besoin de contrôler, notre besoin de nous négliger. Quand cela se produit, nous devons comprendre qu'un incident inoffensif est peut-être en train de déclencher des souvenirs enfouis très profondément en nous.

Si quelque chose, même quelque chose que nous ne comprenons pas, déclenche en nous des souvenirs douloureux, nous pouvons revenir dans le temps présent en prenant soin de nous ; reconnaissons l'émotion que nous éprouvons, libérons-nous d'elle, mettons les Étapes en pratique et affirmons-nous. Nous pouvons prendre certaines mesures pour nous sentir bien. Nous pouvons nous aider à nous sentir mieux chaque année à Noël. Nous pouvons replacer dans une perspective différente tout ce que notre passé renferme, et inventer aujourd'hui une période des fêtes plus agréable pour nous.

Aujourd'hui, je reverrai doucement mes souvenirs de ce temps des fêtes. J'accepterai mes émotions, même si je les trouve différentes de celles que les autres ressentent. Aide-moi, mon Dieu, à lâcher prise, à guérir et à me libérer des souvenirs douloureux qui entourent la période de Noël. Aide-moi à en finir avec le passé pour pouvoir inventer une période des fêtes telle que je veux.

24 décembre — Survivre à la période des fêtes

Les décorations, les images et les odeurs de la période des fêtes suscitent chez certains de la joie et des sentiments chaleureux. Par contre, pendant que les uns plongent avec joie dans les festivités, certains d'entre nous restent enfouis dans les conflits, la culpabilité et un sentiment de perte.

Nous lisons des articles sur la façon de profiter du temps des fêtes, sur la mélancolie de Noël, mais beaucoup d'entre nous sont incapables d'imaginer comment ils réussiront à traverser cette période. Nous ignorons peut-être ce que pourraient être des fêtes joyeuses ou ce qu'elles pourraient nous faire éprouver.

Beaucoup d'entre nous sont déchirés entre ce qu'ils *veulent* faire, et ce qu'ils croient *devoir* faire. Il se peut que nous nous sentions coupables de ne pas vouloir être avec notre famille. Il se peut que nous éprouvions un sentiment de perte parce que nous n'avons pas le genre de famille avec qui nous voulons être. Année après année, beaucoup d'entre nous entrent dans la même salle à manger, le même jour de Noël, en s'attendant à ce que les choses soient différentes. Puis, année après année, nous repartons avec le sentiment qu'on nous a laissés tomber, remplis de déception et de confusion à cause de cela.

Chez beaucoup d'entre nous, le temps de Noël déclenche des souvenirs pénibles.

Beaucoup d'entre nous accueillent avec soulagement la fin de cette période.

Un des plus grands cadeaux de la guérison est d'apprendre que nous ne sommes pas seuls. Pendant le temps des fêtes, il y a probablement autant de personnes parmi nous qui sont en conflit qu'il y en a qui sont en paix. Par tâtonnements, nous apprenons à prendre soin de nous un peu mieux chaque année pendant cette période.

Notre première tâche en cours de guérison est de nous accepter, d'accepter notre situation et nos sentiments au sujet de cette situation. Nous acceptons nos sentiments de culpabilité, de colère et de perte. Tout cela est correct.

Il n'y a pas de bonne façon ou de façon parfaite de faire face à la période des fêtes. Nous pouvons acquérir de la force en faisant de notre mieux, année après année.

Cette année, pendant la période des fêtes, je vais me donner la permission de prendre soin de moi.

25 décembre — Les fêtes

La période des fêtes est parfois remplie de la joie que nous associons à cette période de l'année. Tout se passe bien. Il y a de la magie dans l'air.

D'autres fois, c'est une période difficile et solitaire.

Voici quelques idées que m'ont apprises mon expérience personnelle et la pratique, pour survivre à une période des fêtes difficile.

Tenons compte de nos sentiments, mais ne nous appesantissons pas trop sur eux. Plaçons cette période dans une perspective nouvelle. Le jour de Noël n'est qu'une journée parmi les trois cent soixante-cinq. Nous pouvons surmonter n'importe quelle période de vingt-quatre heures.

Traversons cette journée, mais n'oublions pas qu'il pourrait y avoir une rétroaction le lendemain. Parfois, lorsque nous utilisons nos comportements de survie pour traverser sans encombre la fête de Noël, ces sentiments nous rattrapent le jour suivant. Occupons-nous-en. Puis, revenons sur la bonne voie aussi vite que possible.

Trouvons et chérissons l'amour qui est disponible, même si ce n'est pas exactement celui que nous voulons. Y a-t-il une personne à qui nous pouvons donner de l'amour et de qui nous pouvons en recevoir ? Des amis en voie de guérison ? Y a-t-il une famille qui aimerait partager les fêtes avec nous ? Ne jouons pas au martyr ; allons-y. Il y en a peut-être qui seraient heureux si nous leur offrions de partager cette journée avec eux.

Si nous vivons une période des fêtes qui est loin d'être idéale, nous ne faisons pas partie d'une minorité. Comme il est facile, mais faux, de nous dire que le reste du monde vit des fêtes parfaites, et que nous sommes les seuls à être en conflit.

Nous pouvons créer notre propre programme pour les fêtes. Achetons-nous un cadeau. Trouvons quelqu'un à qui nous pouvons donner. Laissons se manifester notre côté aimant, réconfortant, et abandonnons-nous à l'esprit de Noël.

Il se peut que les fêtes de l'année dernière n'aient pas été formidables. Il se peut que celles de cette année ne le soient guère plus. Mais ce sera peut-être mieux l'an prochain, et encore mieux l'année suivante. Travaillons à avoir une vie meilleure, une vie qui comble nos besoins. Avant longtemps, nous l'aurons.

Aide-moi, mon Dieu, à aimer et à apprécier ce jour de Noël. Si ma situation est loin d'être idéale, aide-moi à prendre ce qui est bon et à lâcher prise face au reste.

26 décembre — La croissance

Quand nous étions enfants, nos jouets et nos vêtements favoris finissaient par ne plus nous aller parce que nous avions grandi. Devenus adultes, il arrive aussi que certaines choses finissent par ne plus nous convenir, qu'il s'agisse de personnes, d'emplois, de logements. Cela peut provoquer de la confusion. Nous nous demandons peut-être pourquoi quelqu'un ou quelque chose qui était si spécial et si important pour nous l'an dernier ne convient plus aussi bien à notre vie actuelle. Nous nous demandons peut-être pourquoi nos sentiments ont changé.

Enfants, il se peut que nous ayons essayé de mettre un vêtement qui était devenu trop petit pour notre corps. Aujourd'hui, devenus adultes, il se peut que nous nous efforcions de garder des attitudes qui ne nous conviennent plus. Il se peut que nous ayons besoin de faire cela pour nous donner le temps de voir la vérité. Ce qui nous convenait l'an dernier, ce qui était tellement important et spécial dans le passé ne nous convient plus parce que nous avons changé. Nous avons grandi.

Nous pouvons accepter cela comme une partie estimable et importante de la guérison. Nous pouvons accepter de vivre cette expérience et cette peine, lorsque nous faisons des efforts pour qu'une chose nous convienne, lorsque nous essayons de voir si vraiment elle ne nous va plus et pourquoi. Nous pouvons analyser nos sentiments et nos pensées à propos de ce qui se passe.

Puis, nous pouvons mettre les jouets de l'an dernier de côté et faire de la place pour les nouveaux.

Aujourd'hui, je laisserai les jouets de l'an dernier être ce qu'ils sont, c'est-à-dire des jouets de l'an dernier. Je m'en souviendrai avec affection à cause du rôle qu'ils ont joué dans ma vie. Puis, je les mettrai de côté et ferai de la place pour les nouveaux.

27 décembre — Près du sommet

Je sais que vous éprouvez de la fatigue. Je sais que vous vous sentez dépassé. Vous avez peut-être l'impression que cette crise-ci, ce problème-là, cette période difficile va durer éternellement.

Ce n'est pas vrai. Vous êtes presque arrivé au bout.

Vous ne vous *imaginez* pas que ce fut difficile. Ça l'a été. Vous avez été mis à l'épreuve, vous avez réussi examen après examen sur ce que vous avez appris.

Vos convictions et votre foi ont été mises à l'épreuve du feu. Vous avez cru, puis vous avez douté, puis vous vous êtes efforcé de croire un peu plus. Il vous fallait avoir la foi, même quand vous ne pouviez ni voir ni imaginer ce qu'on vous demandait de croire. D'autres autour de vous ont peut-être essayé de vous convaincre que vous ne deviez pas croire ce que vous espériez pouvoir croire.

Vous vous êtes heurté à de l'opposition. Vous n'êtes pas parvenu à cet endroit avec l'appui de tous et dans la joie. Vous avez dû travailler dur, en dépit de ce qui se passait autour de vous. Votre motivation a parfois été la colère, parfois la peur.

Les choses se sont mises à aller mal ; il y a eu plus de problèmes que vous ne l'aviez prévu. En cours de route, il y a eu des obstacles, des frustrations et des ennuis. Vous n'aviez pas prévu que la situation évoluerait de cette façon. Beaucoup de choses sont arrivées par surprise ; certaines n'étaient pas du tout celles que vous aviez désirées.

Pourtant, ce furent de bonnes choses. Une partie de vous, la plus profonde, celle qui connaît la vérité, l'a senti tout le long du chemin, même quand votre tête vous disait que tout allait de travers et de façon bizarre, qu'il n'y avait ni plan ni but, que Dieu vous avait oublié.

Il s'est produit tellement de choses, et chaque incident – le plus douloureux, le plus troublant, le plus étonnant – avait sa raison d'être. Vous commencez à le voir et à le sentir.

Vous n'aviez jamais pensé que les choses surviendraient de cette façon, n'est-ce pas ? C'est pourtant ce qui est arrivé. Aujourd'hui, vous êtes en train de découvrir le secret : il était prévu qu'elles surviendraient de cette façon, et c'est une bonne façon, meilleure que celle à laquelle vous vous attendiez.

Vous n'aviez jamais cru non plus que cela prendrait tout ce temps, n'est-ce pas ? C'est pourtant ce qui est arrivé. Vous avez appris la patience.

Vous n'aviez jamais pensé que vous pourriez avoir cela, mais vous l'avez maintenant.

On vous a guidé. Bien des fois, vous avez cru qu'on vous avait oublié, vous avez été convaincu qu'on vous avait abandonné. Vous savez, aujourd'hui, qu'on vous a guidé.

Aujourd'hui, les choses retombent à leur juste place. Vous êtes presque au bout d'une période, de la partie difficile du voyage. La leçon est presque terminée. Vous savez, cette leçon que vous avez combattue, rejetée et cru ne pas pouvoir apprendre. Oui, c'est celle-là. Vous la maîtrisez presque.

Vous avez été entièrement transformé. Vous avez progressé à un autre niveau, à un niveau supérieur, à un niveau meilleur.

Vous avez escaladé une montagne. Cela n'a pas été facile, mais l'alpinisme n'est jamais facile. Vous êtes presque au sommet maintenant. Encore un peu et vous connaîtrez la victoire.

Redressez vos épaules. Prenez une grande respiration. Avancez avec confiance et dans la paix. Bientôt, vous pourrez goûter et apprécier toutes les choses pour lesquelles vous avez combattu. Ce moment-là approche enfin.

Je sais qu'il vous est déjà arrivé de penser que le voyage s'achevait, pour découvrir que ce n'était pas vrai. Aujourd'hui, par contre, la récompense *est* proche. Vous le savez, vous aussi. Vous pouvez le sentir.

Vous ne vous êtes pas battu pour rien. Pour chaque combat que vous avez mené pendant le voyage, il y a un point culminant, une solution.

Il y a de la paix, de la joie, des bénédictions abondantes et une récompense pour vous, ici sur terre. Profitez-en.

Il y aura d'autres montagnes, mais vous savez maintenant comment les escalader. Vous avez aussi appris le secret de ce qu'il y a au sommet.

Aujourd'hui, j'accepterai d'être là où je suis, et je continuerai d'avancer. Si je suis au milieu d'une expérience d'apprentissage, je me permettrai de la poursuivre avec la conviction qu'un jour je maîtriserai cette leçon et que je serai récompensé. Aide-moi, mon Dieu, à comprendre qu'il y a des moments où je dois escalader une montagne, en dépit de tous mes efforts pour vivre dans la paix et la sérénité. Aide-moi à cesser de créer du chaos et des crises ; aide-moi à relever les défis qui me feront cheminer plus avant et monter plus haut.

28 décembre — La panique

Ne paniquons pas !

Lorsque la panique surgit, nous ne devons pas lui laisser prise. Les comportements sous l'emprise de la panique tendent à être autodestructeurs. Quelles que soient la situation et les circonstances, la panique n'est généralement pas une bonne assise. Quelles que soient la situation et les circonstances, nous disposons généralement d'au moins une minute pour respirer profondément et pour retrouver la sérénité et la paix.

Nous n'avons pas à faire plus que ce que nous pouvons raisonnablement faire. Jamais ! Nous n'avons pas à faire quelque chose que nous sommes absolument incapables de faire ou que nous ne pouvons pas apprendre à faire !

Ce programme, ce mode de vie sain que nous recherchons, est érigé sur des bases de paix et de confiance sereine en nous, en notre Puissance supérieure, dans le *processus* du rétablissement.

Ne paniquons pas. Cela nous éloignerait de notre route. Détendons-nous. Respirons profondément. Laissons la paix circuler dans notre corps et dans notre esprit. À partir de là, notre Source nous fournira les ressources nécessaires.

Aujourd'hui, je traiterai la panique comme une question distincte qui exige mon attention immédiate. Je refuserai de me laisser motiver par des pensées et des sentiments de panique. Je laisserai plutôt la paix et la confiance motiver mes sentiments, mes pensées et mes comportements.

29 décembre — Aller de l'avant

Apprenez l'art de l'acceptation. Cela ne va pas sans mal.

Vaincre la codépendance

Pour prendre soin de soi, le moment vient parfois de mettre fin à une relation. Le moment vient parfois de modifier les paramètres d'une certaine relation.

Cela est vrai dans l'amour, dans l'amitié, avec la famille et au travail.

Mettre fin à une relation ou la modifier n'est pas facile. Par contre, c'est souvent nécessaire.

Parfois, nous persistons à maintenir une relation qui est morte, par peur de nous retrouver seuls ou pour retarder la peine inévitable qui accompagne une rupture. Nous avons parfois besoin de persister pendant quelque temps pour nous préparer, pour acquérir des forces et pour être suffisamment prêts à faire face au changement.

Si c'est ce que nous faisons, nous pouvons faire preuve de douceur envers nous-mêmes. Il vaut mieux attendre le moment où nous sentirons que nous pouvons agir de façon résolue, claire et cohérente.

Nous le saurons. Nous le *saurons*. Nous pouvons nous faire confiance.

Il est difficile de vivre en sachant qu'une relation se modifie ou qu'elle est sur le point de prendre fin, surtout lorsqu'il n'est pas encore temps d'agir, mais que nous savons que le moment approche. Il se peut que nous nous sentions mal à l'aise et gauches à mesure que la fin de la leçon approche. Il se peut que nous soyons impatients de rompre, sans sentir encore que nous avons le pouvoir de le faire. C'est correct. Le moment n'est pas encore venu. Quelque chose d'important est encore en train de se produire. Lorsque le moment sera venu, nous pouvons être sûrs que cela se produira. Nous finirons par avoir le pouvoir et la capacité de faire ce que nous avons besoin de faire.

Il n'est pas facile de mettre fin à une relation ou de modifier les limites dans une certaine relation. Cela exige du courage et de la foi. Cela exige que nous soyons disposés à prendre soin de nous et, parfois, à rester seuls pendant un certain temps.

Lâchons prise face à la peur. Sachons que le changement est une partie importante de la guérison. Aimons-nous assez pour faire ce qu'il faut pour prendre soin de nous, et ayons suffisamment confiance pour croire que nous connaîtrons encore l'amour.

Nous ne retournons *jamais* au point de départ. En guérison, nous allons de l'avant, et cette progression des leçons est parfaitement planifiée. Nous nous retrouverons avec certaines personnes – dans une relation amoureuse ou amicale, au sein de la famille et au travail – quand nous aurons besoin d'être avec elles. Une fois la leçon maîtrisée, nous irons de l'avant. Nous nous retrouverons dans un nouvel endroit, nous apprendrons d'autres leçons avec d'autres personnes.

Non, les leçons ne sont pas toutes douloureuses. Nous atteindrons un endroit où nous pourrons apprendre, non dans la douleur, mais dans la joie et l'amour.

Nos besoins seront comblés.

Aujourd'hui, j'accepterai d'être là où j'en suis dans mes relations, même si je me sens gauche et mal à l'aise. Si je suis au milieu d'une rupture, je ferai face à ma peine et je l'accepterai. Aide-moi, mon Dieu, à croire que la route sur laquelle je suis a été parfaitement planifiée pour moi avec amour. Aide-moi à croire que mes relations m'enseignent des leçons importantes. Aide-moi à accepter avec gratitude d'être au milieu, à la fin ou au début d'une relation.

30 décembre — Poser les fondations

Les fondations sont posées.

Ne le voyez-vous pas ?

Ne comprenez-vous pas que tout ce que vous avez enduré avait un but ?

L'attente, la lutte, la souffrance et finalement la libération avaient toutes une bonne raison d'être.

Vous avez été préparé. De la même façon qu'un constructeur commence par démolir ce qui est trop vieux et par déblayer le terrain afin de faire de la place pour les parties nouvelles, votre Puissance supérieure a nettoyé les bases de votre vie.

Avez-vous déjà regardé un constructeur à l'œuvre ? Au début des travaux, tout a l'air pire qu'avant. Il doit enlever ce qui est vieux et pourri. Il doit ôter, remplacer ou renforcer ce qui est inadéquat ou trop faible pour supporter le nouveau bâtiment. Aucun constructeur consciencieux n'érigerait de nouvelles parties sans prévoir une structure adéquate. Les fondations s'écrouleraient. Elles ne tiendraient pas.

Pour que le produit final soit satisfaisant, il faut exécuter parfaitement tous les travaux, en commençant par les fondations. À mesure que les travaux progressent, le chantier semble souvent complètement bouleversé. Quelquefois, il est impossible de comprendre ce qui se passe. Il peut vous sembler qu'il y a bien du temps et bien des efforts gaspillés, parce que vous ne pouvez pas encore voir le produit final.

Pourtant, il importe que les fondations soient posées avec soin si vous voulez que la partie amusante des travaux, ceux de la finition, soit comme vous le désirez.

Les longues périodes pénibles dans votre vie ont servi à poser les fondations. Elles n'ont pas été inutiles, même si leurs raisons d'être n'ont pas été évidentes ou apparentes à certains moments.

Les fondations sont maintenant posées. L'ouvrage sera solide.

Le moment est venu de vous occuper de la finition et de compléter l'ouvrage.

Le moment est venu d'installer les meubles et de jouir des fruits de votre labeur.

Félicitations. Vous avez eu la patience d'endurer les parties pénibles. Vous avez eu confiance, vous avez capitulé et vous avez permis à votre Puissance supérieure ainsi qu'à l'univers de vous guérir et de vous préparer.

Dorénavant, vous pourrez jouir des bonnes choses qui ont été prévues pour vous.

Dorénavant, vous verrez quel était le but.

Dorénavant, tout vous paraîtra solide et cohérent.

Profitez-en.

Aujourd'hui, je capitulerai et je permettrai que les fondations – les bases – de ma vie soient posées. Si le moment est venu d'exécuter les travaux de finition, j'accepterai cela aussi et j'en profiterai. Je n'oublierai pas de remercier ma Puissance supérieure qui est un Maître constructeur et qui ne songe qu'à mes intérêts en créant et en construisant ma vie. J'éprouverai de la gratitude envers Elle pour le soin et l'attention qu'Elle a apportés aux détails en posant les fondations, même si je ressentais parfois de l'impatience. Avec respect et admiration, je contemplerai la beauté du produit fini de Dieu.

31 décembre S'attendre à de bonnes choses

> *Le plaisir devient plaisir ; l'amour devient amour ; la vie vaut désormais la peine d'être vécue. Et nous éprouvons de la reconnaissance.*
>
> *Au-delà de la codépendance*

Montrez-vous plein de patience et attendez-vous à de bonnes choses, pour vous-même et pour ceux que vous aimez.

Quand vous vous demandez ce qui va arriver, dites-vous que le meilleur se prépare – ce que la vie et l'amour ont de meilleur à offrir, ce que Dieu et l'univers ont de meilleur à vous envoyer. Puis, ouvrez vos mains pour le recevoir. Revendiquez-le et il sera à vous.

Regardez ce qu'il y a de mieux dans votre esprit ; imaginez-vous comment ce sera, ce que vous ressentirez. Concentrez-vous pour le voir clairement. Laissez tout votre être, votre corps et votre âme, pénétrer dans cette image et retenez-la pendant un moment.

Puis, relâchez-la. Revenez dans l'instant présent. Ne soyez pas obsédé. Ne devenez pas craintif. Soyez plein d'excitation. Vivez pleinement la journée d'aujourd'hui, exprimez votre gratitude pour ce que vous avez été, ce que vous êtes et ce que vous deviendrez.

Montrez-vous plein de patience et attendez-vous à de bonnes choses.

Aujourd'hui, en pensant à l'année qui vient, je me concentrerai sur les bonnes choses qui vont survenir.

Les douze étapes des Alcooliques anonymes

Les Douze Étapes des Alcooliques anonymes sont extraites de *Les Alcooliques anonymes* (troisième édition), publié par le Service des publications françaises des A.A. du Québec. Elles sont reproduites avec la permission de A.A. World Services, Inc., New York, N.Y.

1. Nous avons admis que nous étions impuissants devant l'alcool – que nous avions perdu la maîtrise de nos vies.

2. Nous en sommes venus à croire qu'une Puissance supérieure à nous-mêmes pouvait nous rendre la raison.

3. Nous avons décidé de confier notre volonté et nos vies aux soins de Dieu *tel que nous Le concevions*.

4. Nous avons courageusement procédé à un inventaire moral, minutieux de nous-mêmes.

5. Nous avons avoué à Dieu, à nous-mêmes et à un autre être humain la nature exacte de nos torts.

6. Nous avons pleinement consenti à ce que Dieu élimine tous ces défauts de caractère.

7. Nous Lui avons humblement demandé de faire disparaître nos déficiences.

8. Nous avons dressé une liste de toutes les personnes que nous avions lésées et consenti à faire amende honorable.

9. Nous avons réparé nos torts directement envers ces personnes quant c'était possible, sauf lorsque, ce faisant, nous pouvions leur nuire ou faire tort à d'autres.

10. Nous avons poursuivi notre inventaire personnel et promptement admis nos torts dès que nous nous en sommes aperçus.

11. Nous avons cherché par la prière et la méditation à améliorer notre contact conscient avec Dieu, *tel que*

nous Le concevions, Lui demandant seulement de connaître Sa volonté à notre égard et de nous donner la force de l'exécuter.

12. Ayant connu un réveil spirituel comme résultat de ces Étapes, nous avons alors essayé de transmettre ce message à d'autres alcooliques et de mettre en pratique ces principes dans tous les domaines de notre vie.

Les douze étapes des Al-Anon

Les Douze Étapes des Al-Anon sont extraites de *Al-Anon un jour à la fois*, publié par Publications françaises P.F.A. Inc. Elles sont reproduites avec la permission de Al-Anon Family Group Headquarters, Inc. et A.A. World Services, Inc.

1. Nous avons admis que nous étions impuissants devant l'alcool – que nos vies étaient devenues incontrôlables.

2. Nous en sommes venus à croire qu'une Puissance supérieure à nous-mêmes pouvait nous rendre à la raison.

3. Nous avons décidé de confier notre volonté et nos vies aux soins de Dieu *tel que nous Le concevions*.

4. Nous avons procédé à un inventaire moral, sérieux et courageux de nous-mêmes.

5. Nous avons avoué à Dieu, à nous-mêmes et à un autre être humain la nature exacte de nos torts.

6. Nous avons pleinement consenti à ce que Dieu élimine tous ces défauts de caractère.

7. Nous Lui avons humblement demandé de faire disparaître nos déficiences.

8. Nous avons dressé une liste de toutes les personnes que nous avions lésées et nous avons résolu de faire amende honorable.

9. Nous avons réparé nos torts directement envers ces personnes quand c'était possible, sauf lorsque, ce faisant, nous pouvions leur nuire ou faire tort à d'autres.

10. Nous avons poursuivi notre inventaire personnel et promptement admis nos torts dès que nous nous en sommes aperçus.

11. Nous avons cherché, par la prière et la méditation, à améliorer notre contact conscient avec Dieu *tel que nous Le concevions*, Le priant seulement de nous faire

connaître Sa volonté à notre égard et de nous donner la force de l'exécuter.

12. Comme résultat de ces Étapes, nous avons connu un réveil spirituel et nous avons essayé de transmettre ce message à d'autres et de mettre ces principes en pratique dans tous les domaines de notre vie.

INDEX

B

C

D

E

L

M

N

O

P

Certifié PEFC

Ce produit est issu de forêts gérées durablement

PEFC

PEFC/14-38-00277

www.pefc.es

9385

Composition
NORD COMPO

Achevé d'imprimer en Slovaquie
par NOVOPRINT
le 1er avril 2025

Dépôt légal février 2014
EAN 9782290088326
OTP L21EPBN000340-661656-R7

ÉDITIONS J'AI LU
82, rue Saint-Lazare, 75009 Paris

Diffusion France et étranger : Flammarion